疑案里的中国史

中国史（贰）

CHINESE HISTORY

辽宁人民出版社

ⓒ 艾公子　2023

图书在版编目（CIP）数据

疑案里的中国史 . 2 / 艾公子著 . —沈阳：辽宁人民
出版社，2023.4
ISBN 978-7-205-09587-1

Ⅰ . ①疑… Ⅱ . ①艾… Ⅲ . ①中国历史—通俗读物
Ⅳ . ① K209

中国国家版本馆 CIP 数据核字（2023）第 018969 号

出版发行：辽宁人民出版社
　　　　　地址：沈阳市和平区十一纬路 25 号　邮编：110003
　　　　　电话：024-23284321（邮　购）024-23284324（发行部）
　　　　　传真：024-23284191（发行部）024-23284304（办公室）
　　　　　http://www.lnpph.com.cn
印　　刷：天津旭丰源印刷有限公司
幅面尺寸：170mm × 240mm
印　张：26
字　数：408 千字
出版时间：2023 年 4 月第 1 版
印刷时间：2023 年 4 月第 1 次印刷
责任编辑：贾　勇
封面设计：人马艺术设计·储平
版式设计：新视点工作室
责任校对：郑　佳
书　号：ISBN 978-7-205-09587-1

定　价：65.00 元

历史长河的深层结构

如果说历史是一条长河，那么，历史中的疑案就像是河面的水纹，随风即起，层层扩散。很多人喜欢读历史疑案，对于悬而未决、没有定论或者蹊跷离奇的事物充满兴趣，这实际上是人的好奇本能驱使我们更愿意去看河面变幻的水纹。

但好奇心仅仅是进入一段历史的门槛。

这本书集中关注历史疑案，但我们更想关注好奇心之外的问题：一个关乎历史真实，另一个关乎历史意义。

从事历史通俗写作六年来，我们在不同的场合被无数次问到历史真实的问题。很多人抱有一种执念，认为历史上的某一种记载就等同于历史真实，从而排斥任何关于历史真实与可能性的解读。殊不知任何历史记载都是选择性书写的结果，无法跟历史真实画上等号，而这中间便有了怀疑、探讨、推理、辨析的空间与乐趣。

而且，对于一个历史写作者而言，历史事件的真实性往往并不是最重要的，重要的是，历史事件为什么会以这样一种"真实面貌"流传下来。背后涉及写史者的观念问题，也涉及写史者的处境、目的以及时代需求。如果说历史事件是河面的水纹，那么，对于了解历史长河的真实结构来说，更重要的是看见它底部的生态，包括鱼群、水草、淤泥乃至微生物。至此，我们才能说对这条河，对这段历史有了更为深刻的理解。

至于历史意义，历史对于今人的价值，或许不在于过程，不在于结果，而在于经验教训。所以这本书表面是在写历史疑案，但更关切每一个疑案背后的普遍性意义。正如我在2021年出版的本书的姊妹篇中，借用明朝夺门之变的讲述，表达了这样的观点："整个事件中，无数的人物来来往往，但经过历史的淘洗，唯有于谦的遭遇和精神超越了时代。那个拥有权力而最终弃用权力的悲情英雄，或许是唯一有灵魂的人。是他，让这段历史值得被反复追忆，被永久铭记。"

本书是《疑案里的中国史》（辽宁人民出版社，2021）的姊妹篇，同样精选40个独立的历史疑案，以新闻特稿式的写法，条分缕析，抽丝剥茧，不断聚焦历史真实，深挖历史意义。《疑案里的中国史》自出版以来，深受广大读者喜爱，目前已多次加印。为了保持出版的连贯性，本书遂沿用该书名。

本书的作者艾公子，系文史原创品牌"最爱历史"创作团队的集体笔名，执笔者分别为梁悦琛、陈恩发、吴润凯、李立廷、阮健怡和郑焕坚。全书由吴润凯统筹。

现在，就请跟着我们的笔触，一起去看看历史长河的水纹，以及水纹之下的暗流涌动。

吴润凯

2022 年 9 月 26 日

目　录

第一章

千古之谜

秦始皇陵的真相

《太平广记》记载了一则秦始皇陵的故事：秦末乱世，秦始皇陵遭到破坏。传说，墓门打开时，一只金雁从陵墓中飞了出来，越过雄伟的秦岭，朝东南方向飞去。四百多年后，到了三国时期，金雁降落在孙吴统治的日南郡，即今越南中部一带。有人将金雁献给日南太守张善，请教他这是怎么一回事。张善博识多通，他从金雁身上的文字考证其年月，推断金雁为秦始皇陵中的陪葬品。

自秦亡以来，有关秦始皇陵的传闻五花八门，流传甚广。古人相信，秦始皇将天下奇珍异宝带进了他的骊山陵，其中有金银制成的凫雁、水银模拟的江海、宝石做成的龟鱼、用"人鱼膏"点燃的长明灯，还有许多修陵人被活埋在里面，他们用自己的死亡为始皇帝保守秘密，甚至在死后化作阴兵，镇守秦陵。

从现在的观点来看，秦朝工匠当然造不出飞行几百年的金雁，这可比无人机牛多了。

直到今日，依旧无人知道秦始皇陵的全貌，但大秦帝国留下的千古之谜，渐渐褪去了神秘的面纱。

1

最早营销秦始皇陵的人，是汉代的司马迁。他在《史记·秦始皇本纪》中绘声绘色地描述了秦始皇陵地宫的景观："穿三泉，下铜而致椁，宫观百官奇器珍怪，徙臧满之。令匠作机弩矢，有所穿近者辄射之。以水银为百川江河大海，机相灌输，上具天文，下具地理。以人鱼膏为烛，度不灭者久之。"

千百年来,《史记》的这段文字引发了无数遐想。考古学家段清波曾经主持秦始皇陵发掘工作多年,他说,秦始皇陵地宫几乎无法预测,发掘的结果往往出乎意料。

近几十年,随着秦始皇陵考古工作的进展,人们发现,这段看似匪夷所思的记载,并非尽是荒诞不经之词,还有很多文献中没有记载的宝物,如兵马俑、铜车马、百戏俑等经发掘后重现人间。

秦始皇陵南靠骊山(又称郦山),北临渭水,在挖筑时不得不穿过表水、浅水和深水三重透水层,这就是所谓"穿三泉"。

穿过三泉后,地下水原本会源源不断地涌入地宫。

秦朝的能工巧匠为了解决地下水问题,在陵墓中修建了一套排水系统,用厚达17米的青膏泥与84米宽的黄土夯成"防水大坝",有效地挡住了地下水由高向低的渗透。

地宫是陵园中放置秦始皇棺椁与主要随葬品的地方。尽管地宫尚未经过科学发掘,但考古勘测表明,经过2200多年的时间检验,这道排水工程仍能发挥作用,使地宫完整地保存下来。

汉代另一位史学家班固在《汉书》中写的"下锢三泉",应该就是指这道"防水大坝"。

2

至于传说中的地宫珍宝,也有迹可循。

《史记》说,秦始皇陵"以水银为百川江河大海",地宫中的水银不仅被塑造成江河大海般的形态,还可以不断流动。

水银,即汞。考古专家通过对秦始皇陵地下汞含量进行测量,在秦始皇陵墓封土表层中发现了强烈的汞异常,以此证实陵墓中有大量水银的记载是可靠的。有学者推测,秦陵地宫中的水银多达上百吨。

水银为海,也许蕴含了墓主人生前对海洋世界的向往。

秦始皇一统天下后,有四次出巡至大海之滨。秦始皇三十七年(前210),

最后一次东巡途中，秦始皇梦见自己与海神搏斗，乘船到了东南沿海，上会稽山祭拜大禹，命人刻石称颂大秦功业。

这次出巡途中，许久未见的方士徐福上奏秦始皇，他本来要出海为皇帝寻找长生不老药，却被海中的"大蛟鱼"阻挡，请求秦始皇派精锐的弩兵将其射杀，好让船只顺利出航。

当初，徐福上书，说海中有蓬莱、方丈、瀛洲三座神山，山上有神仙居住。秦始皇便派徐福率领童男童女三千人出海寻仙，求索长生不老药。徐福这个大忽悠出海多年，一无所获，如今又来跟秦始皇"拉投资"。

秦始皇想起了之前与海神大战的梦，问善于解梦的博士。这名博士说："海神深不可测，因为有大鱼蛟龙在其旁边守候。如今陛下恭谨地祭祀，却遇到此恶神，可以将其除去。"

于是，秦始皇率领船队出海，到了芝罘（今山东烟台）海域时亲自手持连弩，射杀了一条大鱼，随后命徐福再度出海寻仙。

然而，秦始皇迟迟等不到他的长生不老药，他在这一次东巡途中病逝于沙丘（今河北省邢台市广宗县）。

秦始皇去世后，他身边的宦官赵高与丞相李斯勾结，拥立秦始皇之子胡亥即位（即秦二世），随后秘不发丧，将秦始皇的尸体与一车臭鲍鱼放在一起拉回秦都咸阳城，葬于骊山陵。

清人袁枚在一首诗中写道："美人如花埋白日，黄泉再起阿房宫。水银为海卷身泻，依然鲍鱼之臭吹腥风。"秦始皇拥有先进的海权意识，生平多次乘船追逐海浪，但他绝对想不到，自己最后竟和一车"海鲜"一起被运回咸阳。

秦始皇陵中的水银，亦是方士们炼制丹药的重要材料。不过，这玩意儿非但不能使人长生，还会导致疾病。

秦代，丹砂产业十分繁荣，其中有位著名的女商人，人称"巴寡妇清"。

在现存史料中，秦始皇一生只与两个女人产生过交集，一位是他的母亲赵姬，另一位就是巴清。

巴清是巴郡（今重庆一带）的一介寡妇，她继承家族事业，靠经营丹砂产业赚取了巨额财富，并花钱组建一支武装力量来保卫乡里。

秦始皇在位时，曾下令"徙天下豪富于咸阳十二万户"，有意削弱地方豪富的力量，却唯独对巴清网开一面，不仅没有为难她，还称赞她为"贞妇"，将她当作贵客款待，并为她修建一座纪念碑。

这不是因为秦始皇和巴清有什么八卦，而是巴清经营的生意关系到秦始皇的人生大事。丹砂是什么？其实就是现代人说的硫化汞，这是生产水银的原材料，秦始皇陵中的部分水银可能也是来自于巴清的丹砂产业。

当然，仅靠巴清一家的水银还不能满足秦始皇陵的需求。因此，有些考古学者认为，除了长途运输之外，秦始皇陵中的水银更多可能就近取自今陕西省旬阳市的一座水银山。旬阳自古为采汞重镇，专家们在这里发现了古代采矿留下的700余处古矿洞，还出土了秦汉时期的铁镢等文物。

秦始皇陵中，用"人鱼膏"点燃的长明灯，也是始皇帝从海上获取的宝物。但"人鱼膏"可能是鲸鱼的油脂，前文秦始皇出海射杀的大鱼，也有可能是鲸鱼。

今人经过推算，用鲸鱼的油脂来点灯，1立方米可燃烧5000天，但是要在缺氧的条件下永恒不灭，毕竟是无稽之谈。

古人在陵墓密封前点上一盏灯，为死者照亮，希望君王的阴宅如他生前的宫殿般灯火长明，这是一种事死如生的心理。但他们不明白，这盏灯终究会熄灭。

而今，谁也不知道水银勾画的江河湖海是否还在秦始皇陵中澎湃激荡，但秦始皇生前对海洋的探索终究被后世继承，随着中华民族的一次次扬帆出海而得以实现。

3

水银不但是秦始皇陵地宫中的装饰品，而且有防备盗墓的作用。

文献中较早"以汞灌墓"的记载，多是沿海齐国、吴国等地的丧葬。春秋时期，齐人在齐桓公的陵墓地宫中设计了一处水银池。西晋永嘉末年，齐桓公墓被盗掘，盗墓者将墓门打开后，发现墓中有水银挥发的毒气，不敢入内，多日后才敢牵着条狗带路，战战兢兢地进入地宫。

秦始皇陵地宫中的水银，可能也有毒杀盗掘者的作用。人吸入高浓度的汞气，轻则肌肉瘫痪、精神错乱，重则一命呜呼、暴病而亡。

此外，按照史书记载，秦始皇陵中设有强弩与陷阱。

史载，秦始皇"令匠作机弩矢，有所穿近者辄射之"。这是说，秦始皇陵中的通道、墓室等都设有一种触发性机关。一旦盗墓贼进入秦陵，触发弩机，就会被强弩射杀。即便躲过了暗弩，还有各种陷阱紧随其后，可谓机关重重、防不胜防。

水银、暗器与陷阱，构成了秦陵防盗的"三重门"。

秦始皇性情多疑，为了保证秦陵地宫不被盗掘而费尽心思。他儿子胡亥更狠，即位后立马下令将墓道中门和外门关闭，把参与修建秦始皇陵的工匠全部活埋在墓室里。如此一来，参与修陵的工匠无法再泄露秦始皇陵地宫的秘密，被始皇帝带入地宫的遗产也就成了谜。

令人发指的是，为秦始皇陪葬的不止有工匠，还有他自己的儿女。

考古学者在秦始皇陵封土东边大约 1 里远的上焦村发现了一处陪葬坑，这些墓主死时年龄皆为 20 岁至 30 岁，有的尸骨身首分离，有的骨上插有箭镞，有的上下颌骨错位。

史载，秦二世胡亥为了掩盖沙丘之谋的真相，巩固到手的皇位，于是听信赵高的建议，惨无人道地杀害秦朝的公子、公主。其中，胡亥的长兄扶苏被矫诏勒令自杀，其余兄长 12 人戮死于咸阳，公主 10 人磔死（分裂肢体而死）于咸阳附近的杜城，逼迫软禁在宫中的公子 3 人自杀，还有一个公子高，自知难逃一死，请求为秦始皇殉葬。

按照秦始皇的生卒年来推算，这些公子、公主被害时的年纪，恰好是二三十岁。

考古学家袁仲一是上焦村陪葬墓的发掘者之一，他推断，上焦村陪葬墓埋葬的就是被秦二世胡亥残害的兄弟姐妹。

4

参与沙丘之谋的丞相李斯也没有好下场，后来被胡亥以谋反罪名处以腰斩，夷三族，赵高取代他成为丞相。

临刑前，李斯看着将要与他同赴黄泉的儿子，想起了年轻时的平静生活，感慨道："我想和你一起牵着黄狗，从老家上蔡的东门出去溜达，追逐野兔，可已经没有机会了。"

李斯大半生辅佐秦始皇，为秦朝大一统立下功勋，晚年却因为一个错误的决定，葬送了自己的名声和前程，而他与秦始皇的故事，延续到了地下世界。

一般认为，李斯是秦始皇陵工程的总负责人。

《汉旧仪》记载，秦朝统一后，秦始皇命丞相李斯组织72万人修建陵园。

这里有一个秦始皇陵修建时间的争议。正常来说，皇帝一即位就要开始修建陵墓，《史记》中也有"始皇初即位，穿治郦山"的说法。但《汉旧仪》说，秦始皇陵是李斯任丞相后才开始修的。秦朝建立后，李斯起初担任的是廷尉，相当于司法部长，升任丞相已经是秦始皇二十八年（前219）后的事了。

无论秦始皇陵始修于何年，这都是一个举全国之力修建的庞大工程。

72万修陵人中，有触犯法律服劳役的刑徒、出身卑贱的官府奴隶、战争中被俘的列国战俘，也有掌握建筑技能的官方或民间工匠。他们来自五湖四海，为了一个共同的修陵目标走到了一起。在秦始皇陵区的山任村陪葬墓中，发现有大量修陵人尸骨，其中多数来自中国南方。

修陵人中可能还有来自异域的老外。通过对修陵人骨进行DNA检测，有一具人骨具有欧罗巴人种的特征。

在陪葬的兵马俑坑中，很多陶俑身上都有用隶书或小篆写成的文字，如"宫水""宫藏""宫彊""咸阳衣""咸阳午""栎阳重"等。这是当时制造兵马俑的工匠之名，"宫"表明这名兵马俑的制造者来自于宫廷作坊，而写有其他地名的则是地方作坊的工匠。

古墓中没有阴兵镇守，却有如虎狼之师般威武的秦俑伴随始皇帝长眠。直到两千多年后，兵马俑陪葬坑才被发现，并被称赞为"世界第八大奇迹"。

当时，丞相李斯派人率领这几十万人在骊山修建陵墓，墓穴已经挖得很深了，可能是遇到巨大的岩石，挖也挖不动，想放火烧，烧也烧不着，无法继续施工。

李斯向秦始皇汇报此事。秦始皇大笔一挥，将地宫的位置向旁边移动了三百丈，命修陵人继续深挖。

2002年，在"863"计划支持下，考古队对秦始皇陵实施物探遥感考古，发现秦陵地宫位于地下30米处，距离现在的地平面有十层楼的高度，且地宫由石板建造而成，坚固无比。

5

史书记载，秦始皇陵地宫"中成观游，上成山林"。考古学家段清波认为，"中成观游"，是指秦始皇陵封土下有一座九层高台。

古人事死如生，以为地下的灵魂仍能登高远望，南眺骊山，北临渭水，看着三公九卿与大秦锐士环绕在他的周围。九层之台，恰好符合秦始皇九五之尊的身份。

"上成山林"比较好理解，这是说秦始皇陵上，高大的封土像山一样，上面种有青草树木。

秦始皇陵本来设计规划的封土高度，高达五十余丈（115米左右），这在历代帝王陵墓中堪称空前绝后。

直到秦始皇下葬、墓室回填后，少府章邯还率领剩下的几十万刑徒，继续在秦始皇陵营建高大的封土。

但一场突如其来的惊变，使工程戛然而止。

秦二世元年（前209），陈胜、吴广揭竿而起，他们的部将周文率领十万兵力，打到了距离秦始皇陵只有几里的戏水（今陕西临潼新丰镇）。

惊慌失措的秦二世召集群臣商议，问他们该怎么办？

章邯说："贼人已经来到这里，兵众势强，如今调发周边郡县的军队为时已晚。骊山刑徒人数众多，希望陛下赦免他们，发给武器，让我率领他们出击反贼。"

于是，秦二世任命章邯为将，出兵迎战。

章邯在朝中担任的是少府，管理皇室财务和生活事务，却很有军事天赋，率领这支由骊山役夫刑徒组成的秦军屡战屡胜，将周文大军逐出关中，再破齐楚之联军，后来还在定陶（今山东菏泽）打败楚军名将项梁。

项梁战死后，起义军士气衰落，秦将王离率领秦军主力，包围了赵国的巨鹿城。章邯率领骊山刑徒军驻扎在其南边，成为王离军的侧翼。

然而，项梁的侄子项羽化悲愤为力量，巨鹿一战破釜沉舟，大破秦军主力部队，活捉王离，并将章邯的军队逼退到棘原（今河北省平乡县）。

大好局面转瞬即逝，章邯进退两难。

朝中的权臣赵高也不放过他，安排亲信监视章邯的一举一动，并切断了章邯与朝中的联系。章邯知道秦二世喜怒无常，赵高残害忠良，就派部下司马欣去咸阳当面请示。

司马欣一到咸阳，发现赵高果然要整章邯，逃出来后跟章邯说："赵高掌权，封锁消息，皇帝完全不知道将军的消息。我们现在仗打不赢会死，打赢了被赵高陷害，也会死。请将军深思熟虑啊！"

此时，起义军也有人写信给章邯，说你们秦朝一向喜欢杀功臣，白起、蒙恬都是被赐死，赵高现在要拿你当替罪羊，况且天要亡秦，你在内不能直言规谏，在外沦为亡国之将，何不倒戈，与各路诸侯联合呢？

反复斟酌后，章邯率领手下的20万大军向项羽投降。大秦最后的名将，就这样被迫当了降将。

项羽将章邯的20万降军并入诸侯联军，浩浩荡荡西进关中。之后的四个月里，项羽军西进步伐缓慢，一直在河南一带徘徊停留。有学者认为，这是因为新降的秦军与诸侯联军纠纷不断，抵抗十分激烈。

走到河南新安，项羽与诸将商议。其部下认为，秦军数量庞大，且不服从命令，如此到了关中情况危急，不如将他们尽数消灭，只带章邯等几位将军入秦。

项羽同意，当晚楚军秘密行动，连夜坑杀秦军降卒 20 万。

两千多年后，中国工人在修建陇海铁路时，在新安、义马一带挖出了累累白骨，这些人骨坑被称为"楚坑"，即当年 20 万秦军降卒的葬身之地。

章邯率领骊山刑徒出关后，数十万人或战死，或逃亡，或坑杀，秦始皇陵封土成为烂尾工程，后又经水土变迁、岁月侵蚀，现在的秦陵封土高度为 51.4 米。

6

项羽与秦人有大仇，他的祖父项燕、叔父项梁都死于秦军之手。但在坑杀秦军后，他也成了秦人眼中的仇人，永远失去了关中的民心。

《史记》记载，项羽进入关中后，"烧秦宫室，掘始皇帝冢，私收其财物"。这是有关秦始皇陵被盗的最早记载。挖别人家祖坟，历来被看作罪大恶极，所以后来刘邦与项羽相争，特地把这一条列为项羽的罪状，公之于众。

到了东汉班固的《汉书》与北魏郦道元的《水经注》中，项羽盗掘秦始皇陵的故事又增添了不少细节描写。

这些文献说，项羽入关后，对秦始皇陵大肆挖掘，甚至把马车开进地宫，运走秦陵中的珍宝，运了一个月都没运完。

楚军走后，附近一个放羊娃有几只羊掉进了盗洞中，他打着火进洞找羊，结果被秦始皇陵中美轮美奂的场面惊呆了，一不小心把火落在了墓里，导致秦始皇陵地宫连续烧了三个月，连秦始皇的棺椁也烧掉了。

《汉书》谈及此事时不禁感慨："自古至今，葬未有盛如始皇者也，数年之间，外被项籍之灾，内离牧竖之祸，岂不哀哉！"

此后的文献中，还有后赵石虎、唐末黄巢盗掘秦始皇陵的记载，但都扑朔迷离。

秦始皇陵地宫真的被盗了吗？这个问题，恐怕只有秦陵地宫考古发掘的那一天才能真相大白。

考古勘探表明，秦始皇陵地宫的封土没有大规模的盗掘痕迹，只有东北侧和西侧各有一个盗洞，但这两个盗洞直径不到 1 米，不可能是项羽、石虎、黄巢等军队留下的遗迹，而地宫周边的陪葬坑，如铜车马、石铠甲坑等确实被人为地破坏过，但也没有被抢掠一空。

迄今为止，中国的考古发掘以抢救性发掘为主，国家严格限制对帝王陵墓的发掘。

如果贸然打开地宫，陵墓中的湿度、温度等环境状况突然发生变化，将对文物造成致命的损害。20 世纪 50 年代，明定陵（明神宗朱翊钧的陵墓）的考古发掘，出土了大批珍贵的随葬品，但也造成了无可挽救的破坏，从此，中国考古学界形成了不主动发掘帝陵的行规。

我们熟知的秦始皇陵陪葬坑大都是先被偶然发现，再进行抢救性发掘。1974 年，陕西临潼发生旱灾，一些村民自发挖井。临潼县的一名村民在打井时，发现了几个破碎的人形陶俑，一开始以为是古代寺庙中的"瓦爷"（当地人对陶制神像的称呼），也没放在心上。还有些村民把挖出的陶俑带回家，说是放在窑里能吓老鼠。后来这事上报到当地的文物部门，逐渐引起了上级部门的重视。经考古队发掘，秦兵马俑终于重见天日。

秦俑跨越 2200 多年的时空，神态各异，栩栩如生，至今沉默地守护着他们的主人秦始皇。

世间沧桑变幻，帝王早已归于尘土，只有秦始皇陵还在无声地诉说着大秦帝国昔日的荣光，等待着人们去叩响它神秘的大门。

西汉巨量黄金消失之谜

宋太宗赵光义是个爱读书、爱思考的人。每次读书的时候，最好有一个大学者陪在身边。但凡有疑问，便要问个清楚。得到满意的答案后，往往赐予其金帛。

有一日，他在赐金之后，脑中冒出一条历史信息：在史书里，西汉的皇帝们动不动就赐予手下几十斤上百斤的黄金。

太宗也赐予臣下黄金，算是君王雨露。但相较之下，西汉是倾盆大雨，而他顶多算是空中飘来几滴小水珠。

难道西汉皇帝比他大方多了？又或是，大汉比大宋富裕多了，所以不把黄金当回事？

在宋朝，不只是太宗发现了这个历史盲点。

苏东坡在《仇池笔记》中说："王莽败时，省中黄金六十万斤。陈平以四万斤间楚。董卓郿坞金亦多。其余三五十斤者，不可胜数。近世金不以斤计，虽人主未有以百金与人者，何古多而今少也？"

沈括也曾对宋神宗说过："在古代，人们常用金银交易。而今天，大家用的都是铜钱，金银都是家里的宝贝，没人舍得用。"

宋人的字里行间，都充斥着对西汉黄金的羡慕。

从此，汉多黄金就成为共识。明末清初，顾炎武在其《日知录》"黄金"条下总结说："汉时黄金，上下通行。"清代赵翼的考据学名著《廿二史札记》更是说："古时不以白金为币，专用黄金，而黄金甚多。"清朝白银流通，但比起汉朝的黄金时代还是逊色不少。

到了现代，汉废帝、海昏侯刘贺墓出土了 378 件黄金金器，重达 250 多斤。似乎又进一步证实了汉朝的财大气粗。

1

我们不妨先来体会一下宋太宗所感受到的震撼。

汉高祖刘邦就是个花钱的能手。楚汉相争时，陈平献计间楚国君臣，刘邦直接拿出四万斤黄金，任陈平花费，不问出入。

陈平拿到钱之后，立刻用它们去收买楚军帐中的士兵，让他们散布楚将钟离眛的谣言。黄金送去没几天，谣言果然便传开了，楚军内部立刻兴起流言："劳苦功高的钟离眛不满项王不给他封地称王，会与汉军联合灭掉项氏，到时好瓜分楚国土地各自称王。"

谣言传到项羽的耳朵里，他便对钟离眛产生了猜忌，逐渐疏远了他。

刘邦挥手就是四万斤黄金，尝到了甜头，从此开启了汉朝的"挥霍"之门。

购项羽头颅，悬赏千金。娄敬一个定都关中的建议，赐五百斤。田肯提倡分封制，赐五百斤。叔孙通定朝仪，亦赐五百斤。

吕后崩，遗诏赐诸侯王黄金各千斤。

文帝即位后，对参与诛杀吕氏的大臣进行赏赐。周勃 5000 斤，陈平、灌婴各 2000 斤，刘章、刘揭各千斤。

武帝内修宫殿，外事四夷，赏赐无度。卫青抗击匈奴，他及其部下受赐黄金二十余万斤。霍去病劳苦功高，赏赐五十万金。张骞出使西城，资金币帛林林总总值数千巨万，黄金亦不在少数。

宣帝继位后，赏赐霍光黄金 7000 斤，广陵王 5000 斤，诸王 15 人各百斤。

王莽聘史氏女为后，一次用 3 万斤黄金作为聘礼。

可谓花钱如洪水。

彭信威在《中国货币史》一书中专门做过统计，西汉一代光是用于赏赐的黄金就有近百万斤。按照西汉时 1 斤折合今日 248 克来计算，终西汉一代，皇帝赏赐的黄金量当在 250 吨左右。

这还仅仅只是赏赐一项，用于其他用途的黄金恐怕更为可观。

没有对比，就没有伤害。到了东汉，皇帝似乎就变得节俭起来。他们再难有如此大手大脚的花钱手法，《后汉书》里黄金的出镜率也大大下降。

黄金具有不腐、不烂、不会被氧化的特性，再加上产地有限，它的增长必然是缓慢而稳定的，但它也不会凭空消失。奇怪的是，西汉那么多的黄金，到了东汉就突然变得稀少起来。这成了历史上的一个谜团。

对于这个谜团，宋人有一种比较流行的说法，即"佛教耗金说"。他们认为，由于佛教的传入，大量黄金用于塑佛金身、书写金经，致使汉金消失。但佛教到汉明帝时才传入中国，南北朝才盛行，佛还未入，寺尚未建，又如何消耗黄金呢？

也有人说，西汉时的黄金，其实是黄铜。

但是，西汉法律规定黄金是上币，铜钱是下币，两者之间绝不混同，而且也有兑换比例。《汉书·食货志》载："黄金重一斤，直钱万。"也就是说，当时的 1 斤黄金可以兑换 1 万五铢钱（铜钱）。

如果"黄金"是黄铜的话，则会出现汉人以 1 斤铜换取 1 万个加工后的五铢钱的场景，这显然是有悖常理的。

那么问题来了，西汉那么多黄金，究竟去哪里了呢？

2

黄金不会凭空消失，但它可以从一个地方转移到另一个地方。

我们不妨先了解西汉那么多黄金是怎么得来的。

一是继承秦朝的遗产。

战国时期，黄金就已经登堂入室。苏秦以合纵说赵肃侯时，就得到"黄金千镒，白璧百双"。几年后，苏秦佩六国相印返家，原来瞧不起他的"昆弟妻嫂"侧目不敢仰视。从倨傲到恭敬的转变，其嫂一语道破，是因为见苏秦"位高金多"。可见，黄金成为身份的象征，已然是各国贵族追逐的财富。

秦灭六国，收天下财富归于关中，刘邦又是大秦的直接继承者。因此相当多的黄金便流向了汉朝，陈平用来离间项羽君臣的黄金，便出自其中。

二是黄金的开采。由于技术的限制，这部分黄金是增长最稳定也是最缓慢的一部分。

三是取自外地，也就是贸易所得。

张骞出使西域、开通丝绸之路以后，中国商人遂来往于印度、阿拉伯和欧洲各国，商业往来非常频繁。西边的国家喜欢中原的丝绸、茶叶，汉朝商人通过安息人，沿着丝绸之路上与沿线国家进行贸易，交易所得就有黄金。

罗马人就对此抱怨颇多，他们认为花费了数量巨大的黄金来购买中国一种名为"缣"的丝织物，本来只是一个简单的工艺品，原价只值400—600多个铜钱，但是输出到罗马市场后，却几乎与黄金同价，即 1 两黄金才能购买 1 两缣。

但是，秦朝的遗产总有用完的一天，黄金开采来钱太慢，贸易中的黄金既有流入，也会有流出。这些黄金是无法填补西汉皇帝花钱的无底洞的。

尤其是汉武帝在位期间，大举开边，需要巨量的资金，同时开边会产生大量的军功，赏赐的花费也是一笔大数字。

可是哪里还有黄金呢？

汉武帝便想到了一个地方：黄金流出去的地方，就一定有大量的黄金。

生活贫寒的平民只用得起铜钱，无法提供黄金，那么就只能从巨富贵族入手。

西汉实行酎金律。汉文帝规定，每年八月在首都长安祭高祖庙时，诸侯王和列侯都要按封国的人口数量进献金饼用来助祭，每千人进献黄金 4 两，余数超过500 人、不足 1000 人的小诸侯国也要按 4 两计算。以当时的中山国为例，人口66.808 万，需要交纳 2672 两黄金。

借此途径，西汉政府每年就可以获得黄金 1550 斤左右。

武帝曾以酎金不足为名，大发雷霆，一下子撤销了 100 多位列侯，连同丞相赵周，因没有及时检举揭发，也被判处死刑。

同时，他还向豪富吏民开刀，征收车船、算缗钱，即对有车、船、资本的人征税，一般是百分之二。又颁发了告缗令，鼓励告密，对隐瞒财产不报的实行没收，以其一半给予告发人。

搜刮来的金饼会铸造成麒麟趾形状，然后用于赏赐诸侯王和有功大臣。可谓羊毛出在羊身上。皇帝一高兴，大把大把地把黄金赐亲贵，不如意，就重重地惩罚他们。

元朔二年（前127），也就是卫青受赐黄金二十万斤之后，国库立马空了。掌管财政的大司农实在没有办法，只好向武帝建议向民众售卖武功爵，以及允许他们可用罚金赎罪。可是谁会有钱买官和抵罚金呢？还不就是那群贵族。

这次一共掘金三十余万斤，直接解了燃眉之急。

靠着这些手段，汉武帝从贵族富豪那里聚敛了大量的黄金，又通过赏赐将黄金派发给贵族富豪。

这就是汉代黄金的探险之旅。

黄金的一生，可能要遇见很多人。大抵每年封君诸侯王和列侯、官吏及商贾，会以酎金、罚金、租税的形式，特殊时期还有以武功爵的形式将黄金流入国库，而朝廷又会不定期地以赏赐、奖励等形式回流到封君、官吏的手中。然后进行下一轮的循环。

这可能就是西汉多黄金的原因，因为它反复地被历史记载，以至于存在感太强，给人以巨量黄金的感觉。

3

那么，西汉的黄金是怎么消失在人们的视野中的呢？

王莽时期，黄金的循环之旅开始遭到破坏。

居摄二年（7），王莽实行货币改革，发行大面值的货币错刀，与五铢钱并行。结果私人大肆盗铸，货币开始大幅度贬值。原本只出现在大额交易和上层社会的黄金，就成了稳定的货币。

可是王莽不信邪，他开始收买流通在国库外的黄金，同时颁布法令，列侯以下不得拥有黄金，必须上交。

黄金就大量从封臣、贵族手中进入国库，但是不会再流回去。

接着，大约到王莽登基或者稍后，刘氏诸王侯纷纷被削。刘姓子孙争先恐后献媚于王莽，分封制迎来了末日，封臣就无须交付酎金。他们要么把藏金都上交给了王莽的府库，要么私自保留黄金。

黄金成了不流动的"死黄金"。

之后，农民起义此起彼伏。王莽拜将军九人，号曰"九虎"，使其将北军精兵数万人东出镇压起义，却将其妻子儿女留于宫中，目的是不想花费重金笼络人心，但又怕他们临阵脱逃，于是将他们的妻子儿女当作人质。

由于王莽的巧取豪夺和吝啬，当时皇帝的府库里有"黄金万斤者为一匮，尚有六十匮。黄门、钩盾、臧府、中尚方处处各有数匮"。这批黄金的数额应是西汉和新莽时期的顶峰。

但是，这些不过是一堆没什么用的巨额黄金储备罢了。

王莽败亡之后，长安遭受洗劫，不唯未央宫被焚而已，其余宫殿皆尽被毁。

赤眉大肆劫掠之后，长安城几乎是一座死城了。众人遂收载珍宝，放了一把大火，向西而去，走到哪里，抢到哪里。

大量的府库藏金就此散落民间。

东汉王朝一来没有从前朝那里继承这样一大笔国家黄金储备，二来没有像酎金这样的制度能够收取黄金，三来丝绸之路也不如西汉时期繁荣。朝廷没有正式的黄金收入来源，也就不愿意赐予了，所以就不见于正史或少见于正史了，在后人看来就显得黄金变少了。

最重要的是，东汉无法炮制西汉的聚敛黄金之法。

东汉是由一群世家大族扶持而起的，刘秀就是南阳的地主。面对这种情况，皇帝不敢搜刮豪强的钱，怕适得其反，引起这些支持者的反对。

从此，豪富人家金宝盈箱，后顾无忧。汉光武的妻弟郭况就是一个侈靡地主，史载他"累金数亿，家童四百余人，以黄金为器。阁下有藏金窟，列武士以卫之"，简直就是住在金穴之中。

形势终究变了。放到汉武帝时期，这种人说什么都得褪下几层皮。而如今，豪强地主是东汉的支柱，又有谁能够从他们手里抢下黄金呢？

因此，东汉不是黄金少了，反而遍地是黄金，只是不进国库罢了。

《后汉书》还记载了这样一个故事：广汉人王忳来到京师之后，在空舍中见到一个穷困潦倒、奄奄一息的书生。他心生怜悯，前往探望。书生对他说："我来到洛阳之后，就得了病，命在须臾。但是我腰下有金十斤，愿以相赠，死后乞藏骸骨。"还没等到问姓名，书生就死了。王忳立马花了一斤金子，将其厚葬，其余金子全都埋在棺材之下，无人知晓。

黄金没有了用武之地，又不可能做低价值和铜钱比较，就只能慢慢退出流通领域。

昔日皇帝用以挥霍的黄金，绝大多数成为富人的玩物，也有一部分散入寻常百姓家，成了平民安身立命甚至养老送终的保证。

4

黄金还有一个好去处——墓地。

汉代提倡厚葬，社会上追求极致的奢华，这种风气同样也要归功于汉武帝。

经历过文景之治的太平盛世之后，汉朝国力强盛。而武帝又是一个追求极致的人，他不仅要活人的风光，也要死人的哀荣。

武帝陵墓的内室规制"明中高一丈七尺，四周二丈"，内设相当豪华。陵墓的各种设施，就和宫阙一般无二。

汉制规定，汉天子即位一年而为陵，天下贡献，一供宗庙，一供宾客，一充山陵。也就是说，汉武帝时期，每年以天下贡献的1/3充作修建陵墓的费用。

上梁不正下梁歪。在这种风气影响下，一般的达官显贵也互相仿效，相沿成习，而一般人家不惜"靡财殚币，腐之地下"，也要大肆铺张。

大量黄金没给生人带来荣耀，反倒随着死人入土，岂不是暴殄天物？

地下藏着如此多珠宝财富，必然就会招来觊觎。

老百姓每逢荒年而衣食无着时，便会铤而走险去挖坟掘墓，寻找墓中随葬品以图生计。

东汉末年，军阀混战，墓葬之中的财富，也变成军费的来源。各方竞相发掘陵墓，盗取宝物。

董卓焚烧洛阳之前，先把这里的地下翻了一个底朝天。

吴人扒了长沙王吴芮的陵墓，用那里的砖石给孙坚修了一座庙。

吕布曾在长安掘诸帝陵，甚至连公卿大臣的墓都不放过。

建安五年（200），曹操与袁绍战于官渡。袁绍为了拉拢冀州百姓共讨曹操，也为了提振军队士气，特命帐下的文人陈琳作檄文，声讨曹操。

檄文把曹操狠斗了一番，里面还写了一则丑闻：曹操率领士兵，亲自发掘梁孝王的陵墓，打破棺椁，露出尸体，盗取金宝。他手下还搜罗了一帮盗墓专家，并给他们授予官职——"发丘中郎将"和"摸金校尉"。

日后曹操抓住陈琳，只是质问他："你写文章骂人也就算了，为什么要波及我的父祖？"

陈琳谢罪道："箭在弦上，不得不发。"

关于盗墓一事，曹操并无申辩，陈琳也只是承认身不由己，并没有提到自己有诬陷之举。想来在乱世之中，盗墓确实骇人听闻，但在私底下，谁又能忍住诱惑呢？

兴许是因为早年发掘陵墓的经历，所以曹操临终时，再三嘱咐"无藏金玉珍宝"。他的儿子曹丕对天国也十足的冷漠，反复叮咛后人不要立寝殿、通神道、藏金银。

对于黄金来说，无非就是换了一个地方待着。对于现实的人来说，世界乱作一团，天国也不得安宁。

金灿灿的汉朝，还是落幕了。

传国玉玺失踪之谜

石敬瑭造反了！

这是后唐末帝李从珂登基后的第三年，清泰三年（936）十一月。李从珂下令要将石敬瑭调离晋阳，石敬瑭不从，并指责李从珂即位非法，随后起兵造反。

李从珂立即增兵数万，进攻石敬瑭的根据地晋阳。石敬瑭以割地称臣为条件，向契丹求救。

随着契丹救兵的到来，后唐正规军开始节节败退。

眼见形势逆转，李从珂意志消沉，昼夜饮酒悲歌，不敢领兵出战，坐等灭亡。各镇将领担心兵败后祸连自己，纷纷投降了石敬瑭。

最终，走投无路的李从珂带领全家，登上皇宫玄武楼，自焚而死。

作为皇帝，在生命的最后一刻，他还不忘带上身份的象征——传国玉玺。

随着大火升腾，那枚刻有"受命于天，既寿永昌"八个大字的传国玉玺，自此不知所终。

1

一般认为，中国人自先秦起便开始使用印章。初时，人们使用私章并没有材质上的要求和限制。直到秦朝统一天下，才规定："天子独以印称玺，又独以玉，群臣莫能用也。"这便是帝王专属印章——玉玺的由来。

玉玺作为秦始皇统一天下后发号施令的唯一信物，它的诞生自然也应充满着传奇色彩。传闻称，这枚玉玺的前身，正是当年赵国大臣蔺相如出使秦国后，

"完璧归赵"的和氏璧。

作为一件全程见证战国兴衰的宝物，和氏璧用以搭配"千古一帝"秦始皇，在当时而言，是再合适不过的了。

于是，遵秦始皇谕旨，协助陛下完成"书同文，车同轨"的丞相李斯成了国玺再造项目的负责人。在他的监工下，当时著名的玉工孙寿将和氏璧切割打磨成一个"方四寸，上纽交盘龙，有六面"的秦皇专用玉玺。

秦始皇的想法很天真，他认为，既然自己是始皇帝，那么大秦江山理应按二世、三世、四世的规矩传承下去，直到千秋万代。因此，他特命李斯在新玉玺的正面以君权神授之意，用鱼鸟篆书雕刻上"受命于天，既寿永昌"八个大字。

不过，古代的玉璧通常都呈扁圆形，中间有孔，无论如何都难以让李斯和孙寿在和氏璧上加工成一个六面体。故针对史书中"李斯磨和璧作之"的造玉玺之说，后世的学者更愿意相信，那枚为众多帝王所魂牵梦绕的传国玉玺，实际上产自一块质地适中的"蓝田水苍玉"。

但不管玉玺的真身到底是什么，它与生俱来的价值以及代表君王权力的象征都丝毫不受影响。

有了代表皇帝个人身份的宝玺，那就得有专人保管以及定期保养。秦始皇将此重任交给了最受宠信的司机班长——中车府令赵高。

作为宝玺的看护者，赵高可谓是"尽心尽责"。他不仅手捧着这尊玉玺随秦始皇巡视天下，发号施令。甚至还在陛下危难之际，以手中的玉玺，替帝国作出了"提前自爆"的决定。

公元前 210 年七月，秦始皇病逝于第五次东巡途中的沙丘宫。事发突然，秦始皇未及确定皇位继承人，但他生前最属意的皇子为公子扶苏。可是，赵高与公子扶苏素有过节，担心对方登基后报复自己，赵高决定利用近侍秦始皇之便，对外封锁消息。同时，找来了公子胡亥和丞相李斯。经过多次密谋，三人决定联名起草始皇帝传位诏书，指斥公子扶苏为子不肖、大将蒙恬为臣不忠，勒令二人自裁。

为了让这道充满阴谋的圣旨合法化，赵高掏出了随身携带的玉玺，重重地盖了下去。

尽管扶苏、蒙恬二人对圣旨的内容存疑，但因有秦始皇专用玉玺加持，二人纵然心有不甘，在军令如山的秦国，也只能凄然走上被预设好的不归路。

扶苏、蒙恬死后，公子胡亥顺利登基为秦二世。赵高阴谋得逞，瞬间成了炙手可热的秦国权势人物。在赵高的运作下，秦国宗室及忠良损失殆尽。苛政重罚的施行，让天下百姓怒秦更甚。官逼民反，陈胜、吴广大泽乡揭竿起义；刘邦、项羽楚汉争雄，进一步加速了秦国大厦的坍塌。

秦国二世而亡，末代国君子婴捧玉玺出降刘邦。

作为承接秦朝天命的象征，秦皇专玺在汉朝被规规矩矩地传承了两百余年。其间，刘氏皇族给天下人做了个表率，那就是在每一场正统传位的仪式上，秦皇专玺都得出场。谁拿到了这枚玉玺，谁就是下一任的天下共主。

后来，这枚玉玺干脆被冠以一个独特且熟悉的称谓：传国玉玺。

2

实际上，由秦始皇传下的玉玺应该不止一枚。秦至西汉，朝廷制度上规定皇帝"行六玺"，每一枚印章都有其不同的妙用。

不过，传国玉玺上的八个大字，着实给了所有夺权者最好的正统继承解释权。所以随着时间推移，传国玉玺的名号就盖过了皇帝的其他印玺。

传国玉玺与历代皇权的更替交织在一起，也注定它此后充满劫难的运数。

西汉元始五年十二月（6年2月），汉平帝驾崩后，外戚王莽立即着手筹谋夺位事宜。他是太皇太后王政君的侄子，在西汉末年的朝堂上有着极高的声望，而他此前也足够"爱惜羽毛"，一直以保护及安定汉室为己任，努力打造"汉室周公"的伟大人设。

即便夺位之心已经膨胀，王莽依旧按捺住性子，先从汉朝的皇族中挑选出最年幼的孺子婴立为太子，继嗣汉平帝。而后，再自任摄政大臣，一点点从幼帝手中攫取权力。

当然，作为一个优秀的夺位者，王莽若想得到天下士人的公认和归顺，没有代表君权神授的传国玉玺，那可不成。于是，在他的指导下，一场夺取传国玉玺的闹剧拉开了帷幕。

为了营造天命所归的气氛，王莽事先派人在某处枯井里埋了块写着"告安汉公莽为皇帝"的大石头。接着，借当地县令之手，这块暗示王莽乃真命天子的大石头被运抵长安，引起了朝堂动荡。

但太皇太后王政君始终坚信，王莽乃一介竖子，根本不够格承继汉室江山。站在维护王氏家族利益的角度，王政君告谕群臣："此诬罔天下，不可施行！"

怎料，王莽要的就是这个效果，他并不着急。他持续以各种祥瑞作为天命，暗示乃至明示自己是继承大汉江山的最好人选，并派人劝说姑妈王政君交出传国玉玺。他保证，汉室改姓王，事业将会越做越大，给姑妈的待遇也将维持原样，一分不减。

面对王莽的持续威逼利诱，王政君只能以"怒掷"玉玺的动作，来表达自己的不满。

而得到玉玺的王莽也没有食言，改朝换代的第一时间就给姑妈上尊号"新室文母太皇太后"。

由于王政君当时扔玉玺用力过猛，致使玉玺被摔缺了个角。王莽拿到手后，立即派人用上等黄金补了这个缺口。

玉玺虽残缺，却进一步提高了它的身价。特别是王莽死皮赖脸地要玉玺，更证明了这枚豁角的"金镶玉"宝印在众多野心勃勃的篡位者心中具有崇高的精神价值。

随后，无论是汉末董卓，还是三国曹魏，抑或是两晋司马，他们的开创者无不卷进这股"传国玺"的抢夺热潮。

天下局势瞬息万变，在非大一统的时代，传国玉玺的踪迹变得越发扑朔迷离，时而失踪，时而重现。

当晋室衣冠南渡，没有传国玉玺傍身时，北方的居民一度嘲笑他们为"司马氏白板天子"，认为他们不具备当皇帝的资格。

3

活人还能被尿憋死不成，玉玺始终只是玉玺，它的溢价得通过服务真正拥有实权的皇帝才能得以实现。

所以，伴随着大乱世的到来，造假国玺成了魏晋以来一个心照不宣的潮流。

这里边也不乏实诚之人。

隋末，宇文化及杀了隋炀帝后，传国玉玺就跟着萧皇后流亡到了漠北之地，那里是突厥人的地盘。等李氏父子历经万难，创建大唐江山时，手中别说传国玉玺了，连块"萝卜大印"都没有。

但唐太宗李世民好歹是一位雄主，他顶着压力，公然向天下人宣布，自己要造"假玉玺"！

照秦始皇的架势，李世民找来了一批顶尖的能工巧匠，给自己刻了枚"皇帝景命，有德者昌"的玉玺。

尽管后来李世民还是从突厥那里夺回了传国玉玺，并将其定为大唐的"受命宝"，但正所谓"有德者昌"，他新订的君权传承规矩，实际上助长了后世篡位者的国玺造假风气。

在这种风气的熏染下，把后唐末代君主李从珂逼上绝路的"儿皇帝"石敬瑭，在遍寻传国玉玺无果后，便也让人给他造了枚刻着"受天明命，惟德允昌"的国玺，以示王朝正统。后来，这枚国玺随着后晋的衰亡，落入了辽国手中，为辽主南下进犯中原提供了更好的借口。

由于宋朝没有传国玉玺加持，相信天命的皇帝们，不再拘泥于前朝的皇帝印玺。只要是自家先代帝王曾经用过的玺绶，在即位之君眼中，就都是"传国玉玺"，是可以作为自己登极称帝的祥符瑞物。

为方便皇帝日常行政，宋朝在八玺（六玺加上神玺及受命玺）之外，又设计了多款不同用途的玉玺，以彰显皇帝的尊贵和威严。

尽管此时自秦而下的传国玉玺已失踪，但"受命于天，既寿永昌"的君权解释却没有退出历史舞台。而这恰恰给后世造假者提供了更多想象空间。

面临皇权传承和朝代更替时，后世王朝几乎都未放弃过寻回秦玺。附会"传国玉玺"再现，便不仅是后世之君展示自己得位之正的惯用手法，更是一些朝代的大臣为颂扬君主治下盛世繁华而捏造出来的把戏。

北宋元符元年（1098），在传国玉玺消失百余年后，陕西突然向宋哲宗报告，称当地有个农民在耕地时挖到一枚玉器，上面写着"受命于天，既寿永昌"八个字。他们怀疑，这就是传说中被后唐那场大火吞噬掉的传国玉玺。

秦玺的再现，令宋哲宗欣喜若狂。他赶紧让蔡京等宋朝重臣及国朝顶尖文化人士赶赴现场勘验实况。

经过一番鉴定，蔡京与大臣们联名上书宋哲宗，称此玺篆文与李斯风格正合，饰以龙凤鸟鱼，乃虫书鸟迹之法，跟今所传古书，莫可比拟，非汉以后所作明矣。

在奏文中，蔡京没有直接言明此乃失踪已久的秦朝传国玉玺，但宋哲宗仍愿坚信此乃真正的传国玉玺，是天降祥符于大宋。一高兴，宋哲宗不仅告祭宗庙，还搞了个"受玺仪式"，斋戒沐浴，更改年号，以当年为元符元年，以示千秋万代长治久安。

不过，大宋君臣搞的这一出，并不能让天下人相信这是真正的秦玺。于是，宋徽宗即位后，为淡化传国玉玺的影响，直接下令造了 10 枚玉玺，以备皇帝急用。同时，还制造了一个带宝盖的玉鼎形方盒，专门用于收藏他新造出来的玉玺。

自宋以降，"献宝进玺"之事仍时有发生。

4

在这些"献宝进玺"事件中，最著名的当数清朝建立前夕，林丹汗的儿子额哲献给皇太极的那枚"制诰之宝"。

林丹汗是成吉思汗的后人，正宗元朝黄金家族后裔。他在位期间一度称雄蒙古草原，联合明朝攻打后金，是当时与努尔哈赤、皇太极父子并肩的一代枭雄。

但由于气候恶劣、资源匮乏等诸多制约因素，林丹汗霸业未成，即中道崩殂。在他死后，继位的额哲自知不是后金的对手，遂在皇太极、多尔衮大军攻打蒙古时，率部出降，并主动奉上自称为"传国玉玺"的制诰之宝。

关于这枚制诰之宝的来历，清史并没有下结论称其为"传国玉玺"，只是很隐晦地提及"此系历代帝王相传之宝"。

据额哲的说法，这枚宝玺上有汉篆"制诰之宝"四个大字。所谓"制诰之宝"，即皇帝发布圣旨时专盖的印章。它最早是宋朝皇帝专用的宝物，后为元朝君主所夺。再后来，元顺帝被朱元璋追得到处乱窜时，不慎将其遗失。

额哲称，直到几十年前，草原上有只山羊三天不吃草，一直用蹄子刨地，主人发现异常，在山羊刨过的地方向下挖，这枚传国玉玺才重见天日。因其父林丹汗是草原雄主，牧人挖到宝后不敢私藏，遂献给其父。

这枚玉玺的出土，是不是林丹汗父子自导自演的一出闹剧，不得而知。但取得制诰之宝后不久，皇太极便改国号为清，发动对大明朝的全面战争。

公元1644年，皇太极的儿子顺治皇帝，在叔叔多尔衮的辅佐下，入主北京。在他的登基诏书中，人们又看到了这枚制诰之宝的身影。但随后，这枚制诰之宝又神秘消失了。

有历史学者认为，制诰之宝的出现和消失，完完全全是清朝统治者为诠释皇权正统而在史书上杜撰的内容。依据是，天聪（1627—1636）末年，经过努尔哈赤和皇太极两代人的努力，后金有足够的实力抗衡关内的大明王朝。而雄心勃勃的皇太极本人也萌生了入主中原取代明朝的想法。但要称帝，绝非灭亡明朝这么简单。明朝气数将尽，却依旧得到天下政治舆论的支持。所以，要取代一个政权，哪怕它明天即将倒台，也必须借助一个冠冕堂皇的借口。

传国玉玺自然就是最好的说辞。于是，清朝统治者想到了当年元顺帝被迫放弃中原，回归漠北的历史。再合理加工一下，一则自宋而下，历元朝再经林丹汗后裔传到清朝统治者手中的传国玉玺故事，就此诞生。

随着清朝正式入主中原，顺治皇帝坐稳江山，这种舆论宣传已不合时宜，相应地，制诰之宝也就适时地消失了。

5

到了乾隆时期，凭借文治武功的良好感觉，乾隆皇帝摒弃了此前的玉玺传承制度，重新厘定大清皇帝二十五宝。

乾隆十一年（1746），这二十五枚皇帝玉玺正式启用。除运用于"以彰皇序"的大清受命之宝外，乾隆还设立了"天子之宝""尊亲之宝""亲亲之宝"等各类皇帝专用印章，几乎涵盖皇帝日常生活的方方面面。

乾隆二十五宝的构思，一般认为与《周易》相关。所谓"大衍天数二十有五"，古人认为，单数为阳，双数为阴。若按《周易》，以一、三、五、七、九之数相加，正好为二十五，寓意王朝永葆，子孙福寿延年。

然而，寓意大清基业永葆的"二十五宝"，并未能创造不灭的神话。

乾隆之后，大清王朝国势每况愈下，终于在乾隆去世后的第 113 年，即公元 1912 年，宣告覆灭。

又 12 年后，末帝溥仪不得不向下令炮轰紫禁城的冯玉祥"投降"。紧跟着，在国民政府的主持下，"清室善后会议"第一时间进入皇宫点收宝玺。

在故宫玉玺的存放地——交泰殿，工作人员只发现了乾隆的二十五宝，却来来回回也没找到传说中的"传国玉玺"或"制诰之宝"，这似乎进一步印证了清初统治者的造假事件。

至此，随着二十五宝的点验封存，影响了中国两千多年帝制时代的传国玉玺风波总算落幕了。

或许正如乾隆皇帝当初所理解的那样，所谓"传国玉玺"，不过是一件供人把玩的艺术品。

若它今天还在，一定也是静静地躺在博物馆里，看人来人往、灯明灯灭。如此而已。

玄奘遗骨流落之谜

1942 年的冬天，一群日本兵，突然聚集在南京雨花台附近。

手上拿着铁锹、锄头以及各种测量设备。

他们要在南京选址修建一座稻垣神社。

也不知道是哪个汉奸放出的消息，说雨花台一带风水极佳。日本人一到现场，就热火朝天地刨坑运土。

风水好的地方，土质也不一般。很快，在地下约三米半处挖出了一个石椁。

日本与中国一衣带水，受汉文化影响颇深。见到挖出中国的宝贝，为首的日军长官高森隆介两眼发亮。

他命令士兵擦拭并打开石椁。

映入眼帘的是一个半米见方的石函。

石函造型精美，一看就不是俗世之物。高森等人欣喜至极，正准备向上级汇报，却突然发现石函的来历并不简单。

因为，石函内藏着一个铜匣，虽已破烂，但从其破片中可辨识出"唐""三藏""师"等字样。此外，石函内还藏有银制小箱、金制僧像、玉器等宝物。

尤为关键的是，石函两侧分别有北宋天圣丁卯年（1027）、明洪武十九年（1386）的刻字，虽然有些字迹已磨损，但仍清晰可见"法师玄奘顶骨"等字。

这可不得了，玄奘法师顶骨舍利出土的消息，很快引起轰动。

舍利重现，往往意味着人间将有大幸事。然而，此刻的中国，却饱受侵略战争的摧残，受尽了无尽的耻辱与磨难。

1

贞观十九年（645）正月二十四日，46 岁的玄奘终于回到了他求经苦旅的起点——大唐帝国的首都长安。

17 年前，同样在这里，他结侣陈表，请允西行求法。那时，大唐帝国刚刚建立 10 年。执掌帝国最高权柄的唐太宗，正是在前不久的"玄武门之变"中胜出的秦王李世民。

大师的请求，并没有得到皇帝的允准。

因为，雄心勃勃的唐太宗正打算对屡侵边境的东突厥用兵。

但唐太宗强硬的态度，并没有恫吓住玄奘的决心。顶着"偷渡客"的头衔，玄奘毅然西行，足迹遍布库车、塔什干、葱岭、阿富汗等地，直到迦湿弥罗国（今克什米尔地区）才稍作歇息。

出发之前，玄奘已精通梵语和巴利语，在大唐境内享有"佛门千里驹"之誉。

此次冒险西行，在西域诸国的佛教世界中引起巨大轰动。

在北印度期间，玄奘受到了塔内萨尔王国戒日王的崇高礼遇。

戒日王如唐太宗一般，在印度半岛上也建立起强盛的帝国。在其臣民眼中，统治着北印度的他，就如同佛教中声名鼎盛的阿育王那般受人尊敬。

他在曲女城举办了五年一度的"无遮大会"，并邀请玄奘大师列席论经。

史载，这次大会前后历时 75 天。来自五印度的十八位国王和三千多位精通大小乘佛法的高僧与会。

这 75 天，也是玄奘一生的高光时刻。

作为一个外来访问的学僧，玄奘一人高坐法台任人询问。75 天过去，与会的所有人均从他这里得到佛学教义的开释。

他被佛教发源地的诸生尊为"大乘天""解脱天"，为萎靡的大唐佛教集起了希望的光束。

当曾经的"偷渡客"再度出现于长安城下时，他已经成了一位众人皆知的明星。西京留守、宰相房玄龄纡尊降贵，亲率众人至城门外，迎接这名西行的英雄回家。

随玄奘回长安的，还有从印度带回来的 657 部佛经和 150 粒如来肉舍利，以及 7 座金、银或檀刻佛像。

由于盛况空前，官方不得不动用京城警备力量维持秩序，不许瞻仰者随便烧香撒花。

跟普通大众一样，当年强硬不许玄奘离开长安的唐太宗，此时似乎也有一种追星的心态。

17 年的时间，这位具有雄才伟略的君主，已经征服了东、西突厥和吐谷浑，威服吐蕃，使大唐帝国在欧亚大陆上闻名遐迩。

尽管征服了许多政权，但武力无法解决剧烈扩张下的各种矛盾。因此，唐太宗豁免了玄奘，并希望他能留在长安做官，为国效力。

曾经违抗圣旨西行的玄奘，内心同样不安。他一直担心官府会秋后算账，即便唐太宗在其回城时已展现宽解的态度。在长安稍加安顿，他便启程前往洛阳，并在那里拜见了准备出征高句丽的唐太宗。

此后二十多天，玄奘数次被唐太宗征召入内，闭门密谈许久，他们具体谈什么，史书并无记载。

但可以肯定的是，这二十多天的交流，双方并没有达成共识。

因为，自那以后，玄奘虽然仍旧受到朝廷礼遇，但人身却失去了自由，甚至还时不时遭到朝中某些小官的莫名质询。每每这个时候，皇帝从未选择相信玄奘，而是让玄奘与质询者定对，以确定佛法是否真的适合在东土长存。

大约四年后，唐太宗的儿子唐高宗继位，玄奘表达了希望翻译佛经的愿望。唐高宗欣然答应，并将父亲唐太宗修建的玉华宫改建成玉华寺（遗址在今陕西省铜川市），供玄奘与门徒闭关翻译，实现其平生夙愿。

2

麟德元年（664）正月，玄奘大师圆寂于玉华寺病榻上。他毕生发愿前往弥勒净土，临走前，心态没有大起大落。弥留之际，他留下了遗言："今经事既终，吾生涯亦尽，若无常后，汝等遭我宜从俭省。"

尽管玄奘明确要求简化丧事仪式，可后来的历史证明，他的身后事既不简单，也不安静。

唐高宗李治与玄奘实际上有一层师徒关系。在《答法师玄奘谢启书》中，时为太子的李治称："忽见来书，褒扬谶述。抚躬自省，惭悚交并。劳师逮臻，深以为愧。"字里行间，可看出彼时师徒间感情深厚。

通行的说法是，玄奘圆寂后，唐高宗闻讯声泪俱下称："苦海方阔，舟暨遽沉；暗室犹昏，灯炬斯掩。"并传令下去，罢朝三日，"允许僧尼百姓吊丧，报销丧葬经费，妥善保护经书"。

但事实上，唐高宗自己并未投入过多的悲伤之情。反倒是在玄奘法师出殡当日，长安方圆五百里内的百姓均自发前往葬礼现场吊唁，场面震撼，一度需要官方派人维持秩序。

站在一国之君的角度，民间有如此精神领袖，对皇权而言不得不说是一种威胁。即便那人曾是自己的老师，而他此时已去世。

根据玄奘的遗愿，他圆寂后，希望葬在长安东郊的白鹿原。他的弟子荼毗等人后来遵照先师遗愿，妥善执行。

可是，玄奘的舍利下葬白鹿原五年后，唐高宗就说从皇宫高处瞧见玄奘陵墓，时常暗自神伤，一道圣旨，把他起棺重葬长安南郊的樊川兴教寺。

在中国的传统文化中，人们通常讲究逝者应该入土为安，不宜无故迁葬墓地，打扰地下亡魂的安宁。

很显然，唐高宗也清楚其中的规矩。不过，他不愿照做罢了。

因此，玄奘生前的追随者慧立曾记载，舍利子移葬之日，"门徒哀感，行侣悲恸"。

然而，谁都无法预料到，这不过是玄奘身后不幸诸事的小开端。

在迁陵风波过去近百年后，唐玄宗天宝年间，安史之乱爆发。大唐帝国从此由盛转衰，陷入长时间的藩镇割据状态，一蹶不振。但藩镇权势再大，却无法对中央进行直接把控，这便导致安史之乱后唐朝形成中央朝臣、地方藩镇与中央宦官三元制衡格局，一步步将大唐王朝拖入死而不僵的地步。

地方与中央的脱节，以及战争对经济的破坏，种种方面均使皇家无力在兴教传道上给予更多的支持。

更为严重的是，从前皇帝扶持佛教时，大量赏赐土地、钱财给寺庙，并特批僧侣无需缴纳课税、免除徭役。可是，当劳动力缺口扩大到影响国库收入时，"灭佛"显然成了大唐皇帝最好的选择。

于是，在宰相李德裕的支持下，崇尚道教的唐武宗下达了僧侣还俗的命令。

作为玄奘舍利的官方供奉地，兴教寺是此次"灭佛"的重灾区。史载，经历灭佛之后的兴教寺，"塔无主，寺无僧，荒凉残委，游者伤目"。

3

唐武宗的"灭佛"，一度使大唐帝国出现了"会昌中兴"的回光返照。但由于其本人迷信道教，在一次服用丹药后暴毙，朝廷再度回归朝臣、宦官、藩镇三者互相看不顺眼的局面。

此后，热衷于权力斗争的唐朝，始终没有着力于经济改革与农业保障，致使土地兼并越发严重。地方百姓饿肚子，没办法铤而走险，发展出了一批批规模浩大的"义军"。

其中，曾攻占洛阳、进抵长安的黄巢大军对唐朝的影响最大。

唐僖宗广明元年（880），在全国藩镇过半数投降义军的情况下，黄巢大军悍然挺进长安，完成了"冲天香阵透长安，满城尽带黄金甲"的夙愿。对于长安城的特权阶级而言，黄巢的到来，就是人间噩梦。史载，"甫数日，因大掠，缚棰居人索财，号'淘物'。富家皆跣而驱，贼酋阅甲第以处，争取人妻女乱之，捕得官吏悉斩之，火庐舍不可赀，宗室侯王屠之无类矣"。

在黄巢大军杀戮抢夺的乱象中，玄奘舍利再度迎来浩劫。

虽然有部分历史学家认为，黄巢发塔乃后人杜撰。但在那场浩劫过后，兴教寺的玄奘舍利仅剩顶骨却是事实。

为免玄奘尸骨无存，众僧人合力收集剩余舍利，紧急转移到终南山紫阁寺妥善保存。

作为唐代古刹，紫阁寺在大唐帝国的佛教世界中久负盛名。新罗禅师慧昭曾在紫阁寺"饵松实，行止观"，时达三年，然后出紫阁，于四达之路织芒鞋广施，天下闻名。

然而，流泉飞瀑、风光秀美的终南山，依旧不是玄奘舍利的最终安息地。

或许囿于地理环境的制约，至北宋初年，紫阁寺香火已不复当年鼎盛。寺中和尚死的死，散的散，仅余几名老僧坚守岗位，执着信念。机缘巧合之下，身处金陵长干寺的可政和尚到紫阁寺修行，无意间看到寺中一塔铭记玄奘顶骨舍利重葬的经过。

长干寺前身乃三国东吴时代创建的建初寺，历史悠久，为南方第一古刹，香火千百年来不绝。

眼看紫阁寺日渐衰落，可政不惜背负重责，将玄奘的顶骨舍利和记有这段历史的石碑从寺中请出，只身一人千里迢迢背回金陵，择寺中胜地好生供奉。

由此，玄奘顶骨舍利与金陵城结下了不解之缘。

后来，可政和尚继任长干寺住持。颇信神佛的宋真宗决定以自己的年号"天禧"赠予长干寺，改名天禧寺，并建三藏塔，供奉玄奘顶骨舍利于其中，受万世香火。

玄奘舍利在经历了数百年劫难后，终于迎来些许的安宁。

大明永乐六年（1408），天禧寺毁于大火，玄奘顶骨舍利安然无恙。

由于金陵城乃明太祖朱元璋的龙穴所在，即位的明成祖朱棣决定，在天禧寺原址上，修建一座纪念明太祖和马皇后的寺庙，即号称"中世纪世界七大奇迹"之一的南京大报恩寺。

大报恩寺的修造，由郑和等人担任监工官。但因为负责监修工程的郑和，仍需率领船队下南洋沟通诸国，所以大报恩寺工程进展缓慢。为此，明宣宗朱瞻基即位后，特地颁下诏书，要求郑和在出使西洋前，"用心提督"完成大报恩寺的整体工程。

明宣宗宣德五年（1430），修建时间历时十九年的大报恩寺正式落成。

自此，在大报恩寺的庇护下，玄奘顶骨舍利与阿育王塔一并被视之为国之珍宝，不容侵犯。

4

时间来到了晚清，太平天国运动兴起，又让玄奘顶骨舍利遭受到了如同一千年前黄巢起义那般的威胁。

好在，冥冥中自有护佑。在炮火中，大报恩寺沦为废墟。敕建的三藏塔上部损毁严重，半截为黄土所覆盖，反而为玄奘顶骨舍利提供了天然的屏障。

由于战争对大报恩寺的破坏相当严重，到了民国，人们似乎已经遗忘了玄奘与南京城之间的关系。

直到日本人的到来。

继 1937 年冬天在南京犯下大屠杀的滔天罪行后，日军又想在思想、文化等方面奴化治下的中国人。于是，在南京城的神社兴建工作便陆续展开了，直接促使大报恩寺遗址挖出玄奘顶骨舍利。

这既是当时的爆炸性新闻，也是玄奘身后的至暗时刻。

玄奘在佛教中的地位不言而喻，高森隆介即便知识水平不高，也知道事情的重大。日军遂一面对此秘而不宣，一面组织开展调查，大约在 1943 年 1 月，日军综合石函刻字与文献记载，认定石函中的遗骨即玄奘遗骨。

就在日本专家得出鉴定结论的同时，一则"南京发现三藏法师遗骨"的报道出现在上海的日文报纸上。事情由此公开化，并在南京、上海等沦陷区轰动一时。汪伪政府迫于压力，只能唯唯诺诺地向日军提出"严正交涉"。

为了尽可能地将玄奘舍利大部偷回日本，日方建议，将玄奘顶骨敲碎，平分两份，中日共有，以示两国亲善之心。

对于日方这种无理的要求，汪伪政府的谈判代表并不敢提出反对，在他们默认之下，玄奘舍利彻底四分五裂。

出于所谓的尊敬，日方派专人奉迎自己所得的部分玄奘舍利返回日本，剩余的则交由汪伪政府自行处理。

当时的中国大地，抗日战争已进入战略反攻阶段。汪伪政权已是穷途末路。为了树立他们在沦陷区的"威信"，汪伪官员模仿日方将自己所得的玄奘顶骨舍利敲碎，分出数份运往广州、成都、天津、北平（今北京）等大型城市，以振奋沦陷区的伪军官兵士气。

随后，一座名为三藏塔的玄奘顶骨供奉灵塔在南京玄武山（今九华山）建成。

1944 年 10 月 10 日，玄奘遗骨奉安典礼在南京汪伪官员的主持下举行。

可神佛并不保护这群卖国贼，在舍利住进新居仅十个月后，1945 年 8 月，日本正式宣布无条件投降。

而被运往日本的玄奘舍利则分别被奉安于奈良药师寺与琦玉慈恩寺。直到十余年后，应中国台湾方面的要求，日方才决定将玄奘舍利"分赠"一份给台湾，藏于台北玄奘寺。

1949 年后，在南京的玄奘顶骨舍利辗转九华山、栖霞寺，最终收藏于南京灵谷寺。但遗憾的是，当年被分送到广州、北京两地保存的玄奘顶骨，却没能躲过"十年浩劫"。

1956 年，在周总理访印期间，玄奘顶骨舍利重返故地。经周总理批示，部分玄奘舍利转交印度那烂陀寺保管，那里正是当年玄奘学习佛法、名扬世界的开端。

历史仿佛绕了一个圈，但中间的沧桑劫难，谁又能铭记？

第二章

惊天大案

北宋帽妖案始末

宋真宗天禧二年（1018）五月，洛阳城里人心惶惶，一则流言不胫而走：一些百姓宣称，他们在夜里看到帽子状的妖怪飞入普通人家，幻化成恶狼伤人。

人们对这起恐怖流言深信不疑，并根据其外形，称这作恶的妖怪为"帽妖"，或"席帽精"。

城中百姓害怕帽妖袭人，一入夜便紧闭门窗，男丁们还拿起武器，轮流守夜，严阵以待。

二十多天后，流言从西京洛阳传到了东京开封。

在帽妖流言扩散和升级的将近一个月内，除了宋真宗的亲信、河阳节度使张耆曾在奏折中提起此事，朝中再无官员对此着墨。

在儒家的解释系统里，天有异象，妖孽横生，意味着君主无德。而宋真宗是出了名的"神棍皇帝"，于是急命侍御史吕言全权侦破"帽妖案"。吕言启程之日，宋真宗下令在洛阳"设祭醮禳祷"，祈求上天宽恕。

1

帽妖案笼罩下的洛阳城，时任最高行政长官，是早些年揭发过"柴氏富婆再嫁案"的王嗣宗。

王嗣宗是宋太祖开宝八年（975）的状元，除了文采了得，拳脚功夫也过硬。据说，当年他参加殿试时，同科的陈识与他棋逢对手。两人同时交卷，致使殿试中罕见地出现了两个状元候选人。

宋太祖早年出身行伍，见没法再以文才试之，便让二人以武功定输赢。

平时文武兼修的王嗣宗，一上来就占了上风。几个回合之后，陈识被打趴在地上，状元遂花落王家。

也许是为人太猛，王嗣宗当了官后，鬼神都不敢近身。

据《涑水记闻》记载，王嗣宗调任邠州知州前，当地曾有一座狐王庙，供奉狐王。无论士庶，人人皆认为狐王可"通神"。官员到任邠州，若不拜狐王，任上将诸事不顺，轻则丢官，重则丧命。

王嗣宗偏不信邪，到任后强势对抗狐王庙信仰："毁其庙，熏其穴，得狐数十头，尽杀之！"

当地百姓直接吓傻了，他们生怕王嗣宗命不久矣。然而，数日过后，王嗣宗不仅红光满面，还比从前更加精神了。

从此，邠州迷信之事甚少发生。

这一次，作为洛阳主官的王嗣宗听闻帽妖恶意伤人的流言，自然不会往心里去。说到底，它与邠州狐王是同一套逻辑。信则有，不信则无。

王嗣宗相信，谣言止于智者。像这种没来由疯传的鬼话，过段时间就会被其他热点覆盖，根本犯不着动用衙门公器。所以，针对帽妖舆情，他并未处理，也并未上奏。

反倒是河阳节度使张耆很着急，向宋真宗奏报了此事。按照规定，河阳节度使无须负责洛阳事务，只需守好太行山以南、黄河故道以北的军事防区即可。

张耆知道，宋真宗热衷天书祥瑞，但最忌讳灾异流言。

帽妖案发生的这一年，正好是宋真宗封禅归来后的第十年。

2

负责调查帽妖案的吕言抵达洛阳后，王嗣宗全程陪同接待。

对于社会上疯传已久的"帽妖"，吕言也十分好奇。王嗣宗则始终坚持，洛阳没有帽妖，吕言若是不信，可在洛阳体察民情，辨别真伪。

说来奇怪，吕言到了洛阳数日，帽妖并未出现，仿佛故意躲着不见他。于是，在洛阳城安抚好民心之后，吕言便返回开封缴旨。

不料，他前脚刚抵达开封，帽妖后脚就跟了过来。

史载，"六月乙巳，是夕，京师讹言帽妖至自西京，入民家食人，相传恐骇，聚族环坐，达旦叫噪，军营中尤甚"。

根据传言，帽妖到开封可不像在洛阳那么"客气"，从伤人直接升级成了"食人"。

尽管大家都没见过帽妖的真身，但都城从来不缺"小道消息"，特别是宋真宗统治时期，君臣普遍热衷制造"天书降临""神人降临"等灵异事件，一度达到举国若狂的程度。

在这样的社会氛围中，帽妖传言不管真假，已经击溃了很多人的心理防线。开封的恐慌情绪，逐渐蔓延开来。

为了克服恐惧，开封市民纷纷以宗族为单位，入夜后即上街喧哗，通宵达旦地敲锣打鼓，希望用噪音吓跑这只吃人的怪物。

帽妖流言同样波及了京城禁军。他们的反应比开封居民还要激烈。每当夜幕降临，他们就拿着武器聚坐一起，大声吼叫，吵得宋真宗寝食难安。

众所周知，《水浒传》中的林冲乃宋末八十万禁军教头。宋真宗时期，禁军的冗员虽不及后期严重，但要是闹出个"苍天已死，黄天当立"的事情来，那也是分分钟足够颠覆大宋朝的。

睡不着的宋真宗，很快冒出一个细思恐极的念头：帽妖吃人，怕不是有人想趁机造反？

怎么办？两个字：抓！杀！

迫于形势，宋真宗当即下令，鼓励百姓检举揭发传播帽妖谣言者。一经核实，告密者重奖，造谣者重罚。

重赏之下，必有勇夫！

很快，开封百姓向朝廷检举揭发了和尚天赏和道士耿概、张岗三人。

举报者称，这三人日常行踪诡异，又兼懂巫术，即便没有传播谣言，也不是什么良善之辈。

宋真宗急令起居舍人吕夷简会同亲信宦官周怀政审理此案。

吕夷简是日后的宰相，办事自然十分干练。

经调查，这三人确实不是什么好人。他们在民间广收门徒，聚众传播邪教。在吕、周二人的严刑逼供下，这三人还供出了名叫张子元的"散人"，说他也参与其中，还专门召集了数百人恶意造谣。

最终，这起在开封闹得沸沸扬扬的帽妖流言，以"决杀头首六人，其余免死"的判决告一段落。

但在调查该案过程中，吕夷简等人发现，这群人虽十恶不赦，但对帽妖案的前因后果却语焉不详。

更重要的是，在有关人员侦办此案期间，开封城内人心持续不安。百姓从原来害怕为帽妖所杀，转变为害怕因传播帽妖流言，被官府所杀。

谏官刘煜察觉到民意的转变和惊恐，赶紧向宋真宗建言，要求停止彻查帽妖案，避免大宋陷入内乱。

动静闹得这么大，朝廷却始终没有收到过有关帽妖吃人的真实命案报告。为避免继续扩大事端，宋真宗下令，"诏今日以前犯者，更不问罪"。

开封的帽妖案这才逐渐平息。

3

虽然对民间层面不再追究，但对官僚层面，宋真宗并不打算就此放过。

既然帽妖是从西京洛阳窜出来的，那么，西京留守王嗣宗就得承担失察之责。于是，坚信谣言会不攻自破的王嗣宗，被发配到了陕州。

然而，事情还没完。

当帽妖流言在开封消失得无影无踪后，它又窜到了南京应天府。

这帽妖似乎很会挑地方，北宋沿五代制，天下分四京。除了开封、洛阳外，另两个大型直辖市，一个是位于北方前线的北京大名府，一个是位于今天河南商丘的南京应天府。

所以，当时应天府的"一把手"，也不是普通的官员。

他是"连中三元"的名相王曾。

既然宋真宗已经认定帽妖与上天示警无关，王曾办事就可以放开手脚了。

帽妖谣言一起，王曾就"令夜开里门，敢倡言者即捕之"。

反正谁都没见过帽妖，不如咱们开门迎迎它。

王曾还让衙门组织巡逻队，晚上在城中维持治安，遇到有人说看到帽妖伤人、吃人的，一律逮捕，让他们写个切结书，交代一下帽妖的作案经过。说不出来的，一律以"造妖书妖言罪"论处。

造妖书妖言，这罪名可不小。

《宋刑统》规定："诸造书妖言者，绞。传用以惑众者，亦如之。"按帽妖流言的传播级别，造谣者必死。

王曾的举措实施没几天，帽妖流言不攻自破，史载，"民情遂安，妖讹乃止"。

从此，帽妖流言绝迹，大宋恢复正常。

4

问题来了，所谓的帽妖驾临人间，难道只是为了伤人吃人？

事情并非如此简单。

按照儒家的"天人感应"理论，天和人是相通相感的。当天子不仁不义，老天会以灾祸示警。反之，如果政通人和，上天便会降下祥瑞，嘉奖天子的付出。

从大中祥符元年（1008）开始，宋真宗为了摆脱澶渊之盟的屈辱感，与底下的亲信接连制造了"现天书""献祥瑞"事件，并基于天下升平的假象到泰山封禅。

从当时"一国君臣如病狂"、热衷于天书政治的情况来看，宋真宗及其臣子对于祥瑞或灾异背后的人为动机，绝对是洞若观火的。

帽妖案很快被平息下来，没有酿成更大的社会动荡，与宋真宗这个惯于操纵灵异事件的"老手"是分不开的。

灵异和谣言，作为社会舆论的一部分，是反映朝局时势和民心意念的晴雨表。皇帝能用，"有心之人"当然也能用。

早些年，宋真宗的伯父、宋太祖赵匡胤搞出来的"点检做天子"，就是最典型的例子。

当年正月初一，传闻契丹联合北汉南下攻后周，朝廷命殿前都点检赵匡胤率军北上御敌。赵匡胤还没出发，京城开封就开始流传一句话："出军之日，策点检为天子。"这句话一流传开来，开封人心惶惶，除了宫里不知道外，城里的人纷纷外逃。

流言传播的结果就是，赵匡胤到了陈桥驿后，在部下的劝进中黄袍加身，成了大宋开国皇帝。

帽妖谣言与"点检做天子"谣言的结果，自然不可同日而语。但有一点颇为相似，即谣言初起时，"内廷晏然不知"。这就是为什么王嗣宗什么都没做，而宋真宗一定要将他撤职。设想如果没有张耆将洛阳帽妖流言上奏，等它闹到开封时，说不定朝廷还蒙在鼓里——谁都不敢保证它不会变成"点检做天子"2.0版。

经过宋真宗的雷霆镇压后，帽妖谣言依旧祸及"三京"——背后肯定不是无知百姓自发传播这么简单，而是有高人在操盘。

就在宋真宗迎战帽妖案之时，钦天监跑来报告："有彗出北斗！"

"彗"就是扫把星。古人认为这是灾星，它的出现，通常伴有灾异。很明显，这次的灾异就是时下正肆虐两京的帽妖案。

担心老天还要降灾祸，宋真宗赶紧下令大赦天下。

谁知，彗星荧空三十七天，仍迟迟不散。

宋真宗只好求助大臣，寇准、向敏中、王旦等一批元老重臣借机进言，让其早立太子。

老臣们的意思是，宋真宗已年逾天命，又身患重疾，经常神志不清，朝廷政务皆听皇后刘娥处置。长此以往，怕天下陷入"牝鸡司晨"的状态，对赵宋江山社稷不利。

立太子之事，可谓切中要害。

然而，宋真宗迟迟没有答复。直到梧州知州陈执中给他上了《演要》三篇，以早定天下根本为论点，痛陈立太子与时下帽妖、星变的关系后，宋真宗才松了口。

天禧二年（1018）中秋节，宋真宗下令册立虚龄 9 岁的赵受益为皇太子，赐名赵祯。这就是日后的宋仁宗。

5

老臣们并不知道，宋真宗的拖延，源于皇后刘娥不答应。

因为，赵受益不是刘娥亲生的！

正如"狸猫换太子"的传说所揭示的，赵受益生母是李宸妃，刘娥充其量只是他的"养娘"。

而老臣们与刘娥之间最大的矛盾，是看不惯她在朝政事务上指手画脚。

更深的根源，是儒家对女人干政的妖魔化。

由于刘娥为人"周谨恭密"，当上皇后之后，宋真宗没少让她参与处理政务。随着宋真宗晚年逐渐神志不清，原来只承担助理角色的刘娥，一下子挣脱了束缚，成为"代皇帝"的角色。史载，"时上不豫，艰于语言，政事多中宫所决"。

刘娥还趁机扩充自己的势力，知道寇准、李迪等老臣一向看不惯她，她便倚仗王钦若、丁谓等佞臣，与清流一派明争暗斗。

如果说刘娥与丁谓等人勾结，只是为了方便替宋真宗处理政务，那么之后她令亲信夏守恩、刘美等执掌京师禁军，就不得不令人怀疑她有效仿武则天当皇帝的想法了。

在这个节骨眼上，一向清流正直的老臣们，搞点什么灵异事件，曲线劝君，也在情理之中。

就像他们当年为了拍宋真宗的马屁，说天降祥瑞，蝗虫不肯为祸人间，抱团自杀，儒家士大夫搞这些神神鬼鬼似乎挺在行，虽然有违圣人之训。

于是，继帽妖和星变之后，清流大臣们又炮制了一出天象示警。

天禧三年（1019），也就是帽妖案结束一年后，北宋的天空又现异象。

钦天监报告，太白昼现！

很好奇，在没有天文望远镜的古代，人们是怎么通过肉眼，在太阳大放光芒时，还能看清楚天上的星星。

但负责占卜的官员很快有了结论：太白昼现，乃女主昌之象。

女主兴旺，指向谁不言而喻。

既然上天接二连三示警，宋真宗也明白，自己不尽早做好传位工作，会出大事。宋真宗准了寇准等人所请，让他们负责辅佐"太子监国"事宜。

然而，有些得意的寇准在之后的一次醉酒中，不慎泄露机密，致使"太子监国"计划流产。

寇准罢相后，丁谓主掌朝政，刘娥至此高枕无忧。

再之后，或许是受了官家的密令，宋真宗身边的亲信太监周怀政策动兵变，欲谋杀丁谓，迎回寇准，让太子直接登基。

危急时刻，周怀政被同谋告发，兵变戛然而止。

乾兴元年（1022），宋真宗驾崩。刘娥辅幼主赵祯登基，开启了长达 11 年的垂帘听政生涯。

将帽妖案放置在这段复杂的政治背景下进行分析，一切指向权力争斗的阴谋皆有可能：它可以是老臣们的故弄玄虚，以便向宋真宗示警；可以是刘娥一派的别有用心，企图复制"点检做天子"的成功；也可以是藏在历史隐秘角落里的某个权臣或异教教主，准备制造混乱，趁虚而入……

谁知道呢？

但它绝对不是一起 UFO 入侵事件——这不过是现代人的故弄玄虚，科学版的"彗星出没"罢了。无关历史，无关真相。

明初四大案之空印案

经秘密渠道，一本空白的账册被呈递到了明太祖朱元璋的案前。

龙颜震怒。明初四大案之一的"空印案"，爆发了。

这是一本由地方官员上报给户部核算缴纳钱粮的账册。

按照明朝初年的制度，朝廷实施的是实物税款缴纳，也就是由地方呈缴粮食至户部。为防止地方官员贪污，朱元璋特别规定，地方缴纳钱粮时，除需派员监督运粮，还需提前准备好记录钱粮收支的账册。

朱元璋的设想是，账册上白纸黑字，县、府、省、部，一级一级往上解送粮食，一级一级核对数目，就可以避免粮食从县级到中央这一路上各个环节可能出现的克扣、贪污、倒卖等违法行为。

但眼下，呈到朱元璋面前的账册，怪就怪在只见地方政府的印章，却未填报解送粮食的数目。

这让朱元璋感到惊心，如果负责押粮的官员来个"中间商赚差价"，少报少填，那岂不可以瞒天过海？

盛怒之下，他立即派人彻查此事，并要求将前来京师缴纳税粮的地方官员全部控制起来。

1

不查不知道，一查吓一跳。

经过查询与搜证，办案官员总结汇报了空印案详情：除了这一本空白账册外，其他前来缴纳钱粮的官员手里多半拿的也是这种空白账册。更要命的是，户部官员对此早就习以为常，拿着空账册核对钱粮，补填数据。这俨然就是大明官场人人默认的"潜规则"。

一向对官员贪污深恶痛绝的朱元璋，哪里还管什么青红皂白，当即下令将主管大印的各地政府"一把手"处死，副手以下杖一百充军。

咔咔一顿操作，无数地方官员人头落地。

对于朱元璋雷厉风行的"一刀切"判决，朝廷大员看在眼里，却不敢多说半句话。因为，他们太清楚朱元璋的脾气和手段了。

但事情总有例外。

就在大家以为此事即将尘埃落定时，钦天监突然来报：天有异象！

帝制时代，若出现天象异常，一般会认为是天降祥瑞，或者相反，天降横祸。但无论是好是坏，都被认为与当朝天子的行为品性有直接关系。所以，但凡被解读为天降横祸，号称"天子"的皇帝大多会采取"罪己"的处理方式，向治下臣民表露皇帝本人的认错态度。

天有异象之前，朱元璋刚好大开杀戒，这很难不让人联想到上天的警示与惩罚。

接到钦天监的奏报后，朱元璋随即颁诏天下，要求各方直言其施政过失，力求弥补。

与皇帝本人"万方有罪，罪在朕躬"的表态相对应，朝廷百官其实更清楚当中暗含的"天子无错，错在百官"的深意。朱元璋要求各方直言施政弊病，官员们更加惶恐了，无人敢指出实际问题，全是"陛下唯一的缺点就是太不爱惜自己的身体了"。

可事情总有例外。

就在大家以为这件事就此画上句号时，朱元璋却收到了一封来自民间的"申冤信"。

2

给朱元璋写信的，是一个名叫郑士利的秀才。他哥哥郑士元此前刚受空印案牵连，被罢职下狱。

郑士元曾任监察御史，后转任地方刑司官员，为人刚正不阿，清正廉洁。民间盛赞他惩治贪腐，除暴安民，传说中他法办了朱元璋的"皇侄"朱桓。

民间传说中，朱桓的父亲朱六九在朱元璋成名前，曾对其有救命之恩。朱元璋称帝后，便将朱六九之子朱桓养于身边，视若己出。仗着老朱的宠爱以及突如其来的地位上升，朱桓逐渐变得骄横跋扈，强抢民女，奸淫掳掠，无恶不作，百姓敢怒不敢言。

恰在朱桓张狂之时，奉命巡查地方的监察御史郑士元，将其罪证整理呈递朱元璋，并恳请陛下依法办事，以正朝纲。

面对朱桓铁一般的犯罪事实，朱元璋知道其罪滔天，无得赎免，可朱六九毕竟对自己有过救命之恩，故而颇难定夺。然而，郑士元不依不饶，甚至不惜激言顶撞朱元璋，请陛下直接给朱桓一伙颁发免死铁券算了，这样他们就能坏事干尽，还能享受罪刑豁免权。

郑士元的讥讽，彻底激怒了朱元璋。他当即下令斩了这个倨傲不恭的官员，却不料，当刑罚加身时，郑士元面不改色，从容不迫。

好在，最终故事逆转，因为太子朱标从旁劝谏，朱桓得到应有的惩罚，而郑士元作为有功之臣，大获表彰。

尽管此事为民间艺术创作，但从中可以看出郑士元的官品与人格。朱元璋对郑士元肯定也是相当了解的，就在空印案东窗事发前不久，他才下旨褒奖郑士元为官"勇于谏言扬善"，将其升调为湖广按察使司佥事。

所以，郑士利上书为郑士元喊冤，朱元璋格外重视。

3

万万没想到，看完郑士利洋洋洒洒数千字的申冤信后，朱元璋差点儿气爆血管。

郑士利在里面首先声明，自己选择此刻上书，完全是为了避免"假公言私"。作为陛下最忠实的臣民，他认为，明太祖朱元璋对空印案的处罚过于苛刻，且毫无法律依据。

接着，郑士利列举了几条关于空印案的事实来佐证自己的说法：

其一，明初的法律规定，交付户部的账册一律盖有骑缝章，非一纸一印可比，就算不慎被人捡了去，那一张纸才半个印，想用来弄虚作假扰乱帝国经济，那是行不通的。

其二，上缴户部的钱谷之数，一般都得经过县、府、省、部多级审核。这些都是人力为之，必有损耗。即便大家工作勤恳，保证钱粮在运输途中完好无损，但人亦非圣贤，写错、漏写钱粮之数也并非毫无可能。而数字一错，就需要退回，重新层层核验。州府下县衙，尚且好办，若到了户部才出问题，打回原地重审，这得耗费多少人力、物力和时间成本！

大明疆土辽阔，地方官员进京一次少则走一两千里，多则六七千里路程也是常有的事。这时，大部分税收都是征收实物，百姓缴纳钱粮，通过地方衙门，以保、里、村、庄等单位自行收取，再送到相应的上级行政单位，之后再押运粮食至京，由户部核准数额后，分发到各卫所、驻军、藩王府等。

输纳钱粮的中间环节过多，最易出现纰漏。而钱粮数目一旦出错，就得打哪来回哪去，实在很影响朝廷政务的运转。因此，官员们才发明了这种盖好了章、待官员押粮赴京后再填写的"空印"账册。

其三，即便大明全体涉案官员均有为政过失，应予治罪，那也必须做到有法可依，走查证和审判程序。不能陛下一时兴起，就直接给众官员头上扣帽子，让满朝文武胆寒。

其四，国家培养人才不容易，陛下直接将地方政府的"一把手"全杀了，将其他涉案的各职司官员全部下狱，这种做法实在欠缺考量。这些被贬杀的官员，很多都是民间公认的清官、好官。他们或许是受官场潜规则胁迫，不得不为。如今全成了陛下眼中的不法之徒，臣深为陛下惋惜。

可以说，郑士利列举的四条事实有理有据。

朱元璋"一刀切"的执法，确实会将迈入正轨的大明行政系统重新打入混乱的状态。更何况，在这些被贬杀的官员中，除了郑士元，还有如方孝孺之父、时任济宁知府的方克勤等被当地百姓称为"我民父母"的良吏。

郑士利深知，这封书信递上去后，以朱元璋的性格自己必难逃一死。但若能以他一人之命，换得天下秩序安然，他亦死而无憾。

但事与愿违，郑士利的肺腑之言，并没能救下那批即将死于皇帝屠刀下的冤魂。而郑士利则被褫夺功名，连同他刚刚放出来几天的哥哥郑士元一起，被送去海边当劳改犯。

4

郑士利的说辞可谓十分合乎国情了，为什么明太祖朱元璋仍一意孤行呢？

众所周知，朱元璋是个苦出身。年纪轻轻就因家里遭灾，父母双亡，被迫跑到寺庙化缘当和尚。后因机缘巧合，才得以参加元末红巾军起义，攻伐天下，强势逆袭为一朝天子。

即便已经贵为帝王，他对儿时的经历依然耿耿于怀。

而让朱元璋等天下英豪群起反元的根本诱因，就是无官不贪，导致底层百姓吃不饱。

史料记载，元朝末年，吏治贪腐烂到了根。从元朝蒙古贵族高层以下，官员皆贪。为了问人拿钱，他们巧设缴税名目，多征赋税，几乎涉及底层百姓的方方面面。

尽管朱元璋建立大明王朝，但元末的歪风邪气在明初的官场上仍时刻弥散，令人触目惊心。

统计数字显示，明洪武年间民间"盗贼"颇多，光是有明确记录前因后果的"盗贼"事件就达180多起。而这些被迫反政府的"盗贼"，几乎全都是被明初各级衙门官员监守自盗、卫所守御部队扰民等腐败行为逼出来的。

对此，朱元璋极度愤怒。他曾说："朕昔在民间时，见州县官吏多不恤民，往往贪财好色，饮酒废事，凡民疾苦，视之默然，心实怒之。"

他也曾颁下严旨要求："但遇官吏蠹害吾民者，罪在不恕！"

由此可见，朱元璋与贪墨庸官不共戴天。

空印案本身虽是国家税收制度引发的案件，但究其根源，税收取之于民用之于民，官员为图自身便利，钻法律的空子，在朱元璋看来，岂能没有官吏蠹害百姓之嫌？

朱元璋始终不愿意割舍与百姓阶层的联系。在帝制时代，皇帝、士大夫、百姓层级分明。作为金字塔最顶层的皇帝，都会对这群被定义为"臣民"的下级恩威并施，以延续皇权的至高无上。

不过，朱元璋有所不同。

作为一位连续跨越两个阶层的皇帝，朱元璋始终认为"民者，国之本也"。无论如何，在大明王朝治下，百姓是万万不可得罪的。为此，他还专门为这条准则披上了一层"天命论"的外衣，强调"天之爱民，故立之君以治之，君能妥安生民，则可以保天眷"。

所以，当君与民相连成一体时，受罪的便只能是以"士大夫"为首的官员阶层。空印案重典治吏，牵连面广，在所难免。

5

尽管空印案在明初政坛引起了轩然大波，但与并列明初四大案的胡惟庸案、蓝玉案、郭桓案相比，它最多只能算是朱元璋在大开杀戮前的一次"小试牛刀"。

关于空印案的案发时间以及涉案人数，史学界至今仍存在多种不同说法。

在案发时间上，翦伯赞、孟森等一批历史学家支持"洪武九年（1376）案发"一说。依据是，明初著名学者方孝孺曾在自己的著作《逊志斋集》中提及其父方克勤与空印案的联系。

据方孝孺自述，其父是洪武八年（1375）在山东济宁知府任上遭下属诬陷，被朝廷贬谪去江浦劳作。本来按朝廷的判处，方克勤劳教满一年即可回家。结果，"会印章事起，吏又诬及，（洪武）九年十月二十四遂卒于京师"。

这段记述，方孝孺很明确地指出空印案案发时间在洪武九年前后。

在《逊志斋集》中，方孝孺还特别收录了郑士利、叶伯巨等人劝谏朱元璋的事迹。其中，关于空印案的发生情形，方孝孺写道："洪武九年，天下考校，钱粮策书空印事起，凡主印吏及署字有名者，皆逮系御史狱，狱凡数百人。"

不过，吴晗等历史学家则认为，空印案起于洪武十五年（1382），且只是"郭桓案"的前奏，两案理应并为一案看待。《明史》中记载"郭桓案"时提到"先是（洪武）十五年空印事发"，即是此事实的最好佐证。

应该承认，历史学家的求真与探索精神值得后人学习。

但若从明初四大案相互独立的角度考量，"洪武九年说"显然比"洪武十五年说"更贴近于历史事实走向。

因为，无论是《明史》还是当时人留下的史籍，提及空印案时，都绕不开一个小人物——方徵。

6

在人才济济的明初官场上，方徵名不见经传，但无碍于他在空印案案发前后的突出表现。

史料记载，方徵在空印案案发后，也曾借天有异象上疏朱元璋，辩驳其处理案件不当。在这封奏折中，方徵写道："去年各行省官吏以用空印罹重罪，而河南参政安然、山东参政朱芾俱有空印，反迁布政使，何以示劝惩？"

按方徵的意思，空印案是他上疏之前一年的事。

随后，方徵在空印案审结后，即被发往沁阳任驿丞。后来，又因犯他事于洪武十三年（1380）被逮回京师处死。据此，可知空印案一定发生在洪武十三年之前，而不可能是洪武十五年。

另外，洪武年间星象异常频发的年份并不多，其中较为集中的仅有洪武八年、九年前后。诸如《明实录》《明史》等官修史籍皆言："洪武九年六月，金星犯毕右股北第一星，七月初一日食。""钦天监上报，七月火星犯上将，八月金星又犯。"

因此，空印案发生时间大抵在洪武八年、九年前后。

至于空印案爆发后，受惩处牵连的官员到底是"数百计""数十百计"抑或是"数万计"则要看人们对此事的理解了。

一桩案件的审结，仅代表其在一定阶段内有了一个明确的处理结果，并不意味着案件的结束。特别是在空印案这种涉及大明全体在职官员，且仅有皇帝一名裁决人的政治案件上，审结远远没有结束。

制度的补充与完善，也并非一次案件审结即可完成。

因此，留给官员"顶风作案"以及皇帝"趁势株连"的机会持续并存。而历史多为事后之人所录，数据及年份的偏差，并不奇怪。

7

可怕的是，空印案审结之后，朱元璋最担心的事情再次发生了。

洪武十八年（1385），明初四大案之一"郭桓案"爆发。户部侍郎郭桓串通各省官吏作弊，盗卖官粮，涉及田租约占当年明朝全年税收的八成以上。

尽管此前这批官员在空印案中或多或少受到牵连，但所有人似乎都好了伤疤忘了疼，在此后的数年间，大捞特捞，直至案发，被朱元璋屠刀相向。

站在维护朝政清明的角度，朱元璋只能将这群恶官枭首，以儆效尤。

但从另外的角度分析，造成官员不计恶果、反复贪污的根源，恰恰是朱元璋埋下的。

明朝俸禄之低，历朝罕见。明初正七品的县令，年俸禄仅 84 石大米，折合成月俸也不过 7 石。这点粮食，养活自己一家人还行。

可明朝的文官，大多是通过科举文章录取而做官的，从政经验几乎为零。地方官员为处理各类政务，需要在衙门属员之外扩充自己的"智囊团"。低俸禄加上要自掏腰包养团队，这就逼迫地方官只能另想法子"来钱"了。大明官场贪墨之风横行，与此不无关系。

　　官员的死活，朱元璋不在意；但百姓的死活，是他在意的，也是最真真切切的社会现象，关乎王朝存亡。民不聊生，他不能忍，但官不聊生，或许正合其意。对此，后人又该如何评说呢？

"国丈狂想曲"：一场白日梦引发的血案

正德二年（1507），深秋十月，北京紫禁城。

一名老者在东安门外，哭天抢地，声称有重大的冤情，需要禀报皇帝。

自宋朝以来，历代王朝在皇宫大门外均设有"登闻鼓"，允许百姓遵照律法中的直诉制度，将冤屈呈报天听，以彰法度之正义。明朝迁都北京后，供百姓申诉用的"登闻鼓"设于长安右门（遗址在今天安门西侧，1952 年 8 月拆除）外。为方便百姓上告，明朝皇帝还特命"六科给事中并锦衣卫官，各一员，轮流值鼓"。

很显然，这名声称有冤情的老者走错了城门。

但当守卫皇城的士兵推搡着将老者驱逐出去时，他却突然爆出一条猛料：当今圣上不是太后亲生的！

1

爆料的老者，名叫王玺。他不是替自己，而是替他的邻居郑旺喊冤。

王玺称，郑旺早年有个女儿，流落到宫里，被先帝临幸，产有一子。当今圣上朱厚照，便是那个儿子，郑旺的亲外孙。这在乡间是尽人皆知的"事实"。如今，朱厚照登基，亲生母亲却被当朝太后囚禁，为人子漠不关心，是何道理？

照此说法，正德皇帝的身世故事，活脱脱就是明朝版的"狸猫换太子"。

事关重大，大内官兵也不敢擅作主张，遂层层上报到皇帝本人。哪知明武宗朱厚照当场暴怒，直接下令将郑旺锁拿下狱，判处斩立决。

其实，郑旺冒认皇亲已经不是什么新鲜事了。早在明孝宗弘治年间，他就曾多次上访京城要求明孝宗朱祐樘封其女儿为皇后。

据《明实录》记载，郑旺原是京师后军都督府武成中卫的军余。所谓"军余"，即在营军户余丁，平常只参与军中屯田垦作，并不参与战事。

由于明代中后期卫所屯田制名存实亡，处于社会底层的军户生存困难，军余郑旺为了生计，只好将小名"王女儿"的独生女卖给了卫所巨头、勋戚东宁伯府上。

王女儿被卖时已 12 岁。她刚出生时就害了一场天花，所幸命大未死。不过痊愈后，在右肋上留下了一道很深的疤疤。也正因如此，她在东宁伯府上没待多久，就被主人家卖到沈通政家当砍柴丫头。

对于女儿再次被卖，郑旺可能并不知情。

数年后，不知哪来的流言，说离武成中卫军属居留地郑村镇不远的驼子庄里，有一户叫郑安的老农民时来运转，他的女儿入了宫，即将飞上枝头变凤凰。

在那个年代，这种带有传说色彩的流言在当地很受用。特别是当大家都特别穷的时候，人们相信家有子女进宫，会大概率改变穷困潦倒的家族命运。

所以，当这个流言传到郑村镇时，郑旺听得特别留心。他猛然想起此前卖女儿的事情。既然郑安家里无故有个女儿被卖入宫当了娘娘，那王女儿会不会也经由东宁伯府上被贡献入宫当了差事呢？

于是，郑旺找到了见多识广的好朋友妥刚、妥洪两兄弟，希望他们能查找女儿的下落。

妥氏兄弟与郑旺差不多，也是"军余"。只不过比郑旺稍好，他们的军籍隶属锦衣卫，能跟宫里当差的人说上话。通过托关系，妥氏兄弟替郑旺联系上了在乾清宫当差的小宦官刘山。

刘山是何背景，史书没有交代。但听闻郑旺寻女心切，且一再坚称自己的独生女就在皇帝身边侍奉，位分不高的刘山或许希望借此攀上高枝，故答应了郑旺等人的请求。

经过个把月的探寻，刘山还真在偌大的紫禁城内宫中找到了一个叫"王女儿"的宫女。当他欢天喜地地托人找到这个"王女儿"时，对方却矢口否认与郑旺之间的关系。

"王女儿"声称，自己的父家原姓周，不姓郑，绝对不是天天等在宫城门口的那个郑旺。

刘山对此大失所望，但又不愿意错过郑旺等人对自己的巴结。因此，他故意对妥氏兄弟隐瞒真相，只说他确已找到"王女儿"。同时，他还充分发挥想象力，称现在"王女儿"已改名郑金莲，刚被皇帝召到乾清宫侍寝。关于郑旺来认亲这件事，她也十分感动，但因幼年曾多次被发卖，如今突然让她认祖归宗，怕引起不必要的麻烦。

为了让妥氏兄弟相信他编造的故事，刘山还特地拿出宫里的绫罗绸缎，假称是"王女儿"转赠给郑旺的礼物。

2

妥氏兄弟带回来的消息，一传十，十传百，很快，大家都知道武成中卫郑村镇郑旺的女儿成了皇帝的妃子。

巧合的是，就在传言开始散播不久，弘治四年（1491），与明孝宗成婚许久的张皇后突然诞下一子，即日后的明武宗朱厚照。

众所周知，明孝宗是帝制时代唯一一位始终贯彻"一夫一妻"制的皇帝。史料中明确记载："上平生无别幸，与后张氏相得甚欢。"可翻遍明朝官方史料，只有张皇后产子的记录，对于她何时怀孕，却只字未提。这难免引人遐想。

此前，因张皇后经久未孕，明孝宗的堂叔、荆王朱见潚还曾特地上奏："陛下继统三载，储嗣未闻，请遣内官博选良家女入宫以备采择。"虽然荆王的说法是为大明国本着想。但明孝宗始终觉得堂叔有谋求皇位的祸心，遂回信警告称，选妃扩充后宫之事，应禀明太皇太后、皇太后，岂可任意胡来，"王所拟诚有未当者，朕志已定，可不劳尊虑也"。

但继荆王之后，礼科左给事中韩鼎很快又搬来了《周礼》，并提及司马光等大宋忠臣劝谏宋仁宗纳妃以延绵子嗣的故事，从侧面劝谏明孝宗为王朝的未来考虑，早日纳妃，早生贵子。这一次，韩鼎说得有理有据，明孝宗也不好多说什么，遂表示："立大本之言诚有理，但慎选妃嫔未宜遽行耳。"

在举国催生的背景下，一年后，大明的臣子们迎来了皇子朱厚照的降生。

朱厚照降生仅五个月后，明孝宗开始酝酿立其为太子之事。立个襁褓中的婴儿为太子，放眼整个明朝历史，都是绝无仅有的。因此，自从宫中传出立太子的消息，民间就同时盛传，朱厚照并非中宫皇后所生，其母另有其人。

对于这种谣言，最擅长侦缉天下各类信息的锦衣卫不可能未知悉，可奇怪的是，明孝宗本人却未出手止谣，也未曾出面释惑答疑。

明孝宗的"不作为"，自然助长了郑旺的"狂想曲"。

3

同为底层人的郑村镇百姓，听闻他们朝夕相处的郑旺成了"郑皇亲"，一个个跟自己成了皇亲一样高兴。

按照惯例，皇帝的外家一般都会得到很高的封赠，如皇后之父"生封伯侯，死赠国公"。像郑旺这种，女儿若真是皇帝的妃子，日后混个卫所世袭，成为当朝达官贵人，自不在话下。

乡亲们于是很喜欢往郑旺家走动。后来，经郑旺自己统计，"郑皇亲"流言传播期间，前来他家送礼的不下六百号人，其中不乏外乡慕名而来的，还有很多郑旺压根不认识的。

他们送过来的，既有土特产，也有金银财宝。

郑旺担心，万一哪天他真的被接纳为"国丈"，住进五进豪华大府邸，会忘记一群在他落魄时扶助过他的人的恩情。于是，他专门造了本花名册，将乡亲们谁家给了多少钱，一切明细账目通通列在上面。

可是，郑旺这边做着春秋大梦，宫里却始终没有传出一点儿声响。

朱厚照的降生，令明孝宗龙颜大悦。从他4岁开始，父皇为了给他一个良好的成长环境，先是以身作则，亲自下场手把手地教他"四书""五经"等儒家经典，规范其言行举止。年岁稍长，他又在父皇的安排下，拜当时大明一流名家杨廷和、吴宽、费宏等人为师。经过如此悉心调教，朱厚照小小年纪已经"挥笔辄就，曾不构思"。

而郑旺却始终没有得到女儿的进一步消息。为此，他没少托人再去问刘山，刘山每次都是拿出宫中的剩饭剩菜和褥鞋绢帕等给了郑旺，说是郑金莲娘娘赏赐的，以此搪塞过去。

时间一长，乡亲们渐渐不信"郑皇亲"的身份了。

弘治十七年（1504），在多番联络无果后，郑旺趁着女儿的生辰，独自一人闯进了仁和公主府，要求对方给自己的女儿贺寿。

仁和公主是明宪宗的长女，明孝宗的亲妹，下嫁鸿胪寺少卿齐佑之子齐世美。郑旺登门时，公主不在家，家里只有长子齐良。看到一个穿着宫里服饰、自称"皇亲"的平民百姓上门，齐良将信将疑，但还是照例拿出了一些绫罗绸缎和一副马具给了郑旺，将他打发走。

郑旺拿到齐府的赏赐后，整个人更是不知天高地厚了，逢人便说自己是当朝圣上的老岳父。

别人要是不信，他便拿出公主府上给他的各项赏赐为证。

久而久之，无论是郑村镇还是京城里，人们都称，当今天子的老丈人在民间。再加上先前就有流言说皇太子朱厚照并非张皇后所生，两起相互独立的谣言被叠加之后，就变成了郑旺的女儿生了皇太子朱厚照。

这起舆情很快被锦衣卫呈报到了明孝宗面前。此时，明孝宗才意识到谣言的严重性，当即下令彻查此事。

就这样，还在街上发着皇亲大梦的郑旺随即被锦衣卫锁拿，一同下狱的，还有刘山、妥氏兄弟、"王女儿"以及郑旺的妻子赵氏。

4

很快，关于郑旺、刘山等人的处理意见出来了，明廷将之定为"妖言惑众"罪。

按照惯例，明廷对妖言惑众罪的处置是正犯处死，全家充军。

在郑旺案爆发的二三十年前，明朝处置过一起传播时间长、涉及范围广的成化"妖言妖书案"。当时，官方给出的判决意见是"造妖言正犯处死，同居成丁男子充军"。对于从犯，官方当时的意见比较宽容，采取教育释放原则，仅是最后提到，若仍听信、传播妖言惑众，"事发，俱照例处死、发边"。

参照上述案子，郑旺案的处理方式，大体应为郑旺死刑，其妻赵氏随军流放，刘山、妥氏兄弟等教育后释放，以观后效。

实际情形却是，明孝宗亲自过问了郑旺案。

为了尽快查出事实真相，明孝宗除了让王女儿交代自己的身世外，还让郑旺的妻子赵氏现场辨认真假。最终，赵氏确认，这个"王女儿"确实不是她与郑旺的女儿。

随即，锦衣卫给刘山定了个交通内外、妖言惑众罪，凌迟处死。而妥氏兄弟和郑旺也属"传用惑众罪"，且屡教不改，一并处死。然而，明孝宗这时候却发了一道旨意，称："刘山按律凌迟处死，不必覆奏。黄女儿（王女儿）送浣衣局。郑旺且监着。"

主犯郑旺的处置，只是暂时收监？这未免引人遐想。但此案判后没多久，弘治十八年（1505），明孝宗突然驾崩了。继位的是此前饱受身世谣言困扰的太子朱厚照，即明武宗。

明武宗登基后，照惯例，大赦天下。时任刑部尚书闵珪于是下令将郑旺等人释放了。

闵珪在任期间以"仁恕"著称，但此次不请旨就将先前闹得沸沸扬扬的"郑旺妖言案"主犯给放了，其下属大多觉得不妥。不少官员劝谏他说，此事应该向上请旨，经新皇帝批准方才施行为妥。

闵珪却说，按《大明律》，"诏书不载者即宜释放"。诏书不载，即明孝宗生前不曾下达处死郑旺的命令。闵珪因此认为，"且监着"，也算是先帝的一种态度。先帝仁孝，自不会为了无知愚民郑旺的两句妖言，就对其下狠手。

正德元年（1506），郑旺重获自由。

郑旺出狱后并不悔改，甚至开始蛊惑乡里乡亲上紫禁城为他鸣冤，坚持要明武宗承认其皇亲的身份。

邻居王玺受到郑旺的鼓动，自愿于次年十月出现在紫禁城东安门外，替郑旺鸣冤。

最终，暴怒的明武宗亲自过问，判处郑旺斩立决，为"郑旺妖言案"画上了句号。

5

那么，明武宗的"快刀斩乱麻"与明孝宗的"悬而未决"，背后是否另有隐情呢？

根据历史学者研究，郑旺妖言案的出现可能跟明孝宗生性懦弱、惧内有关。

史载，张皇后生下朱厚照后，又先后为明孝宗诞下一子一女（后均夭折）。这说明其本身并未如谣言所传患有不孕之症。

张皇后母家有两个弟弟，一名张鹤龄，一曰张延龄。在姐姐进位为"国母"之后，两个国舅都获得了"侯爵"的封赠。无军功而封侯，本来就容易招人眼红，更何况这两人仗着姐姐的地位，没少干侵占良田、奸淫掳掠的勾当。为此，一些官员借机上奏皇帝，要求严惩国舅。

明孝宗的态度却"首鼠两端"。当着爱妻的面，他斥责了身边的办案人员。转过头来，他又告诉办案人员，刚刚发生的一切，不过是碍于情面说的"场面话"，望诸卿不要放在心上。

如此反复，令朝臣骇然，朝堂上遂有张后善妒、擅专的说法。故而，一些历史学者认为，朝堂上有人想借郑旺妖言案扳倒张皇后。

然而，从朱厚照出生到其登基，前后十余年的时间。其间，谣言不断传播发酵，即便久居深宫，张皇后也不可能完全没有听过类似流言。可自始至终，史料未曾记载张皇后对待流言的态度。明孝宗对流言的处置，也是在其去世前才开始。因此，自明朝以来，一直有史料怀疑，朱厚照或许真如流言所说，并非张皇后所生，有可能是郑金莲抑或是"王女儿"与明孝宗的孩子。

据参与查办郑旺案的刑部官员陈洪谟记载，案发前后，负责教太监们念书识字的翰林院编修李瓒，曾在左顺门外看到两个太监用红毡裹着一个女子，押往浣衣局。由于该女子被裹得严严实实，李瓒当时只看到该女子的小脚丫。奇怪的是，这名女子被送到浣衣局门前，却没有如以往那样被太监们呼来喝去，相反，等在那里的太监们全都躬身迎接，像是在迎接什么贵人。几天后，李瓒才听说郑旺等人被押送审问的事。

这个被送往浣衣局的女子是谁，不得而知。但陈洪谟暗示，她可能就是朱厚照的亲生母亲。

明孝宗决定查办郑旺案，或许是受到张皇后的压力，不得已为之。明末史家沈德符在《万历野获编》中便持此种观点。因此，明孝宗在此案处置上，仅处死了太监刘山，而以送入浣衣局保护了郑金莲或"王女儿"，以暂时收监保护了郑旺。

至于郑旺在明武宗上位后，仍持续闹着索要皇亲身份，结果被明武宗处以极刑，这又如何解释呢？

很简单，作为继位新君，明武宗必须承认他与张皇后的母子关系，才能名正言顺地巩固其帝位。若不承认与张皇后的母子关系，事实上也背弃了其作为明孝宗继承人的资格。

所以，真相对明武宗并不重要，重要的是，他必须以郑旺之死，来消除社会对其身世的质疑。

6

郑旺被处死了，但郑旺妖言案的影响却还在继续。

由于明武宗的身世始终存在说不清楚的疑窦，后来，宁王朱宸濠便以此说事，声称朱厚照不仅不是张皇后所生，甚至不是明孝宗的亲儿子，从而给自己的造反赋予合法性。

正德十四年（1519），宁王朱宸濠在江西起兵造反。起兵前，他效仿明成祖朱棣当年的靖难之役，发了份檄文给朝廷。檄文上赫然写着"上以莒灭郑，太祖皇帝不血食"之语。

所谓"太祖皇帝不血食"，意思是明朝的列祖列宗得不到正统子孙后代的供奉，暗指明武宗血统不纯。

尽管这场叛乱历时不久即被名臣王守仁平定了，但历经郑旺妖言、宁王叛乱后，明武宗母子的关系也变得不同寻常。

明武宗即位后，不想受祖制和宫廷束缚，开始给自己兴建"豹房"。关于这处新建筑的用途，历史上众说纷纭，但可以肯定的一点是，住进"豹房"后，明武宗就基本上与母亲张太后之间断了日常往来。

对此，当时的大臣颇多顾虑。刑科给事中顾济就曾上疏劝谏明武宗称："人情之至亲而可恃者，宜莫如子母室家。"

明武宗对此奏疏并未认真采纳。

此后，明武宗的行径越来越荒诞，重用东宫时即陪伴左右的太监"八虎"，甚至自封"大将军"，外出征战。而他在执政时所做的荒唐之事，张太后亦从不过问。即便文官集团多次泣血跪谏，内宫也从未出过一道太后懿旨，帮助大臣引导皇帝向善。

在南巡返程途中，明武宗泛舟钓鱼，不慎落水，很快病重而死。临终前，明武宗似乎对自己过往所做之事有所悔悟。他照会大臣，称"前事皆由朕误，非汝曹所能预也"，并交代从宗室子弟中择人选继承皇位。

明武宗至死也没见母亲张太后一面。母子表面"恩深"，实则关系已至冰点，老死不相往来。

历史的疑案烟笼雾罩，或许真相已不可及，又或许真相已若隐若现。

南明三案始末

南京城内，半夜突现疯癫和尚，冒充明朝王爷，语无伦次大吵大闹，公然挑战弘光皇位。

河南当地，市井妇人自称皇妃，惊动巡抚上报，深情哭诉藩邸旧事，竟是皇帝始乱终弃？

南渡途中，神秘少年身着龙衣，疑似崇祯太子，朝野上下难辨真假，掀起一番朝廷内讧。

这一切的背后，到底是道德的沦丧，还是人性的扭曲？让我们一起走近"南渡三案"。

1

1644年，崇祯帝煤山自尽后，福王朱由崧由凤阳总督马士英拥立即位称帝，在南京建立弘光政权。

弘光政权仅存在一年，却摊上了三件离奇疑案，每一案都直指昏庸无能的"虾蟆天子"朱由崧，闹得人心惶惶，甚至引发朝廷动乱，史称"南渡三案"。

第一案，"大悲和尚案"。

朱由崧皇位还没坐稳，1644年十二月，一个疯和尚突然出现在南京城中。

寒风刺骨，别人大半夜都在睡觉，这个和尚的夜生活才刚刚开始。他跑到皇宫外，夜叩皇宫洪武门，大喊大叫，自称是大明亲王，在逃难途中削发为僧，现在终于到了南京，请求面见皇帝。

这一异常举动很快引起守门官兵的注意，他们将和尚暂时收押，上报弘光帝。

朱由崧也纳闷，这到底是哪门子亲戚，马上派人审问。

不问不知道，一问就露馅儿。

和尚先是说，崇祯帝曾经封他为齐王，后来说自己是吴王，折腾了半天，又改口说是潞王朱常淓的弟弟，封为定王。和尚上门诈骗，却连大明究竟有哪些王爷都不知道。

正当众人为其言行感到错愕时，和尚说了一句让弘光朝廷极为敏感的话："潞王恩施百姓，人人服之，该与他作正位。"就是说潞王得民心，皇位应该由他坐。

弘光帝和众臣见他疯言疯语，没一句话靠谱，立马下令大刑伺候，逼问其来历。

这和尚平时吃斋念佛，身子骨弱，哪里受得了酷刑折磨，吓得赶紧实话实说："小僧法号大悲，原在苏州出家，见天下大乱，装作皇亲国戚，想趁机捞一笔。"

大悲和尚脑洞大开，渴望富贵险中求，琢磨出夜叩宫门、冒充王爷这么一个昏招。而马士英的铁哥们、兵部尚书阮大铖早已磨刀霍霍，意图将罪名嫁祸到自己的政敌东林党人身上。

2

弘光朝廷大权掌握在以马士英、阮大铖为首的所谓"奸党"手中，而阮大铖与东林党人的恩怨由来已久。

其实，阮大铖与东林六君子之一的左光斗是同乡，最早也是东林党的铁杆粉丝，但因为不受待见，逐渐脱离了东林党的队伍。

崇祯帝即位后清算阉党，郁郁不得志的阮大铖为了争取表现机会，就给皇帝上疏，揭露阉党罪行。

为保险起见，阮大铖写了两份奏章，一份专劾阉党，另一份指责东林党和阉党同为朋比奸徒，交给在北京的好友杨维垣。

杨维垣本该为朋友两肋插刀，却不经意间插了朋友两刀，因自己与东林党人敌对，就将阮大铖第二份奏章呈交上去。

结果，东林党人看了很不爽，将阮大铖视为阉党余孽，列入"逆案"名单，"永不叙用"。

倒霉的阮大铖在南京城外的牛首山躲了好几年。直到好友马士英把持弘光朝中大权，念及旧日恩情，才将他举荐到南京为官。阮大铖对东林党人深恶痛绝，常说："不杀尽东林，不成世界。"

马士英也与东林党人素有嫌隙。马士英拥立福王朱由崧时，东林、复社士人心仪的人选正是大悲和尚口中的潞王朱常淓。

当时，史可法在给马士英的信中，写明了福王"七不可立"的理由：贪、淫、酗酒、不孝、虐下、不读书、干预有司。

这些肺腑之言后来被马士英当作要挟史可法的证据。弘光政权建立后，马士英拥策立之功，把持朝政，史可法备受排挤，只好自请出朝，督师江北。

大悲和尚一案，阮大铖本想诬陷东林、复社成员，花了几天时间捏造"十八罗汉""五十三参"和"七十二菩萨"等名目，将之前有意拥立潞王的大臣一网打尽、罗织其中，堪比当年魏忠贤爪牙编写的《东林点将录》。

不过，马士英不愿招惹东林，为避免事情闹大，赶在阮大铖之前将大悲案压下，以"妖言罪"将和尚处死。

本以为此事就此作罢，内乱却才刚刚开始。

3

第二案，"童妃案"。

1645年三月，大悲和尚案尚在审理期间，河南巡抚越其杰上报朝廷，称当地有一姓童的妇人宣称是弘光帝原为福王时的妃子，在战乱中与皇帝走散，如今特来相认。

那妇人言之凿凿，越其杰不敢怠慢，派人护送她前往南京。

一路上，童氏以皇妃自居，只是举止轻浮，毫无大家风范，怎么看都像冒牌货。

沿途州县的官员前来拜谒，礼数稍有不周，如贡献礼物太寒碜，童氏便指着他们的鼻子破口大骂，甚至愤怒地将桌子掀翻在地。

有时候，看到有官员在道旁跪迎，童氏一高兴便拉开轿帘，露出大半张脸，朝着众人嫣然一笑，大声说一句："免礼！"这一举动把官员们吓一跳，"闻者骇笑"。

弘光帝听说有这么一个童妃存在，勃然大怒，他正在南京诏选淑女，准备另寻新欢，根本没时间理会这个凭空冒出的半老徐娘，便一口咬定童氏是假冒，骂她是妖妇。

童氏一到南京，连皇帝的面都没见到，就被押入诏狱，接受审问。

童氏只好在供词中说出她的故事："妾年三十六岁，十七岁入宫，册封之人为曹内监。时有东宫黄氏、西宫李氏……妾于崇祯十四年生一子，名金哥，啮臂为记，今在宁家庄。"

童氏一再请求与弘光帝相见："失身之妇，无敢复生，非望上侍圣躬，但求一睹天颜，诉述情事，归死掖庭。"

弘光帝一看这供词，批驳道："朕从前只是郡王，何来东、西二宫？"玉哥、金哥这两个皇子也是凭空捏造。

弘光帝自从当上皇帝后只顾着贪图享乐，还是头一回这么认真批示文件。

然而，童氏并没有轻言放弃，她在狱中借来笔墨，挥笔写下一篇千字长文，诉说"冤情"。

在文中，童氏将自己如何从战乱中逃脱，为弘光帝生子藏于民间的经历说得有条有理。甚至连与皇帝分别的情景也历历在目，称朱由崧出城之日"身穿青布小袄，酱色主腰，戴黑绒帽，上加一顶乌绫首帕"，仿佛亲眼所见。

弘光帝不肯"相认"，童氏只好一哭二闹三上吊，埋怨道："从来国难蒙尘，散而复聚，离而复合，代不乏种，岂以患难流离，而夫妇恩义遂至断绝？"最后决绝地说："臣髡发自尽，亦所甘心"。

这篇自述经过文人润色后传出高墙，可谓闻者伤心，听者落泪，后来被完整收录于《燐火录》中。

可惜并没有什么用，弘光帝仍旧认定童氏所说全是子虚乌有，于是下令锦衣卫不再给童氏吃食，将她活活饿死。

4

世界安静了，不，并没有。

童妃一案，疑点颇多，尽管弘光帝本人矢口否认有这么一个妃子，但众臣一时难辨真伪。

就连扶持朱由崧上位的马士英都跟别人说："人非至情所感，谁敢冒称陛下之妃？"只是咱不知道，也不敢问。

而东林、复社的君子们都以为弘光帝喜新厌旧，抛弃糟糠之妻，才不敢相认。

为此，东林、复社大造舆论，趁机将矛头直指弘光帝。

黄宗羲、林时对、钱秉镫等人甚至以"童妃案"为由，大胆推测弘光帝朱由崧本人才是以假乱真，不然怎么会连自己老婆都不认识。

黄宗羲撰文称，弘光帝南下途中未曾验明正身，沿途的地方官员就默认他是老福王的儿子，说不定真正的朱由崧早就死了，就连南京城中的太后也是马士英从民间找来的冒牌货，根本不是老福王的原配。（《弘光实录钞》卷一）

言外之意，是马士英等人为了争夺策立之功，将一个身份不明的人扶上皇位。

实际上，弘光帝的身份毋庸置疑。

崇祯十四年（1641），李自成大军攻陷洛阳，将老福王朱常洵下油锅烹杀。

朱常洵的儿子朱由崧与王府亲属、官员共209人从洛阳逃出，暂居河北。崇祯帝对堂哥很是照顾，下诏让朱由崧嗣福王之位。其间朱由崧犹如丧家之犬四处乞怜，身边有王府人员相随，若有心狸猫换太子，也根本无从下手。

后来闯王进京，朱由崧继续流浪，半路上曾向潞王朱常淓借钱，随后两人结伴一起南下。如果朱由崧是冒牌货，作为皇位竞争者的潞王肯定会第一个跳出来指认。

因此，东林、复社党人的言论不过是晚明以来党争的延续，只是为了扳倒马阮一党，根本不是为童妃案叫屈，自然也没有人关心狱中的"童妃"是死是活。

有人自称亲王、嫔妃只能算是小打小闹，而当一个"太子"在江南出现，弘光朝廷已走向毁灭的边缘。

5

第三案，北来太子案。

1644 年十二月，从白骨露野的华北，到寒气氤氲的江南，风雨如晦，人心惶惶，一片末世景象，无数北方士人为躲避战祸而向南京逃难。

半路上，鸿胪寺少卿高梦箕的仆人穆虎偶遇一个落单的年轻人，聊得投机，遂结伴同行。

一天晚上，两人到旅店投宿，就寝时，穆虎发现这年轻人的内衣竟然织有龙纹，不由得大惊失色，问，你到底是何人？

年轻人答，我是皇太子。

穆虎原本还把年轻人当兄弟，一听对方是太子，态度来了个 180 度大转变，一路上悉心照顾，小心巴结。第二年开春，穆虎到了南京，就把这个"好消息"告诉自己的主子高梦箕。

高梦箕吓得下巴差点儿掉地上。

自从李自成与清军交战，崇祯帝三个儿子就已经不知下落，清朝、南明、大顺等各方势力都在苦苦寻找。

弘光朝廷建立后，出于利益考虑，只好默认三个皇子已死于乱军之中。弘光帝正式下诏，"谥太子慈烺曰献愍，永王慈焕曰悼，定王慈灿曰哀"，借此安定民心，稳定社会秩序。

如今无端冒出一个太子，危及弘光帝位的合法性，这不唯恐天下不乱吗？高梦箕立刻密报弘光帝，暗地里又把"太子"送到苏杭一带以掩人耳目，并暗中保护起来。

"太子"到了苏杭，丝毫不知收敛，整天招摇过市，元宵夜出门观灯，在人群中高调现身，巴不得让天下人都知道他是崇祯太子。

弘光帝知道此事，心情十分复杂，既不可能置之不理，更不可能把皇位让出来，提笔写了一封亲笔信，交给两名宦官，让他们将"太子"带到南京。

两个太监见到"太子"后，递上弘光帝的亲笔信。"太子"看完后，竟说："迎我进京，让皇帝与我坐否？"

两个太监也不知弘光帝作何打算，只好说："此事奴才不知。"随后便与"太子"回南京。

两天后，一行人乘船到杭州，利欲熏心的当地官员都知道北来太子一事，以为弘光帝要让位，纷纷前往拜谒。江南一带的百姓为之一振，都传言太子在乱军中逃出生天，现在要来南京了。

6

"太子"到了南京，弘光帝心里也没底，就先派从北京逃出、曾经在东宫侍奉太子的张、王两太监前去察看虚实。不承想，两人一见到"太子"就抱头痛哭，似乎"太子"并非假冒。

事情发展到这地步，弘光帝十分尴尬。两个太监一回来，就被弘光帝下令活活打死，"太子"也被暂时囚禁，听候发落。这下城中群众议论纷纷，怀疑弘光帝要杀人灭口。

东林、复社一派抓住把柄，自然不肯善罢甘休。于是，他们四处煽风点火，痛骂朱由崧昏庸无能、帝位不正，指责马士英结党营私、专横弄权，为北来太子鸣不平。

经过东林、复社这一煽动，上到文臣武将，下到黎民百姓，都以为"太子"是真。

就连掌握江北兵权、"四镇"之一的黄得功，也上疏道："东宫未必假冒，各官逢迎。不知的系何人辨明，何人定为奸伪？先帝之子，即陛下之子，未有不明不白付之刑狱，混然雷同，将人臣之义谓何！"

弘光帝慌了，只好于当年三月进行会审，请诸位大臣来办太子真假。

1645 年，三月初六，弘光朝廷会审"太子"。官员将北京皇宫地图摆在"太子"面前，让其辨认。

"太子"看一眼，立马说，这不是皇宫嘛！官员指向东宫，他说："这是我住的地方。"指向坤宁宫，他又说，此我娘娘所居。

马士英心里咯噔一下，尽管他已推测太子死于李自成或者清军之手，但为谨慎起见，还是不敢妄加猜测，便请原为太子日讲官的方拱乾前来进行辨认。

马士英已想好对策，如果"太子"为假，就依法治罪，如果是真，就将其软禁于深宫中，以免为他人所利用。

两天后，方拱乾一来，"太子"便直呼："此方先生也。"众人大惊，方拱乾因多年未曾见过太子，也不敢辨认真假。

这时，大学士王铎站了出来，对"太子"说："你认得我吗？"王铎曾在东宫当过三年教官，也是太子的老熟人。

"太子"蒙了，说："不认识。"

王铎再问："你在何处听臣讲书？"

"太子"答："文华殿。"事实上，应为端敬殿。

王铎继续追问："案几之上，平时放置何物？"

"太子"答不上来，顷刻间脸色大变，汗水涔涔，似乎原形毕露。过一会儿竟跪下大哭，坦白道："小人是驸马王昺的侄孙王之明，因受人教唆，才冒充太子，本只想向地方官员敲诈些钱财。"

随后，曾给太子讲学的刘正宗、李景濂和曾经的东宫伴读太监丘执中纷纷认定他是假冒，并称此人长相与太子不符。

真相似乎已经水落石出，不过是无赖行骗。

弘光帝也假惺惺地和众臣说："先帝与朕，初无嫌怨。朕岂能因贪图天下，而残害他的子嗣。我大明的天下，绝对不可以让这异姓顽童来捣乱。"

但奇怪的是，弘光帝并没有马上处死这个异姓顽童"王之明"，而北来太子一案，将为弘光朝廷引发一场灾难。

7

镇守武昌的左良玉拥兵自重，平日与东林党人相善，对马、阮一党把持的弘光朝廷早已心怀不满。

太子案发后，左良玉一直静观其变。听闻"太子"被囚，早就图谋造反的左良玉拍案而起，自称有太子手谕，以"清君侧"为名起兵，进京讨伐马士英，掀起了弘光朝最大的一场内乱。

左良玉的大军浩浩荡荡沿江而下，从汉口一直打到九江。

当地官员袁继咸眉头一皱，发现事情没有那么简单，于是前往拜见左良玉，苦劝他放下屠刀："左将军说有太子手谕，可否告诉在下是谁送给您的？况且先帝旧恩不能忘，今上之恩也不可忘啊！"

左良玉沉默不语，也不肯罢兵。袁继咸只好亲自下跪，请左良玉手下诸将爱惜百姓，不要肆意杀戮，并反复劝说："作为臣子，干出'兵谏'这事儿，道义上总归是落了下风。"他希望左良玉好自为之。

左良玉为之动容，态度缓和了许多，将檄文中的"清君侧"改为"请清君侧"。

可是，大军攻下九江后，左良玉的部下蜂拥而入，烧杀劫掠，早已将袁继咸的话抛之脑后。左良玉眼看着九江城内燃起熊熊大火，自知辜负了老好人袁继咸，捶胸顿足大呼："我负袁公！"

左良玉本就患有重病，一时急火攻心，竟然吐血数升，病死了。

在左良玉兴兵的同时，清军也开始大举进攻，攻打扬州、泗州、徐州等地，不日便兵临南京城下。左良玉的叛乱使弘光朝廷不得不双线作战，更加速了其灭亡。

南京城破之际，弘光帝以百米冲刺的速度撒腿就跑。弘光帝一跑，就有一群乱民劫狱，把"太子"王之明救出来，给他披上龙袍，立为皇帝。

还好担任南京守备的赵之龙立场坚定，果断制止，皇帝刚跑路，你们就另立新君，成何体统。然后，他就和钱谦益、王铎等人向清朝豫亲王多铎献城投降了。

至于弘光帝，走到半路被人押回来，献给清军。一路上，弘光帝身着便服，坐在小轿内，路边的老百姓听说是他，纷纷夹道唾骂，甚至投以瓦砾石头。

多铎有几分黑色幽默，擒获弘光帝后，他故意摆下宴席，请弘光帝和"太子"赴宴。

酒席中，多铎让"太子"坐在弘光帝之上，并当面指责弘光帝："崇祯太子大老远逃难至此，你不让位，还将其下狱囚禁，于心何忍？"

弘光帝无话可说。之后，他被清军押送到北京处决。

真假难辨的"太子"也被一并处死。在南京城，他是清朝权贵口中的"真太子"，到了北京，他就没有任何利用价值。

至于他到底是王之明还是崇祯太子，清廷根本就不在乎。

假作真时真亦假，三出滑稽戏，唱响弘光朝廷的挽歌。

唯一的真实，是大明王朝面对神州陆沉的现实，已然回天乏术。

明史案真相：此书不毁，江山不稳？

　　顺治十八年（1661），是清朝入关后第一次感觉到危机的年份。

　　这一年的正月，顺治帝因染上天花不治身亡，由 8 岁的儿子玄烨继位。权力的稳固与否是个大问题。

　　同年，千里之外的江南，一本历史书成为畅销书。准确地说，这是一本关于前朝历史的书稿——《明史辑略》。

　　有人开始告发，说他从中读到了"反清复明"四个大字，一路告到北京。

　　一场针对江南文坛的血雨腥风，降临了。

1

　　浙江乌程（今浙江湖州）大富商庄允诚，有一子庄廷鑨。庄廷鑨是个喜读诗书，颇有点胸怀大志的人。可惜命运多舛，还没闯出个名堂，一场重病就直接导致他双目失明了。

　　但他志向坚定，一心想学春秋时期的盲人史学家左丘明，希望通过著书立说青史留名。

　　凑巧，住庄家对门的大户，就是前明天启年间首辅朱国桢家。老朱在当大官时，曾主持编修过记录明朝历史的《国朝大政记》。后来，朱国桢去世，再后来，大明败亡，朱家便家道中落。

　　这可让庄家看到了青史留名的希望。

　　于是，庄允诚斥巨资买下了朱国桢遗作的版权，再重金聘请了十余名江南文人，组成新的明史修撰团队，由号称"左丘明转世"的儿子庄廷鑨领衔修明史。

明末清初，社会动荡，江南文人不仕清者大有人在。一听说乌程巨富要歌颂大明，还包吃包住，大量非顶尖文人差点儿把庄家门槛踩烂了。

为了提升新书的名气，庄允诚还曾想花重金请当世名士顾炎武作序。结果，顾炎武考察一番后，发现庄氏父子不过是沽名钓誉之辈，于是冷冰冰地丢了一句话："不学无术，实非史才。官能鬻，名能买，世风如此，可叹可笑。"

受到顾炎武的打击后，庄氏父子决定不走寻常路：未经当事人同意，便悄咪咪地将一群久负盛名的江南才子列入新书的参校名单中，其中就包括查继佐、范骧、陆圻三人。

如果庄氏修明史只是闹着玩儿，编好了就藏起来，那问题不大。可庄氏在编修过程中，发现了为明朝写史的巨大商业价值。

顺治十七年（1660）冬，庄氏《明史辑略》正式推出市场。

作为该书的总编，庄廷鑨却没能挺到该书出版之日，就病逝了。他死后 5 年，他的父亲庄允诚将书刻成出版。

《明史辑略》刊印时，明朝灭亡不到 20 年。当世之人，但凡有点岁数者，均曾经历过李自成起兵、崇祯上吊、清军入关等重大历史事件。对于这本在敏感时期出现的前朝史书，无论是群众还是高层，都盯得死死的。

可庄家修史，就如顾炎武所言"实非史才"，政治敏感性也严重不足。在写作上，庄氏父子不仅将朱国桢遗作进行大量删增，补写的崇祯及南明史事，仍奉南明的年号为正朔，不写清朝的年号。此外，还在书中提及满人入关前的不光彩秘闻等等。

于是，这本书卖着卖着就出事了。

2

趁着《明史辑略》上市，范骧的好友周亮工买了一本。回去翻阅后，他发现书中直言李自成进入紫禁城后，明朝曾给李自成上了降表。而且，为了表示这一历史事件的可靠性，书中特别强调这段历史的记述出自龚鼎孳之手。

龚鼎孳在当时是个大名鼎鼎的人物，与吴伟业、钱谦益并称为"江左三大家"。与后两者一样，他也出仕清廷，并在朝廷内身兼要职，官至都察院左都御史，专管天下监察检举之事。

现在，《明史辑略》擅自提到龚鼎孳的名字，且极有可能是编撰者牵强附会上去的。周亮工因此担心龚鼎孳看到此书后，一定会追查到底，遂急告同列参校名单中的范骧、查继佐、陆圻三人，并力劝他们赶紧向官府检举此事，以免将来受到牵连。

听闻此事，查继佐才知道自己被列名为《明史辑略》的参校人员，十分气愤。可他当时正好也在编写《明书》（即后来的《罪惟录》），因此对周亮工的提议，一开始并未在意。

还是周亮工，担心朋友出事，赶紧给他们仨写了份担保书，细述他们三人与庄氏《明史辑略》的编写毫无瓜葛，并呈交浙江按察使司、浙江学政衙门备案。

尽管明眼人都看出来其中潜藏的风险，但包括按察使司在内的浙江诸衙门，初时对此事的态度，却表现得极度的宽容。时任浙江学政的胡尚衡甚至还对按察使司转递人员直言："文章之事，何必存案？贵司以为需要，就烦请贵司代批如何？"

胡尚衡没想到，自己一句不经大脑的话，居然让负责转呈公文的按察使司官员当了真，遂代按察使司作出批复："明史一书，非奉旨孰敢擅刻？湖州府严查确报，以便详究题参可也。"

公文打回湖州，落到了府学教授赵君宋的头上。

与那名擅自下令的按察使司官员一样，赵君宋也是个爱多管闲事的家伙。他十分清楚庄氏在湖州、乌程一带的财力影响，觉得此番是一个勒索敲诈的好机会，遂凭职务之便跑到乌程庄家检核明史，并威胁庄氏要上告朝廷，判他个藐视国法重罪。

庄允诚不是吓大的，他不甘轻易受制他人，遂委托官场上的好友、湖州分守道张武烈替自己疏通关节，并将赵君宋提到的史实谬误抓紧修改。

他原以为，仅需如此操作，便可保庄氏《明史辑略》无虞，却不料按下葫芦浮起瓢，庄氏擅修明史一事，越闹越大。经湖州知府陈永命之口，再传至浙江粮道李廷枢及其亲家吴之荣，终致满城风雨，一发不可收拾。

3

吴之荣绝非等闲之辈，在金庸的《鹿鼎记》中，此人也有出场。比起小说，历史上的吴之荣可谓有过之而无不及。

吴之荣曾任归安县令，以敲诈勒索、无事生非、心狠手辣闻名。因多行不义之事，很快被革职下狱，后遇朝廷大赦，才重返自由。

当吴之荣从亲家李廷枢那儿看到庄氏《明史辑略》时，不禁喜出望外。他太知道书中存在哪些犯忌讳的问题了。

于是，找了个天朗气清的日子，吴之荣拿着书，来到庄家讨要说法，哦不，是勒索银两。

眼见来人是一个被免了职的过气县令，庄允诚并未搭理。因为，早些时候他已经花了足够多的银子，打通了本省各头头脑脑，完全没必要再搭理这芝麻绿豆大点儿的小人。

吴之荣一出马就碰了个硬钉子，恼羞之下，直接越级给当时的杭州将军松魁递了封检举信。

清朝一共在天下设立了 14 个驻防将军职位，杭州将军便是其中之一。按照职位描述，杭州将军日常事务主要是管理旗下兵丁在当地的一切事务，可以说没有权力插手地方行政。但杭州将军历来地位较高，与总督、巡抚会同奏事时，一定是他领衔。

接到吴之荣的密报后，松魁十分重视。

可是，吴之荣很快又失算了。

庄氏修史虽无才，但人家家大业大，不差钱。照老套路，庄允诚又花了大价钱，搞定了松魁等一众要员。风波暂时平息了。

4

吴之荣屡次受挫，仍不愿罢休。江浙地区富商巨贾不少，敲不了庄氏的"竹杠"，那就敲庄氏的亲家、乌程南浔镇首富朱佑明。

对此，庄廷鑨的弟弟庄廷钺已经上门提醒过朱佑明："以罪令图诈，数千金，既应之，万一现任府督提营群起效尤，竟以家业让之乎？"意思是，不要理睬吴之荣这种小人，如果只是深谙钱权之术再加上点道听途说，就要拿钱收买，那么，官场中人群起效仿，我们整个家业就被吃垮了。

康雍乾三朝文字狱此起彼伏，其中有些案件的起因，跟地方官吏意欲诈取民间富户的财富有较大的关联。一旦诈财不成，这些地方官吏就会利用手中的权力，以"维护法纪"为由，添油加醋，刻意制造令清廷神经敏感的信息，刺激高层做出过激的反应，从而实现报复富户的目的。

当吴之荣在朱佑明家吃了闭门羹之后，他便径直入了北京，去刑部告御状！

康熙元年（1662）冬，明史案爆发。

在递交给刑部的供词中，吴之荣一口咬定《明史辑略》这部"逆书"由庄允诚和朱佑明两家子弟共同完成。为了让办案人员相信他的鬼话，他直接在书封提及的"朱氏史"（指朱国桢）下面添上"即朱佑明"四个字，只为了早日弄死庄、朱两家人，好吞并他们的财产。

不过，吴之荣虽贪婪无度，却也不想牵连过广。当他看到为该书作序的是自己的好友李令晳时，他选择了销毁证据。连同署有查继佐等人名字的参校名单，也被他一并毁掉。

原因很简单，这些人与他素无恩怨。

吴之荣以为，自己的"小动作"能瞒天过海，搞死庄、朱两家的同时，还能保自己的朋友无虞。不料，此事经刑部汇报朝廷，一下子成了大案要案。

5

针对庄氏修史事件的大搜捕开始了。

根据吴之荣供述的线索，清廷首先在浙江湖州、吴江一带锁拿涉案人员。

在狱中，朱佑明遇到最早告发此案的湖州府学教授赵君宋，遂约定以半数家产赠予赵君宋为条件，请求后者为自己洗刷清白。于是，二人在刑部提审时临时翻供，赵君宋供出最早的《明史辑略》并没有朱佑明的名字。朝廷赶紧派人到湖州府学，搜出了原版的《明史辑略》。

这一下，被吴之荣撕毁的书页，也被清廷发现了。

于是，包括李令皙、查继佐、范骧等人在内，所有参与作序、校对或被莫名署名于其上的人，通通被抓捕归案。

康熙二年（1663），在以鳌拜为首的四大辅臣的批示下，"明史案"做出了最终判决。

在判决书中，刑部称旨判"庄氏书传有异闻，赞扬故明，毁谤本朝，悖逆已极，着将庄、朱两家和参与编撰者及其父兄子侄年十五岁以上者斩决，妻妾女孙及子侄十五岁以下者流徙为奴"。

此前极力自救的朱佑明并未逃出生天，包括他在内，此案株连而死者达221人。而早先在狱中病死的庄允诚，以及修书未成即病死的庄廷鑨，都没能逃过锉骨扬灰的惩罚。

最初办理此案的多名官员，也因收受贿赂和包庇，而被处死。原湖州知府陈永命，知道死罪难逃，自缢于旅馆。棺材被运回杭州后，开棺磔尸。其弟江宁县知县陈永赖，也同时被斩。

在这起牵连甚广的文字狱中，被判斩立决的还有刻书匠汤达甫、李祥甫，书店老板王云蛟等相关链条中下游人士，甚至连无意间购买了《明史辑略》阅读的读者，也难逃一死。

此外，还有近两千人遭流放。

针对此案，清廷为何株连如此之广？这与当时对待明朝遗民的政策变化有关。

清朝能最终坐稳江山实属不易。要知道，在正式入主北京之后，清朝还长期与南方坚持反清复明的势力共存。作为明史案发生地，江浙一带正是当年南明小朝廷抗击清军的前线。

顺治十六年（1659），郑成功与张煌言会师，组成联军沿长江直上攻打清军，成功拿下了江苏、安徽地界上的四府三州二十四县，甚至还一度打到了江宁（今江苏南京），给江浙遗民兴复大明注入了最后一剂强心针。

之后随着清军的奋起反击，郑、张联军溃败，天下形势也发生了巨大变化。南明小朝廷最终覆灭，但江南人心思明，已成定局。

当这个政权趋于稳固、外部压力不复存在时，清廷就开始收紧思想的口袋了。"明史案"的爆发，恰好撞上了这次政策调整的窗口，成为清朝第一宗大型文字狱。

6

值得一提的是，在这起案件中，早早摘清关系的查继佐、范骧和陆圻三人，最终被清廷定性为"检举有功之人"。他们不仅被无罪释放，还与此案的始作俑者吴之荣一起获得平分庄、朱二家财产的资格。

但他们的余生，注定不再宁静。

作为"西泠十子"之一，陆圻在明末清初的江浙一带颇具盛名。"明史案"尘埃落定后，被清廷折腾得死去活来的他，陷入精神失常状态。

放归家中后，陆圻整日对天发问。之后，趁人不注意，他遁入黄山学道，彻底失踪了。

后来，他的儿子考中进士衣锦还乡，寻深山、访古刹，遍找其父踪迹，均抱憾而归，似乎世间从未有陆圻此人。

范骧与陆圻一样，此后也在历史记载中神秘消失。他崇尚儒家学术，早年被誉为"当代董仲舒"，在书法上也很厉害，有王羲之遗风。

不过经历"明史案"后，我们已无从知道他的经历。有些文献说他"志气仍如往昔"，或许也只是一种猜测吧。范骧死于康熙十四年（1675）。

而查继佐，余生更加悲剧。

作为公认的明朝遗民，他继续冒险做着与庄氏类似的大事：修明史。在"明史案"审结后十年，康熙十一年（1672），查氏史学巨作《明书》著成。

史笔如铁，查继佐摒弃了庄氏沽名钓誉式的妄言。他不惜任由骂名加身，尽力呈现史实，为后人还原明末清初那段敏感时期的历史真相。

书成之日，他取孔子"罪我者其惟春秋"之意，将《明书》改称《罪惟录》。

但随着清朝统治者君临天下的深入，崇明、尚明、思明的遗民们越发没了活路。如此情形下，查继佐只能由张扬走向隐忍，置身于教育，度化小人为君子。

可即便如此，海宁查氏仍旧无法躲过思想的屠刀。"明史案"发生 60 多年后，受雍正朝"维民所止"科举文字狱牵连，查继佐的族子查嗣庭一脉被族诛，海宁查家遭遇灭顶之灾。

好在，历经磨难的海宁查家并未就此沉沦。秉承查继佐的家国情怀，海宁查氏最终涅槃重生，孕育出了穆旦、金庸等文人大家，成就了另一番文脉传承的佳话。

"明史案"的另一个重要人物，结局更为离奇。

"立了大功"的吴之荣，在获得庄、朱两家的大量财产后，仅享受两年便莫名暴毙。

据记载，康熙四年（1665）七月，吴之荣"归自闽中，行至半山，狂风骤起，雷电交加，之荣随成疟疾，寒热夹攻，两日而死，人皆称为天雷击死之"。

天日昭昭，报应不爽，这或许是这段历史给人留下的唯一的快感和安慰了。

和珅之死

嘉庆四年（1799）正月初八，这是太上皇乾隆皇帝逝世的第六天。正当大清帝国上上下下都沉浸在老皇帝驾崩的哀痛中时，一个爆炸性消息传来：

大清军机大臣、步军统领、九门提督和珅（1750—1799），突然被宣布革职，并逮捕入狱了。

老皇帝刚去世，帝国就风云骤起，这是怎么回事？

实际上，为了这一天，当朝皇帝嘉庆，已经隐忍了整整三年多——嘉庆看和珅，早就不顺眼了。

1

在后世的传言中，嘉庆皇帝之所以在乾隆刚死就开始整治和珅，原因在于和珅是大清帝国的巨贪。尽管官方没有正式的文书流传，但外界传言，和珅被抄家的资产，合计折合白银约为9亿多两，相当于当时清王朝整整15年的财政收入总和。

确实，在被抄家的资产清单中，和珅家仅现金就搜出了赤金580万两，折合白银8700万两，元宝银940万两，白银583万两，苏元银315万两。

另外，和珅的家产中，光当铺就有75家，估银达3000万两。物件方面，和珅家金碗碟达4288件，嵌玉九如意1908支，嵌玉如意为1600支。土地方面，仅地亩就达8000多顷，估银800多万两。

无论哪朝哪代，仅仅这些巨额资产，确实就足以定罪一个官员死刑了。

但和珅，果真乃是"因贪丧命"吗？

真相，远比表面的事实复杂。

事情回溯到乾隆六十年（1795）九月初三，当时，乾隆正式宣布，立皇十五子嘉亲王颙琰为皇太子。三个多月后，嘉庆元年（1796）正月初一，乾隆宣布正式退位"内禅"，让位给 36 岁的嘉庆皇帝颙琰。

乾隆、嘉庆的权力交接，正是康雍乾盛世的落日余晖之际。

此前，乾隆四十一年（1776），美国正式建立。乾隆五十年（1785），英国人瓦特正式改良并发明新款蒸汽机，由此带领英国迈入工业革命时代。乾隆五十四年（1789），法国开始爆发资产阶级大革命。乾隆五十八年（1793），法国国王路易十六被处死。

世界风云变幻，但乾隆和嘉庆对此并不知晓，仍然沉浸在天朝上国的美梦之中。

在当时，真正让嘉庆感觉不满的，是父亲乾隆尽管名义上号称退位，但实际上仍继续"训政"，把持着朝政大权。

按照清朝的规矩，乾隆在退位后，按理应该住进紫禁城宁寿宫，让新皇帝住在养心殿。但当了 60 年皇帝，虽然已经退休"内禅"，但乾隆并不甘于寂寞，为此，他让儿子嘉庆住到毓庆宫去，并亲自赐名"继德堂"，自己则继续以太上皇的名义训政。在当时，紫禁城内的宪书，仍然用的是"乾隆"的年号，只有各个省，才改用"嘉庆"年号。

退位的并不甘心，继位的也不舒心。

对于这一点，嘉庆内心虽然波澜万千，外表却平静得很。

朝鲜的使臣观察很敏锐。《朝鲜李朝实录》记载，乾隆退位当太上皇后，还是经常亲自在紫禁城升殿，接受文武百官山呼海啸般的"万岁万岁万万岁"的朝贺。嘉庆作为当朝皇帝，却经常坐在一边次等的位置，乾隆喜他就跟着喜，乾隆笑他就跟着笑。而宴会吃饭的时候，嘉庆更是陪坐在太上皇乾隆身边，"只视上皇之动静，而一不转瞬"。

在朝政管理上，乾隆实际执行的也是"传位不让权"。一些重要的谕旨和公文，甚至要同时加盖乾隆和嘉庆两个人的印章才算有效。对此，作为儿子和当朝皇帝的嘉庆，是个"孝子"，只能是默默，先忍一忍了。

2

太上皇和当朝皇帝的矛盾，自古以来就有，但和珅，却很不明白事儿。

当皇帝是有瘾的，即使退位了也不甘心，作为乾隆的宠臣，和珅对此当然是心如明镜。

想当初，家境寒微、科举落榜的和珅，借着乾隆的宠幸上位，年仅26岁，就从一个普通的侍卫，荣升成御前侍卫、正蓝旗满洲副都统。27岁那年，他先是当上户部侍郎，两个月后又升为大清帝国的军机大臣。此后，他一路平步青云、高歌猛进，儿子丰绅殷德还被乾隆钦点为驸马，弟弟和琳也借着哥哥的福气，一路当上了尚书、总督、都统，并晋升一等公。可谓满门荣华，无限富贵。

仗着乾隆皇帝的荫蔽，即使到了嘉庆二年（1797），和珅仍然是领班军机大臣，相当于是头号宰相和国防部长，掌握着大清帝国的军事和行政大权，可谓一人之下、万人之上。

但和珅不明白的是，他横跨两朝的富贵，立足点是乾隆对他的信任和宠爱。眼看着老主子已然年迈、日近西山，和珅却全然没有察觉到，他身边那位春秋鼎盛、正当壮年的新天子嘉庆皇帝。

在乾隆时期，纪晓岚是当时的名臣，但纪晓岚难免有点文人气，以致有一次乾隆发火说："你以为你是什么？我只不过把你当婊子养！"相比之下，和珅的阿谀奉承显然技高一筹。据《朝鲜李朝实录》记载，和珅对乾隆"言不称臣，必曰奴才，随旨随令，殆同皂隶"。即使是当到了大学士和军机大臣，在乾隆面前，和珅始终毕恭毕敬，像当年做侍卫一样鞍前马后。乾隆有时候咳嗽要吐痰，身为军机大臣的和珅立马就会拿来痰盂，亲自端到皇帝面前，捧罐接痰。

乾隆晚年"喜谀而恶直"，觉得自己文治武功几乎前无古人、后无来者，因此骄傲得很。和珅也充分把握了老皇帝的心理，不管好事坏事，总之就是只说好话，"唯将吉祥之语入告"。即使是像白莲教起义这样的大事，和珅也往往将剿匪不利的消息隐瞒下来，哄得乾隆团团转，非常开心。

如果仅仅以阿谀奉承取胜，那比乾隆足足小了39岁的和珅，失宠难免只是时间的问题。但和珅的本事就在于，他确实也有着不为人知的机智和办事能力。

据乾隆朝翰林陈焯所撰《归云室见闻杂记》记载，乾隆四十年（1775），64岁的乾隆临幸山东，坐在一辆很喜欢的小骡车上，刚好25岁的和珅是小骡车的随从侍卫。乾隆在车上无聊，就跟和珅瞎侃家常，没想到和珅"奏答甚合上意，奏对皆称旨"。当乾隆问和珅有无参加科考和他当时的试题时，和珅竟然边走边背，对答如流，"矫捷寻常"，由此获得乾隆的赞许，"其知遇实于此"。此后，和珅火速升官，"恩礼日隆"，两年后，就以大清朝史无前例的27岁之身当上了军机大臣。

乾隆晚年，好大喜功之心越来越重，喜欢到处游玩。乾隆四十九年（1784）正月，乾隆第六次下江南，随行的和珅非常懂事，命令沿途各地知府、总督，向乾隆皇帝进献"旅费"。这让乾隆非常满意，说我到处出巡，竟然不用花费国库一分钱，还是和珅办事有能力啊。

为了帮助乾隆敛财，和珅还协助乾隆罚缴"议罪银"。乾隆中期以后，官员们如果因为渎职、贪污、徇私舞弊等过失，都可以通过缴纳几万乃至十几万两不等的"议罪银"来赎罪。也就是说，贪污、舞弊都没事，只要有钱给皇帝上贡就行了。

由于这项特殊收入，乾隆中后期，隶属于皇帝的内务府收入大增。尽管乾隆多次下江南、到处游玩、随意赏赐，但在和珅的管理下，内务府"岁为充盈积，反充外府之用"。因此，在乾隆看来，和珅简直就是个理财的天才。

3

这一切，当时还只是皇子的颙琰，自然看在眼里。

乾隆共有17个儿子，嘉庆原本排行第十五。按理说，他既不是嫡子也不是长子，皇帝轮不到他当。但乾隆17个儿子中，有12个儿子早逝，另外4个儿子都因为"贪恋酒色、喜好音乐游嬉"而被乾隆厌恶，在此情况下，勤奋好学、性格内敛的颙琰无意中就成了唯一的合格人选。

乾隆三十八年（1773），年仅 14 岁的颙琰被密建为皇储。

当上皇帝后，嘉庆曾经自我评价说："予六岁入学，习经书，十三学诗，十七属文，书窗朝夕，行帐寒暑，幸无间断。"可以说，在乾隆一堆儿子中，这个热爱读书却才智平庸的儿子，已经算是很不错的了。

嘉庆学习的是传统的儒家教育，在此情况下，帮助乾隆皇帝到处敛财，自己也大肆中饱私囊，甚至在朝中勾结势力的和珅，自然为嘉庆所厌恶和忌恨。

以当时的黄河治理为例，主事河工的人都要向和珅贿赂求得他的认可，导致"乾隆中，自和相（和珅）秉政后，河防日见疏懈。其任河帅者，皆出其私门，先以巨万纳其帑库，然后许之任视事，故皆利水患充斥，借以侵蚀国帑"。尽管朝廷竭尽财力治理，但黄河依然经常决堤，人民流离失所。因为治理河防的巨额资金，大多进了和珅一流的私囊，"至竭天下府库之力，尚不足充其用……而庚午、辛未高家堰、李家楼诸决口，其患尤倍于昔，良可嗟叹"。

和珅由于深得乾隆宠幸，因此得以通过受贿来大发横财。当时，朝廷内外上下，如果不向和珅行贿，就很难当官，在乾隆中后期形成了"和相专权，补者皆以赀进""政以贿成"的局面。学子们即使考中了进士，也必须得到和珅的认可，否则就会被除名处分。结果，满朝的科举士子们，纷纷投靠到和珅门下，"几出和门"。和珅形成了强大的政治势力，势倾朝野。

从乾隆四十年（1775）到嘉庆四年（1799）共 24 年间，和珅担任军机大臣 23 年，以军机大臣兼步军统领 22 年，以军机大臣、步军统领兼户部尚书 15 年。另外，他还曾担任《四库全书》正总裁，并多次以钦差名义进行剿匪、镇压农民起义（虽然对军事一窍不通）。到了乾隆末期，和珅已逐渐掌握了清廷的行政、财政、军事、外交、文化、教育以及宫廷事务等大权，无人能出其右。

4

尽管贪腐糜烂，但不可否认，和珅显然也是个办事人才。

在外交上，和珅通晓汉、满、蒙、藏四种语言，精通满文、汉文，经常陪伴乾隆会见蒙古王公等上层人物。《八旗通志》记载："用兵之际，所有指示机宜，（和珅）每兼用清、汉文。此分颁给达赖喇嘛及传谕廓尔喀敕书，并兼用蒙古、西番字。臣工中通晓西番字者，殊难其人，惟和珅承旨书谕，俱能办理秩如。"

乾隆五十八年（1793），英国马戛尔尼使团来访清朝，尽管使团最终未能达成通商等目的，但马戛尔尼事后却对和珅的外交和办事能力非常赞赏。可见和珅并非一无是处，也是个能办事的"人才"。

但问题就在这里。

如果仅仅只是个贪官，倒也好办，问题在于，和珅不仅是巨贪，而且势倾朝野，能力干练。这在新皇帝嘉庆登基后，已经隐约威慑到了皇权的稳定。

乾隆六十年（1795）九月初三日，乾隆在秘密立储多年后，正式公布立皇十五子嘉亲王颙琰为皇太子，但此前一天的九月初二，和珅就命人给颙琰送去了一柄如意，暗示颙琰即将有好事来临。这件事，成了日后嘉庆公布的和珅二十大罪状的第一大罪："漏泄机密，居然以拥戴为功。"

在常人看来，和珅给嘉亲王颙琰先行奉献如意，只是想巴结主子。但在嘉庆看来，问题可不是这么简单。

连英国使节马戛尔尼等一帮人都曾说，"许多中国人私下称和珅为二皇帝"。乾隆退位后，仍以太上皇的名义继续"训政"，尽管天下已经是嘉庆当皇帝，但乾隆却经常让和珅站在他和嘉庆两人旁边，然后通过和珅来发号施令，把真皇帝嘉庆晾在一边，好不尴尬。

不仅如此，和珅还在太上皇乾隆和皇帝嘉庆身边，到处安插自己亲信的太监、宫女，甚至连嘉庆身边的陪读老师吴省钦、吴省兰兄弟，也都是和珅的亲信和心腹。

5

在此情况下，嘉庆一直默默隐忍，不声张。他甚至下令，允许和珅除了在公开场合以外，其他场合面见皇帝时，均不需要行三跪九叩的大礼，并且大肆赏赐给和珅良田美宅、奴仆婢女，显示出对这名两朝老臣的"信任"和"宠爱"。

嘉庆四年（1799）正月初三，乾隆终于在紫禁城养心殿驾崩，嘉庆马上宣布于当日亲政。第二天，正月初四，嘉庆又假装命令和珅与一众大臣，必须 24 小时昼夜不离为乾隆皇帝守灵，从而控制了和珅的人身自由，防止他利用军机大臣、步军统领、九门提督的身份调兵政变。

当和珅还不明就里在紫禁城内为乾隆守灵的时候，嘉庆马上命令朝臣给事中王念孙，写奏折上疏弹劾和珅罪状。

正月初八，乾隆去世第六日，王念孙奏折一呈上，嘉庆马上下令，将和珅革职，并逮捕入狱。

这一切，都整得和珅猝不及防。

随后，嘉庆效仿雍正赐死年羹尧的例子，赐和珅在狱中自尽。

由于和珅势倾朝野，为了避免政治扩大化和稳住人心，嘉庆在处死和珅后的第二天，公开下旨表示："凡为和珅荐举及奔走其门者，悉不深究，勉其悛改，咸与自新。"

至此，一场可能激起大变的政治事件，被嘉庆以"快刀斩乱麻"的速度，干净利落地处理完毕。

但嘉庆不知道，就在他的父亲、太上皇乾隆去世，以及他处死和珅的这一年，1799 年，在地球的另一端，美国国父乔治·华盛顿也去世了。

在处死和珅后，此后政治上一直碌碌无为的嘉庆以为，他的皇位终于稳固安全了。殊不知，大清帝国将在几十年后，迎来怎样天翻地覆的变化。

难道倒了一个和珅，大清帝国就安全了吗？至少在嘉庆看来，他以为是这样的。

第三章

细思极恐的刑案

徽州丝绢案：一道数学题引发的动乱

万历五年（1577）夏天，一场风暴席卷徽州。

徽州六县中的歙（shè）县与其他五县（休宁、婺源、祁门、黟县、绩溪）之间，爆发激烈冲突。

在婺源县，代理县事的官员被县民堵在路上，群情激愤的老百姓冲入县衙，见人就打。

在休宁县，亲自前往调解的徽州知府徐成位看到县城已经聚集了数万人，他们"鸣金约党，竖旗结盟"，导致"道路禁阻，文移隔绝"，场面几乎失控。

数月之内，歙县商人在五县的店铺屡屡被打砸抢夺，五县之人到了歙县也被殴打辱骂。

整个徽州全乱了，而这场大规模民变的起因，竟是一道数学题。

1

民变爆发的七年前，隆庆四年（1570），歙县有个叫帅嘉谟的小人物，偶然间发现了一件了不得的大事——自明初以来，本该由徽州六县共担的"人丁丝绢"（税粮项目之一）一直是歙县独自承担，其他五县白白占了200多年的便宜。

关于帅嘉谟其人，史料记载寥寥无几，只知道他祖上不是歙县人，而是原籍湖广江夏的新安卫人。明朝的行政和军事是二元管理系统，有个军户制度叫卫所制，新安卫就是位于歙县的一个"卫"。卫所之人与州县之人提供赋役的方式不同，帅嘉谟这个局外人却偏偏捅出了个大娄子。

帅嘉谟从小就聪明，他有个梦想，是成为算术专家。帅嘉谟平时在歙县衙门办公，为了练习算术技巧，闲着没事就调阅各地的税务记录进行演算，他经常说："文不能冠士，武不能冠军，则当以他长见。九章勾股，吾庶几可充算博士乎！"

这是说，我虽然文治武功都不行，但精通算术，也算是一技之长。

哲学家马克斯·韦伯有句名言："人是生活在由他自己织出的一张网上，他对事物的理解亦由这张网规定。"

帅嘉谟所在的歙县是徽州府的"附郭县"，也就是府治所在地，因此他可以掌握徽州六县的账本。

某一天，沉迷算术的帅嘉谟发现，徽州的丝绢摊派方式对于歙县而言十分不公。

据《徽州府志》记载，明朝立国之初，歙县拖欠了夏税 9700 余石小麦，为补足所欠税粮，朝廷下令由歙县折算成丝绢向轻租民田加征，用以补足"原亏夏麦"，即所谓"人丁丝绢"。

然而，在《大明会典》中，虽然记载徽州府每年需缴纳 8780 匹的人丁丝绢，折合白银 6100 余两，但没有记载应由歙县独自承担。此外，明初拖欠夏麦的不仅是歙县，徽州其他五县亦合计拖欠了 10700 余石，但没有补纳。再者，亏欠9700 多石粮食，用小麦折合白银的话，按当时的官方折价标准来计算，每石 3钱，这笔钱也不过才 3000 两；但要折绢 8780 匹，每匹 7 钱，就要 6100 多两。

帅嘉谟脑袋瓜一转，认定徽州府的人丁丝绢与明初夏麦的拖欠毫无关系，如果要缴纳，应由徽州府六县共同承担，而让歙县独自承担徽州府每年 6100 余两白银的人丁丝绢是站不住脚的，也是不公平的，这样相当于歙县长期在替另外五县缴税。

2

算完这道数学题后，帅嘉谟决定将这一发现公之于众，为歙县说几句公道话。

当时徽州府是应天巡抚所辖的直隶府，上面没有主管行政与司法的布政司、按察司二司，若对府、县有异议，可直接上诉到"两院"（应天巡抚衙门与巡按御史衙门）。

隆庆四年（1570）二月，帅嘉谟向两院上书，正式挑起了徽州丝绢案。

帅嘉谟上诉的时机有些特殊。隆庆到万历初年，正是"一条鞭法"在江南盛行的时候，朝中的张居正是这项改革的主推手，而隆庆三年至四年，在应天巡抚任内，将一条鞭法推行至南直隶的官员也很有名，那个人叫海瑞。

一条鞭法，旨在重新整顿土地制度，完善黄册与鱼鳞图册，按均平法分派赋役，既可有效地增加国家赋税收入，又可减轻地方负担。

中国古代有个有趣的现象，甭管什么改革，只要打出恢复周礼的口号，往往就意味着革新，而一条鞭法所代表的"均平"浪潮，恰好也符合这种革新精神。

作为事件发端者的帅嘉谟呈文，开篇就是："天下之道，贵乎均平。"帅嘉谟以"均平"为主张，在上书中说，歙县"久偏重赋，民困已极"，这里所指的重赋正是人丁丝绢8780匹（折合白银6100余两）。

帅嘉谟结合府志和《大明会典》记载，提出这项税款应当六县均平而不应该歙县独自承担。

应天巡抚海瑞读罢，当即做出批示："仰府查议报夺。"可见，海瑞对这件事十分重视，命徽州官员仔细查证审议。

不太走运的是，帅嘉谟上书后才过半个月，海瑞便解职而去，改任南京粮储。

此前，海瑞任应天巡抚时一心为民，备受百姓爱戴。有些贪污属吏听说海刚峰上任，吓得辞职跑路；有的显赫权贵原本把门漆成红色的，听说海瑞来了，为了表示低调，都改漆成黑色的；向来趾高气扬的宦官在江南监督织造，听说海瑞来了，立刻减少车马随从。

可是海瑞正气凛然，反而备受排挤，任应天巡抚才半年就受到弹劾，有人将他的利民措施诬告为"庇护刁民，鱼肉乡绅，沽名乱政"。海瑞上疏反驳，仍遭到贬谪。此次被贬后不久，海瑞因病引退。

　　若是徽州丝绢案由海瑞一手审理，不知是否会走向日后失控的局面。但历史没有如果。

　　海瑞去职前，徽州府根据两院的批示发出帖文，大致意思是请徽州六县官吏、士绅与耆老等一起讨论，丝绢税是否应该由六县均派。

　　此令一出，歙县外的五县只有最小的绩溪县作了回应，回了一份查议申文。面对上级部门的要求，绩溪县的口气十分强硬，还带着几分威胁："均派六县，变异国制，紊乱成规，于律有碍，合无姑容，照旧定纳，庶免小民激变之扰，官民两便。"

　　这是说，如果把原本歙县的丝绢税分摊到其他五县，五县的老百姓肯定不乐意，这恐怕会激起民变。

　　不知徽州府是否担心绩溪县的呈文一语成谶，这篇申文上呈之后，徽州府就没有后续的举动了，而没了海瑞这样硬气的官员相助，帅嘉谟也显得孤立无援。

　　次年（1571），不信邪的帅嘉谟决定进京告状，继续诉说歙县百姓的偏累之苦。户部对此案做出回应，仍是要求徽州府调查，但五县依旧没有做出反应，遂不了了之。

　　之后，帅嘉谟似乎遭到五县的报复，据他后来指证说，此次自京返乡的路上他遭遇了袭击，险些丧命，因此决定暂时不回歙县，先回老家江夏躲藏。之后几年发生何事，史料阙如，但帅嘉谟上诉时提到一个细节，"先年歙民程鹏、王相等连名具告"，结果却是"彼因两院升迁，遂未申覆"。

　　这是说，在他算出歙县的丝绢税有问题之前，早在嘉靖年间，歙县老百姓程鹏、王相已发现这一现象，并上诉两院，但被压下来了，这么多年过去也没有下文。

　　帅嘉谟知道，他要面对的是一个庞然大物，一个已经延续多年的弊政不可能被轻易铲除。

3

　　徽州丝绢案重回人们的视野，要等到四年后的万历三年（1575）。

这一年，时任徽州知府崔孔昕突然要求缉拿帅嘉谟，理由也很耐人寻味："今照帅嘉谟既能具词呈告抚按，必为有力之家，有谋之辈……中间必有主使者。"

在知府大人看来，帅嘉谟能够惹出这件事，还进京告御状，一定是有人指使，歙县的士绅明面上没有参与，背地里肯定搞鬼，所以要从重处理，以儆效尤。

实际上，几年前，帅嘉谟将税赋不公的情况告诉歙县士绅时，歙县士绅的态度各不相同。有人对上诉丝绢之事持消极态度，认为祖宗之法不可变，且其他各县众怒难犯；有人持谨慎态度，将徽州六县比作六子，手足一体，不愿上诉；有人则力挺帅嘉谟，要联合全县的士大夫为他站台。

但直到帅嘉谟避祸江夏时，他的上诉仍是一种自发的个人行为，并没有歙县乡宦生员的联名。

万历三年（1575），朝廷的风向变了，案件的性质也变了。

万历初年，皇帝朱翊钧年幼，朝廷之上，张居正出任内阁首辅，在内廷又获得李太后与大太监冯保的支持，掌握了朝政的实际控制权。张居正得以继续整顿财政秩序，推行"一条鞭法"。

徽州丝绢案中，帅嘉谟对平摊丝绢税的追求，符合一条鞭法"赋役均平"的原则。

由于帅嘉谟早已逃回原籍，徽州知府并没有如愿将他抓获，反而使徽州丝绢案重启调查。

随着张居正改革的推行，在上级的敦促下，徽州府再次发出帖文，要求六县审议"歙县额征丝绢应否分派五县"一事。这一次，徽州府要求六县尽快作出答复，而六县也不再沉默，纷纷发文上诉，并且语气激烈，互相指摘，案件的情况也变成了歙县与其他五县的互斗，六个县的官民组成各自的团队打辩论。

在沉寂数年后，歙县士绅终于挺身而出，公开支持帅嘉谟。

从歙县士绅此次的呈文来看，他们从不同的角度来论证丝绢税专派歙县的不合理性，其中说道："及查本府原派人丁丝绢数目，该房书吏将人丁丝绢字样，改作额征夏税丝，偏派歙县，五县俱无。"

有歙县人认为，之所以会单独多出这个丝绢税，是因为当年徽州府负责税务的人中没有歙县人氏，其他五县的书吏便巧立名目，导致丝绢税专派歙县。

对于这个说法，黟县率先进行驳斥，说，哪个书吏有这个胆量？而且以前这么多任知府有什么理由偏袒五县？

黟县知县在申文中说："夫法之始行也，既无乡宦以言之于先；而法之既行也，又无乡宦以议之于后，是丝绢之不可均派也，明矣。"其他四县也跟着反驳歙县的观点，还指责帅嘉谟是个"骗银肥己"的无赖，用上"刁军""歙刁""卫刁"等词语，对帅嘉谟进行污名化。

帅嘉谟这个数学天才不屑于参与口舌之争，而是摆出数据，为自己上诉申辩。帅嘉谟给出的新理由是：第一，他查到不仅徽州府有人丁丝绢，其他府也有，但是其他府都是均派，因此可以确定徽州府也应当六县均派；第二，照府志所说，丝绢应为"役"，而又从田亩起科，名不副实，且其中所说的明初亏欠麦粮，五县亦亏，为何不用丝绢税来抵。

歙县以《大明会典》作为自己辩论的依据，因为《会典》明确指出人丁丝绢属于徽州府的人丁税，但没有指明必须由歙县一县承担，所以要由六县分摊。

其他五县则要求以黄册以及传抄自黄册的府志作为依据，坚称歙县人丁丝绢载于黄册，国初查勘赋税，按亩科丝，以补歙县亏麦，至今征收二百余年，已成"祖制"，不可更改。黄册，是明朝为核实户口、征调赋役而制成的文书，曾在明代广泛实行，并与明王朝相始终，其中有关于赋税的原始资料。

歙县与其他五县都是站在自己的利益角度来解读材料，谁也说服不了谁。

歙县只好调整策略，由晓之以理转变为动之以情。歙县知县姚学闵在申文中不厌其烦地列出各种赋税税额，强调说歙县作为徽州府的附郭之邑，赋税过于繁重，已经"困疲已极"，如果让歙县一县独自承担丝绢税，而让其他五县"独逸"，歙县也太惨了。

其他五县见歙县打出苦情牌，也向上级"卖惨"。从百姓到乡宦，纷纷上书申诉本县赋税繁重，自己比歙县还穷，比如说绩溪县地小土瘠民穷，黟县是六县中经济体量最小的，休宁县还要负责接济其他县等。

歙县与其他五县唇枪舌剑，你来我往，争论不休。

4

徽州丝绢案的争论，有个技术难题，就是赋税征收以何为据？

歙县方面认为，应该以《大明会典》为依据，而其他五县主张根据国初做成的黄册，于是，有程文昌等五县民众联名上奏，要求调查黄册。

万历四年（1576）四月，户部批准，由歙县、休宁与婺源三县共同派三人，到保存黄册原本的南京后湖开库查册。

此时，帅嘉谟也赶到南京，受命与三县代表一同参与调查。

然而，黄册并没有使真相大白，反而把徽州丝绢案带入了死胡同。

此次调查的结果是，在历次编造的黄册之中，都只记载六县各项征收赋税的微细数目，黄册上面写明"丝绢"在歙县的开征时间是洪武十五年（1382），但并未说它到底算是丁税还是夏税，或者为什么只在歙县一县开征。

有道是"山重水复疑无路，柳暗花明又一村"，此时，案件发生了戏剧性的变化。

这一年，歙县籍的官员殷正茂被任命为户部尚书。

殷正茂是一个雷厉风行的官员，他曾带兵在广东沿海平定倭寇，镇压民变。此外，他与张居正还有一层关系，他们两人是同榜进士。

如果说歙县只是占了朝廷有人的优势，还不足以翻案，但刚刚上任的殷正茂将丝绢案上奏天子后，得到了首辅张居正的支持。

前文说到，张居正主导的一条鞭法，其中一个原则就是"赋役均平"。因此，殷尚书的上奏，将徽州丝绢案中《会典》、黄册所载是否准确，能否改动"的问题变成了"是否该按照张居正改革的方案推行均平"的问题。

于是，朝廷责令应天巡抚、巡按及兵备道各衙门与徽州邻府协调，共同派员，先将徽州府各项钱粮"总算总除"，然后再照各县人丁数与地亩数确定丝绢负担，达到"赋役均平"。

各级衙门查议后，得出如下数字，如果将人丁丝绢的原额 6100 余两按照当时的人丁数均派，则歙县 2853 两、休宁县 1615 两、婺源县 733 两、祁门县 424 两、黟县 255 两、绩溪县 263 两。若是这么算，从前歙县单独承担人丁丝绢折银，每年额外加重了 3290 两的负担。

殷正茂作出指示："若歙县各项钱粮已抵过各县均平之数，而丝绢独累在均平数外，则合行均派。"查议之后决定，将这 3290 两从歙县每年的负担中减去，由其他五县分摊（"悉依分加五县，多寡数目递年派征"）。

之后，徽州府向各县传达这一方案。

至此，歙县暂时取得丝绢案的胜诉。回到歙县的帅嘉谟，得到了英雄般的欢迎，风头一时无两。歙县百姓敲锣打鼓，手持红花前往县城门外迎接他。帅嘉谟自认为立下大功，洋洋得意，回来前还用歙县资助他的钱买了一副华丽的冠带，这为他日后的命运埋下了伏笔。

其他五县人却大为愤慨，在得到消息后就急忙上诉，将攻击的对象从小人物帅嘉谟转向户部尚书殷正茂。

五县之人在上书中斥责道："岂料某欲沽乡曲之誉，必计取胜，不待前奏勘报，阴嗾户科条陈事宜，径借朦胧题覆。"这是指责殷尚书沽名钓誉，他自己是歙县人，却利用户部的权力为乡里谋私。接着，五县痛斥人丁丝绢税均摊的方案坏透了，是"借均平之名，为变乱之计"。他们还拿出法律武器正告殷正茂："大明律有一条：'官吏人等，挟私欺公，妄生异议变乱成法者，斩。'"

与之相反的是，歙县人对老乡殷正茂感恩戴德。在《万历歙志》中这样记载道："邑人丁丝绢之役偏累有年，帅嘉谟讼与朝，正茂适肩其事，后虽中寝，至今德之。"

但是，事情正向朝廷无法掌控的方向发展。

5

万历五年（1577）四月，丝绢摊派的方案已经被户部采纳，并由徽州府下达各县施行。

歙县之外的五县，无法接受将歙县的 3290 两摊派到他们头上的提议，一时

"人心不服，聚众汹汹"，"农弃其耕，贾罢其市"。

户部的决定送到婺源、休宁二县时，民变爆发了！

当时，代理婺源县知县的徽州府通判徐廷竹正准备离开婺源县前往北京呈送进贺表文。婺源县民数千人围住县衙，要徐知县向上司请求停止加派丝绢税。之后，徽州府派推官舒邦儒前去代理婺源知县一职，舒邦儒经过休宁县时，道路被父老乡亲堵住，他们呈上批判户部的文书，"竖旗鸣金""鸣锣鼓噪"，逼近舒邦儒，要求他向上司转申，还有人殴辱了同行的书吏和门役。

六月，舒邦儒到达婺源县，再次遭到"遮道号诉"的待遇，人数达五千人，吓得舒邦儒不敢出门。

动荡之际，徽州府的乡宦、生员纷纷参与其中，煽动民变。

有个叫程任卿的书生，平时以讼师为业，精通法律，口才一流。他带人占领了婺源县里的紫阳书院，于县市大街竖起一面大旗，上书："以户部而操户权，以歙人而行歙私。"随后又写各种小帖传遍徽州各县，小帖上是这样写的："英雄立功之秋，志士效义之日。"这些煽动性极强的口号，动员了不少徽州群众。

程任卿还在紫阳书院设议事局，要把县衙赶下台，县民甚至将婺源县县丞强制劫持到紫阳书院办公。

在徽州丝绢案中，程任卿是仅次于帅嘉谟的关键人物，后世能还原这一历史事件，都是多亏了他。

短短数月间，徽州各县的冲突，从初期罢耕罢市的示威抗议，演变到后面的抢夺货物、把持官府、挟制官吏、殴打官员等集体暴动，形势几乎失控。据徽州府的《本府禁约》所记，可知民变的严重程度："照得本府所属六县，近以告争丝绢，互相仇怨，视如秦越，在歙县所辖，遇五县人民辄行殴辱，阻绝生理；在五县地方遇歙商贩，肆行赶打，抢夺货物。"

面对如此紧急的事态，在民变爆发的夏天，各级官员都呼吁徽州士民以家乡"东南邹鲁"的名声为念，保持克制。

大受震惊的巡抚、巡按和中央政府迅速采取措施。首先是户部得到张居正同意，撤回了改革丝绢税的决定，其次是处罚民变的主谋者。

直到万历五年（1577）的十二月三十日除夕夜，徽州都在抓人，大概是因为除夕团聚，更有利于抓捕。

这些被捕的所谓"主谋"中，有生员程文烈（婺源县）、程任卿（婺源县）、吴大江（休宁县）、叶文炳（休宁县）等。其中，程任卿"占本县紫阳书院，立作议事局"，形同谋反，罪状最重，被判了个死刑。

张居正内阁认为，地方豪右宦族极有可能参与并主导了"徽州激变"。

豪右家族是当地最大的土地拥有者，分摊丝绢税损害了他们的利益。据《丝绢全书》收录的史料记载，当时，张居正指示应天巡抚逮捕的"主谋"，就有前户科给事中、婺源人余懋学和前尚宝司卿、休宁人汪文辉，前者因与张居正政见不同，遭罢官乡居，后者则站在五县的立场上积极活动，他们都是地方豪右的代表。

这场民变的主力还有各县的生员。

生员俗称为秀才，是读书士子仕进之途的起点，不同于举人和进士等更高的科名，属于基层知识分子，介于官员士绅与普通百姓之间，往往在地方事务中担任重要角色。

而那些被他们煽动的普通民众，只是统治者眼中的"愚民"，人数众多，地位低下，是地方政府与豪右所争夺的对象。他们没有自己的主张，在纷争中只会跟从闹事，大部分人事后因为官府法不责众的态度而躲过抓捕。

到了万历六年（1578）七月，对于人丁丝绢纠纷的全新解决方案出炉。

按照新的方案，原有的歙县人丁丝绢6100余两不动，仍由歙县独自负担，但歙县其他赋税酌减2000两，而且是"永为定规"。这2000两由其他五县按人丁分担，即休宁县650两、婺源县500两、祁门县350两、黟县300两、绩溪县200两。

当然，这种解决方法只是"朝三暮四"之术，尤其是不久前才发生民变，徽州府知道五县民众仍难以接受，就另想了个办法，决定2000两税费将从徽州府的军需银内扣除，也就是说2000两的分担任务只落实府一级，而不用下派到各县。

如此一来，五县亦不加赋。归根到底，还是由徽州府承担损失，以此摆平各方，皆大欢喜。

6

对于民变"主谋"的处罚还在进行中。

除了煽动民变的五县生员外，歙县的"正义化身"、徽州丝绢案的发起者帅嘉谟也被抓捕归案，以平息五县民愤。上级领导认为他"输纳冠带，夸张梓里"的骄傲行为是刺激民变的缘由，就给他判了个充军。

帅嘉谟没有想到，他当初花钱买来庆祝的冠带，竟然成了罪证。

歙县将帅嘉谟视为英雄，但在五县百姓眼中，帅嘉谟一直都是一个追求名利的奸诈小人。而程任卿就是帅嘉谟的反面镜像，在这场动乱中，朝廷将程任卿定性为逆贼，可在婺源士民看来，程任卿是被罗织了罪名的冤屈之人，后来将他归入《婺源县志》的《义行》之中，说"乡人士至今啧啧诵义无穷焉"。

下狱的生员们亦自诉冤屈。婺源县领头闹事的生员之一何愧吾病死于狱中，临终前留下遗言："死不足惜，而歙仇之未复则可惜也！"并要五县士大夫"与歙人鸣不戴天之仇"。

被拟判处斩刑的程任卿也不服气，他在狱中说，生员为了保卫国家的理法，何罪之有？为乡里仗义执言，何罪之有？

如果说帅嘉谟是个理科学霸，那程任卿就是个文科尖子。

在狱中，程任卿得到五县士民暗中支持，将徽州丝绢案的资料编纂成书，即《丝绢全书》八卷。《丝绢全书》收录了关于丝绢纷争的大部分资料，至今仍是研究这一事件的第一手史料。

作为"主谋"之一的程任卿虽是死囚，却没被判"斩立决"，而是"监候处决"。以婺源同乡余懋学为代表的五县士大夫对其展开营救。余懋学后来自称，张居正其实原本是要抓他和汪文辉，但找不到证据，才让大出风头的程任卿成了替罪羊。但在余懋学的奔走下，程任卿身系牢狱 20 年，仍免于一死，后被减刑充军，并立下军功归乡，当真是个传奇人物。

二十年弹指一挥间，徽州丝绢案以一场民变，抑或是一场改革的记忆，在历史上昙花一现。

值得一提的是，闹了这么久，歙县百姓仍然没有解决丝绢之苦，仅仅是减了2000两的税，而丝绢税伴随歙县一直持续到了晚清，几乎贯穿了整个帝制时代，到民国时期的《歙县志》还有关于这项赋税的记载。史载，安徽歙县后来用船税、茶税和官祠租等银抵解人丁丝绢，到了晚清太平天国运动时期，由于战乱，田亩遭到毁坏，这些抵解人丁丝绢税的赋税也就无从征收。

当初在徽州丝绢案中掀起波澜的小人物帅嘉谟与程任卿，他们面对的，原来是一头难以撼动的巨兽。

麻城杀妻案：真相多次反转，惊动大清高层

雍正九年（1731）五月二十四日，麻城县（属湖北布政司黄州府，今属湖北黄冈）知县汤应求收到一份紧急情况奏报。

麻城辖下的亭川乡沙井区保正刘兆唐在奏报里说，昨日，当地牌头赵巨年到赵家河沙滩，看到一条狗在沙滩中扒拉出了一具尸体。据描述，该尸体呈仰面状，周身已无皮肉，仅一手背上有皮包骨，腰上有已朽烂的两条白布。

关于这具尸体于何时埋下、是何方人士等，无从得知，急需汤应求带着仵作前去查验。

汤应求于次日，便带着仵作李荣前往赵家河。然而，天公不作美，路上适逢狂风暴雨，实在无法前往验尸，只能先派数十人看守尸体，想着第二天再去。好巧不巧，第二天又碰上别的地方报了个自缢命案，只能先行处理。

因此，直到五月二十七日，汤应求才到沙滩查验尸体。

过了几日，汤应求便把验尸前后写成文书进行上报。在这份通详里，提及刘保正的上报，竟多了几分原本没有的细节：

赵家河沙滩边，被犬扒出一尸。周身并无皮肉，止有破烂布衫一件、破蓝白布里夹袄一件、蓝面白里夹被一床。

提到仵作的验尸结果则为：验得不知姓名尸骸，并无皮肉，止存骸骨，无凭验报。

此时，对于这具沙滩无名尸，上级的意见是迅速辨明男女。同时，根据有夹被的情况，认为这应当属于裹尸埋藏，需要确查。

此时此刻，汤应求还未曾想到，这具尸体将在麻城掀起一场牵涉百余人的腥风血雨，而他自己也差点送命。

1

大约一年半前，雍正八年（1730）正月二十九日，麻城官府有两人同时报案。

一个是富人涂如松，报官表示自己的妻子杨氏下落不明，怀疑是大舅子杨五荣将妻子拐带藏匿起来；而另一个报案人正是杨五荣，状告妹夫涂如松杀害了自己的妹妹。

双方各执一词，僵持不下。

一切还得从五天前说起。

正月二十四日夜，杨五荣把回娘家归宁的妹妹杨氏送回了涂如松家，但此时，涂如松并不在家。杨氏踏入家门不久，府邸里就发生了争吵：涂如松的母亲许氏，斥责媳妇杨氏从正月十三日回娘家后现在才回来，回来得这样晚。杨氏听后，顶撞了两句，就回房了，这可把涂母气得不轻。于是，稍晚些，等涂如松到家，涂母就向儿子告状。涂如松听后，怒气冲冲地来到房间，随后声称不见杨氏踪影。

当晚，涂如松发动邻居一起寻找杨氏，但几天下来都一无所获。其中也包括了去杨家询问，杨五荣也是因此对涂如松产生猜疑，乃至状告。

案发初期，审理此案的是当时的知县杨思溥。

涂如松对杨五荣的讦告，应主要来自于夫妻二人长期的感情不和。据了解，早些年杨氏本是王廷亮儿子的童养媳，但还没等到成婚，男方就病逝了，于是，杨氏改嫁涂如松为妻。但二人成婚后，貌美的杨氏瞧不上涂如松，两人经常吵架，感情很一般。因此，杨氏时不时回娘家，住得也比较久。而在后来的审讯中，涂如松更提到，杨氏与王廷亮妻侄冯大有私通之情。显然，涂如松与杨氏之间积怨不少。

而杨五荣那边，对于夫妻二人的不和，不说了如指掌，肯定略知一二。因此，在自行寻找的那几日，他早已暗暗猜疑是不是涂如松在自导自演。当他苦于没有证据的时候，并不相识的混混赵当儿忽然在他身后出现，并给他带来了一个爆炸性消息：我看到杨氏就是涂如松杀的。听了这话，杨五荣激动得马上带他去报官。

这便有了后来两家互诉的场面。

其实，二人的控告都没有实质性证据，毕竟最关键的杨氏一直下落不明。然而，由于杨五荣方有"人证"，天平暂时倒向了他这边。

因涉及人命，又有证言，知县杨思溥便将涂如松收监，进行审讯、调查。

在用刑审讯下，涂如松顶不住了。他招认，自己将杨氏尸体溺于水塘之中。

但直到把各个水塘用水车暂时抽干，也没看到杨氏的尸首。这供认了也不知道该如何上报结案呀！由于始终找不到尸体，监狱外涂母许氏也一直在为儿子上诉，因此，大半年过去，案子始终没有进展，涂如松暂时获释。

根据清朝法律规定，地方官吏必须在一定期限内审结案件，否则将受到处罚。因此，不久后，杨思溥去职。

雍正八年（1730）十月十七日，麻城县迎来了新的试用知县汤应求。这宗棘手的案子来到了他的手上。

2

接手后，汤应求细看了先前种种口供、文书，心里先隐隐做出了判断：大概一切不过是捕风捉影。

为打破悬案僵局，首先，汤应求要攻破的是赵当儿。

赵当儿身为本案唯一的"目击证人"，连续多次受到汤应求提审。这回，赵当儿改口供了。关于审理细节，当时并无记载，不得而知，只知道，他承认了先前对涂如松的指控都是胡乱编造的。编造起因，是他收到了生员杨同范（杨五荣堂兄）、刘存鲁的贿赂。

据供述，事情是这样的：

原本，赵当儿只是路过听到了杨五荣跟身边人讨论妹妹杨氏是否为涂如松所杀，听到后，就跑到相熟的人家中，八卦这件事。凑巧，生员杨同范也在场。听罢，杨同范便给赵当儿好吃好喝，并奉上银子，提供了说辞让赵当儿告诉杨五荣，随后到官府上做涂如松杀妻的目击证人，以此对涂家进行恐吓讹诈。

汤应求随后诘问杨五荣，杨五荣竟然也承认了自己有参与收买赵当儿为证人一事。

此时，在汤应求看来，杨同范、刘存鲁无疑是此次诬告的主谋，杨五荣则是凭猜测也参与其中。得此审理结果后，汤应求向上级提请，务必将这两名品行恶劣的生员革除，"以惩包讼刁风"。

那么，当时赵当儿改口供，有没有可能也是遭到了像涂如松那样的刑讯逼供呢？根据前前后后的官府文书来看，都没有提及这点，所以，应该是赵当儿自己胆子还不够肥，才让案件找到了突破口。

而关于涂如松所称的冯大与杨氏奸情，以及涂母供述的一位名为王一的人曾藏带一名"妇人"，怀疑是杨氏，这些在当时也做了一番调查。结果是，冯大的姑丈王廷亮矢口否认奸情一事，王一携带的妇人则是他本人之妻。因此，当时的结论是，拐逃应是确凿的事，但究竟是谁拐、人在哪，都未知。

以上便是汤应求接手此案后主要的调查结果，此时是雍正八年（1730）十一月。

在汤应求的逻辑里，为什么早觉得案子疑点重重，认为涂如松没有杀妻藏尸？其一，他认为涂府所在之地，比邻数十户人，又非深山独居，如果真藏尸了，怎么会没有一个邻居撞见？其二，当晚涂如松就召集邻居一起找人，如何做到分身藏尸？其三，涂母许氏就那么一个儿子、儿媳妇，怎么会坐视不管，让儿子把儿媳打死？

杀妻命案变成吓诈诬告案后，汤应求的破案重点放在了拐逃上，加大力度发告示悬赏杨氏下落。而原本的涉案人员涂如松、杨五荣、王廷亮等，只是严肃警告，其他查明无关的人士，也暂时释放了。

然而，一切并未如愿。从冬天等到春天，直到雍正九年（1731）三月，杨氏依旧下落不明。

这时候，涂如松坐不住了，他怒而到司府控诉，请求为他申冤。他噼里啪啦讲了一堆自己从去年开始如何被冤枉入狱、屈打成招，又控诉汤应求拖拖拉拉不作为："可怜产业荡尽，家散人离，妻被拐而反受其殃，情已真而反搁其案，伏乞赏提亲讯，沉冤得伸，生死衔结。"

案子因为杨氏的下落不明始终陷入死结，汤应求的压力也越来越大。

3

两个月后，"转机"猝不及防地来了。

麻城县所辖区域出现了一具面目难辨的无名尸骸，于是，就有了文章开头所发生的事。

这具尸体，在大多数人眼里，是没有身份的；但在另一些人眼里，是"早有身份"的。

雍正九年（1731）六月二十三日，也就是无名尸骸被发现的一个月后，杨五荣忽然上诉说，自己身负"三冤"：一是自己的妹妹杨氏无故在涂如松家"尸命俱没"，前知县不好好查，还暗嘱新知县汤应求不要纠结尸骸，把案件重点转移到拐逃上；二是自己被胁迫承认拐逃妹妹；三是此前堂兄杨同范因此案要被开除生员身份，冤枉啊。如今沙滩上出现了一具尸体，不知道为什么知县验尸都说是男尸，依据在哪？如果是男尸，依据也得说清楚。这明显有疑，请上级相关部门给点压力，好好查究。

言语之间，其实是在暗示尸体就是他的妹妹杨氏。

一个月间，到底发生什么事，让杨五荣忽然又燃起了当初状告涂如松杀妻那般的气势？

结合几年后经由史贻直重新审理所撰写的案情文书来看，当时情况大概是这样的：

那时，受到汤应求诘难的杨同范由于还未收到惩戒结果，生员资格还在。但狡黠如他，怎么可能坐以待毙？他一直在暗暗找关系减轻罪行。而当他得知有无名尸体的存在后，兴奋不已：翻盘的机会来了。

先前，案子调查结果总是左右摇摆，难有定论，一个重要的原因就在于一直以来都只有人证没有物证。如今，一具无名尸体，不就是最好的"物证"？

杨同范抢先汤应求一步来到沙滩查看尸体情况，决定要把该尸体引导为女尸。在汤应求验尸当日，杨同范一伙人亦前往，在尸体性别上起哄，嚷嚷道这是一具女尸。

而从汤应求后来给上级的文件来看，汤应求曾说到仵作李荣报"男尸现有发辫"，保正刘兆唐等人没有异词。也就是说，汤应求确实有过关于尸体性别的判断。那么，为什么先前汤应求的验尸通详里没有提及尸体性别相关信息？也许就是跟当时的这场争执有关。这让他上报时没有直接下结论。

如今，杨五荣、杨同范等人揪着尸体性别问题不放，闹到黄州府级以上去，上级官员不敢马虎，批复道"唯有先行滴骨是实，然后检伤，以免死者枉受蒸刷之苦"。具体做法，就是使用宋慈所写的《洗冤录》中的滴骨之法，验证此尸是否杨氏。汤应求对于杨五荣的不实指控自然不忿，为让他们心服口服，也请求黄州府同意用滴血验亲的方法去求证。

由于杨五荣的上诉提到对麻城县勘验的不满，黄州府为了让本次滴血验亲的结果更有说服力，便提出委派隔壁的广济县知县高人杰前往麻城县，一同检验。但不久，汤应求就指出滴血验亲并不适合此案尸首，不如还是把验尸关键先聚焦于性别上。对此，巡抚同意，表示委派的官员先确定尸首是男是女。

此时，已是雍正九年（1731）九月。汤应求上任将近一年，但案子仍旧未结。因此，马上他也去职麻城知县。

汤应求不再受理此案后，杨同范等人的操作就大胆起来了。

本来，高人杰要等新任麻城知县李作室上任后一同验尸。但不知出于什么原因，十月二十四日，他已率先带着黄冈县仵作薛必奇独自检查。这一回，由薛必奇提供的验尸结果对比之前出入更大了：该尸为女尸，右后肋骨有伤。

不过，这其实是杨同范的暗箱操作，是他让弟弟贿赂薛必奇作伪证。

随后，随着高人杰以女尸结果上报，案件朝着汤应求等人未曾想到的方向发展。

4

由于验尸结果为女尸，天平再次倒向杨五荣这一边。为了快速结案，高人杰、李作室默认女尸为杨氏，抓捕涂如松等人，朝命案方向审讯，严刑拷打再次上演。

接下来，长达几年的审理结果，基本上都是胡编乱造、信口开河。由于不堪严刑，涂如松妄招打死杨氏；李四等人抬埋；生员蔡灿主持作状，代写假命奇冤之辞，让涂母上诉迷惑最开始审理此案的杨思溥。

比对汤应求去职后各阶段审理的各类文书，与其称之为审理结果，不如称之为冤案"合理化"实录。

首先，是高、李二人在初次会审后做出的第一次通详。关于冲突前情，是这样描述的：

杨五荣之妹适涂如松为妻，于雍正八年正月二十四日自母家拜节而归。其姑许氏责其违限归迟，杨氏即回言唐突，如松怒其不逊，因而相殴，将纺线车打伤杨氏小腹，适中胎孕，旋即殒命。

对比此前杨、汤的审讯，首次出现了涂如松与杨氏相殴的情况，以及提到了凶器。

关于证人赵当儿，又采用了他的目睹之说，且把此前招认的贿赂行为转嫁到涂如松身上：

岂期有赵碧山之子名当儿者，于二十四日夜撞遇如松请人扛尸，窥知其情节，送信与五荣。五荣情关骨肉，一闻此信，于二月初一日即扭当儿送官。而如松叔侄奸计百端，又买贿赵碧山，嘱令伊子改供，反噬五荣等贿嘱并令豪强挟制碧山。

雍正十年（1732）七月，高、李二人做出了第一次拟判，跟通详相比，有了新的细节：

如松向（杨）氏规责，许氏又争嚷骂詈，如松将右手批其左颊，即将纺线车举手向前殴打。如松夺取回击，致伤杨氏不致命右后肋。氏又回身扭结，如松忿激将氏推开，随取纺线车打去，适中杨氏致命小腹，因有四月身孕被殴伤胎，旋即殒命。时方昏夜，其邻人皆不知殴毙之情。

对比发现，拟判中出现了具体的互殴情景，还让仵作薛必奇验尸时提到的右后肋骨有伤恰如其分地出现了。

与此同时，还较为详细地描写了埋尸过程，涉及数名"同党"。

但实际上，尽管情节写得详细，还是有破绽的。护理黄州府的蕲州知州蒋嘉年在收到他们的第一次拟判后，就发现了疑点，里面提到的参与抬尸的人，有年老眼瞎的，有腿脚不便的，不禁让人提出质疑：昏夜之际，如何抬尸？于是驳回重审。后面高、李二人就做出解释："秉乾、蔡三虽一盲一跛，原非笃疾，当其抬尸之时，其目尚明，其足能步。"是否为真？有待商榷。

尽管他们在不断修饰文书，蒋嘉年也并非好糊弄之人，前后一共驳回四次。驳回意味着案件无法进入审转阶段，也就无从结案。

随后在督抚的指示下，蒋嘉年重新验尸，推翻了高、李的结论，认定为男尸。案件又进入停滞期。

这时候，雍正十年（1732）十月，高、李二人把已经去职的汤应求重新卷入这起案件中，指控他指使下属并与涂如松勾结，将尸体伪装为男尸，并有修改、捏造通详的行为。他们最有力的证据就是当初汤应求第一次验尸时的通详，里面提及的尸体情况与保正刘兆唐所呈报的并不一致，有极大的加工嫌疑。

这个指控，汤应求当时还真是有理说不清，因为他还真没在文书里白纸黑字写清楚。结案后他曾自述，那一次没有在通详中写明自己所见与保正呈报情况不一，是自己断案生涯里的一次重大失误，并且认为这场冤案"祸本遂基于此"。

拖着拖着，高、李二人承审此案也逾期了。随后，上级重新委派黄冈县知县畅于熊、蕲水县知县汪歙接替负责。他们继续专注于指控汤应求办案疏忽，没有分辨骸骨性别，"改换报呈"，应该革职。

谁能想到，后续大半年，这些人都把查案矛头瞄准汤应求，双方围绕尸体各种情况各自举证、辩驳。到雍正十一年（1733）五月二十三日，意外出现了，放置在赵家河边的原检尸棺被洪水冲走，最后仅找到骸骨八块，捞捞回来一个头颅发现还不是原装的。围绕尸体的种种争端戛然而止，因为已无从比验。

这一状况直接让汤应求在这场"对决"中败下阵来。雍正十一年（1733）八月，皇帝有旨"汤应求着革去职衔，其玩视人命等情，该督究审定拟具奏"。而之前屡屡驳回拟判的蒋嘉年也已经不能代理黄州府了。

从此，对涂如松杀妻案的审理再无"阻碍"。由于畅、汪二人参革了汤应求，不便继续审问，于是咸宁知县邹允焕和黄陂知县黄奭中受命接手。

5

雍正十二年（1734）十月，邹、黄二人做出拟判，认定涂如松杀妻，他们的拟判文书又更"完善"了。

以杀人过程的描述举例：

许氏告知不逊情由，如松进房向杨氏训斥。杨氏不服，执持纺线车之木心向打。如松夺过车心，杨氏转身走避，如松即将车心殴其右后肋。杨氏哭骂，复转夺车心。如松又用车心一戳，伤及杨氏小腹，杨氏原有四月身孕，被殴伤胎，当即倒地，移时殒命。如松惧罪，往唤族叔涂方木到家商议。

在这里，凶器从此前的纺线车具体为纺线车木心，更加符合孕妇杨氏与涂如松进行互殴的情况。

而在埋尸部分，邹、黄对此前被质疑的眼瞎、跛脚的两人也进行了合理描述，无比生动：

蔡秉乾因眼力不济，荷锄同蔡五先往刨土……讵蔡三足跛失跌，方木为其接抬，前至赵家河沙滩掩埋而归。

总而言之，邹、黄做的拟判没有被府级驳回，顺利进入审转阶段，一级级上报复核，批复。两个月后，顺利上奏至皇帝处。

雍正十三年（1735）七月初七，皇帝下旨将一直在幕后为涂如松"筹划布局"的蔡灿着即处斩，汤应求、涂如松等则拟绞监候，秋后处决。

原以为一切已成定局，谁知，退出冤案争端已久的"麻城知县"又重返大众视线：去年四月新上任的麻城知县陈鼎，报称七月二十四日，在杨五荣家找到了涂如松的妻子杨氏，人还活着。

这个消息，一石激起千层浪。

杨氏活着，意味杨五荣、杨同范等人诬告罪行败露，但是，瑟瑟发抖的远不止当事人，还有审理、审转过程中接触过这个案件的所有官员，其中包括最后一级复核的湖广总督迈柱。杨氏活着，这不只是打脸的事，是要命啊！

这下子，很多牵涉其间的人，都在期待案情的"再反转"。

杨五荣于是在大堂上一口咬定，杨氏的突然出现，就是个骗局。他说，这个杨氏只是长得像自己的妹妹，其实是一个流娼，被一些别有用心的人利用，头天晚上假意到他家住宿，当夜，麻城知县就带人把她抢出去，说是自己窝藏了妹妹杨氏。

但，杨五荣等人期待的反转再也没有发生。他的说法很快被击破——"两司府县公同验讯，实系杨氏"。

随后，也终于在杨氏的口中得知了真相：

雍正八年（1730）正月二十四日那个夜晚，杨氏与涂如松发生争吵后出走，路上遇到奸夫冯大，冯大将她藏到婶母家中。此时杨五荣确实以为杨氏被杀，所以出面指控涂如松。后来，冯大婶母怕事情败露，嚷嚷着要报官，冯大只好托人通知杨五荣。三月初五，杨五荣知道了真相，但因为此前已经指控了谋杀，不好撤回，就将杨氏送到同在一条船上的堂兄杨同范那里。直到雍正十二年（1734）七月，杨同范之妻听说此案已经完结，才将杨氏送回杨五荣家。

而一年后，杨氏被麻城知县陈鼎找到。

至于陈鼎为何能找到杨氏，是因为他到麻城上任之初，诚心求雨不成，有人告诉他，求雨失败不是因为不够诚心，而是因为有冤狱，"天垂象以示儆"。于是，他开始暗中调查涂如松杀妻一案，直至告破。

6

没想到，这宗案子最后从雍正年跨越到了乾隆年。

由于湖广总督迈柱与湖北巡抚吴应棻在此案的审理上发生冲突，乾隆便下令二人去职回京另作任用，派史贻直负责此案。

最后，涂如松、汤应求等人得以昭雪，获得释放；杨同范、杨五荣等人被判处死刑，高人杰等官员被予以严惩。

重看这起无中生有的案件，原本只源于人的七情六欲：愤怒、厌恶、情欲、贪欲，有人隐瞒，有人撒谎，有人编造……而后来脱离轨迹，在理应公正的司法审理链条上完成了捏造口供、证据等一系列操作，不得不让人注意到清代司法制度的漏洞。

根据清律，刑事命案必须经过严密的逐层审转复核制度处理，与此同时，也明确规定了各级审理官员的相关司法责任。其中，在审转制度中，对各级官员又实施共同责任制度，这便产生了一些有趣的现象。

原本实施责任连带机制，是为了让各级官员打好十二分精神，督促下级不要出错。但往往却是基层官员在审理、判决方面的司法高压下，由于可操作空间大，错了也要力挽狂澜，假装没有出错。如果上级没有及时察觉驳回，就容易将错就错，力保"看起来"没有错。官官相护，环环相扣。

学者史志强指出，如果不是当时新任巡抚吴应棻没有为这个案子背过书，不需要为前面的冤情负责，这案子也不一定能翻。

与此同时，这种连带责任又是不对等的，是职级越高，处罚越低。如《吏部处分则例》中"不能审出实情"条规定："斩绞人犯未经审出实情者，承审官降一级调用，审转官降一级留任，臬司罚俸一年，督抚罚俸六个月。"这样看，由于对上级来说，就算真的出错，自己受的处罚也没有那么重，自然也不会那么积极地去复核，这也是为什么上级经常会没有及时察觉驳回。

清人万维翰说："万事胚胎，皆在州县，至于府司院皆已定局面，只须核其情节，斟酌律例，补苴渗漏而已。"一句话道出了真相。

　　汤应求复官后，由于对此案印象深刻，于是，他将这个案子前前后后的文书整理起来，编著为《自警录》四卷，记录这宗麻城冤狱案昭雪平反始末。如此，是要通过此案时刻提醒自己，自警于心，同时，也望世人读后自警。

乾隆叫魂案：盛世的妖术恐慌

　　乾隆三十三年（1768），为避暑热，58 岁的乾隆皇帝从北京起驾前往承德，在避暑山庄度过盛夏时光。一如往年。

　　不同寻常的是，一场来自民间的妖术恐慌，正从富饶的江南蔓延到华北。

　　很快，扑朔迷离的案情夹杂着谣言与恐惧，在各地陆续重演，直至席卷大半个中国。

　　主导着帝国盛世的乾隆，不由得心头一惊。

1

　　在承德，夏日的安逸被流言打破。乾隆收到一份机密情报，发送者是山东巡抚富尼汉。

　　农历五月，山东省城济南相传发生了几起"剪人辫发"的案件。

　　发辫，民间说法是"叫魂"的施术工具。所谓"叫魂"，则是民间传说中的一种诅咒妖术，可使人生病，甚至死去。当时坊间传闻，除了发辫，受害者的衣物、写有名字的纸符等也可作为施法的工具。

　　这看似荒诞不经，却让无数人为之惊惧。

　　在清朝，发辫是一个十分敏感的政治问题。清军入主中原后，下令削发留辫。百姓头上的辫子，具有统治者宣传王朝正统的象征性的功能。剪辫妖术因此被看作对清王朝的挑衅，暗藏着挑起叛乱的政治阴谋。

　　山东巡抚富尼汉不敢怠慢，在所辖地区抓获了几个疑犯，他们都是从外地流审到山东的乞丐。

经过审问，富尼汉"证据确凿"地确定了妖术团伙的存在。

据被捕的蔡、靳二乞丐"供述"，他们都是被妖术党招纳入伙，且大都来自南方，几个已确定名字的"幕后主谋"，包括和尚通元、吴元与算命先生张四儒等。

这些主犯是否确有其人，富尼汉也没弄明白，就火急火燎地上报朝廷，企图抢先立功。由此，源自民间的妖术恐慌，终于引起了皇帝的注意。

尽管乾隆认为"叫魂"流言甚为荒诞，但他相信，可能有人在恶意散布这些谣言。所以，他不仅要稳定民心，还要营造出朝廷会保护百姓免受鬼怪力量危害的氛围。

乾隆命大学士傅恒、刘统勋等人起草了上谕，下达到浙江、江苏与山东各省。这是关于这场妖术恐慌的第一份中央文件："闻江浙一带有传言起建桥座，因而偷割发辫、衣襟等物……着传谕各该督抚饬属，密行体察，如果有此等请事，即行严拏重治其罪，否则将倡播之人查拏一二，严加惩治，以儆其余。"

在发布第一道上谕后，乾隆又向各省发出了一份紧急诏谕，将山东审出的几个妖党首领名字分发到各省督抚手中，要求追捕几名主犯，并对妖党进行清剿。

皇帝说要擒拿妖党，那无论是否有真凭实据，各地官吏都得把这些妖人揪出来。

吊诡的是，在山东抓获了几名案犯后，作为叫魂起源地的浙江、江苏却迟迟没有消息。这引起了乾隆的不满，他将江浙官员痛批一顿，责备他们隐瞒实情，导致恐慌四起，竟然要等到山东官员上报朝廷才知晓。

总管江苏、安徽和江西三省的两江总督高晋，在回答乾隆对当地叫魂案的询问时，声称确实有听说过来自浙江的传言，但江苏本地并没有叫魂事件发生，谣传者也都得到惩处。

对此，乾隆极不满意：山东及全国各地陆续都有案情奏报，"江苏岂能独无其事"，你们不是在糊弄朕吗？

浙江巡抚永德奏称，初春时候确实有关于叫魂的谣言在浙江流传，但都是无知乡民以讹传讹。永德接着说，他已经在全省派出密探，没有查出山东案件供词中所说的妖党首领，只找到一个与"吴元"同音不同字的和尚，与叫魂案扯不上任何关系。

乾隆对此同样不以为然，说："不意汝竟如此无用。"

总之，江浙地区官员按照从山东传来的情报，进行了卖力地追查，却没有发现所谓的主谋。乾隆却始终不信，以为江浙的官吏都在耍花招糊弄自己，于是，在朱批中写道："汝二省殊堪痛恨！"

也难怪乾隆如此生气，因为，江浙一带确实是叫魂案的发源地。

2

早在这年春季，浙江湖州德清县从隔壁县雇用了一批石匠，重修东面城墙的水门与石桥，此即乾隆在上谕中所说的"起建桥座"之事。石匠吴东明和他的班子正在奋力赶工，一名叫沈士良的农民找上门来，请吴石匠帮个忙。

沈士良时年43岁，与他的两个侄子同住一院。这两个侄子是沈士良同父异母的长兄之子，似乎有暴力倾向，平时不仅对为人老实的叔叔百般折磨，还殴打虐待沈士良的老母亲。

沈士良忍无可忍，又找不到人控诉，只好求助于民间的神秘力量。

他听说，当地石匠会一种"叫魂"法术，只要将人名写在纸片上，贴在木桩顶部，再用大锤敲击，纸片上写的那个人就会受到诅咒。

沈士良掏出写有侄子姓名的纸片，问吴石匠："你有什么法子帮我对付这两个可恨的侄子吗？"沈士良是文盲，这两个名字还是他从账册上一笔一画描下来的。

吴石匠当然不知道什么叫魂之法。他看着这个可怜兮兮的农民，自己先被吓坏了。按照《大清律例》，这类"妖术"被归属于十恶不赦之罪，罪行严重的甚至要杀头。

多一事不如少一事，为了避免嫌疑，吴石匠急忙将此事报官。

于是，农民沈士良不仅没能找人惩罚侄子，还被德清县衙捉去打了二十五大板，才释放出狱。这属于犯罪未遂，可从轻发落。

然而，"叫魂"的传闻已经不胫而走。

不久后，与"叫魂"有关的种种流言在浙江百姓的口耳相传中越发玄乎，搞得人心惶惶，也引发了几起扰乱民间秩序的案件。

尽管这些案件大多是胡编乱造，但对妖术恐惧的种子却深深埋入民众心中，难以抹去。人们深信，有一伙精通"叫魂术"的邪魔外道，正潜伏在江南的水乡泽国之间。

四月份，与德清相距百里的萧山县，有四个云游四方的和尚在此相遇。其中两个和尚——超凡与正一，借住在当地的关帝庙，负责看守众人的行李；另外两名和尚——巨成与净心，则前往各村化缘。

巨成在街上碰到两个男孩。一个男孩见和尚化缘钵上刻着法号，感到好奇，就大声地读出来。在乡野之地难得遇到识字的小孩，巨成停下脚步，与之搭讪，说孩子好好读书，将来一定能谋个一官半职，又随口问了一句："你叫什么名字？"

这一句话，却给他和同伴带来无妄之灾。

两个和尚接着赶路，不一会儿，一对怒气冲冲的夫妇追了上来。他们是那个男孩的父母。他们责问和尚，为什么打听自家孩子的名字，是不是要"叫魂"？

巨成一脸诧异，说："我不过是见小官人识字，多聊了几句话，怎么是叫魂呢？"

此时，愤怒的村民已经围了上来，他们听说过叫魂的传言，将眼前的和尚看作对孩子施法的术士。

不由分说，巨成就被捆绑起来，在百姓的叫骂声中押往萧山县衙门。其他三名和尚也被捕下狱。

和尚们大呼冤枉，骚乱的人群却叫嚷着要将他们烧死、淹死。

一个名叫蔡瑞的衙役负责对几名和尚进行盘问。他从其中一个和尚的行李箱中，发现了三把剪刀，一把锥子，还有一根用来扎辫子的绳子。

和尚六根清净，带这些东西干吗？

在群情激愤的百姓看来，这一定是割人发辫的叫魂工具。

萧山知县对四个和尚进行审讯，问道："从实招来，你们到底剪了多少发辫？"

巨成等人虽饱受惊吓，却极力否认自己是叫魂术士。

知县就将蔡衙役搜出的"证据"取来：四把剪刀，一根扎辫子的绳子，两小段辫子。

巨成一看便知，所谓的证物早已被人动了手脚。他说，那四把剪刀中，有三把来自于他已去世的皮匠儿子，可第四把剪刀不知从何而来，那根束发的绳子是他削发前用的，至于那两根辫子，他实在不知是怎么一回事。

知县听到疑犯竟敢狡辩，立马使用惯常手段——大刑伺候，给和尚们上夹棍——这是一种可以夹碎踝骨的刑具。

诵经化缘的和尚熬不过疼痛，被迫认罪求饶。

得到满意的供词后，萧山知县就将四个和尚押解带走，送到绍兴知府衙门，交由上一级做进一步审问。

此时，四个和尚已经伤痕累累，其中，巨成与正一在府衙再次遭到重刑伺候，本来就子虚乌有的供词已乱成一团。

当四个和尚被送到位于杭州的巡抚衙门时，负责掌管全省司法的按察使终于发现其中蹊跷。他再次提审巨成，询问此前府县衙门问过的问题。

省里衙门不再对和尚用刑，巨成总算可以喘口气，连忙翻供，称之前受刑，双腿剧痛，实在害怕，才不得不认罪。

正一与超凡两名和尚也说出此前一直被忽视的说法：他们是因为拒绝贿赂萧山县的蔡衙役，才被栽赃陷害。

按察使下令，将蔡衙役带到省城审问。蔡衙役本来不愿承认自己收取贿赂，在省里衙门跪了一天，最后精疲力竭，才承认自己在搜查和尚的行李时看到剪刀和发带，确实跟他们要过钱。

当时，蔡衙役对和尚威胁道："你们既是正经僧人，如何带这些玩意？你们给我些钱，才放你去。不然送到县里，就算是剪辫子的人。"衣衫褴褛的和尚没法花钱消灾，面对衙役的恐吓倒也不怂，表示要上衙门告状。蔡衙役占不到便宜，动了歪念头，暗地里将自己的一把剪刀和一撮旧头发编成辫子塞进和尚的行李中，伪造成叫魂的道具。

县衙的腐败一面，把叫魂恐慌的水搅得更浑，也让四个和尚白白吃了这么多苦头。此时真相大白，按察使将蔡衙役打了一顿，戴枷示众，也将四名和尚释放，赔了他们三千二百钱。

这件被误认为叫魂事件的冤案，也草草收场。而民间的恐慌浪潮却比之前更加汹涌，在江浙一带，石匠、僧道、乞丐等四处游走的人群都被当作怀疑对象。

叫魂恐慌流传开来后，很多地方被卷入暴力与动乱之中：一名来历不明的白姓铁匠，被德清县村民绑到树上，殴打致死；在经济繁荣的苏州城，几个外貌可疑的乞丐也被人认作偷剪人发辫的犯人，受到刑讯，其中一人病死在狱中；距离江浙千里之外的湖北汉阳，一大群人在街头观剧时抓住一个可疑的"妖人"，将他打死，并焚烧其尸体……

3

江南各省抓不到"妖党"，而山东的案犯遭受一轮又一轮的皮肉之苦，不停地改变自己的口供，一会儿说幕后主使的和尚吴元、通元是江南人，一会儿又说是北京西郊的宛平县人。

这可让乾隆吓了一大跳，他赶紧下令将京城周边所有可疑的僧人都彻查一遍，仍然一无所获。

叫魂案似乎走进了一个死胡同。

没想到，到了八月，案情突然有了进展。

山东叫魂案中被捕的靳乞丐，提及妖党首领中有个叫"张四儒"的算命先生。缉捕张四儒一度成为江南各个州县的头等大事，但江南各省人口共计七千万人，在人群中寻找一个算命先生，无异于大海捞针。

当下，安徽宿州知府报告，他们抓获了一个叫张四的乞丐，他携带小刀、药末和一段辫子。虽然张四的名字与张四儒有一字之差，但江南官员好像抓住了救命稻草。

两江总督高晋奏报，他将亲自审问张四。

乾隆也松了一口气，妖党的"重要首领"终于落网了。

张四被关进大牢前，就被举报的群众打成重伤，在狱中又遭受严刑拷打，脚踝因殴夹溃烂。起先，他自称是鲁西南运河附近的金乡县人，与儿子秋儿都是流浪乞丐，在徐州碰到了一个人，要他们父子替他割辫，每条五百文，还给了这些迷药。后来，他又承认自己就是张四儒。

等到高晋亲自审问他时，张四却说自己是被冤枉的，他们父子只是卖唱乞食的乞丐，这些药粉与小刀都不归他所有。高晋发现，那把搜出的刀很钝，割不了发辫，那些药也根本不能用来迷晕人。

十月，张四父子被押往北京，送去与山东来的乞丐案犯当面对质。

以刘统勋等为首的军机大臣亲自审问了他们。此时张四的两腿已发炎化脓，经过长途押送，更是奄奄一息，但他还是坚持推翻原来的供词，声明自己不是张四儒。

军机大臣们转身询问跪在一旁的男孩秋儿："你父亲若不是张四儒，你们何以供认呢？"

秋儿哭着说："府衙的老爷问我，你父亲叫什么名字？我说叫张四，可他说，明明是张四儒，你怎么不实说？说着就拿夹棍吓我。他又说，你若供明是张四儒，我就给你东西吃。我看了夹棍害怕，又不知道张四儒是什么人，所以随口承认。我的父亲实在不叫张四儒。"

军机大臣命人将山东的靳乞丐带上大堂，他也分辨不出张四是何人。

紧接着，山东案犯跟着翻供，称自己最初的供词都是重刑逼迫下编造出来的，并非实情。

病重的张四很快死于狱中。军机大臣向乾隆报告说，鉴于张四的病情，"臣等一面讯问，一面饬医加谨调治"，但张四进京时就已身负重伤，救不回来了。

4

秋日的凉意侵染京城。连续几个月来神经紧绷的帝国官员，在乾隆的施压下已然心力交瘁。

军机大臣将乞丐们的口供报告给了皇帝，也在等待着皇帝回心转意。他们推论，张四儒的故事纯属胡编乱造，其他叫魂案的主谋也都不存在。

此时，叫魂案的"首席原告"乾隆皇帝不得不承认，整个叫魂案可能是阴谋家编造出来的，其目的就是挑起百姓对朝廷的仇恨，煽动造反。

但作为帝国的最高权威，乾隆不会简单地收回成命。

从承德回到北京仅仅两天后，他降旨叫停了各省对叫魂案的清剿。这道谕旨称，叫魂案之所以蔓延数省，是因为江浙官员没有及时报告情况。地方官员玩忽职守，对受审的案子"不无刑求者"，结果并未发现首恶正犯，反而多有累及无辜者。进一步清剿只会滋扰地方，故不得不下令停止。

最终，恼羞成怒的乾隆把责任都算到行政官僚身上，包括两江总督高晋、江苏巡抚彰宝、安徽巡抚冯钤与山西巡抚苏尔德在内的多名地方高官受到惩罚，他们下属的一些州县官员也遭到革职。

整个叫魂案事件的关键人物——山东巡抚富尼汉被贬为山西布政使。

当初，富尼汉并没有说明，山东叫魂案犯的供词出自刑讯逼供。他用乞丐杜撰的供词作为证据，使整个叫魂案陡然升级。但乾隆对他的惩罚相当温和，这也是皇帝本人在为自己的错误决策开脱。

如今看来，在这场闹剧中，促使莫须有的叫魂案步步升级的逻辑链条其实很清晰：至高无上的乾隆将压力施加给了官员；手中有权的官员通过刑讯逼供，将无权无势的流浪者当作替罪羊；手无寸铁的普通百姓也可指称别人为叫魂犯，将妖党的帽子套在了怀疑对象身上……大半个中国由此陷入恐慌之中。

随着乾隆放弃对叫魂案的清查，冤案开始由傅恒等人平反。萧山县的四个和尚再次被证明无辜，遣返原籍释放。早已坦白过诬陷和尚的萧山县衙役蔡瑞，就没那么幸运了，他被军机处官员判处绞监候，秋后处决。

而作为全国第一起叫魂案的举报者，浙江德清的吴石匠最后才引起了军机处官员的调查兴趣。

经过追查，叫魂案的来源，竟然是一件微不足道的小事：

德清县有两座寺庙，一座叫慈相寺，另一座叫观音殿。观音殿比慈相寺香火更盛，慈相寺的和尚妒忌观音殿抢走了本该属于他们的香客，就花了五百铜钱，托人在县里散布谣言：本县有石匠在观音殿附近"作法埋丧"，进香者若去此殿，非但得不到庇护，还会遭到毒害。

为了打压与其竞争的寺庙，慈相寺将当地民众引入对妖术的恐惧中。至于为何把石匠作为谣言的主角，这与当时德清县正在修建工程有关。那个被侄子欺负的农民沈士良，也是因为这些谣言才找到吴石匠……

蝴蝶轻轻地扇动翅膀，掀起了一场冲击整个帝国的风暴。

历史学家孔飞力将乾隆盛世称为表面光鲜的"镀金时代"。在叫魂案之前，乾隆皇帝一直沉醉在自己打造的盛世之中。叫魂案只是撕开了虚假盛世的一个口子。

秋凉过后，58 岁的乾隆皇帝从承德回到了北京。他本人身强力壮，在此前 33 年的统治生涯中磨炼得得心应手，处置自己的部下更是手段高明。这场持续大半年的叫魂案闹剧，终将成为他漫长生命中的一个小插曲。

但在他高度紧张的决策背后，我们依然看到了帝国子民的恐惧，以及浮现在盛世图景上的阴影，若隐若现。

山东魔幻命案

　　嘉庆二十年（1815）五月二十九日，山东泰安发生一起由强盗入室抢劫引发的命案。

　　这日午夜，一个由 14 人组成的强盗团伙，摸黑闯进了山东泰安首富徐文诰的家。就在他们洗劫财物的过程中，徐家的人被惊醒了。

　　主人徐文诰拿出私藏的鸟枪，带领雇工霍大友、柏泳柱、徐士朋等多人与入室强盗对抗。

　　强盗团伙也有枪，王大壮、王三壮兄弟二人，手中便分别持有一杆鸟枪。

　　双方在暗夜中连开数枪。

　　一阵混战后，强盗们撤退逃遁。而徐文诰在收拾残局时猛然发现，雇工柏泳柱已中枪倒地身亡，徐士朋也受了枪伤昏厥，好在尚未致命。

　　天亮后，徐文诰赶紧到县衙报案。

　　在社会问题多发、治安日趋恶化的清朝中期，类似的命案时有发生，并不算稀奇。但当徐文诰报案后，他便无法自控地滑入了一段要命的魔幻旅程。

1

　　接到徐文诰报案后，泰安知县汪汝弼前往徐宅勘察。凭借职业经验，他很快发现了蹊跷。

　　汪汝弼当场指出，现场遗留的弹痕都是由内向外打的，而不是从外向里打的，这跟徐文诰报案所说的被围宅枪击出入甚大。

　　徐文诰被问得措手不及。因为当晚双方都开了枪，一片混乱，他也不知道柏泳柱到底中了谁的枪而死。但为了把锅全推给强盗，在报案之前，他特意砸坏窗枢，把盗贼的抢劫痕迹弄得更明显一些。

　　此时，面对汪汝弼关于弹痕的质疑，徐文诰不知道该如何解释。

　　汪汝弼立即暗示说："其实，如果是为了抓贼而误杀了家中雇工，一般是不会判处重罪的，可以从轻发落。况且你家财万贯，可以交钱赎罪。何必假装强盗入室打劫，自取重罪？"

　　徐文诰内心纠结，虽然他是受害者，但他确实在暗夜中开过枪，恐怕一时难以摆脱误杀柏泳柱的嫌疑。

　　思前想后，徐文诰决定找来雇工霍大友，跪求霍大友向汪知县承认盗案当晚是他开的枪：原本是为了击退贼人，但黑夜中不小心打中了前来抓贼的其他工人，导致一死一伤。

　　徐文诰还向霍大友承诺，若是替他顶认这事，将补偿他一大笔钱，并且会照顾好他的家人。

　　对霍大友而言，不答应，就是个一辈子的穷人；答应了，就能收到一笔巨款。况且，还说了可以从轻发落。

　　这听上去是一笔不错的买卖。

　　霍大友随即答应了徐文诰的请求。而徐文诰为了完全抽身，还特意让人给霍大友找了一杆三眼铁铳，说是用的这把枪。

　　徐文诰、霍大友等人如此作供后，汪汝弼心里也轻松了不少。

　　因为这样，案子办起来就简单多了：事主家的工人放枪抓贼，却不小心打死了自家另一名工人。而整起案件中，贼人入屋偷了东西，但是否持械伤人，情节是否恶劣，目前没抓到一个案犯，并不能确定呀。

　　所以，汪汝弼最终将这起劫案认定为窃案（入室偷窃），而不是盗案（入室抢劫）。

　　很快，经过一番象征性的审理流程，汪汝弼以误杀罪判处霍大友流放，案子告一段落。

2

清朝年间，各地盗匪之风盛行，对地方治安造成了严重影响。对此，朝廷的应对是出台规定，要求各州县官员严缉盗匪，一有盗案，务必在限期内"全获"，否则将遭到降级或革职的处罚。

"全获"的意思就是，要把作案的犯人全部抓捕归案。但这在当时，几乎是一个不可能完成的任务。

本来，一伙强盗的组成就很随机，常常是临时合伙，分赃后又作鸟兽散，天大地大，该从哪里查起？即便查，中途也可能有盗贼病死或被杀死，死者不可复生，这又如何确定那些消失的盗贼是死了还是躲着呢？

于是，朝廷的高压政策，便催生了一项官场潜规则：各地州县官员为了保住自己的乌纱帽，常常会把辖区内的盗案上报为窃案，这样，就从源头减少了自己的麻烦。

官员将盗案报为窃案的方法，一般是少报赃物损失，或是贿嘱事主一同隐瞒事实。这就是当时官场上流行的基本操作，有个专有名词叫作"讳盗为窃"。

汪汝弼接到徐文诰的报案后，首先想到的便是如何讳盗为窃，以重作轻。整个案子在他的操控下，也按照他需要的方向发展。

但是，就在这起命案结案前，柏泳柱之妻和霍大友之妻分别控告汪汝弼糊涂断案。柏泳柱之妻要求判霍大友死刑，一命偿一命。霍大友之妻则声称自己的丈夫被无辜顶包，要求还他清白。

与此同时，徐文诰收到了来自济南府历城县旧交的书信。来信称，历城县抓到了盗贼杨进忠，他供认了抢劫徐文诰家一事，并提及同伙王大壮、王三壮曾点放鸟枪伤人。

得知这个消息，徐文诰马上有了新的想法。当初，对于汪汝弼讳盗为窃的做法，他心知肚明，只是畏惧自己牵扯其中，才让雇工霍大友出来顶罪。

现在落网的盗贼承认开枪伤人，徐文诰遂决定动身前往主管一省刑案的臬司衙门进行控告，指控汪汝弼"讳盗诬良"。

　　而汪汝弼作为官场老油条，怎么会坐以待毙？于是，转过头先将勘验时发现的弹痕可疑情形，以及徐文诰串嘱霍大友顶凶等事报告到臬司衙门去。

　　从这时候起，案件变得更加魔幻了。

3

　　时任山东臬司程国仁，是汪汝弼的同乡，他们曾一同在翰林院任职，两人交情甚好。接案后，一番委派，最后落到济南知府胡祖福、候补知府钱俊和历城县候补知县周承宽手中审办。

　　上级一介入，案子直接来了个一百八十度大反转。

　　在这次审理过程中，狡黠的杨进忠突然翻供，只认行窃一事，不认伤人了。离谱的是，审办官员似乎也没打算深究，而是决定"躺平"：虽然杨进忠曾经供出王大壮、王三壮放枪杀人，但他的口供前后说法不一，而且也没抓到王大壮等人，"不知实有其人"啊！

　　但对徐文诰、霍大友等人，态度就不一样了。由于两人已被汪汝弼呈报了串供顶罪一事，负责审理的官员便以此为突破口，抓着徐文诰不放：如果事主没有做亏心事，怎么会做出串供顶凶这种事？

　　在没日没夜的熬审中，霍大友将徐文诰贿嘱的事全盘托出。

　　徐文诰也不堪折磨，承认了自己当晚开枪击贼，误伤工人致死。同时，他把自己的鸟枪给呈上了。

　　如此，人证、物证俱在，妥了。

　　由于杨进忠等人还供称曾结伙偷窃章丘县某事主的骡子，真赃未获，所以，程国仁拟写给刑部的咨文里，打算将徐文诰按"家长殴杀雇工"判处徒刑；而杨进忠等人则与该命案无关，列入章丘窃骡案内另案调查，从轻发落。

　　时任山东巡抚陈预听臬司上报此案时，曾核问过该案究竟是盗案还是窃案，胡祖福回复称："是窃非盗。"

　　可见，一条链上的官员是铁了心要将这案子办成窃案。

　　然而，接到咨文后的刑部并没有那么好糊弄。刑部复查办案文书后，指出了口供与尸检的出入：验尸结果中，柏泳柱正面、背面都有子弹伤痕，"胸膛火伤一片，砂眼三十七处；脊背火伤一片，砂眼四十三处"，如果是雇主徐文诰殴杀，怎么有枪伤，且同时伤及两面？

言外之意，这不是殴杀，也不是误杀，而是用火器"故杀"。

刑部驳令重审。

面对刑部的质疑，山东官场一片紧张。虽然刑部让重审，但他们怎么可能让前后审理结果不一致呢？不一致就是自己打脸呀！

此时，胡祖福已经升任登莱青道，此案便留给了新任济南知府钱俊去办。

不就是尸检结果与"犯案事实"不一致吗？好办。钱俊叫来仵作张浩然、刑书孙廷麟进行一番审问。仵作很识相地说，抱歉抱歉，之前填尸格写错了，原来勘验有伤的地方应该是"右胁、右腕"。

如此，刑部的质疑就解决了，"确保"死者只一面有伤。

关于定罪的问题，更好办。由于钱俊卸事，这案子接着交到候补知州李冈手上。李冈是个暴脾气，审讯时给了徐文诰五个大嘴巴子，吓得徐文诰话也不敢多说，与先前一样，承认自己点放鸟枪误杀工人。接着，按照律例，将徐文诰从"殴杀"雇工改为"故杀"雇工，从徒罪改拟斩罪。

至此，整个案子的魔幻性彻底彰显，作为受害者的徐文诰，在官官相护的司法体系下，竟然被推到了面临处死的境地！

4

徐家人完全炸开了。徐文诰的母亲徐张氏赶紧派人前往京城都察院，发起了京控。也就是，直接向皇帝告状申冤。

此时，已经是嘉庆二十三年（1818）六月，距离案发整整三年。案件审理来回拖沓，盗犯没落网几个，事主倒坐了几年牢，饱受折磨，生死未卜。

收到徐文诰案的相关材料，嘉庆皇帝震怒：一是，这又跟"讳盗为窃"有关；二是，这又是一起拖沓多年的积案。这俩问题是困扰清朝多年的司法难题。

针对徐家对办案官员汪汝弼、胡祖福、周承宽和李冈等人的指控，虽然还不知道其真实性，但嘉庆的态度十分明确："实属纵盗殃民，大干法纪。"他还大骂办案过程中对事主实施刑讯逼供的官员，称他们就像唐朝的酷吏来俊臣。

随后，嘉庆下旨让当时的山东巡抚和舜武介入彻查，由新任山东臬司温承惠一同审理。同时，下旨革职汪汝弼，解除周承宽、李冈等人职务。如查明确有袒护盗贼、诬陷良民相关事实，还要加重处罚。

温承惠到济南后，首先让暂代历城知县的魏襄进行调查。

魏襄奉命查看徐文诰案案卷，仔细查找案件漏洞和突破口。他发现盗贼杨进忠的口供中，提到了同伙邢进潮这么一号人物。由于姓氏特别，魏襄猜测此人跟县里两名衙役是同宗，于是叫来二人，以重金激励，让他们五日之内将邢进潮抓捕归案。

果然，邢进潮很快被捕归案。魏襄马上对他进行了单独审讯。此时，邢进潮供出的劫案过程与杨进忠等人翻供前一致，并且还说出了逃到章丘后，因分赃不均刺伤同伙邢太的事。

魏襄将邢进潮的口供密报给温承惠后，温承惠派人到章丘调查，确认了当天章丘有无名男子被扎死的呈报。而搜查无名男子的住所还发现，当中有女绣袄、金耳挖等物件，这些就是徐文诰家被盗赃物。这就证实了，邢进潮口供可信。

邢进潮同样供出同伙王大壮、王三壮当晚放枪伤人的事实。

此时，温承惠有意为徐文诰翻案，遂将徐文诰暂时释放。这却让之前审理该案的胡祖福和钱俊大感惊慌。两人开始派人到各地散布流言，说温承惠的口供是未经拷讯、贿买而来的；还说本案是徐文诰看上了柏泳柱之妻，借盗案将柏泳柱杀死以强占美人……

但当温承惠提讯柏泳柱之妻时，大家才发现原来是个"麻面龋齿无人形"的妇人，谣言不攻自破。

调查期间，又有王大丫头等数名盗犯落网，其口供均提及王大壮、王三壮放枪事宜。

按照清朝法律，在本次盗案调查中，已落网七人，死亡一人，属于获盗过半，且目前来看，口供证据确凿，虽然主犯王大壮、王三壮仍然在逃，但可以提前结案，先将从犯依照法律定罪。

基于社会上流言不断，温承惠怕事情有变，就想快点结案。

5

但是，山东巡抚和舜武却持有不同意见。他总是抓着几名盗犯口供中对不上的细节来说事，以此表明目前审理还不够严谨，需要将主犯缉拿归案，多面对质才行。于是，上奏申请各案犯收监不动，一切等王大壮、王三壮落网再说。

和舜武之所以这样做，多少是受到了官场恶劣风气的影响。

历史学者郑小悠指出，乾嘉名臣纪晓岚所著《阅微草堂笔记》里，曾借阴曹书吏之口，讲述了当时官场的"四救四不救"之说，即救生不救死，救官不救民，救大不救小，救旧不救新。其中，救官不救民，系出于官官相护。

我认为，其根源与雍正朝麻城杀妻案一样——与清代司法中的审转制度有着莫大的关系。刑事命案经州县审理后，要经过府、道、臬、部等多级复核。本案的审转中，各级官员需承担相应的司法责任，也要承担共同责任。即一案出错，没有察觉出错的上级要同下级一起受罚。在具体的案件中，若民胜官，牵连的常是上下一大批官员；而官胜民，受害的不过几个平民百姓罢了。因此，上下级官员之间互相回护是常有的事。

在这种风气下，和舜武想要维护省内官场融洽，保全此前审理徐文诰一案中各官的前程，所以才要求温承惠将所有案犯都抓捕到案再结案："虑问官咎不可任，必欲监候待质。"

温承惠无可奈何，只能加快脚步去抓贼。

好消息是，不久后，王大壮、王三壮兄弟二人在吉林被捕，随后被押解回山东。

一切马上要结束了？

不。

嘉庆二十四年（1819）三月，和舜武忽然病逝，并没有赶上王大壮兄弟的归案。

就这样，这起案子，又重新回到了新任山东巡抚程国仁的手里。

6

程国仁是从浙江巡抚的位子上，回炉山东做巡抚的。作为曾主办审理徐文诰案的前任山东臬司，程国仁对现任山东臬司温承惠的调查进展，内心是害怕的。

此案一旦翻案，程国仁知道，自己可能前程不保。于是，他打算力挽狂澜，阻挠翻案。

因为该案已经成为钦案，需由巡抚亲自坐堂审讯。过堂时，面对王大壮全盘托出的犯罪事实，程国仁当面诘问，事隔四年怎么还能将作案细节记得如此清晰？

王大壮说，自己做的事，怎么会不记得？

程国仁又威胁道，你可要仔细想想，一旦画供，就是要当众处死！

王大壮竟然大声反驳说，做强盗本就该杀，而这次枪了事主的雇工，连累事主蒙受多年的牢狱之灾，听说事主的百万家财，十之七八都落到你们这些官大爷的口袋里。"我早就该死了，还有什么冤屈需要我再想想？"

程国仁佯装镇定，退堂后悄悄命人更改王大壮兄弟二人的供词，称只有一人放枪，且放枪也是对着天上放，没有装砂子。

除了操纵翻供，程国仁也在着手将温承惠踢出局。

时值曹州、济宁两地水灾，程国仁命温承惠前往抚恤。温承惠知道这是调虎离山之计，便以勘察水患是布政司职责，而非自己职责的理由拒绝了。

嘉庆二十四年（1819）八月，程国仁赴山东乡试作监察临视，随后在奏报考试完竣的奏折里偷偷放置夹片，参了温承惠一本，说他做事不受节制，还假惺惺地说要将巡抚之位让给他。

与此同时，时任山东兖沂道、准备升任江西臬司的童槐，由于是程国仁儿子的同榜，素有交情，便在程国仁的授意下，趁着在热河觐见嘉庆的机会，历数温承惠不服从上司差遣等事。

在程国仁和童槐两相夹击下，温承惠遭到革职。随后，由童槐补位，接任山东臬司。

由信任之人接手徐文诰案，程国仁放心多了，便趁机卖乖，上奏朝廷说自己是从前审转此案的其中一员，"自应照例回避"。

于是，这案子就落到了童槐手中。

这一切发生的同时，程国仁还派人将徐文诰看押起来。对此，徐文诰大感不妙，不仅之前为他翻案的温承惠被革职，而且审过此案的钱俊、胡祖福现在都升官了，还没上任，都住在省城，说不定也盯着这案子。

明明抓到主犯了，案子却迟迟不结，口供多次反复，怕不是程国仁在行回护之事。徐文诰越想越害怕。

嘉庆二十四年（1819）九月，徐文诰逃出山东。他马不停蹄地赶往京城步军统领衙门，进行第二次京控。程国仁知道后，马上派人去追，但没有追上。

这一回，由步军统领上奏冤情，嘉庆知道后，忍无可忍，直接派了刑部侍郎文孚等人带徐文诰返回山东，要求将此案全盘重审。

程国仁措手不及，根本没时间重做徐文诰案的文书，只能被迫根据温承惠之前拟好的奏稿，熬了两个昼夜，略加删减，尽量避重就轻，以童槐的名字具稿上奏。

奏折发出去后仅仅三天，文孚等人就到达济南，随后，提审一堂就将徐文诰释放，王大壮等盗犯按律斩首。

同年十一月，徐文诰案终于结案。

前后历时将近五年！

7

冤案反转后，随之而来的，便是对审案官员的一系列问责。

不过，整个问责过程亦充满魔幻性，始终高高举起，轻轻落下。

前泰安知县汪汝弼，存在诱导事主串嘱顶凶的行为，并误导该案后续审理方向，被革职，发配乌鲁木齐。这是此案被问责官员中受罚最重的一个。

候补知县周承宽、济南知府胡祖福，两人被认定为草率定案，予以革职。

前署济南知府钱俊、候补知州李冈，两人被降级调用。

至于后期想要扭转一切的程国仁，他从重新接手此案开始，就给自己留了一手。早在嘉庆二十四年（1819）五月，他自行上奏参自己一本，禀明此前任臬司时审转有误，请旨交刑部严加议处。所以最后，程国仁只是降级留任。对此，程国仁上奏谢恩，嘉庆回复："诸事认真，力除疲玩。勉之。"

而童槐则成为本案的最大赢家，被认为秉公办理，官加一级。童槐亦上奏谢恩，嘉庆回复："知道了。"

回看案件本身，一起普通命案，竟然被办成了魔幻奇案。若非徐文诰是一个巨富，家底深厚，还不一定能撑到沉冤得雪的那一天。

但此案过后，徐家也回不到从前了。为了打官司、疏通关系，徐家消耗了大量的财富，彻底败落。当地传说，徐家有一个房间专门用来存钱的，经历这场官司后，房间已被掏空了。

用一个巨富的全部家财，加上两次告御状，才能保住一条命。这就是当事人活命的代价。但试问，有多少人付得起如此高昂的代价？

所以，在这起"特例"的背后，还藏着多少冤魂，死于大清官员的自保乌纱，死于大清官官相护的网络？历史始终无声无息，我们永远无从得知。

一念及此，再看看嘉庆御批的"知道了"三个字：他知道的有多少，不知道的又有多少？我们知道的有多少，不知道的又有多少？

李毓昌之死：一起恶性命案的黑幕

嘉庆十四年（1809），初夏的一天，嘉庆皇帝得到一则让他震惊的消息：

新科进士李毓昌于半年前在住所内"畏罪悬梁"，其叔叔、武举生员李泰清日前上京鸣冤，要求朝廷主持公道。

新科进士畏罪自杀？这可是大清立国以来"破天荒"的大新闻。

按照清朝惯例，新科进士资历低，一般都授不上实职，如果要分配到地方当县官，需等到当地有官员出缺方可。在等待出缺期间，新科进士一般都是候补某官。李毓昌恰恰就是"即用知县分发江苏抚署候缺"，一名知县候选人。

一个未入官场之人，何来的罪孽深重，非得自寻死路？嘉庆帝反反复复翻着李毓昌叔叔李泰清的陈情书，深感蹊跷。

一年前，嘉庆十三年（1808）的秋天，淮河流域因连日暴雨，冲毁河堤，造成洪水泛滥，百姓受灾严重。为此，嘉庆帝曾作出批示："赈济饥民，各部筹银二十万两，着六部合议，速将赈银放下，钦此。"

由于江淮一带隶属两江总督辖区，朝廷下拨的银两，便统一由两江总督铁保调度。铁保为官，恪尽职守，拿到钱就第一时间下发到各地灾区，赈济灾民。

但冒赈案件自古便有，在发钱的同时，铁保也派出专职的查赈小组，前往灾区实地监督救灾工作。

李毓昌便是铁保委派的查赈专员之一。只是，他此去，就再也没有回来了。

1

李毓昌，字皋言，山东即墨人，自幼孝亲敬长，品学兼优。23 岁那年，乾隆五十九年（1794），他考中举人。不过，到了举人就止步不前了，直到嘉庆十三年（1808），李毓昌才得以高中进士。

奉铁保之命，新科进士李毓昌带着李祥、顾祥和马连升等三名仆人抵达赈济前线淮安府山阳县（今属江苏省淮安市）。

听闻上差到访，时任山阳知县的王伸汉不敢怠慢。照着当时公务员的出差待遇，王大人在山阳县馆驿内给李毓昌一行备了一桌丰盛的酒宴和上等的客房。

然而，李毓昌到底是官场新人，王伸汉如此煞费苦心地安排，在他看来却有几分不合时宜。

于是，李毓昌就给了王伸汉一个"下马威"——绕开山阳县官吏的拉拢，借住进了山阳县郊一处名叫"善缘庵"的寺庙中。

当时的山阳县是淮安府的治所，县里不仅有王伸汉这名知县，还有淮安知府王毂。李毓昌不按常理出牌，着实让这两位王大人心慌不已。

要知道，淮安府在明、清两代都是京杭大运河上的漕运重镇，在当时就有"淮安安，则天下安"的说法。"三年清知府，十万雪花银"，淮安府及其下属各县，自然也是贪官们眼中的肥缺所在。

很不幸，王伸汉和他的上司王毂都是这类典型贪官的代表。

为了中饱私囊，两江总督铁保刚把救灾款项下发，他们就从中侵吞部分款项以肥私。按照王知县的思路，即便上头派员下来调查，大不了给点好处，睁一只眼闭一只眼，事情就过去了。惯例向来如此。正所谓，打工人何必为难打工人呢？

但李毓昌是认真的。

安顿好住处后，他随即对救灾款项发放清单上所列的被救济人姓名、住址、身份等信息逐一核实，并走访灾区调查民意，看看山阳县政府在救灾工作上存在哪些经验教训。

这一查，让李毓昌着实吓了一跳：小小的山阳县居然通过造假名单、虚报受灾信息，冒领赈灾款项两万五千两！

事关重大，李毓昌第一反应就是赶紧整理材料，上报两江总督铁保，请求法律制裁。

2

山阳知县王伸汉这段时间也没闲着，知道事情败露的他，急得如热锅上的蚂蚁。

王知县的跟班仆役包祥很少见到主人如此坐立不安，他生怕主人冒赈事件一败露，自己免不了受牵连。

帮主人就是帮自己，包祥随即向王知县献策：重贿李毓昌的随从！

王伸汉主仆二人认为，一般官吏刚上任都会摆出一副清廉的模样，做起事情来也毫不手软，李毓昌大概就是这一类人。他现在还是新官上任的热乎劲儿，咱绝对不能在这个时候往上差头上"浇冷水"，但他的随从是个切入口——通常伪装清廉的新官，也会有意留出这样一个切入口。

于是，在王伸汉的安排下，包祥趁李毓昌外出，拿着两千两的贿赂银子直奔善缘庵，面见了李毓昌的仆役李祥。

两千两在当时不算小数目，包祥的用意，李祥很清楚。

不过，在李毓昌手下待久了，李祥也十分清楚主人的喜好。与包祥寒暄一番后，李祥就着急送客。

包祥哪里愿意错失这次机会，赶忙又从怀中掏出另一份银子，好说歹说劝李祥收下，并许诺对方，事成之后，李祥可在山阳县谋个一官半职。

有了前程，有了银子，李祥满口应承："愿为王知县效犬马之劳！"

很快，李毓昌知道了王伸汉送银子的用意。可他始终不敢忘记孔夫子的教诲："事君，敬其事而后其食。"食君之禄，担君之忧，这是为人臣子之道。如若把不思敬业、只求功名利禄放在人生追求的首位，那与孔夫子所言的"鄙夫"又有何异？

坚持原则的李毓昌，断然拒绝与王伸汉一伙同流合污。

眼见查赈小组回程之日将至，王伸汉只好做两手准备。他一边派人送银子给知府王毂，试图拉拢对方；另一边，则再派包祥送出更多的银子，依样画瓢地贿赂跟着李毓昌到淮安查赈的其他随从。

下属出事牵连上官的道理，王毂比谁都清楚。银子一到位，他立马就"沦陷"了。

而李毓昌这边，无论随行众人如何规劝，他就是初心不改，甚至还扬言，要将王伸汉一伙全部拉下马来。

王伸汉内心的恐慌，越来越强烈。

在与王毂等人密谋后，一场针对李毓昌的"特别行动"拉开了帷幕。

3

利用送别查赈小组回去交差的机会，淮安知府王毂亲自做东，邀请淮安府上下大大小小的官员，给李毓昌开了一场隆重的饯行宴。

尽管李毓昌对王伸汉一伙的丑恶嘴脸恶心不已，但他还是按规矩出席了淮安府的饯别宴。

抓住最后的机会，王毂、王伸汉等人想方设法灌醉了李毓昌。

另一边，王伸汉的随从包祥，伙同李毓昌身边几个恶仆，悄悄潜入了李毓昌的卧室，准备给李毓昌投毒，伪造其自杀的假象。

当晚，酒劲上来的李毓昌回到住处后闷头就睡，丝毫未曾察觉身边的危险。

夜里时分，半梦半醒的他口渴难耐，叫来了在一旁等候多时的随从李祥。

李祥急忙将事先下了大量砒霜的茶水递了过去，李毓昌没有多想，一饮而尽。不多时，毒性发作，他忽觉腹中疼痛凶猛，怀疑是吃了宴会上不洁的食物，便起来大声呼叫。

包祥、李祥等人闻声而至。恐其喊声过大阴谋败露，包祥急从身后扼住了李毓昌的脖颈。大脑短暂缺氧，令其顿时酒醒，怒目圆睁地呵斥几人的恶行。

李毓昌的仆从马连升连忙解下腰带，协助包祥死死勒住主人。

在众人合力下，山东大汉李毓昌被活活勒死于床上。

随后，几人将断了气的尸体悬于房梁，伪造成李毓昌上吊自尽的场景。

紧接着，包祥等人在其房中翻箱倒柜，急急搜出李毓昌准备上报两江总督的赈灾详情笔录，仓促逃离案发现场。

次日，李祥等恶仆假装叫醒主人，在善缘庵附近虚张声势。

一时间，查赈钦差李毓昌畏罪自尽的消息传得满城风雨。

事先已有准备的王毂接到报案后，随即带着府衙仵作上门勘察案发现场。经过一番勘验，不知此间用意的仵作据实上报：李大人的嘴里有血，似乎不是自杀！

王毂一听，大发雷霆，不等仵作进一步分析，先重责了对方二十大板。

仵作莫名被打，此时心里已十分明白，李毓昌之死，大抵跟淮安的官员们脱不了干系。但他最后只能在切结书上写下：李毓昌确系自缢身亡！

按照大清律例，地方上案件审理复核一般采用"四级四审制"，即州县第一审，府道第二审，按察使司第三审，总督巡抚终审。也就是说，要将李毓昌写成自缢身亡并进入卷宗盖棺论定，还需得到江苏按察使司以及两江总督衙门的最终核验。

突然死了个朝廷命官，上头肯定会特别严查。可王毂、王伸汉并不担心，一来，李毓昌之死已有县衙、府衙两级行政单位的调查和复验。二来，李毓昌是两江总督专职派来查赈的人，若真的捅出李毓昌查赈期间被人谋杀的事实，那么朝廷势必会知道此事而引发地方官场震荡。冒赈向来与地方官场贪腐有关，省里也没几个干净的官员，王毂与王伸汉因此坚信，上边的官员深谙为官之道，自然不愿意节外生枝。

果不其然，在收到淮安府的案件结论书后，江苏按察使司和两江总督衙门均未深究。

出于怜悯之心，两江总督铁保通知了李毓昌家属前去淮安处理后事。

4

李毓昌是整个家族的荣耀，考上进士没几个月就自杀，这种逻辑李家人无论如何也无法接受。

在族人的推举下，李毓昌的叔叔、武举生员李泰清负责料理侄子后事。

此时，经过复验流程，江苏官场已认定李毓昌确系畏罪自杀的事实。但王毂、王伸汉还是担心事情败露，为防万一，他们早早打发了李毓昌的三名仆人到外省，并将其遗体入殓，坐等李家派人上门接收。

经过十余天的跋涉，李泰清赶到了淮安府，王伸汉亲自全程陪同。

作为家属代表，李泰清向王伸汉提出想看看侄子的遗容，并向其询问案发经过。

李泰清的要求并不过分，可王伸汉心里有鬼。他一把鼻涕一把泪地告诉李泰清，事发前日他还与李毓昌见过一面，当时对方谈笑风生，也看不出有什么不妥。转眼第二天，就听闻其自杀了。死者为大，他不想毓昌贤弟曝尸在外，就提前将他装殓了，希望家属不要多想，回家办理后事为好。

王伸汉的一番说辞，李泰清一听都对。可他转念一想，李毓昌与王伸汉也不过初次见面，即便每天待一起办案，认识也不过数月。在尔虞我诈的政治环境中，久经官场的王伸汉又怎会跟一个初来乍到的新手称兄道弟呢？

王伸汉的过分殷勤，加深了李泰清的怀疑。似乎自抵达淮安以来，他无时无刻不在王伸汉的眼皮子底下做事。而侄子之死，连一个证人也没有，他带去的三个仆人亦不知所终。

或许是那个月黑风高之夜，包祥等人心情过于紧张，遗漏了重要物证。在整理遗物时，李泰清偶然发现侄子曾穿过的衣物中夹着一张纸，上面写道："山阳知县冒赈，以利啖毓昌，毓昌不敢受，恐负天子。"

为免打草惊蛇，李泰清看到字条后，第二天就提出抬灵返乡。

王伸汉一听，立即从怀里掏出150两银票递给李泰清，并嘱咐对方回乡后尽早下葬，切莫追究事件的前因后果。

李泰清返回山东老家后，第一时间便将淮安府的桩桩怪事说予李毓昌的遗孀林氏。

结合李泰清的怀疑，林氏在整理丈夫遗物时，又发现了李毓昌死亡的另一个疑点：李毓昌遗留的衣物上有血迹。

上吊自杀怎会有血，林氏因此断定丈夫并非自杀。

冒着众人的非议，她做出了一个重大决定：开棺验尸！

在李泰清友人、仵作沈某的协助下，李氏族人看到了李毓昌的惨状："启棺视，面如生。以银针刺之，针黑。"

不用问，李毓昌死前肯定遭人下毒。

但一起刻意制造且经过四级审理的冤案，想要上达天听，翻案重审，谈何容易？

正当李氏族人发愁之际，李毓昌的老师初彭龄发话了。

5

初彭龄，人称"初老虎"，时任安徽巡抚，在清中期官场上以疾贪如仇、耿直敢言著称。

本来听闻李毓昌畏罪自杀，初彭龄就将信将疑。这次经李家人确证学生是死于非命，他就更加义愤填膺。

为给李毓昌讨回公道，他执笔替李氏族人写下了诉状，并在末尾处以李泰清的口吻写道："泣思身侄，初受国恩，竭力查赈，被逆仆谋害，天理何在？"

李泰清带着这纸诉状一路上诉到了京师都察院，并很快得到了都察院的答复，案件也转呈到嘉庆帝案前。

与其父乾隆帝相比，嘉庆帝不算杀伐果断之人，却是清代少有的大力肃贪的君主。他即位之初，便派重臣抄了乾隆元辅和珅的家，以示其与贪官势不两立的决心。

如今，李毓昌奉命查赈，在地方上死于非命，令嘉庆帝大为光火。

揪着这个新科进士的死，嘉庆帝当即提出了自己的质疑。

比如，在李泰清递交的状纸中，江苏官方给李毓昌的死因鉴定为"私放赈灾票，懊悔至极自缢身亡"。嘉庆帝直言，这不是开国际玩笑吗？一个奉命负责审计核发救灾款项的官员，哪来的钱？

更严重的是，这种错误，只要是个正常人，略加思索都懂。山阳县、淮安府接连犯迷糊，难不成他们的上司也跟着犯错？还是说他们早已被腐化，与下级同流合污，为祸一方？

答案令人细思恐极。

嘉庆帝当机立断，要求朝廷重审此案。

作为江苏的主要责任官，两江总督铁保和江苏巡抚汪日章难辞其咎，但两人都是乾隆时代的老臣，嘉庆本有意网开一面。可面对皇帝的质询，拿捏不准风向的两人还是斩钉截铁地表示，李毓昌自杀没有问题！

听到两位老臣"睁眼说瞎话"，嘉庆当即指着他们的鼻子大骂，昏聩糊涂，草菅人命！

由于李毓昌的尸首还在山东，面露愠色的嘉庆只能让山东巡抚吉纶代为重审。

不久，经过山东巡抚衙门与按察使司的会审，李毓昌之死得出了一个与李氏族人开棺验尸相近的结论："惟胸前骨如故，余尽黑。盖受毒未至死，乃以缢死也。"

在递交朝廷的结案陈词中，山东按察使朱锡爵还特别提道："尸身两袖有血，如系死由自缢，何自口鼻出血？即便有之，自缢之人，两手垂下，又何能举袖自拭其血？是可为先受毒后悬吊之明证。"

铁证如山，同步接受刑部质询的山阳知县王伸汉、淮安知府王毂也供认了他们的作案动机。

原来，王毂与王伸汉都是"捐官"出身，本身就没有什么大前途。他们当官，无非就是想多捞点钱。

以知县为例，清代捐官需缴纳4600两。可知县却是个费力不讨好的活儿，干一年撑死也就发45两的俸禄。自雍正时代起，清朝地方官就在俸禄之外享受养廉银的待遇，按照规定，像王伸汉这样的，平均每年有1200两上下的补贴。但自乾隆后期开始，朝廷就老喜欢罚扣外官的养廉银，用于修缮河堤、保障漕运之用。嘉庆上台后，养廉银持续下降，为了修黄河，皇帝还要求地方官员摊捐养廉银以赈河工。

所以，一看生意亏了本，鬼迷心窍的二人立马对救灾款项虎视眈眈，却没想到，半路杀出了个李毓昌。

挡人财路，犹如杀人父母。在他们看来，李毓昌的坚守，就是自寻死路。

至此，李毓昌案终于真相大白。

6

嘉庆十四年（1809）七月初十，嘉庆帝亲自下旨以"清正"之名，赏李毓昌知府衔，优加安葬，并御制一首《愍忠诗》，令吉纶刻碑立于墓前。

对于为李毓昌伸冤的李泰清等人，嘉庆帝亦不吝赏赐，特赐李泰清举人身份，令其光宗耀祖。

知道李毓昌没有后人，嘉庆帝特命李毓昌的侄子李希佐为其后嗣，继承香火，并加恩赏为举人，准其一体会试，继统书香，以示奖忠之意。

同时，嘉庆帝要求即墨当地府衙出资一千两，给李毓昌遗孀林氏作为其嗣子膏火所需及其女子之嫁资。

而针对本案的要犯，在李毓昌入土为安之际，嘉庆帝的"秋后算账"也同步展开。

嘉庆帝说："江南有此奇案，可见吏治败坏已极。"对于这些被他称为"毫无人心"的恶人，他要求从重惩处。

原任山阳知县王伸汉判斩立决，抄没家产，全家流放充军。他的上司、原淮安知府王毂，也以"知情受贿，同恶相济"的罪名，判处了绞刑。

作为直接害死李毓昌的元凶，他的仆役们皆被处以极刑，李祥更是被带到李毓昌坟前剥皮挖心，祭奠亡魂。

而两江总督铁保则被革职，发配新疆；江苏巡抚汪日章也被革职，遣回原籍。

做完这些，李毓昌案总算告一段落。

可嘉庆帝却没法松一口气，因为就在李毓昌案发的同年，直隶省宝坻县（今天津市宝坻区）又发生了一起贪污赈银案。宝坻知县单幅昌的"胃口"比王伸汉大多了，史料称其"侵蚀之数，至于过半"。

帝国大贪小贪，屡禁不止，令嘉庆帝头疼不已。

这两起大案发生后，御史陈中孚随即向朝廷提出，要重点审查捐纳为官者的资质，确保捐官之人有真才实学，不能让不学无术之徒钻营为官。

对此，嘉庆帝却有不同的看法。他认为，捐纳出身的固然有似王伸汉、单幅昌这种不法之徒，但正经参加科举被遴选出来的官员，同样也有不少贪官坏官。所以，问题不在于捐官制度，而在于人心。

可惜，李毓昌的惨死，很快就被整个帝国遗忘了。

没有人从中反思什么，也没有人想从中改变什么，所有人在历史的巨大惯性中蒙眼前行。不管前面，是高山险阻，还是深渊巨壑。

第四章

古代女性迷案

妈祖之谜

人类憧憬大海，但又恐惧大海。

相传，北宋宣和年间，给事中路允迪出使高丽。当他带着一队船舶浩浩荡荡北上的时候，平静的海面突然掀起狂风大浪，船只接二连三地被卷入海浪。

路允迪非常害怕，仰天长叹，难道自己马上要葬身海底？

慌乱之中，他看到一名女神登上了樯竿，稳住了船只。

路允迪有惊无险地逃过一难，心想这名海上女神必然法力高强，就跟属下李振讲了这件事。

李振是莆田人，听到领导这样说，告诉他这是他家乡莆田的妈祖娘娘显灵。

路允迪大为感动，回朝后向皇帝上表，宣扬妈祖庇佑的功劳。皇帝对于爱卿能顺利归来也是又惊又喜，随即诏以"顺济"为妈祖庙额。妈祖于是从地方神升格成为国家神。

宋代以后，渔民、商人出海，在准备生活用品以外，到妈祖庙祭拜妈祖是必不可少的程序。妈祖这个称呼，不像"×帝""×仙"那么高冷，倒像是人间对女性长辈的爱称。她到底有何魅力，千年来让沿海百姓都信服呢？

1

在距今一千余年前的北宋建隆元年（960），一个婴儿在福建莆田湄洲湾林姓人家呱呱坠地。父母看到是个女孩，开始时非常不高兴。但是这个小女孩生来奇异，居然不哭，父母就给她取名叫阿默。

阿默不仅长得可爱，还聪明伶俐，父母对她越来越疼爱。年纪渐长，阿默不仅可以预测祸福，还水性极好，能够帮助遇到海难的人。四方的乡里都对她称颂不已，叫她"通贤灵女"。

阿默终生未嫁，二十多岁就因为救人遇难身亡。她死后，邻里都十分悲痛，宣称是默娘成仙了，还会在海里显灵救助众人。

北宋雍熙四年（987），湄洲岛的岛民为她建了一座小小的祠，敬称为"妈祖"。

妈祖出身的家族据说是名门九牧林氏，"妈祖"的称谓，原来是族人对奶奶级别的长辈的称呼。

妈祖神化的传说会产生在湄洲湾秀屿港，不得不说是得益于当地的自然地理条件。

这个地方在宋代还是一座荒凉的小岛。但秀屿港刚好夹在湄洲岛、盘屿、岖屿三大屏障之中，风浪很少。有利于船只避风的形势，可能就被讹传为神仙的法术所为。

湄洲所在的莆田，在妈祖在世的年代，也算是宋朝的新兴城镇了。根据《兴化军祥应庙记》记载，"七闽诸郡，莆田最为濒海，地多咸卤，而可耕之地又皆高仰，无川渎沟洫之利"。

北宋初年，当地还是一个种不出粮食的不毛之地，但在太平兴国二年（977）被纳入宋朝版图以后，政府在该地建立兴化军。之后的一百年里，建成南安、太平、使华、木兰等四大陂，筑堤围垦，让莆田江口和南北洋几十万亩的土地得到灌溉。当地的农业生产有了改善，社会经济也有一丝繁荣的迹象了。

莆田一带自身有宁海、白湖、湄洲秀屿以及仙游枫亭等著名港口，而近在咫尺的泉州在南宋时更是跃升东方第一大港。在这些港口城市，一座座大大小小的妈祖庙都建立起来了。

这些在港口建造的天妃宫（妈祖庙），除了能让来往船只上香，也给他们提供了及时上岸避难和祈祷的场所。

但是莆田一带的港口，规模都比较小。妈祖能落户到更远的地方，泉州功不可没。

　　泉州与妈祖渊源颇深，皆因莆田、仙游两县在北宋初曾隶属于泉州，太平兴国四年（979），两县才隶属于新置的兴化军，所以泉州人自称"妈祖一半是泉州"。

　　元代的泉州成为世界大港之一，其经济影响力和辐射力，使得妈祖信仰传播得越来越远。

　　妈祖在元朝受到政府的"宠幸"，源于帝国内部运输的大宗从运河漕运改为海运。元泰定三年（1326），元朝统治者在海运漕粮必经的"舟车攸会，聚落始繁"的海津镇（今天津），建造了海神天后宫，供奉作为海上保护神的妈祖，祈求海运平安。

　　自此，妈祖信仰不只是南行建庙，还靠着官家之力"北伐成功"。直到今日，天津仍流传"先有天后宫，后有天津城"的俗语。

2

　　明朝永乐、宣德年间，一个太监完成了七下西洋的壮举。他用了28年的时间，途经30多个国家和地区，南至爪哇，西至非洲肯尼亚，死在异国古里（今印度南部科泽科德）。这个太监名叫郑和。

　　神奇的是，郑和在带领2.8万人、208艘船组成的队伍首次出海之前，对妈祖进行了虔诚的祭拜。之后每次出海前后，都会举办隆重的祭典。

　　为了方便出洋的官兵们祭拜，郑和还请旨在造船厂、南京港和太仓刘家港都建造了妈祖的天妃宫。

　　由此可见，妈祖的海神地位在明代已经无可取代了。

　　无论是南起广东、浙江，还是北到天津、东北，都能看到妈祖的身影。作为福建本土信仰的妈祖，是怎么将"业务"扩展到全国呢？

　　答案是移民。

　　中国人移民海外，福建人是鼻祖。一部古代福建史，就是一部移民史。

　　福建远离中原，地处东南边缘。东边对着茫茫大海，三面环山，内境还是山。福建的地貌大约只有一成不是山地丘陵，难怪福建能产这么多茶。以古代眼光来看，这地理状况够悲催的。

常说的隋唐经济重心南移，受惠的"南方"是江南地区，即现今的江浙、江西等地。闽粤这样的"南蛮之地"，没能分到多少肉汤，经济依旧落后。

让人意想不到的是，明清之际以对外移民著称的闽地，在宋代却是移民迁入的圣地。此时又正好是妈祖信仰的发端。

古代的中国，战争、内乱的频率很高，尤其是政治地位高，经济水平好的地区，每逢战乱都是首当其冲的受害者。中原之所以比南方发展得早，是因为平原地形利于耕种。但是，一览无余的平地却不利于战乱时躲藏。

福建正好相反，西面、北面都是起伏的山丘，没有坦荡荡的道路与邻省相接，走水路（闽江为主）的话又流急滩多，和平时代不利于与内陆相接，动乱时代却化弊为利。从汉晋以至隋唐五代，北方的"难民"越跑越南，去到福建这样的"穷乡僻壤"，躲避战祸。

毕竟，在中原当一个乱世人，不如在"蛮夷之地"当一只"太平狗"。

移民，对这批北方人来说是不幸，但对福建人来说却是幸事。大批从文化先进地区涌进来的移民，带来了闽人想都不敢想的高级知识和技术。福建省的开发，在此时提上了日程。尤其是唐代福建地方政府兴修的水利工程，为日后的航海商贸奠定了基础。

进入宋代，福建依然涌入了大量移民。只是此时的福建，不再是荒芜却安全的避乱点，而是土地被不断开发的发财地。

随着人口的不断增长，中原地区的土地资源越来越紧张，人地矛盾愈演愈烈。一部分人把目光转移到尚属于处女地的福建。他们迅速地占据了自然条件较为优越的沿江、沿海地区，而闽西、闽北山区，还是没人理会。

不久之后的"靖康之变"，导致大批的汉民随着宋室南迁。直到今日，福建漳浦的黄、林、杨几个大家族，都宣传自己是跟着皇帝逃难下来的贵胄。这些大家族占据闽南比较发达的地方。其他民众只好往鸟不生蛋的闽西、闽北迈进，客观上促进了当地的拓展。

当闽西的本地经济发展到一定程度，便会寻求往外扩张。南宋理宗绍定年间，时任福建长汀县令的宋慈，为连接汀州、潮州的商贸往来，打通了汀江、韩江的航道。从此妈祖信仰随着商船，在闽西地区扎根，融入了福建的客家人群体。

元末明初之际，东南港口繁华不再，番人们逃的逃，死的死，剩下的小部分人则融入了汉人群体。明朝政府取消了广州、泉州的市舶司。福建的国际贸易黄金时代结束了。

曾经地广人稀的福建，此时在日益膨胀的人口压力下，也开始往外移民了。

宋元时期，农业资源不好，但商业资源好，福建人的日子过得有滋有味。海上贸易被一刀切停掉后，闽人唯有往农业资源稍好的地方讨饭吃。福建周边的浙江、广东和江西成为最佳选择，甚至连最南端的海南都出现了闽人的身影。这些闽人在外地建立福建会馆之时，必不可少的便是同时起建的妈祖庙。

而台湾，更是涌入了大批福建移民。

福建与台湾岛距离非常近，最近处从福建平潭岛到台湾新竹，仅有 70 海里。宋朝之时，澎湖（包含台湾本岛、周边小岛和澎湖列岛）隶属于泉州府的晋江县管辖，县中有不少人直接跑到澎湖去从事渔业和畜牧业了。但可能是因为宋代的福建对外贸易发展得有声有色，这时到台湾去的移民还不算多。

到了元代，人口过度增长的恶果初现，连大港口泉州的人都逐渐往澎湖定居。台湾岛不再是荒岛了，政府也得开始管理了，所以元朝至元年间，行政机关巡检司设立了。

明代虽然直接禁止海上活动，但阻止不了福建人迁徙到慢慢发展起来的台湾岛去。

可是，由于实施海禁，明朝官方对妈祖信仰不太感冒。两百多年间，官方对妈祖的褒封只有两次，是历代以来次数最少的。官方对妈祖信仰的态度，其实就是对民间海贸的态度。

官方渠道走不通了，但是福建人能甘心金盆洗手，不做海贸了吗？

俗话说，上有政策，下有对策。做不了正经交易，他们就做起了走私。泉州在明代是不复宋元的霸气了，但海上贸易却一点也没有落下。

福建做走私最成功的，还是那个堪称"开发台湾第一人"的"海贼王"郑氏家族。

郑氏发家于泉州的安平港。这座港口位于围头澳内，入港处形势险要，行入港内却豁然开朗，是天成的避风良港。老天爷赏饭吃，安平怎么能不吃？

明代安平商人偷偷地制造海船，雇用船员，把货物运到日本、吕宋等地方售卖，其中最成功的就是混成头目的郑芝龙。这名东南沿海的"海盗"头子，勒令当时的海船必须插着郑氏令旗才能随意走动。

只是郑芝龙后来决心降清，儿子郑成功便与其分道扬镳。顺治三年（1646），郑成功起兵抗清，以金门、厦门两岛作为他的根据地。郑成功把厦门港的对外贸易搞得有声有色，每年前往日本、南洋各地的商船有七八十艘，贸易总额高达二百五十万两左右，很是赚了一把"通洋之利"，也足够他养十多万人的军队了。

十五年后，骁勇而又多金的郑成功从"红毛番"荷兰人手中收复台湾时，把大批的闽南士兵和他们的家眷，一起带到台湾岛上去。

把持东南沿海的郑成功，成了清朝统治者的眼中钉。

3

清朝是褒奖妈祖最积极的朝代，足有 15 次之多。难道是因为统治者特别迷信这位女神吗？

非也。主要是表扬妈祖在对台事务中作出的"杰出贡献"，还有就是在当地群众中巩固清朝统治。

在海的另一边，为了抗清，郑成功和他的部下也拜起了妈祖。郑氏的官兵大多是闽南人，出征时都会在船头供奉一座从湄洲祖庙分灵来的妈祖像，叫作"船仔妈"。今天的台湾鹿耳门天后宫，还保存着一尊木制妈祖像，据说是郑成功来台的时候带过来的，称为"开山妈祖"。

问题来了，清朝祈求妈祖保佑征台成功，郑氏也祈求妈祖保佑抗清成功，那么妈祖会保佑谁呢？

为了对抗郑氏这个强大的武装集团，清朝实行"迁界"，将大批老百姓强行从沿海线迁入内陆。越是这样干，越是把其中一部分不满清朝的人逼向郑氏集团。与此同时，不愿降清的明遗民也把台湾岛当作世外桃源。

清廷无论如何不能容忍这样的情况发生。康熙四年（1665），福建水师提督施琅率军攻台，在清水洋遇上飓风，不得不折返。郑氏集团的统治在妈祖的庇佑下，很是持续了一段时间。

康熙十九年（1680），清军水师提督万正色把郑氏在福建的据点一锅端了，郑经狼狈地带着余部逃回台湾。

万正色打了个大胜仗，但他说自己是在梦中得到神妃的辅佐，才能攻克厦门取得大捷，因此奏请朝廷嘉褒。康熙皇帝当即开心地下诏，册封神妃妈祖为"天上圣母"。

一年后，郑经病逝，郑氏集团开始窝里斗，这给了清廷趁虚而入的机会。康熙二十二年（1683），时隔十八年，施琅再征台湾。这次他带领的部队，把郑氏主力杀得片甲不留。

妈祖最后还是站在了清朝一边，郑氏集团正式宣告灭亡。

征台统领施琅是泉州人，率领水军攻克台湾后，也学着老万上奏称是得到海神天妃的帮助。康熙皇帝在第二年赐封妈祖为"护国庇民"的"仁慈天后"。

同年，施琅又奏请于台南建造天后宫，这座天后宫是台湾现存最早的官方妈祖庙。随后全台湾各地妈祖庙数量急剧增加，新建大大小小的妈祖庙达222座，以云林县的北港"朝天宫"规模最大，香火最旺。妈祖在复台、定台中发挥了女神"护国"作用。

歼灭郑氏势力后，为了维护对台湾岛的统治，康熙皇帝决定在台湾设立一府三县，纳入福建省的管辖。

清廷平台之初，把不少郑氏残部、各地难民都遣返原籍，台湾的人口较郑氏时期减少了一半以上。台湾的地方官员在大陆招揽移民，反应却并不热烈。经过战火蹂躏的福建，人地矛盾倒是消失了，大家也不想背井离乡去小岛上过活。

一直等到福建的太平日子过了快二十年，生活平稳了，人地矛盾又冒头了。

这时，不需要政府宣传，不少福建人都自愿移民到岛上生活，台湾岛逐渐热闹起来。

由于征台战争中妈祖有"保驾护航"的功绩，封号也由"妃""圣母"升格为"天后"，人间女性能得到这样高的名分，妈祖还是头一位。收复台湾后，中国大陆的土地上再度掀起了崇拜妈祖的热潮。根据民国《福建新通志》记载，福建内地县绝大多数的天后宫是在雍正年间新建的，照例春秋致祭。

而跟随着福建移民渡过海峡的台湾天后宫，早期多是从湄洲祖庙分灵过去的。在例定诞辰日有"遥拜"的仪式，还需要面向湄洲的祖庙施三跪九叩礼。

收复台湾后，清朝对海上私营贸易的禁令逐渐松弛，福建商帮又开始了"南征北战"的商业活动。

他们的身影遍布中国 19 个省，由闽商建立的福建会馆兼天后宫，多达 227 座。截至晚清，凡是"天下通都大邑，滨江濒海商贾辐辏之区"，都有福建人和妈祖的落脚点。

清朝的福建人，闯荡的地域并不局限于国内，日本长崎成了闽商和妈祖的新据点。这些泉漳帮、福州帮的游子，即使远在海外也不忘供奉他们挚爱的妈祖。他们所起的具有和式神社风格的妈祖庙，至今仍延续着在日华侨们的香火。

4

道光十九年（1839）三月，妈祖娘家一名林氏后人到澳门接见葡澳官员后登妈阁山。这名林氏后人，便是林则徐。作为妈祖的同族人，妈祖"护国庇民"的精神给他留下深刻的印象，他也努力做到了。

但是他再怎么努力，都没能在道光二十年（1840）的鸦片战争中挽救腐朽的清廷。七十余年后，1912 年，清帝退位，中国帝制走向终点。

进入民国，妈祖被皈依了基督教的蒋介石视为邪教异端，禁止祭祀。

莆田县九牧林氏的士绅向民政厅申请备案，妈祖的天后宫才得以以"林孝女祠"的名头留下。此时的蒋介石没有想到，他视为异端的妈祖，日后会为两岸的情谊作出伟大贡献。

　　妈祖的孩子，无论足迹有多远，始终心系着福建家乡，心系着湄洲岛上伫立着的那尊妈祖像。

　　1981 年，台湾云林县北港朝天宫的信众蔡辅雄几经辗转，终于到达妈祖的"娘家"湄洲岛朝圣。这是在 1987 年正式开放探亲前，首次有台湾同胞回到大陆。正是信众们的狂热，才促使台湾当局意识到，民众回国之心是多么的热切。

　　2009 年，妈祖信仰被联合国列入人类非物质文化遗产代表作名录。湄洲岛的一场盛大妈祖祭典，吸引了全球 42 个国家和地区的人士踊跃参与。

　　妈祖曾经随着移民的脚步走向世界，而走向世界的移民又跟随妈祖，踏上了祖国的土地。

　　历史与现实，构建了一个美妙的循环。

轰动朝野的富婆再嫁案

大宋咸平五年（1002），寇准出任新职务，以刑部侍郎衔权知开封府事。

作为宋朝的京畿首府，开封府与历朝历代的首都一样，治下的权贵大多有"京圈"背景，不太好惹。因此，开封府尹也被赋予相当的权限，除了有直接上书皇帝的权利，更是王朝储君、重臣们视之为"政绩跳板"的历练岗位。

这一日，寇准接到了开封府辖下"官三代"薛安上的民事诉讼请求。

薛安上是宋朝故左领军卫大将军薛惟吉的儿子。说起他的爹，可能大伙都不太熟悉。但他的爷爷薛居正，在历史上赫赫有名，不仅长期官居宰相，主持编修了二十四史之一的《旧五代史》，还为宋朝皇帝所器重，死后配享宋太宗庙庭。可以说，在当时的天下，薛家绝对是权贵顶流。

薛公子上诉到开封府，是想控告其继母柴氏霸占薛氏祖产。

由于薛惟吉已死，孀居的柴氏产生了再嫁的念头。为此，她在朋友圈中物色了许久，终觅得一位如意郎君——当朝参知政事张齐贤。

参知政事地位等同于副宰相，位高权重。后世史料也称，张齐贤"四践两府，九居八座，晚岁以三公就第，康宁福寿，时罕其比"。柴氏找的这个"二婚"对象，各项资质都相当不错了。

宋代女性普遍比后世自由。尽管后来程朱理学主张"饿死事小，失节事大"，但在宋朝初年，对于寡妇们的改嫁，人们大都予以支持。甚至宋朝初年的律法中，还有明文规定，夫死妻欲守丧者，其祖父母、父母有权令女儿强行改嫁。

同时，为了保障再嫁妇女的权益，在宋朝的"婚姻法"中，还有妇女和离或寡妇再嫁时，带走自己的嫁妆及婚姻存续期内名下财产的说明。

柴氏再嫁，可谓天经地义。

不过，一边是宰相后代，一边是当朝副相，寇准也感到棘手，只能循例将此案递交宋朝中央监察机构——御史台，由其转呈御前，请皇帝亲自处置。

1

当时执掌大宋天下的，正是曾任开封府尹的宋真宗。

对于此案原告薛家，宋真宗可太了解了。这薛安上在"京圈"地界上，本来就是出了名的纨绔子弟。

说起薛氏子弟做事不着边际，或许连宋真宗都怀疑，这事估计是遗传的。

原来，薛安上的父亲薛惟吉并不是名臣薛居正的亲生儿子。当年德高望重的老宰相，在名利、事业双丰收之时，婚姻却出了大问题。用现在的话来说，薛居正是出了名的"妻管严"。由于正妻薛夫人善妒、无子，薛居正悲催"绝后"，只能从族中寻得一养子薛惟吉继承家业。

薛惟吉长大后成为汴京街头的豪门浪子，吃喝嫖赌，样样精通。以致宋太宗上门吊唁去世的薛居正时，还不忘借关怀薛夫人，敲打薛惟吉称："不肖子（薛惟吉）安在，颇改行否？恐不能负荷先业，奈何！"

薛惟吉当时就跪在旁边，一听皇帝这么说，还以为朝廷准备收回薛家的"恩典"，吓得赶紧洗心革面，好好做人。

怎料，这一代平稳过渡后，到了薛安上继承家业时，不肖子败坏家风之事，再度上演。

虽然宋真宗与薛居正并没有直接的君臣之谊，但薛居正毕竟是开国功臣，儿孙们如果乱来，那传出去朝廷形象也会受损。所以，听到薛安上那些花花公子的劣迹后，宋真宗曾经下诏："薛家祖产概不得对外出售！"

这次，接到寇准和御史台的奏报，宋真宗象征性地找来了个小官，要他先去了解一下薛安上与其继母柴氏之间的事情。

宋真宗的本意是，这种寡妇再嫁、争家产的小事，实不足以上升到朝堂公论，免得贻笑大方。

然而，对于宋真宗有意为之的"大事化小，小事化了"，薛安上和柴氏却都不领情。

对于涉嫌侵吞薛氏祖产一事，柴氏打死不认，甚至还当众表示自己准备再行上诉，直到公理道义站在自己这一边才肯罢休。

2

眼见当事双方谁都不要脸面，宋真宗也哭笑不得，只能让御史台及开封府循例公开审理此案，一定要查个水落石出。

很快，经御史台调查确认，薛府寡妇柴氏确有侵吞薛氏祖产的嫌疑。

张齐贤丧妻许久，未再续娶。而柴氏自先夫薛惟吉去世后，就一直在圈子中寻觅"可靠人士"，准备发展二次姻缘。张齐贤一家，也被柴氏这个富婆的主动性深深打动。

柴氏此前之所以矢口否认自己侵吞薛氏祖产一事，所有的证据都显示，其背后有高人指点。

这个"高人"，正是张齐贤的次子、太子中舍张宗诲。

很明显，在财富与爱情面前，张齐贤大概率是更喜欢前者的。薛家祖产到底有多丰厚，史书上没有记载。但能引起当朝参知政事父子双双侧目，想必是很不少。至于柴氏嫁过去后，能否收获人生中的另一段幸福，谁也说不准，但它也不是本案的重点。

通过传召薛氏仆人，办案人员还发现，柴氏早在丈夫去世前，就在张齐贤父子二人的教唆下，私藏了一笔金银财富，总计约价值两万缗（宋制，一缗即一贯，一贯为1000文铜钱）。按宋朝的"婚姻法"规定，这笔钱便是在婚姻存续期内女方的私有财产。即便此后柴氏一步步私吞薛氏祖产的阴谋流产，这两万缗巨款，柴氏依旧可以合法卷走，成为张氏名下夫妻财产的一部分。

在各项证据面前，张齐贤、张宗诲父子百口莫辩。

最终，参知政事张齐贤被罢职出京，转任太常寺卿，分司西京（洛阳），其子张宗诲则从太子中舍变成了海州别驾，到地方上给刺史大人打打下手。柴氏则被朝廷处以"罚铜八斤，勒令退还薛氏财产"的重罚。

原以为此案到这里就该完结了，可柴氏到底不是省油的灯。

据史料记载，薛惟吉卒年仅 42 岁，柴氏为薛惟吉的续娶之妻，大体上可推测出柴氏当时正值年富力强。所以，没能顺利把自己再嫁出去，柴氏颇为气恼。

张齐贤父子倒台后，柴氏决定亲自上阵，她一人跑到皇宫大门宣德门前敲响了"登闻鼓"。

按照大宋法律规定，凡大宋子民，若有冤屈无处可申，皆可敲响登闻鼓。敲鼓者不管是家里丢了几头猪还是被当地官员欺压得喘不过气来，只要敲响登闻鼓，皆有面见皇帝陈述冤情的机会。

柴氏咚咚咚敲响登闻鼓后，很快被带上朝堂，直面宋真宗。

3

一名寡妇为争家产和再嫁，与满朝文武以及威严的皇帝共处一堂。这在前朝，是闻所未闻的奇葩之事。

可以想象，当宋真宗与满朝文武在商量国家大事时，一名寡妇旁若无人，哭哭啼啼上殿跪求皇帝为其做主的场景有多么尴尬。

可接下来柴氏的一番话，更令宋真宗愕然。

柴氏当场控诉说，想利用薛家祖产谋利的不止她一个，薛家不肖子薛安上以及在其背后撑腰的宰相向敏中，皆有这份"祸心"。

爆猛料当然得有事实根据。据柴氏交代，在她确定要与张齐贤共度余生前，向敏中曾亲自上门向其求婚，并信誓旦旦地承诺，只要柴氏嫁给他，下半辈子就不用愁。前提条件是，柴氏必须携带薛家祖产嫁入向家。

柴氏好歹也是一介有见识的贵妇，对方谈条件让她感觉自己是在卖身又卖产，因此内心十分不乐意。

向敏中位高权重，一计不成，再生一计。他知道薛家子弟不学无术，便诓骗薛安上走非法渠道，将薛氏祖产神不知鬼不觉地过户给他。柴氏称，自己与继子薛安上对簿公堂，目的是要阻止其变卖薛家祖产，维护皇帝当初诏令薛家祖产不得变卖的规定。

当朝宰相向敏中贪财？说实话，宋真宗心里并不相信。

向敏中虽出身不高，但在柴氏出现以前，他已先后娶过三任妻子。在他的"亡妻"名单中，不乏官宦女子的身影。其中，他的第二任岳父张去华，是宋朝的第二位状元。柴氏案发时，张去华也在朝中任官，颇受皇帝赏识。张去华生子十人，幼子张师德跟他一样考中大宋状元，其他儿子也多入仕当官，在当朝有着一定的影响力。

另外，向敏中家族多与皇室联姻。向敏中幼子向传范，才志兼美，被皇室选为冀王赵惟吉之女万年郡主的夫婿。尽管万年郡主出自宋太祖一系，为宋太祖之子赵德昭的孙女，但她自幼生于禁中，就连宋真宗也多次表示自己极度疼爱此女，不要随便将其嫁予他人。

可见，向敏中不但不缺政治资源，还因万年郡主是其儿媳，而与皇亲国戚沾亲带故。

当听到柴氏控告向敏中贪财时，宋真宗选择让当事人出列自辩。

面对这样的尴尬，向敏中当即拍着胸脯保证，自己绝对没有迷人财色之意。他说，自己的第三任妻子，前不久刚刚去世，接连丧妻，尚在悲伤中。柴氏如此控告自己，简直就是毁他声誉，并践踏陛下的尊严。

向敏中一席话，令宋真宗勃然大怒，遂命人将柴氏赶出朝堂。

没几日，柴氏又敲响了登闻鼓。

宋朝的制度就是只要敲响登闻鼓，皇帝就得无条件接见治下臣民。被柴寡妇搅得头疼的宋真宗，只能将柴氏的诉讼发给御史台跟踪审理。

4

事有凑巧，就在御史台决定审理柴氏控告案时，盐铁使王嗣宗上奏宋真宗，宰相向敏中罪犯欺君，应予严惩。

原来，王嗣宗素来与向敏中不合。当初柴氏上朝堂这么一闹，他私底下就派家丁开始收集向敏中的黑料。

据王嗣宗反映，向敏中居丧期间，便派人上门求娶宋朝开国功臣、秦王王审琦的女儿。

尽管宋朝对于夫妻居丧期内婚嫁并没有特别严厉的限制，但前不久向敏中当众拍胸脯的场景，宋真宗还历历在目。

一看一个宰相接连与两个寡妇有瓜葛，宋真宗不免来了兴趣，勒令御史台限期破案。

皇帝发话，加上之前扳倒张齐贤父子的战绩，御史台这次办案顺利多了。经过质询，御史台发现，王嗣宗反映的线索属实。

由于王审琦之子王承衍是宋真宗的堂姐夫，想尽快得知真相的宋真宗，便派人去召王承衍的妹妹、当事人王氏入宫询问。得到的回答是，向敏中确有与王氏商量过婚嫁之事，只是目前还未到纳采阶段。

结局不难想象，当宋真宗听到这么一段话后，火气该有多大：敢情之前在朝堂上，他是被向敏中当猴耍了？

经查，向敏中也确实私下买了薛氏祖宅，柴氏的控告真相大白。

但令人疑惑的是，向敏中与张齐贤在当时皆为朝廷二品以上大员，深受皇帝信任，宋朝的官员俸禄及各项待遇又均为史上最好，两人却不惜名位，想方设法套取柴氏信任，谋夺薛氏祖产，这是为什么呢？

这与宋人的婚姻观嬗变有密切联系。

受前朝战乱的影响，开宋以来，统治者一直提倡重文轻武，科举制进一步冲击自三国以来的中古门阀制，导致宋人"取士不问家世，婚姻不问阀阅"。科举制的确有促进宋代社会发展、时代进步的意义，不过，人人皆靠科举入仕也绝非毫无弊端。科举考试的人多了，入仕的竞争与难度剧增，为了各自的阶层跃升，士子与商人不约而同地走到了一起。

而腰缠万贯的商人与学富五车的士人相结合，便带动了社会上的"厚嫁"之风。"婚姻论财"由此成为宋代社会普遍存在的一种现象。不管嫁娶双方身处市井阶层抑或是皇亲贵胄，金钱往往是两家能否顺利结合的关键。

随着"婚姻论财"风气的蔓延，以利益为先的婚姻，变成了各大家族的长线投资。只要商人瞩目的士子能发奋读书，考取功名，进阶做官，即便该商人赔上女儿的终身幸福，这笔买卖也是值得的。同理，若为官士人能在俸禄之外获取更多的合法收入，礼仪道德皆被视为次要的、虚无的。

当时的理学家程颐事后说，张齐贤和向敏中两个宰相不顾颜面，争娶一个寡妇，无非是因为柴氏坐拥"十万囊橐"，巨有钱。

5

真相大白之后，薛氏不肖子薛安上，因为违诏私卖祖宅，被判了笞刑。被当众打了屁股后，他还得照市价将已经悄悄过户给向敏中的薛家祖宅买回，并时刻受御史台、开封府的管束。

向敏中也没落得个好下场。他的宰相职位被撤了，与张齐贤类似，被皇帝罢为户部侍郎，离开中央，出知永兴军。

按照惯例，宋朝皇帝的圣旨下达后，需要在翰林院留下圣旨文书，以备日后核对。接到圣旨撰写任务的翰林院学士宋白与向敏中亦有过节，在起草诏书时，宋白特地狠下手笔，将欺君之罪写成"对朕食言，为臣自昧"之语。

史载，向敏中看完整份诏书后，潸然泪下。

这起撂倒两位宰相的"富婆再嫁案"，看起来都是输家，但并非没有人凭此案获益。

宋初实行"两府三司制"，在皇帝之下，朝堂设有同平章事、枢密使、三司使，分管政、军、财权，而参知政事为同平章事的辅官。向敏中与张齐贤的出缺，实际上导致了主管行政事务的门下省任事者人数不足。

为了弥补空缺，宋真宗便从朝堂中遴选资历、威望较高者替补。

于是，这桩"富婆再嫁案"的初审官员、开封府尹寇准，就成了皇帝眼中的最佳宰相人选。

北宋景德元年（1004）六月，寇准与另一重臣毕士安进位宰相，宋朝中枢再度恢复平静。

　　但仅仅过了一个月，向敏中的亲家、曾与其同朝执宰的重臣李沆去世。半年后，另一两朝股肱、三度为相的吕蒙正也告老还乡。不久，毕士安也病倒了。在朝廷再度陷入"用人荒"的同时，辽国趁机大举入侵。

　　关键时候，寇准力挽狂澜，力劝宋真宗亲征，最终促成"澶渊之盟"的缔结，换取了大宋与北方政权逾百年的和平岁月。

真实的李师师：被侮辱与被损害的人

在赵家天子的一次宴会上，有个嫔妃悄悄地问宋徽宗赵佶："她到底是个什么样的姑娘，能让陛下如此喜欢？"

赵佶也不怕伤了在座妃子们的心："即便让她和你们穿上同样的衣服，混在一起，她也会和你们迥然有别。"

他又接着解释说："她那种气质和韵味，完全在容貌之外。"

中国历史有一个怪现象：但凡是英明神武的皇帝，史书就几乎不提他的红颜知己；但只要是把王朝搞砸或搞没了的皇帝，史书就会有大量关于他的两性私生活记录，这些皇帝的背后，都至少站着一个红颜知己。

比如引发"安史之乱"的唐玄宗，背后站着杨贵妃；被隋朝所灭的南朝陈后主，背后站着张丽华；被北宋所灭的南唐后主李煜，背后站着大小周后……

为什么会出现这种现象？

简单说，这是古代男权社会"红颜祸水论"的变形。

皇帝建立大功业，可以是他本人英武，也可以是底下的男性辅臣给力，但不可以是后宫或外面的女人给了皇帝智慧（极个别除外）；然而，皇帝要是昏聩，甚至亡国了，责任的分担就主要不在皇帝本人，而是奸臣弄权，追根溯源则是女人干政，蒙蔽圣心。红颜知己，就是红颜祸水，供背锅和批判用的。

这一次，亡国之君赵佶的背后，站着一个叫李师师的女人。

1

那些站在"坏皇帝"身后的红颜知己，通常都有合法身份，不是皇后就是爱妃。

但李师师不一样，她是个妓女。史书把她的身份写作"倡优""倡人""小唱"，实际上就是官妓，为皇家或朝廷提供歌舞娱乐服务。

囿于身份限制，官修正史并无李师师的传记。不过，宋代的史料中，关于宋徽宗（1082—1135）与李师师的来往，有不少的记载和渲染。

《宋史》载，宋徽宗即位十年后，即从政和年间（1111—1118）开始，就很喜欢微服出行，设置"行幸局"，每次乘坐小轿子出行，仅带数名贴身随从（内臣）。如果当天宋徽宗出行，底下人就说是"有排当"；如果宋徽宗到第二天还未回宫，则传旨说是调查民间疾苦去了，停止上朝一天。

表面理由说得高大上，不过，朝廷中都知道，皇帝微服出行，其实就是出宫狎妓去了。

宋徽宗是个艺术天才，不论文学、绘画、书法、戏曲，还是杂技、蹴鞠、马球，都是一流的大师。后来人评价他，做什么都是好手，就是不会做皇帝。

他的后宫美女如云，但他并不满足于此。一个主要原因，可能是受当时士大夫狎妓风气的影响，认为外面的女子比宫中的嫔妃更有韵味。

受到宋徽宗宠幸的艺妓，不止李师师一人。史书中留下名字的，还有赵元奴、王仲端等名妓，都曾是宋徽宗的心头好。据说，"靖康之变"后，被俘的宋徽宗思念赵元奴，曾命人偷偷带了赵元奴到驻地相见。

这些名妓，都曾得到宋徽宗的赏赐。

史载，宋钦宗继位后，国难当头，朝廷曾以巨额财富向金兵求和，为此必须搜刮民财。宋钦宗下了一道圣旨，但凡此前得到宋徽宗赏赐金带之人，务必如数纳官，不许隐瞒，否则后果自负。这道圣旨颁布之后，就有官员奏报，李师师、赵元奴、王仲端等倡优，曾得到宋徽宗的重赏，她们的金带必须上缴不可。

时为太上皇的宋徽宗曾给予李师师等妓女的赏赐，被拿出来公开讨论，可见他的那些风流事儿在当时并不是什么秘密。

2

有人说，李师师的床上，躺着半个王朝的风流。

因为，除了皇帝的宠幸，她与北宋词坛婉约派的几大代表人物，均有来往的痕迹。

根据记载，李师师色艺双绝，不仅艳压群芳，琴棋歌舞也位列头筹。她还有相当高的文学和审美品位，一般俗客，难入其法眼。这使得她成为当时帝都文化圈的一个共同话题。

最早为李师师写词的是风流词人张先（990—1078），就是那位年老纳妾而被调侃为"一树梨花压海棠"的老词人。据说他为李师师专门创作了一个词牌，叫《师师令》：

香钿宝珥。拂菱花如水。学妆皆道称时宜，粉色有、天然春意。蜀彩衣长胜未起。纵乱云垂地。

都城池苑夸桃李。问东风何似。不须回扇障清歌，唇一点、小于珠子。正是残英和月坠。寄此情千里。

后来，北宋名相晏殊的儿子晏几道（1038—1110）——一个典型的官二代，如今被称为"宋朝版贾宝玉"的婉约词人，也为李师师写过一阕《生查子》：

远山眉黛长，细柳腰肢袅。妆罢立春风，一笑千金少。
归去凤城时，说与青楼道。遍看颍川花，不似师师好。

而作为苏门四学士之首，秦观（1049—1100）亦给李师师写过词，而且写得相当缠绵，让人怀疑他们之间是否有过什么绯闻：

　　年时今夜见师师。双颊酒红滋。疏帘半卷微灯外，露华上、烟袅凉飔。簪髻乱抛，偎人不起，弹泪唱新词。

　　佳期。谁料久参差。愁绪暗萦丝。想应妙舞清歌罢，又还对、秋色嗟咨。惟有画楼，当时明月，两处照相思。

　　遗憾的是，这些词人与李师师的具体交往，究竟处到什么程度，抑或只是公开场合的"逢场作戏"，由于词本身的隐晦性，我们不得而知。只能说，作为一代名妓，李师师能让当时一流的词人为她留下如此缠绵的词句，确实是个不一般的女子。

　　数千年历史大浪淘沙，能留下名字的，绝非等闲之辈。

　　真正有细节可追究的李师师故事，是宋人记载下来的一段"三角恋"。

　　据南宋人张端义、周密等人记载，在宋徽宗微服临幸李师师的那段日子里，当时的婉约词大师、音乐天才周邦彦（1056—1121）作为"第三者"插足其间。

　　有一次，周邦彦和李师师正聊得兴起，宋徽宗突然驾到。周邦彦只好躲到床下，知道宋徽宗给李师师带来江南进贡的新橙，又听到两人的谑语情话，于是当场构思了一阕《少年游》，把他偷听到的内容都写出来：

　　并刀如水，吴盐胜雪，纤手破新橙。锦幄初温，兽烟不断，相对坐调笙。

　　低声问向谁行宿，城上已三更。马滑霜浓，不如休去，直是少人行。

　　问题是，周邦彦还把这阕词教给李师师去唱，而李师师竟然在宋徽宗下次光临的时候唱给他听。宋徽宗一听不对劲，这情景咋这么熟悉，像是我干的，遂问李师师："谁作的词？"

　　李师师毫不隐瞒："周邦彦。"

　　宋徽宗大怒，事后找了个借口将周邦彦贬出帝都。

　　数日后，宋徽宗又去李师师处"调查民生疾苦"，却被告知李师师送周邦彦去了。等到很晚，李师师才回来。宋徽宗又大怒，李师师如实以告。

宋徽宗问，那个周邦彦临走可有词作留下？

李师师答，有一阕《兰陵王》。

宋徽宗：唱一遍看。

李师师：容臣妾奉一杯，歌此词为官家（指宋徽宗）寿。

柳阴直。烟里丝丝弄碧。隋堤上、曾见几番，拂水飘绵送行色。登临望故国。谁识。京华倦客。长亭路，年去岁来，应折柔条过千尺。

闲寻旧踪迹。又酒趁哀弦，灯照离席。梨花榆火催寒食。愁一箭风快，半篙波暖，回头迢递便数驿。望人在天北。

凄恻。恨堆积。渐别浦萦回，津堠岑寂。斜阳冉冉春无极。念月榭携手，露桥闻笛。沉思前事，似梦里，泪暗滴。

——周邦彦《兰陵王·柳》

听完，宋徽宗转怒为喜。在文艺上，他是个惜才之人，知道周邦彦能写出如此经典的词作，遂决定让他官复原职，后又任命他提举大晟府（皇家最高音乐机构负责人）。

不过，关于李师师的这些逸闻，近代以来有王国维等人从年龄的角度分析，认为并非史实。

在上述为李师师写词的词人中，张先死于 1078 年，如此时李师师已出道，则她至少应为 1060 年代生人。也就是说，李师师比 1082 年出生的宋徽宗大概大了 20 岁。宋徽宗自政和年间（1111—1118）开始"微服出行"，此时他 30 岁左右，而李师师至少接近 50 岁。由于史书没有说宋徽宗像曹操一样喜人妻，也没说他像后来的明宪宗一样有恋母情结，所以学者们从常理判断，宋徽宗宠幸妈妈辈的李师师是不可能的。

但是，宋徽宗与李师师的交往，在正史中却能找到确凿的蛛丝马迹，怎能轻易否定呢？

因此，这段历史迄今是一桩学术公案。一种比较合理的解释是，北宋可能存在两个艺名为"师师"的名妓：一个是张先、晏几道、秦观等人迷恋并为她作词的"师师"，大约生于1060年代，姓什么不详；另一个则是宋徽宗迷恋的李师师，大约生于1090年代，比宋徽宗小10多岁。

3

由于李师师与宋徽宗的特殊关系，在靖康之变后，她的遭遇得到了特别的关注——李师师的命运，变成了一个王朝覆灭的象征。

据一些史料记载，金兵二次围攻北宋帝都汴京前，李师师侥幸逃离，一路南下，流落到浙江、湖湘地区。她的家财早已被朝廷籍没，一无所有，重操旧业为生。

时人张邦基《墨庄漫录》说，李师师流落于浙中，"士大夫犹邀之以听其歌，然憔悴无复向来之态矣"。

与李师师同时代的理学家刘子翚，在北宋灭亡后写诗缅怀逝去的朝代，其中一首专门写到李师师：

> 辇毂繁华事可伤，师师重老过湖湘。
>
> 缕衣檀板无颜色，一曲当时动帝王。

当年凭借歌喉感动帝王的李师师，如今漂泊在南方，垂垂老矣，却还继续她的歌舞生涯，聊度余生。而整个时代的士大夫，在北宋灭亡后流寓南方，他们何尝不是从李师师的落魄中照见了自己的影子？

有一种说法，李师师后来隐居尼姑庵，仅有青灯黄卷相伴。同为女性的著名词人李清照，时常去拜访她，流传至今的名作《声声慢》——"寻寻觅觅，冷冷清清，凄凄惨惨戚戚"，便是二人的凄苦写照。

然而，在那个家国沦丧的年代，李师师和李清照已经算是幸运的了。

靖康之变后，汴京沦陷，大批女性包括皇室及朝廷高官女眷，均被掳入金兵大营。

金兵最开始以和谈为名，要求北宋君臣源源不断地送出女性。国亡在即，北宋君臣疯狂地出卖女人，第一批被送入金营的是平民女子，金人选了其中三千名处女，其他的退回来。

靖康二年（1127）二月初六，宋徽宗、宋钦宗二帝被废。宋朝给金人许诺，无论什么女子皆可献出。初七，宋徽宗"率妻妾、子妇、婿女、奴婢络绎而出，我兵监押轿车之中，抵瓮城，令内侍指认点验，后宫以下，骑卒背负疾驰"。

这些女性被掳入金营，跟帝国男性一起成为"战俘"，随着金兵北还。史载，北还途中，女俘时常遭到性暴力，"避雨虏兵帐中者，多嬲毙"。到达金国境内，所有女俘被公开展示身体、集体猥亵。除二帝二后外，宋俘不论男女"均露上体，披羊裘"。

一些女性不堪侮辱和性侵，决绝自杀。与之对照的是，当时为北宋殉死的士大夫并不多。后来有人感慨说，如果北宋的公卿将相能像这些烈女一样守贞，"则岂有卖降覆国之祸哉"？

但幸存的士大夫逃离到南方后，成为南宋气脉的发端，他们首先开始大力推行和灌输贞妇烈女的思想。当男人无法保护女性的时候，他们不会自责，只会质问那些被侮辱而苟活的女性：你们为什么不自杀以全贞节？

而侥幸逃离汴京、免于被金兵俘虏的李师师，躲过了肉体的侮辱，却没能逃过精神的侮辱。

一锅"红颜祸水"猛烈地浇灌在她头上。

南宋人笔记记载，宋徽宗在位时，很信任道士林灵素，一次召入禁中，赐座闲聊。不一会儿，林灵素突然起身下拜说："玉清真人来了。"果然，宋徽宗的皇后经过。又一会儿，林灵素又起身再拜："神霄某夫人来了。"果然，宋徽宗的贵妃经过。

过了一会儿，林灵素喃喃自语："这会儿怎么有妖媚气呢？"话刚说完，是李师师来了。林灵素怒目瞪视，抄起火炉就要去烧李师师，边追边说："若杀此人，其尸无狐尾者，臣甘罔上之诛。"烧死这个女人，如果她的尸体没有现出狐狸尾巴，我甘愿以欺君之罪伏诛。宋徽宗"笑而不从"。

南宋人讲的这个故事，很明显把李师师当成狐媚祸国的狐狸精。隐含的意思则是，宋徽宗被李师师蛊惑了才导致亡国。

一直到南宋末年，李师师不知道已经死去了多少年，文人士大夫还在诗词里骂她是北宋的祸害。诗人方回写过这样一首诗：

> 世变茫茫不可期，珊瑚作婢捣黄糜。
>
> 八千里有假附子，二十年无生荔枝。
>
> 司马梦迷苏小小，屏山诗痛李师师。
>
> 只应骨朽心犹在，倒海难湔万古悲。

诗里面的典故提到了北齐后主高纬的宠妃冯淑妃，唐玄宗宠爱的杨贵妃，以及南朝名妓苏小小。方回将李师师与这些红颜女子放在一起，表达了一种强烈的批判这些"红颜祸水"的态度。

其中，"司马梦迷苏小小"说的是，传说苏小小死后芳魂不散，北宋有个叫司马槱的书生梦见了苏小小，从此念念不忘。数年后到杭州任职，上司秦观告诉他，苏小小墓就在西泠，为何不去凭吊呢？司马槱找到苏小小墓，拜祭后，当夜，就梦到与苏小小"同寝"。但此后整个人昏昏沉沉，过了三年，死在杭州，人们把他葬在苏小小墓的旁边。

"屏山诗痛李师师"一句中，"屏山"指的是上面提到的理学家刘子翚。刘子翚被称为"屏山先生"，他在北宋灭亡后写了一组诗追忆逝去的王朝，其中就有描写宋徽宗安于享乐、耽于声色的场景。

司马槱迷恋苏小小的美色，最后死于非命；宋徽宗沉溺李师师的姿色，最后将国家毁了。这就是诗人对李师师深恶痛绝的原因。

讽刺的是，这个写诗讽刺李师师的方回，在他50岁的时候恰逢元朝攻灭南宋，他作为严州（今浙江建德）知府，一开始作态要死守，等到元兵一来，立马望风投降，一直苟活到了1305年。

4

李师师流落南方之后，随着年老色衰，关于她的真实经历的记载，就越来越少了。我们不知道她晚年过得有多惨，死于哪一年，是怎么死的。

但大量的信息空白，不妨碍历史对她的苛求——或责骂，或美化。

在相传作于南宋的《李师师外传》（实际上应是明末清初的伪作）中，李师师被写成了一个宁死不被异族侮辱的殉国烈女：

金兵攻破汴京，其统帅点名索要李师师，卖国贼张邦昌抓到李师师并将她献了出去。李师师破口大骂："吾以贱妓，蒙皇帝眷，宁一死无他志。若辈高爵厚禄，朝廷何负于汝，乃事事为斩灭宗社计，今又北面事丑虏，冀得一当，为呈身之地，吾岂作若辈羔雁赘耶？"骂完，她拔下头上金簪，"自刺其喉，不死，折而吞之，乃死"。

相传，早已被俘虏的宋徽宗听闻李师师的壮举，写诗大赞不已：

苦雨凄风叹楚囚，香消玉碎动人愁。
红颜竟为奴颜耻，千古青楼第一流。

这当然是小说家言，不足为信。但男人们无视李师师只是乱世中一个流落的青楼弱女子，硬要把她塑造成一个忠君的贞妇烈女，无非是想通过大众文学的形式给许许多多的帝国女人们树立一个榜样：女人，就要为国、为君、为夫守贞。这种观念，完全符合宋明理学对于女性道德的规训。

到了明末清初，青楼中出了一些誓死不降清兵的名妓，比爷们儿爷们多了。像柳如是、李香君、葛嫩等秦淮名妓，一个比一个刚烈，当男性士大夫变节、嫌水太冷的时候，她们仍坚守忠贞大义，宁死不屈。

从某种程度上说，那些被虚构出来的李师师抗金自杀事迹，这时候变成了历史的真实。这说明，宋明理学对女性的道德洗礼取得了成功。

可是，连妓女——传统社会中被侮辱与被损害最厉害的群体，都担当起家国情怀、舍得以命相拼的时候，男性士大夫却一个个蜕变成了精致的利己主义者。他们中的很多人，依然躲在对自己最有利的地方，然后拿着道德大棒，要求女人们往前冲。

男人无能，却要求女人雄起。这是宋明以后封建男权社会的道德常态。

说回李师师。正如生前无法掌控自己的命运，死后她更加无法掌控历史对她的风评。当男人们需要有东西为帝国沦亡负责时，她就是那只蛊惑了帝王的狐狸精。当男人们需要一个榜样做给所有的女人看时，她就是那个吞金自杀的烈女子。

作为宋代最没有社会地位的群体中的一员，李师师生前死后背负了太多沉重的意义：她要为士人的风雅负责，她要为皇帝的昏庸负责，她要为女人的苟活负责，她要为男人的懦弱负责，她要为世俗的趣味负责，她要为历史的耻辱负责……

和平年代，这个被侮辱的女人，困在青楼里。国破家亡，这个被损害的女人，困在乱世里。生前死后，这个没有话语权的女人，困在历史的执念里……没有人可怜她。也没有人意识到，她只是传统男权社会中，一叶雨打的浮萍而已。

柔福帝姬案：越接近真相越瘆人

靖康之变后的第三年，宋高宗建炎三年（1129），天下依旧不太平。

年头，金兵发动"搜山检海捉赵构"的军事行动，宋高宗被逼得到处乱窜，吓得患上了不孕不育症。

眼看一国之君如此"弱鸡"，职责本应是护驾的苗傅、刘正彦等人竟然发动兵变，挟持了宋高宗。但苗刘兵变并未得到军方实权人物的支持。在岳飞、韩世忠等"中兴四将"的围剿下，兵少将寡的苗、刘等人很快败北，宋高宗又转危为安。

尽管这一年"破事"一箩筐，但整天担惊受怕的宋高宗，还是看到了一丝复国的希望。

因为，就在这一年的年底，他接到了一份奏报：他的亲妹妹、宋徽宗的小女儿柔福帝姬已抵达越州（今浙江绍兴），不日将还朝！

1

"帝姬"就是公主，这一独特的称呼，是宋徽宗与蔡京的"发明"。

当年，宋神宗曾想与大臣厘定宗女们的爵位制度，但向来喜欢插手管帝王家事的群臣，却对此不感冒。到了宋徽宗时代，已经问鼎天下一百多年的大宋王朝还未健全宗女爵位分封制度。

在蔡京的建议下，宋徽宗决定仿制西周宗法制度，按周礼，周天子称作大王，公主为"王姬"。所以，宋徽宗便以"帝姬"代称公主。

以此类推，郡主称宗姬，县主称族姬。

为了使之形成定制，宋徽宗干脆将前朝已封的公主通通改称帝姬。辈分较高的长公主、大长公主们，则一律被改称为长帝姬、大长帝姬。而那些已过世的公主，如宋仁宗的长女福康公主，宋徽宗则上尊号"庄孝明懿大长帝姬"。

孰料，就在宋徽宗重新确定公主们的称呼14年后，这些皇族女性，大多被掳去成了金朝皇族的姬妾。一场"靖康之变"，让赵宋皇族付出了惨痛代价。

如今，手无缚鸡之力的柔福帝姬，居然安然无恙地还朝，是否意味着宋高宗的生母、此时还在北国受灾受难的韦贤妃也即将渡江南下，与他团聚？

若是这般，那被金人掳去的父、兄，归来岂不也指日可待？

一念至此，宋高宗细思恐极，又多看了两眼奏报，以确定消息的真实性。

这份奏报，是一个叫韩世清的将领送来的。此人曾是苗刘兵变的重要参与者。在他的上峰刘正彦兵败前夕，韩世清弃暗投明，带着部队投靠了刘光世。

根据韩世清的说法，这个自称"柔福帝姬"的女子，是他在围剿悍匪刘忠时偶然所得。

该女子自述，她今年二十有一，自北国而来。原为宋徽宗第二十女柔福帝姬，小名环环，其母为小王娘子（懿肃王贵妃）。十七岁那年遭逢"靖康之变"，被金兵俘虏北去，饱受磨难。

韩世清不懂大宋宫中秘事，便将事件通报给了时任蕲州（今湖北蕲春）知州的甄采。他们俩又连夜提审了该名女子，女子除了以上自我介绍外，还说出了自己怎样从金国南归、途中遭遇山匪挟持等整个过程，看起来不像有假。

读完奏报，时刻处于金兵威胁之下的宋高宗，内心却多出一份警觉。

万一这名女子是经金人训练过的刺客，两人一见面，身无防备的宋高宗岂不顷刻间遭殃？

出于多重保障考虑，宋高宗决定暂时不见她，只是派出自称当年曾在贵妃宫中当差的大宦官冯益和老宫女吴心儿前往刺探虚实。

2

宋高宗这一手安排，显然是经过深思熟虑的。

大宦官冯益虽在自己身边侍奉有年，但他始终出身于王贵妃宫中。谁也不能保证，在冯益认亲的过程中会发生什么意外，导致赵宋皇族的血统发生混淆。

而老宫女吴心儿长年服役于康王府，是看着自己一步步从王爷变成皇帝的内闱老人，见多识广。料她也不会突然对这位身份存疑的帝姬心存好感，与冯益合起伙来欺君。

可现实有时候就是这么巧合。

一别经年，再见眼前女子时，冯益瞬间老泪纵横，因为眼前女子与他曾经熟悉的柔福帝姬竟有几分相似。

在这种环境下，女子也不含糊。跟第一次面见韩世清、甄采等人一样，她镇定自若地自报了家门并叙述了过往数年在北国遭难的一切经历。

女子的举止神态与她回答冯益问题的流畅度，都让吴心儿比较放心。

特别是在这次询问中，女子不仅说出了宋高宗赵构的乳名，还提及了宋高宗生母韦贤妃在北国的遭遇，以及韦贤妃发迹前与宋徽宗的乔贵妃交换名帖，约定苟富贵勿相忘的故事。

乍一听，女子知道的宫中之事多且细，或是真帝姬无疑。可吴心儿看得仔细，这名"帝姬"双腿之下，长的是一双大脚，而非后宫贵人所该有的"三寸金莲"。

该女子所言的那些宫闱旧事，也并非全都是"绝密级"。但凡有个把宫女从宫中逃离，流落民间，这些都可能不是秘密。而"靖康之变"恰恰具备这些事外流的条件。

于是，揪着柔福帝姬的一双脚，吴心儿对女子发出了灵魂拷问。

可下一秒，女子便梨花带雨地给出了一个很合理的答复："金人驱迫，跣行万里，岂复故态？"

意思很明确，我就是大宋的帝姬。之所以三寸金莲变成一双"大猪蹄子"，全因金兵长期把我们当牛马驱使，让我们光着脚走路。几年下来，走了上万里，怎么还能保持当初的纤纤玉足？

女子的解释，令在场诸人无不哀痛万分。可帝姬背后连着的可是大宋皇族，认错个人不要紧，混淆皇室血脉那可是杀头的大罪。

吴心儿既不愿辜负宋高宗对自己的信任，也负不起欺君的大罪，只能将最后的希望交托于冯益等人手中。

作为服务宫中多年的老人，冯益此时的压力可谓无比巨大。在场诸人中，只有他曾与真正的柔福帝姬有过数面之缘。

他说是，如果往后不出事，那谁也没有资格质疑帝姬的真实性。

可冯益也明白，非常像，并不代表就是本人。

如果认定对方不是，那该女子最终的下场，难逃一死。这个结果，对于一直以来盼星星盼月亮，等着家人团聚的宋高宗来说，无疑是一次重大打击。也难保官家日后不会因此事，反过头来对自己秋后算账。

冯益相信，官家如此圣明，难道连自己的妹妹都搞不清楚吗？

于是，他不再犹豫，对外宣称此乃如假包换的柔福帝姬，敲锣打鼓地将其护送至行在临安（今浙江杭州）与宋高宗见面。

3

建炎四年（1130），历经多重考核的柔福帝姬，正式进入哥哥宋高宗的视野。

据史料记载，柔福帝姬初见宋高宗之时，直接称呼对方小名。这一举动，一下子打消了宋高宗所有的怀疑。他确信，眼前这个妙龄女子必是自家人无疑。

与从前清河公主面见晋元帝的画面类似，宋高宗对这个失而复得的妹妹也心疼不已。为了帮妹妹洗刷掉过往的种种不幸记忆，他当即下诏封其为福国长公主，希望其日后能在自己的庇护下幸福地生活。

归朝后不久，宋高宗又亲自为其张罗婚事，将她许配给北宋高太后的侄孙、永州防御使高世荣，另外赏赐了一万八千缗钱给她作嫁妆。这笔钱在当时足够杭州地区 400 户普通家庭一年的开支。

然而，对于官家新进荣宠的福国长公主，朝廷百官却始终抱着怀疑的态度。

且不论这个柔弱的女子到底如何从金兵手里逃脱，就北宋首都汴京距离帝姬被首次发现的蕲州，少说也有一千里的路程。仅靠双脚走这么远，南宋官员们普遍认为，养尊处优的公主绝对没有这种能力。

说来也凑巧，这边柔福帝姬刚跟宋高宗团聚，另一边就传来了秦桧拖家带口取道涟水军（今江苏涟水县北）南下抵达行在临安的消息。

在成为日后的大奸臣之前，秦桧作为当年的大宋"忠臣"，被金军看中，纳入俘虏名单，随宋徽宗等北上。三年暗无天日的俘虏生涯，直接导致这个曾经的主战派，思想发生了根本性的转变。

他不仅变成了一个摇尾乞怜的主和派，还将在日后对岳飞等主战人士伸出"莫须有"的屠刀。

关于他是如何回到南宋的，史学界至今也没能讨论出一个确定的结果。但更多的人愿意相信，秦桧是金国派出的奸细，用意就是扰乱南宋军事部署，达到不战而屈人之兵的战略目的。不管真相如何，抗金名将岳飞因秦桧而死，以及秦桧本人在楚州之战中给南宋将士写过劝降书等，都是毋庸置疑的。

话又说回来，秦桧一家子的及时到来，又似乎从某种角度印证了柔福帝姬仅凭一人之力离开金朝、南下投靠皇兄的可能性。毕竟，拖家带口的难度可比只身一人大多了。

或许是出于安定军心、民心的用意，对福国长公主的质疑之声，渐渐地也就淡了下去。

4

有了哥哥的庇护和驸马爷的疼爱，福国长公主在南宋的日子过得相当富足，优哉游哉。然而这样的好日子，自从秦桧东山再起后，一切都梦碎了。

秦桧回到南宋初期，始终未得宋高宗信任，朝臣也多持怀疑态度。

但事情总有例外。

由于秦桧从前是一副忠君爱国的好形象，所以与他有过故交的朝廷大臣，如宰相范宗尹、枢密使李回等，更愿意相信他是个好人。在他们的举荐下，秦桧重新入朝为官，并逐渐获得宋高宗的信任。

一直以来，宋高宗都有一份心结，那就是早日从金人手中迎回自己的妻儿老小。为此，即便被金兵追得遁地入海，他也始终没有放弃对金人的乞降。

在海上逃难期间，他多次派出使臣向金人提出议和。在给金人的协议书中，他哀称自己"所行益穷，所投日狭"，乞求金朝统治者"见哀而赦己"，不要再向南进军。

对此，金国方面根本不予理会。

最终还是靠岳飞、韩世忠等主战派将领的抗争，南宋小朝廷才得以转危为安。

就在金军节节败退之际，秦桧回来了。一入朝，秦桧就给宋高宗带来了一项"利好"政策：南北分治。

据秦桧介绍，金国如今正面临着南北两线大作战。除了南宋，在北方，金国还时不时受到草原部落的侵袭与骚扰。在他们内部，"以和议佐攻战"的军事策略已逐渐代替了早期的单纯军事作战方针。如此，正是南宋朝廷与金国和解的大好时机。咱们只需要在协议上南北划界，承认金朝在北方的合法统治地位；作为双方互利对等的条件，金国方面也需承认宋朝的半壁江山，以换取两方永世和平共处。

秦桧的方案，无疑是卖国的。可宋高宗却认为此乃当下无上之妙计，当即任命秦桧为礼部尚书，主持双边和谈工作。

绍兴十一年（1141），继解除韩世忠、刘光世等人的兵权后，应金国方面要求，宋高宗又以"莫须有"的罪名囚禁了名将岳飞。

一切尘埃落定后，宋高宗终于迎来了他此生最安慰的时刻：议和停战！

双方约定，自即日起，宋向金称臣，宋高宗赵构在金人的册封下即位为皇帝。以后双方以淮河中流和大散关（今陕西宝鸡西南）为界，以南属宋，以北归金。此外，宋朝每年还需向金国进贡银、绢各25万两、匹。

尽管条件非常屈辱，但宋高宗几乎没有犹豫就定下了。

绍兴和议即时生效，金朝同意立即遣返宋高宗生母韦贤妃等宋朝俘虏。绍兴十二年（1142），在受屈十五年后，他们终于踏上了归途。随行的，还有宋徽宗、郑皇后以及儿媳邢皇后的棺椁。

5

太后回銮，当务之急是要聚齐全家人好好吃个团圆饭，洗刷风尘。

听闻宋高宗早先认回了柔福帝姬，韦太后一脸错愕。不过，当着众人的面，她也不好深究。直到几天后，宋高宗例行向母后请安时，韦太后才屏退左右，道出了一个惊天秘密：

柔福帝姬是假的！

根据韦太后的描述，她所认识的柔福帝姬在到达上京（今黑龙江哈尔滨阿城区白城镇）后，与其他皇族女性一样，被发配到浣衣院，供完颜皇族享乐。

此中详情，韦太后不愿再做描述。但她非常确定，柔福帝姬之后被转手赐给了盖天大王完颜宗贤。再后来，柔福帝姬如货物般几经转手，下嫁给御医徐中立的儿子徐还。去年，刚刚病逝于宋徽宗的囚禁地五国城。

宋高宗一听，这跟朕十数年前听到的那则故事版本有天壤之别！可这也不对啊！就算冯益有心开脱，吴心儿是自己人，她没理由骗朕；再则，柔福帝姬归朝十来年，大大小小场合参与无数，前期虽有官员质疑，但此后很久都没露怯，这似乎与假冒的也不沾边啊。

对于母亲的话，宋高宗犯了迷糊。

有趣的是，史载，得知太后归朝的消息后，一向身体素质良好的福国长公主却病了。就连宋高宗给韦太后举办的那场接风宴，福国长公主也托病推辞了。

围绕柔福帝姬真假的疑团，此刻的宋高宗真正感觉头大。

为了让儿子相信并且支持自己，韦太后随即举证：御医徐中立就在这次金人遣返的队伍中，皇帝如不信，可召其前来对质，一问便知。

太后这边斩钉截铁，人证亦在，身为孝子，宋高宗当真无法反驳自己的母后。可全天下都知道官家认回妹妹的感人故事，如今却说那个柔福帝姬是假的，岂不相当于向全天下暴露了他宋高宗的昏聩无知?

认错事小,尊严事大。特别是在这划江而治的节骨眼上,宋高宗显然不想节外生枝。

但韦太后却坚持,必须揭穿假柔福帝姬的真面目,给大宋列祖列宗一个交代。

6

就这样,在南宋吃香喝辣十多年后,福国长公主顷刻间银铛入狱。

由于事涉皇家,各方均对此事保持高度关注的姿态,普通百姓也端起小板凳,坐等吃瓜。

很快,从大理寺中传出一则消息:返朝十二载的柔福帝姬,原身竟是汴梁尼姑。

根据大理寺的案情通报,假帝姬原名李静善,"靖康之变"前为汴京乾明寺的尼姑。在金兵入汴梁烧杀抢掠之际,李静善也被一同掳去了北方。金兵对掳来的人口,一视同仁,不分高低贵贱。在这个过程中,李静善在队伍里认识了原为柔福帝姬宫人的张喜儿。听对方无意间的叙述,李静善得知自己与柔福帝姬长得极为相似,又从张喜儿那听到宋朝宫廷里的各项秘事,知道了宋高宗赵构的乳名等信息。

因为李静善并非皇族,故金兵对其来去,并不十分在意。但中原地区正逢战乱,逃脱后的李静善无以为生,数度流落匪窝,为了保命,她遂对前来解救的韩世清等人撒了谎。

大理寺的解释,符合逻辑。

案件的处理结果是,假柔福帝姬李静善被剥夺公主身份,杖毙宫中。此前负责辨认帝姬真假的冯益、吴心儿等,则通通判处流放,离开宫廷。

连带着享受了十几年驸马待遇的高世荣,也被褫夺驸马爵位,被人讥笑为"向来都尉,恰如弥勒降生时;此去人间,又到如来吃粥处"。

原以为大理寺的判决出来后,关于柔福帝姬的争议就应该盖棺论定。可关于

"真帝姬被冤枉成冒牌货"的流言飞语，却始终见诸南宋时期的各大野史中。

　　南宋大诗人叶绍翁在《四朝闻见录》中说，韦太后之所以一口认定福国长公主是假柔福帝姬，那是因为她担心对方会说出她在金国时那些不堪回首的旧日往事。

　　所谓的"旧日往事"，在另一本野史中记载为韦太后与柔福帝姬被俘后，都被送入了金国的浣衣院，那里是供金国贵族随意挑选"玩物"的地方。柔福帝姬和韦太后先后被盖天大王完颜宗贤选中，韦太后在完颜宗贤的胁迫下，为金国贵族诞下一子。正是担心柔福帝姬会在某一天捅出这段丑事，韦太后才一口咬定对方是假冒的——这样，无论她说什么，都被认为是谎言，而韦太后则可以躲在自己建构的真相里面。

　　如今 800 多年过去，沧海桑田物是人非，想起《红楼梦》中的一句话"假作真时真亦假，无为有处有还无"，仍然直冒冷汗。

严蕊案：圣人整歌妓，背后水很深

岳飞之子岳霖遇到一件棘手的事情。刚接任浙东提刑，他就要审问一个妓女。

她叫严蕊，乃台州官妓"行首"（花魁），色艺双绝，作得一手好词。

此前，严蕊被巡行台州的朱熹投入监牢，遭遇刑讯逼供，只为查清她与台州知州唐仲友是否存在不正当关系。

岳霖到台州后，严蕊向他诉说冤屈，满怀悲情，吟唱了一阕词：

不是爱风尘，似被前缘误。花落花开自有时，总赖东君主。

去也终须去，住也如何住！若得山花插满头，莫问奴归处。

尽管这首《卜算子》的作者尚有争议，但当岳霖听到这个柔弱女子的陈述时，他似乎心有所动，随后鉴于证据不足，将严蕊无罪释放。

岳霖放下案牍，如释重负，他也许会想起当年父亲蒙冤后一家人的飘零无依，又或者会为朱熹与唐仲友这两名官员的是非恩怨长叹一声。

但岳霖万万想不到，这桩台州公案，将在此后800多年间争论不休，直到现在也没有结果。

1

南宋淳熙八年（1181），浙东大旱。宰相王淮上奏，推荐朱熹"提举浙东常平茶盐公事"，前往浙东救灾。

朱熹，就是那位大名鼎鼎的"朱圣人"。他与二程等思想家开辟的程朱理学，对后世影响深远。到明清时期，朱熹的《四书集注》成为科场必备的"教科书"，他的思想被奉为官方哲学。

但朱熹在世的时候，他的学说只是宋代诸多学派中的一派，推崇的人很多，骂的人也不少。更多时候，朱熹只是一个忧国忧民的朝廷官员。

一路上，浙东灾情让朱熹触目惊心，地方官员的失职更是让他忍无可忍，他将炮火对准了台州知州唐仲友。

次年，朱熹连上六道奏折，弹劾唐仲友一系列不法行为，其中包括他与台州官妓严蕊的不正当关系。

自古文人多风流，宋代官员有饮酒狎妓的风气。比如北宋的大文豪欧阳修就在家中蓄养歌妓八九人，好不快活；还有个叫马盼的妓女，因为会模仿苏轼的字体，得到苏轼喜爱，身价暴涨。

但是，官妓与家妓不同。

家妓归私人所有，关上门别人管不了，但官妓受妓乐司管理，只在地方官府举办的宴会上表演文艺或侍酒，一般不侍寝。

南宋周密的《齐东野语》，写了唐仲友与严蕊相逢的故事：

严蕊字幼芳，为台州官妓，琴瑟歌舞、丝竹书画样样精通，且会作诗词，通古今，是位"色艺冠一时"的才女，可惜流落风尘，身份低微。

唐仲友到台州为官，听闻严蕊的芳名，多次设宴，命严蕊随侍，有一次见院中红白桃花开得正艳，让严蕊当场作词吟咏。

严蕊文思敏捷，用七步之才写成一阕《如梦令》："道是梨花不是，道是杏花不是，白白与红红，别是东风情味。曾记，曾记，人在武陵微醉。"

有道是酒不醉人人自醉，唐仲友从此迷上了严蕊，多次赏赐其丝绢绸缎，关系有些暧昧。

后来，朱熹在弹劾唐仲友的奏折中说，"仲友又悦营妓严蕊，欲携以归"，"严蕊稍以色称，仲友与之媟狎"。

这是说，唐仲友与严蕊的关系不仅是简单的交往，还有"逾滥"的嫌疑，二人已经发生了同居关系，这是严重的个人作风问题。

"逾滥"，过多过滥的意思。有宋一代，对官妓的管理越发严格，有过不少官员因狎妓"逾滥"而获罪的案例。而且唐仲友与严蕊发生关系后，不经妓乐司同意，私自为她落籍（从贱籍中除名），把她带回家，这也是违反规定。

为了揭发唐仲友的罪状，朱熹将严蕊投入监狱，施以杖刑，逼她说出与唐仲友的不正当关系。

严蕊在狱中的表现有两种记载。在朱熹弹劾唐仲友的第四状中，他声称已经拿到严蕊本人的证词，唐、严二人确有"逾滥"之实。但根据洪迈《夷坚志》与周密《齐东野语》等宋代文人笔记的记载，严蕊受尽酷刑后并没有招供，宁死不承认自己与唐知州有染。有个狱卒好言相劝："你为何不早承认，何苦受此刑罚？"严蕊坚定地说："身为贱籍女子，我纵使与唐大人有什么关系，也罪不至死。但岂能妄言诬陷士大夫，虽死不可诬也！"

世人看到这些文字，将严蕊想象成一个大义凛然、知恩图报的侠女形象，更加怀疑朱老夫子弹劾唐仲友的动机。

2

与朱熹一样，唐仲友除了官员的身份外，还是一名学者。

唐仲友，字与正，生平著作繁富，有《六经解》《诸史精义》《悦斋文集》等，推崇实用主义的经制之学，思想上"主三苏蜀学"，且出身金华，也是南宋"浙学"的代表。

而朱熹"主二程洛学"，常年讲学于福建，是"闽学"的领军人物。

因此，自南宋以来，对朱、唐交恶的其中一个原因分析，是学术之争。

按照这个说法，朱熹为了扳倒唐仲友、打压浙学，才先后六次上书朝廷，给唐仲友罗织促限催税、违法扰民、贪污淫虐、偷盗官钱等罪名。甚至从滥交女色下手，为了查明唐与严蕊是否有"逾滥"之罪，将后者关入监狱严刑拷打。

学术争端的缘由，影响了朝廷处理此事时的态度。

　　宰相王淮虽一手提拔朱熹提举浙东，但他与唐仲友是同乡，还有点亲戚关系，自然偏袒唐仲友。

　　在位的皇帝宋孝宗问他该怎么办，王淮轻描淡写地说："此秀才争闲气耳。"

　　王淮从朱、唐的学术渊源，解释道："朱，程学；唐，苏学。"宋孝宗喜爱苏轼的文章诗词，对唐仲友多了几分好感。

　　于是，宋孝宗委婉地告诉朱熹："浙东之事，朕自知之。"

　　朝廷对唐仲友从宽处理，也将朱熹调离，让他换个地方当官，想以此平息这段公案。之后，名将岳飞之子岳霖受命重审此案，判严蕊无罪"从良"了事。

　　据宋人笔记的说法，朱、唐交恶的另一个原因，是有人从中挑拨，并将此事归咎于二人的共同好友——陈亮。

　　南宋周密《齐东野语》载，陈亮在台州，有个相好的妓女，多次嘱托唐仲友设法为她落籍。

　　唐仲友一口答应下来，等找到那个妓女，却问她："你真的要追随陈官人吗？"

　　那女子肯定地点点头。

　　可唐仲友说："那你要能忍饥受冻才行啊！"

　　当时陈亮尚未取得功名，日子过得紧巴巴，那妓女听唐仲友这么说，立马就改变主意。

　　此后陈亮去找这个妓女，她都表现得十分恼恨，不如之前那么殷勤。

　　陈亮知道自己被唐仲友出卖了，等到朱熹巡行台州，就抢先跟朱熹告状，说唐仲友暗地里讽刺朱熹尚不识字，竟然也可担任监司之职。

　　朱熹信以为真，又在台州调查时抓住了唐仲友的把柄，故六次上疏，举报唐仲友为官贪腐，私生活混乱。

　　以上故事出自宋人笔记，只能姑妄听之。

　　这个说法让陈亮有些"人设崩塌"。陈亮（字同甫）是著名的辛派词人，词风豪放，为人疏狂，不像是那种会因为一点感情问题就四处嚼舌根的小人。

3

在南宋洪迈《夷坚志》与周密《齐东野语》等文人笔记的描写中，台州公案的起因更多是朱熹与唐仲友的私人恩怨，而朱熹为状告唐仲友无所不用其极，竟然对弱女子严蕊滥施重刑。

最早记载台州公案的洪迈，是朱、唐的同时代人，比朱熹还年长7岁，他的说法可信度较高。

洪迈《夷坚志》记载此事时只用了寥寥数百字，只说朱熹怀疑唐仲友与严蕊有染，将严蕊下狱审问，后来岳霖提点刑狱，听严蕊作词诉冤，将她释放。

洪迈记载的这个故事十分吸引眼球，总体上比较客观，没有明显表明朱熹有挟私报复的嫌疑。

但是，洪迈与朱熹关系也不咋的。

因为洪迈早年曾在主张"金宋议和"的投降派宰相汤思退门下，而朱熹本人倾向于主战派，与岳飞后人关系密切，经常指责洪迈主和反战、勾结小人，直斥其"奸险谗佞，不宜在人主左右"。

如此一来，洪迈记载朱熹的八卦，更像是有意为之。

故事中的主角，一个是朝廷命官朱熹，一个是风尘女子严蕊，两相比较，使很多人从感情上倾向于弱势一方。

前文说到，朱熹的学说在宋朝并非一家独大。

宋宁宗庆元党禁时（1196），朱熹被斥为"伪学魁首"，这段台州旧案的旧账也被翻出来。

政敌在陈列朱熹不孝于亲、不敬于君等六大罪时，还说朱熹曾引诱尼姑二人为宠妾、家中大儿媳无夫而孕、其子弟盗杀别人家的牛。

当时，有关朱熹的流言多如牛毛，最早收录台州公案的《夷坚志》亦作于此时。

尽管这些事情的真伪有待考证，但还是令朱熹遭到了许多"人身攻击"，也更加让人怀疑，他当年弹劾唐仲友，是否仅仅出于私人恩怨。

到了周密的《齐东野语》，对台州公案的故事进一步描述，且增添了很多八卦的细节。

但《齐东野语》成书时距离台州公案已过去七八十年，周密也说自己采纳的材料都是从台州的乡亲处听来的。

民间底层文人与老百姓受这些宋代笔记影响，对唐仲友与严蕊多报以同情。

到了明代，小说家凌濛初进一步添油加醋，将台州公案改编成更富娱乐性的小说《硬勘案大儒争闲气，甘受刑侠女著芳名》。

明朝将程朱理学奉为官方哲学，拔高朱熹的地位，但凌濛初科场失意，属于底层文人，对朱圣人自然没什么好感。更何况，程朱理学在明清时期早已被统治者异化，不过是统治者控制读书人的工具，社会中充斥着对假道学的厌恶。

凌濛初借题发挥，从宋人笔记中挖掘出这个故事，写成小说恶搞朱熹，把朱老夫子塑造成心胸狭隘的伪君子，写他为泄一己之私愤，大搞刑讯逼供，罗织罪名；写妓女严蕊不畏强权，在狱中宁死不屈，捍卫知己唐仲友的名声，进一步宣扬其侠女形象。

圣人与妓女的强烈反差，使这个故事深入人心，成为老百姓茶余饭后的谈资。

至此，朱熹在台州公案中的形象早已面目全非，仿佛他当初就是为了一时怒气，才把事情闹大。

但是，笔记小说多为道听途说，并非信史。市井百姓不是学者，他们也不会去考证小说情节的真伪，只求好看就行。如果站在朱熹的角度，回顾他到台州的所见所闻，会发现这个案件的另一种叙述。

4

朱熹到浙东的那一年，当地遭受严重的饥荒。

从绍兴到台州的路上，朱熹遇到一批台州流民，他们扶老携幼，举家逃荒。

朱熹询问其故。

流民们说，台州旱情严重，官吏却还催缴租税，我们只好抛弃乡里，前去逐食。

朱熹还听说，唐仲友在台州"多有不公不法事件"，但还找不到证据，决定自己去查明真相。

之后，朱熹在实地考察中发现，当地确实存在催缴税收、骚扰饥民的现象，如天台县，夏季的缴税总额为"绢一万二千余匹，钱三万六千余贯"，本来应该八月底完成，而台州官府要求百姓在六月底缴纳，还把天台知县关了起来，要求各家各户补齐后才肯释放。

由于灾荒，到六月下旬，全县才缴纳"绢五千五百余匹，钱二万四千余贯"。

饥荒之年，官府逼债，势必导致民间怨声载道，百姓流离失所，这才有了为避租税背井离乡的流民。

因此，朱熹在来台州见到陈亮之前，就已经上了两道奏折，弹劾台州官府的失职。

这里有必要帮陈亮说几句公道话。

在学术上，陈亮与唐仲友同属浙学，论关系，陈亮是唐仲友之兄的连襟。

从陈亮写给朱熹的信件来看，他表示"平生不曾会说人是非"，一开始就摆明了"相劝不相助"的原则（"亮既为人之客，只应相劝，不应相助治人"）。

陈亮既没有为亲戚家的唐仲友游说，也没有向好友朱熹邀宠请功，只是客观反映台州情况，让朱熹"自决之"。

宋代文人所写的陈亮嘱唐仲友为妓脱籍之事，更似小说家言，可信度显然没有陈亮本人的这篇《与朱元晦又癸卯秋书》高。

陈亮从中挑拨的说法，未必可信。

5

朱熹弹劾唐仲友，也未必只是意气用事的学术之争。

当时，朱熹受朝廷委派，提举浙东常平茶盐公事，主持赈灾事宜，而台州属两浙东路，在其工作范围之内。

在浙东，被朱熹举报贪赃枉法的也不止唐仲友一人。

巡视绍兴时，朱熹曾经状告绍兴官员漏报饥民数量，并弹劾有官员在赈济的粮食中掺假，将糠泥拌在米中，还用小斗量米给灾民，使上万石的赈济粮少了将近一半。

在金华，朱熹举报富豪朱熙绩为富不仁，非但没有按照朱熹的规定，每天在指定地点煮粥救济灾民，竟还在其中掺入了霉烂的米，导致灾民食物中毒。

后世经常吐槽朱熹的"存天理，灭人欲"。但朱熹这句话是从儒家道德修养的角度说的：天理是"善"，是仁、义、忠、孝等道德规范，"人欲"即被物欲蒙蔽所产生的"恶"。仁即是天理，不仁即是人欲；义即是天理，不义即是人欲；忠即是天理，不忠即是人欲；孝即是天理，不孝即是人欲。

朱熹弹劾唐仲友的诸多罪状中，与严蕊的"逾滥"之罪可说是最轻的一条。

在六道奏状中，朱熹为唐仲友所列的罪行，多达30余条，包括违法收税、骚扰百姓、非法侵吞人户财产、搜集隐私敲诈富户、打击报复、逼死人命、培植爪牙、纵容亲属等。

朱熹弹劾唐仲友，是职责所在，是因为他收集到了唐仲友不公不法的证据，而且大灾之年，更要严格执法，以儆效尤。

按照朱熹的说法，唐仲友在台州，曾对前任积下的十余万贯钱动了歪心思，"遂有席卷之意"，叫人用竹笼装回自己宅院，后又送回故里；还曾克扣军粮，"以致军人缺少口粮"；他和妓女严蕊、王静、朱妙等人打情骂俏，用高价买来绫罗绸缎送给众妓女；其子亦受其影响，有一年大旱，唐仲友长子唐士俊在百姓求雨时拥妓女数人嬉笑歌唱而过，引起公愤。

百姓诉苦道："太守如此，儿子又如此，如何会有雨泽感应？"

朱熹的奏折明明是控诉地方官的失责，为何会被认为是学术之争呢？

这要"多亏"了朝中的宰执王淮。

当时，面对朱熹的举报，唐仲友也写了封信寄到京城，其中说到，朱熹的行为惊吓到了自己的弟媳妇王氏，导致她心脏病发作（"惊怖致病"），病情危险，正要寻医问药。

这个王氏，正是当朝宰相王淮的妹妹。

朱熹上书弹劾，虽是针对唐仲友个人，实际上也惊动了与唐仲友关系相近的朝廷官员，触碰到了一张庞大的关系网。他自己在文章中说，他所弹劾的官员党羽众多、星罗棋布，势必会阻碍他上报的通道。

在第五道弹劾奏折中，朱熹除了继续罗列罪状，还揭露了官官相护的事实。

朱熹说，希望官家早日罢免唐仲友，"以谢台州之民"，之后可以治他办事不力和冒犯权贵之罪，"以谢仲友之党"。

宋孝宗没有第一时间答复朱熹，只因朱熹的前几道奏折都被王淮"匿不以闻"，宋孝宗并不知情。

后来，宋孝宗终于看到朱熹的奏折。曾被朱熹指责"爱国之念不如爱身之切"的王淮，却竭力包庇唐仲友，将朱、唐交争的性质转变为文人相轻的学术之争，说："这不过是秀才争闲气罢了。"

宋孝宗便"笑而缓唐罪"，又将朱熹调离岗位。

如此一来，皆大欢喜。

6

台州公案并没有就此结束，其影响一直延续到了后世。

元代以后，由于程朱理学被推为官学，朱熹位居圣人之列，其一面之词得到众多士大夫的认可。

元朝修《宋史》，推崇道学，因为台州之事，故意没有给唐仲友立传。直到明初，学者宋濂才觉得这样对唐仲友不公平，专门撰写《唐仲友补传》一篇，以补《宋史》所缺。

长久以来，程朱理学的门徒碍于门户之见，尊奉朱子，蔑称唐氏，有意抹灭了唐仲友的六百多卷著作，使今所存者不及百分之一。

唐仲友的著作不仅是其学术成就的证明，其中还有一份关键史料，那就是他面对朱熹弹劾的自我申辩。

《宋史·朱熹传》有"仲友亦自辩"之说，但现存史料只剩下朱熹的弹劾状。

朱熹门徒护师过度，做事太绝，反而让很多反对朱子学的人，将唐仲友自辩状的遗失，算到了朱熹本人的头上，认为朱熹门徒欲盖弥彰，朱熹所言未必是事实。

近代以后，仍有许多学者围绕台州公案进行辩论。

鲁迅先生反对落后的封建礼教，对朱熹嗤之以鼻，他在《论俗人应避雅人》中明嘲暗讽地写道："道学先生是躬行'仁恕'的，但遇见不仁不恕的人们，就也不能仁恕。所以朱子是大贤，而做官的时候，不能不给无告的官妓吃板子。"

国学大师王国维则认为"宋人小说，多不足信"。他说，宋人笔记中的台州公案真伪有待商榷："《齐东野语》所纪朱、唐公案，恐亦未可信也。"

不知朱熹是否真的为发泄私怨杖责了妓女，也不知唐仲友是否真如朱熹所说，是一个罪大恶极的贪腐官员。

在这场延续 800 多年的争论中，只有严蕊这个弱女子，始终无法掌控自己的命运，在诉说着自己渴望自由的卑微心愿，如《卜算子·不是爱风尘》所吟唱的，不是她喜欢烟花风月，而是上辈子造的孽，有朝一日山花遍野，别再问她飘向何处。

圣人、官员与妓女，似乎人人有罪，又好像皆是无辜，这便是历史的吊诡之处。

陈圆圆的历史结局

当吴三桂从吴氏族人口中得知京师的最新动态时，他傻眼了。

原来，李自成大军攻入北京，除了给崇祯皇帝收尸外，还干了另一件事情：拷掠官员。

名为拷掠，实为勒索。

李自成不敢为难百姓，便将矛头指向了京师那些富得流油的官员。农民军进城后，挨家挨户地搜索这群贪官污吏的家财，将他们俘获，吊起来往死里打，榨取他们最后一点"剩余价值"。

吴三桂的一大家子都身陷其中。而吴三桂的父亲吴襄，更是农民军的重点打击对象。

至于名满江南的宠妾陈圆圆，自落入农民军之手后，便被农民军二号人物刘宗敏据为己有，生死不明。

听闻慈父、美妾受辱于农民军后，素有"大明最后希望"之称的吴三桂彻底丧失了理智。他带兵投降多尔衮，与清兵合军，一起清剿李自成。

最终，凭借这出"冲冠一怒为红颜"的风流韵事，吴三桂背上了一世骂名，而陈圆圆也成了历史上"红颜祸水"的典型。

1

其实，吴三桂的功过，与陈圆圆无关。

陈圆圆本来姓邢，生于天启三年（1623），是明末常州武进县奔牛镇人士。

由于小时候父母双亡，无依无靠的她遂寄居于小姨家中，随姨父改姓陈，得名陈圆圆。

姨父家住苏州桃花坞，那里是古代达官贵人的理想住所，也是"明四家"心心念念的世外桃源，文化底蕴深厚。

在这种环境的熏陶下，早年的陈圆圆即琴棋书画样样精通，为日后名震江南打下了底子。

后来，陈圆圆的姨父家道中落，豆蔻之年的她，沦落风尘。凭借一手绝技，她迅速跻身"秦淮八艳"之列，成了江南地区王孙公子们争相一掷千金的女神。

尽管陈圆圆名动江左，但像她这样在世人眼中甘落红尘的女子，从以"色艺事人"开始，便彻底违背了道德准则。年老色衰之后，等待她的，必然也是如白居易笔下"老大嫁作商人妇"的琵琶女般的悲惨命运。

深知未来黯淡无光的陈圆圆，在事业处于巅峰之时，便提前开始物色如意郎君。

自古歌女名妓身旁总不缺填词才子，这些人虽大多有着科举出身的背景，但骨子里却是如"忍把浮名，换了浅斟低唱"的柳永那般放荡不羁。陈圆圆很快在人群中找到了合适的目标。

此人正是"明末四公子"之一的冒襄。

冒襄即冒辟疆，世人对他的了解，大多源于他与"秦淮八艳"的另一位名妓董小宛之间的"露水夫妻"关系。实际上，在冒襄遇到董小宛之前，第一个令他倾心的女子，是陈圆圆。

除了雅善填词赋诗，冒襄还是明末文坛领袖董其昌眼中堪与初唐王勃一较高低的士林新秀。

可见，冒襄与陈圆圆，是才子配佳人。

然而，当时的环境，却不允许二人卿卿我我。在数面之缘后，他们注定劳燕分飞。

崇祯十五年（1642），宠冠后宫的田贵妃病逝。一向凭仗女儿而显贵的外戚田弘遇，为了维护自己的既得利益，想到了征发家乡美女入宫的办法。

田贵妃是标准的江南美女，其母吴氏生前即是扬州的一名歌姬。田贵妃自幼得母亲真传，多才多艺，善书丹青，尤善音律。田弘遇要找的"江南美女"就是这个标准。一时间，江浙各地纷纷兴起民间选妃活动。

色艺双绝的陈圆圆，自然早早就进了田弘遇的备选名单中。待其与冒襄在苏州城下订立婚约后不久，田弘遇就将陈圆圆抢了去，与其他佳丽一并入京面圣。

此时的大明王朝内忧外患，崇祯皇帝根本无暇顾及田贵妃的"替代品"。

田弘遇并没有放弃，经过一番调教，陈圆圆与其他美女成了田府的专属歌姬。

2

明末风云突变，为了抢夺江山，各方都在做最后的努力。

作为"防守"的一方，崇祯皇帝否决了迁都南京的计划。这就意味着，他必须调回尚在山海关值守的"关宁铁骑"。

当时镇守山海关的，正是年少成名的吴三桂。

凭借手中的军队和朝廷的宠信，吴氏一门瞬间成了京中最炙手可热的高门大户。

乱世之中，军权远比君权值钱。这笔生意，田弘遇当然不能错过。趁着吴三桂进京面圣，他赶紧命人摆下宴席，盛情邀请"英雄"过府饮宴。

正常宴会免不了丝竹乱耳，为给吴三桂留下深刻印象，这次宴会，田弘遇几乎将他从江南掠回的美女一一奉上，只求对方笑纳一二。

面对一群浓妆艳抹的美女，心高气傲的吴三桂正眼都没瞧一下。但人群中也有不一样的风景，"一淡妆者，统诸美而先众音，情艳意娇"……

吴三桂看中的素颜美女，就是陈圆圆。

据陆次云的《圆圆传》记载，吴三桂见到佳人的第一反应是，"不觉其神移心荡也"。

于是，吴三桂向田弘遇求娶陈圆圆。田弘遇二话不说，把陈圆圆送给吴三桂，还赠送了一大笔嫁妆。

就这样，陈圆圆入了吴三桂府中。

正所谓"宁做英雄妾，勿做庸人妻"，对于错过冒襄的陈圆圆来说，嫁入吴府无疑是较好的归宿。

可时下正逢乱世，这样的结合，实际上是将她推向了另一重深渊。

不久，因战务繁忙，吴三桂撇下爱妾，返回山海关整顿兵马。

吴三桂走了，大明的末日就到了。

崇祯十七年（1644）三月，李自成率领的农民军连克大同、宣府（今河北张家口），不日便进抵居庸关。

崇祯皇帝急令吴三桂带兵救驾。

可山海关距京师六百余里，居庸关距京仅逾百里，还没等吴三桂收到信息，北京城已经乱作一团。

最后时刻，崇祯皇帝自缢而死，李自成成为紫禁城的新一任主人。

起兵之初，李自成曾定下"迎闯王，不纳粮"的规矩。因此，当部队经费捉襟见肘之时，他只能将矛头对准明帝国的蠹虫们。从入主北京的第十天起，农民军就发起了一场针对北京城贵族、富户的拷掠行动。

前朝的勋臣、外戚一概被投入狱中，接受农民军的强制征税。

对于那些偷奸耍滑、少交或漏交赋税的前明官员，农民军丝毫不客气，通通将他们往死里打。钱什么时候交够了，什么时候才放人。

由于吴三桂离京前，家人全被崇祯帝扣留下来当人质，因此，李自成一来，吴三桂的父亲吴襄就成了农民军的"眼中钉，肉中刺"。

李自成威逼吴襄给儿子写信，要求其率部投降，共举天下大业。面对大明王朝不可重兴的事实，吴三桂虽内心挣扎，却也必须接受。于是，双方就停战事宜进入了谈判阶段。

随着谈判的进展，汇集各方信息，吴三桂却得到了一个令其血脉偾张的消息：李自成的"拜把子"刘宗敏，霸占了陈圆圆。

据刘健《庭闻录》记载，吴三桂听到消息的第一反应是："大丈夫不能保一女子，何面目见人耶！"之后便以此理由，与清军联合击败李自成，并引清军直驱京师，气得吴伟业在《圆圆曲》中将吴三桂卖国的行径，归根于陈圆圆的红颜祸水。

不过，对于"冲冠一怒为红颜"的文学化说辞，史学界历来存在不同意见。普遍认为，像吴三桂这样的地位和出身，绝不会因为一个歌姬被刘宗敏要去而不顾名节、父母和一家数十口性命，叛降清朝。顾炎武在咏史诗《山海关》中，对于吴三桂开关，未曾一字着墨陈圆圆，只言"神京既颠陨，国势靡所托，启关元帅降，歃血名王诺"。

可见，乱世风云中，陈圆圆不过是替吴三桂背黑锅的可怜女子罢了。

3

吴三桂降清攻入北京城后，陈圆圆也失而复得。随后，吴三桂为清军南征北战，从一介降将，摇身一变成了威震云南的"平西王"。

伴随吴三桂的"名利双收"，陈圆圆却回归平凡。

在史书中，她就像今天的"过气明星"，少有新闻。即使有之，也是花边八卦，真真假假，以致直到今天，史学界对陈圆圆的归属问题，仍争论不休。

据《甲申朝事小纪》记载，吴三桂霸占云南之后，陈圆圆随之抵达了云南，成了平西王侧福晋。

吴三桂在纳陈圆圆入府前，曾三媒六聘娶了辽东女子张氏为妻。张氏虽长相一般，为人善妒，史书称"三桂尤怕"，却为吴三桂诞下了宝贝儿子吴应熊。母凭子贵，即便不受宠，地位却远非陈圆圆可比。

或许正是出于怕老婆的原因，吴三桂镇守山海关时，才没敢将陈圆圆带在身边，致使后者在李自成入京后被刘宗敏掳走。

但不管怎么说，生性风流的吴三桂从来不甘于只有一个老婆。

到了云南后，位高权重的他，除了将原永历帝的五华山行宫扩建成王府外，最大的"功绩"，怕是连年纳妾了。

继立福晋、侧福晋后，吴三桂坐镇云南期间，又从吴中地区买了四十多名年约十五六的女子回府，日夜吹拉弹唱。

此外，给事高安投其所好，专门给吴三桂献上更为妖艳的"四面观音""八面观音"等宠妾。

这些美妾，大部分来自当年力劝崇祯皇帝"南迁"的礼部侍郎李明睿府上。

据《庭闻录》作者刘健说，自明亡后，李明睿就当起了前明遗民，平生只好蓄养妓女。刘健的父亲曾在李家见过这些歌姬，个个皆尤物，若不是李明睿日渐衰老，她们也不会尽入吴三桂府邸。

而吴三桂称王云南那年，已是顺治十四年（1657），陈圆圆已35岁，与新纳府中的"四面观音""八面观音"相比，难免遭人嫌弃年老色衰。

更为不利的是，陈圆圆自进入吴三桂府中以来，就与"主母"张氏矛盾诸多。伴随新妾争宠，陈圆圆已然不复当年吴三桂心中的"白月光"形象，遂逐渐被遗忘和边缘化。

或许正因此，史料中才有清朝平定"三藩之乱"，云南城破时，陈圆圆"遥望秋水长天，双手合十，口诵佛号，跃入莲花池"的记载。在陈圆圆当年自沉的昆明，也留下了诸如"圆圆出家处""安阜园""邢妃坟"等多处历史遗迹。

清史专家李治亭认为，陈圆圆在吴三桂统治云南期间，确曾有出家迹象。史料中，曾有一江南人士在道光年间（1821—1850）"幕游云南"，参拜三圣庵时偶遇陈圆圆七世法孙见修的记录。见修称，当年吴三桂密谋造反之际，陈圆圆曾苦劝未果，以美人迟暮为由，离开王府，只身前往宏觉寺玉林大师座下剃度，取法名"寂静"，别号玉庵。

不过，除"自沉莲花池""出家为尼"的说法外，关于陈圆圆的最终结局，还有"头疼病死"以及"兵败随家眷自缢"等说法。

从某种角度上分析，陈圆圆此人，并非不堪一击。她年轻时被劫掠进京，辗转各家豪门，靠的不仅仅是她与生俱来的美貌，更可能源自她每次在重大变故前，能快速看清事情本质，作出最佳的判断和抉择。

最直接的例子，便是陈圆圆被李自成、刘宗敏一伙劫掠而去，仍能全身而退的事实。

当大顺政权灭了吴家三十多口，并打算杀陈圆圆时，她却凭着独有的胆识，威胁李自成："妾闻吴将军已卷甲来归矣。徒以妾故，又复兴师。今杀妾何足惜，恐妾死而于大王不利耳！"同时，她还为李自成谋略："为大王计，宜留妾以系其心；妾当说彼不战，以报大王之恩遇也。"

这中间即使有历史的虚构和自保的谎言，仍无法掩盖陈圆圆不甘折服命运的气质。

所以，当平西王吴三桂兵败于云南之时，陈圆圆大概率也不会选择与吴府上下共赴死难。至于陈圆圆最终魂归何处，多种说法共存，亦成了历史的一桩疑案。

4

2010 年，一则关于陈圆圆死后葬于贵州黔东南苗族侗族自治州岑巩县马家寨狮子山绣球凸上的新闻，引发全国关注。

多少年来，关于陈圆圆的"归处"，史学界虽没有定论，却大多认定其死后葬在昆明。贵州马家寨人凭什么敢一口认定，陈圆圆墓就在自己家门口？

闻讯，一批专司研究吴三桂以及清史的专家，如滕绍箴、李世愉、李治亭等立即赶赴现场展开全面考察。

在现场，专家们看到一座清墓，附有一块石碑，上书"故先妣吴门聂氏之墓位席"。

吴门聂氏，从字面理解，就是来自苏州的聂氏。乍一看，这只是一座普通的清朝古墓，别说跟陈圆圆没关系，就是和关键人物吴三桂，那也是八竿子打不着。

可研究人员却不这么认为。

陈圆圆 6 岁以前姓邢，后来追随姨父改姓陈，两姓之间皆有一个耳旁，而且还是一左一右，恰可组成一对。也就是简化后的"聂"字。

更重要的是，"双"字还可以写作"雙"，繁体字的写法可看作"佳""又""佳"，也就是所谓的"喜上加喜"，可引申为"花好月圆"，即"圆圆"之意。

另外，"位席"的讲究，来自古代王侯将相，席有"大"之意，说明墓主人生前至少是位高官显爵的女性。清沿明制，外命妇一般被冠以明确的称谓，如淑人、宜人、安人等。以"位席"敬称，只能说明墓主人既非明朝人，亦非清朝人。

介于明清之间，天下敢自称皇帝的，就只有李自成、张献忠和吴三桂三人。

贵州马家寨全体村民姓吴，除了再次印证墓中所葬之人为吴三桂之妾陈圆圆外，似乎也无更合理的解释。

那么，马家寨的村民是否知道他们祖上的"秘事"呢？

对此，马家寨村民表示，族中对吴家祖上这段历史采取"秘传人"继承制度，以口口相传的形式，延续至今。吴氏秘传人迄今已传至第十代吴永鹏。据吴永鹏介绍，吴三桂起兵反清时，陈圆圆曾多番劝阻，未果，只能别居一处，伴青灯古佛度日。直到吴三桂转战湖南时，她才在胡国柱等人的恳求下，随军东去。

康熙十七年（1678）八月，一生反复无常的吴三桂病死湖南衡阳。同年十月，陈圆圆随奉命前来守灵的吴三桂侄子吴应麒西返昆明。

在昆明暂住的日子里，吴三桂的"大周"政权形势急转直下。为免吴三桂尸首突遭不测，陈圆圆策划了一起"夜郎计划"，并二赴湖南，与吴应麒等人商议如何妥善保管吴三桂遗体，以及如何保全吴氏族人的"根根"。

当时，"大周"的主要将领有胡国柱、吴国贵、夏国相、马宝、王绪等，他们都是昔日平西王麾下最忠诚的将领，对陈圆圆的提议纷纷赞同，并计划让吴三桂之孙、吴应熊的嫡长子吴世璠到湖南奔丧即位。但吴世璠的岳父郭壮图为保住自己的势力，力阻吴世璠离开云南。

无奈之下，马宝只能护送陈圆圆一行离开衡阳，返回昆明，迁移吴三桂灵柩，并携吴三桂侄子吴应麒到此隐姓埋名，安静度日。

后来，马宝为了转移清廷的注意力，主动现身，遭抓捕处死。而马家寨的吴氏族人则通通改姓马，一来感恩马宝为吴氏所作的巨大贡献，二来便于隐姓埋名传承血脉。

从康熙到嘉庆，其间百二十年，清廷从未放弃追踪吴氏后人的下落。嘉庆之后，追杀吴氏的风波才渐渐平息下来。原改姓马的吴氏族人纷纷恢复原姓，认祖归宗。

在吴氏后人的带领下，专家们又先后找到了马宝的衣冠冢以及一座疑似为吴三桂之墓的古墓。

据专家推断，那座疑似"吴三桂之墓"的墓碑为雍正元年（1723）所立。碑文字迹不清，但隐约可辨认为"受皇恩颐养一次八十五岁吴公号硕甫墓"。

吴硕甫是吴三桂的字号。但吴三桂死时年六十七岁，似与碑文不符。再则，吴三桂以背叛清朝为己任，即便他的"叛国"行径可被美化，他自己断不会使用"受皇恩颐养"一说。专家们对吴氏后人认定的"祖宗"，提出疑问。

"吴氏秘传人"吴永鹏倒是淡定，他指出，"受皇恩颐养一次"，并不是指吴三桂第一次受明朝或者清朝颐养。受皇恩颐养，可引申为"受皇天之恩颐养"，而一次，指的是首次，合起来就是"首次受皇天颐养"，试问除了开国皇帝，谁还有如此规格？

至于专家指出的年龄问题，吴永鹏表示，这是外界不清楚吴三桂具体死亡时间导致的。在秘传的史料中，吴三桂确切死于康熙十七年八月十五日。墓碑中的"八十五岁"，实际上为"是岁，八月十五日"的意思。而史料中言明吴三桂死于八月十八日，问题则出在吴三桂死时"秘不发丧"，只派人通知吴世璠，消息到达昆明后，才四散传播。

经过多番论证研究后，第一批赶赴现场考察的清史专家统一结论：吴三桂去世后，陈圆圆护送吴氏族人到贵州马家寨定居，并繁衍后代，在此终老。

显然，这一论断并不能说服所有的清史研究者。

其中反对意见最大的，当数中国人民大学清史研究所教授刘凤云。刘凤云是史学界公认的研究"三藩"及吴三桂的权威。她指出，专家们不应该太相信所谓吴氏后人的"口述历史"。从现有官方记载来看，吴应麒是吴三桂之侄，无论他在当地繁衍了多少后代，似乎都不能将之定论为吴三桂的"根根"。同理，墓碑上书"吴门聂氏"，更不该被轻率定论为"苏州陈圆圆"。

历史扑朔迷离，始终提醒后人在读史、研史时不可轻下定论。

　　一代名妓陈圆圆魂归何处，表面看是历史的花边，其实是探求历史真相的一个隐喻：将来也一定有人提出新的观点，就像贵州马家寨村民一样，但历史就是在一次次的质疑和辨析后，才慢慢靠近了真相的一边。

第五章

历史潜藏的真相

真实的"庞太师"：被演义污名化的大宋名臣

人世间最大的冤屈，莫过于被冤枉了数百年，却不知道找谁说理去。

在包青天系列故事中，无论是小说描写还是电视剧演绎，都有一个贯穿全线的大反派"庞太师"。他就像同时期杨家将系列中的潘仁美一样，是个谗佞之臣，倚了国丈之势，每每欺压臣僚；又有一班趋炎附势之人，结成党羽，明欺圣上年幼，暗有擅自专权之意。

中国武侠小说开山之作《三侠五义》的作者石玉昆赋予了"一肚子坏水"的庞太师一个熟悉的名字——庞吉。庞吉不仅怂恿自己的儿子贪污赈灾粮款，供其挥霍，甚至还在天子脚下的开封府搞起了拐卖儿童的勾当，借此弹劾包拯等人治理地方多有疏漏。

之后近两百年的时间里，随着《三侠五义》的广泛流传，那些名字与"庞吉"同音的人，都遭到了莫名的诋毁。

这其中，最冤的当数北宋仁宗时期的宰相庞籍。

你看，庞籍与庞吉，不仅名字同音，而且生活在同一时代。最有趣的是，在北宋官方赐予庞籍"诰封三代"的荣耀中，他的祖上获赐官位皆为太师。

如此，姓庞，名籍（与吉同音），祖宗三代都是太师，还不是妥妥的庞太师？

1

但这一切，对于北宋仁宗年间的那个历史人物庞籍来说，太不公平了。

历史人物庞籍（988—1063），字醇之，单州成武（今山东成武）人，出身官宦世家。其父庞格供职北宋最高学府国子监，为国子监博士（大致相当于今天的大学教授）。

在家学熏陶下，庞籍 27 岁考中了进士。

与宋朝其他大儒名人一样，刚刚考中进士的庞籍也没有一上来就做得大官。在他最初的工作履历中，所得的职位只是黄州司理参军（相当于八九品芝麻官）。不过，说来也巧，当时他的顶头上司是日后宋仁宗的另一位宰相夏竦。

据说，在庞籍任黄州司理参军期间，夏竦对这个仅比自己小几岁的同僚下属颇为关照。某次，庞籍生了一场大病，卧病在床，感觉自己即将不久于人世，遂让人请来夏竦，对其交代后事。结果，夏竦见了他之后，直接哈哈大笑，称："你小子这么年轻就想死？哪有那么容易！你听着，你不仅不会死，以后还会当宰相。只不过，你这宰相当的时间没我长，也是全天下最穷的宰相！"

庞籍一下子就被逗乐了，说："夏竦你逗我是吧，天底下哪有宰相是穷人的道理？"

夏竦说："你为人正直老实，让你去干那些违法乱纪的事情，你肯定做不出来。如此，只老老实实拿工资本分做事，你如何不是那群宰相中，最穷的一个？"

数十年后，夏竦之言，果然应验。在庞籍晚年退休之后，想起此事，还特地赋诗："田园贫宰相，图史富书生。"

庞籍考中进士到黄州任职时，宋真宗已进入执政晚期。后来，继承宋真宗皇位的是年仅 13 岁的皇子赵祯，即宋仁宗。由于赵祯年纪还小，刘太后临危受命，垂帘听政。到了明道二年（1033）三月，临朝称制 12 年的刘太后薨了。临终前，刘太后除了穿上衮服到宋朝太庙中过了一把"女帝"的瘾外，还曾试图以一份《内东门议制》，将太后称制的权力过渡给自己的"好姐妹"——宋真宗的杨淑妃。

对此，时年已 24 岁的宋仁宗心中极其不满。可是，在"以孝治国"的思想指导下，宋仁宗也没有多少底气敢夺回属于自己的君权。毕竟在父亲宋真宗去世后，陪伴和教导自己的只有刘太后和杨淑妃，两人就像自己的亲生母亲一样，即使有时严厉，但出发点都是好的。无奈，宋仁宗只好将"大娘娘"（刘太后）留有遗诏，让"小娘娘"（即杨淑妃）继续垂帘听政的事情，拿到朝上让群臣议论。

听闻太后特别留有遗诏说明皇权的交割，众臣谁也不敢轻易违抗。朝堂上，一下子鸦雀无声。

这时，站在角落里的殿中侍御史庞籍突然站了出来，高呼支持宋仁宗亲政，并要求皇帝当场烧掉太后留下的《内东门议制》。

有了庞籍的行动支持，宋仁宗也终于下定决心，亲自临朝听政，尊杨淑妃为保庆皇太后，奉养后宫，颐养天年。

就这样，宋朝的"仁宗盛治"如期而至。当时主管宋朝言官系统的御史中丞孔道辅对庞籍评价颇高，认为他是真正替皇帝考虑的"天子御史"，有别于那些看权贵脸色办事的人。

2

不久后，庞籍即被宋仁宗任命为开封府判官，负责协助开封府尹办理地方政务。

开封府判官虽然权力较大，但天子近畿，达官贵人云集，是非极多。想要平衡各方关系，处理好地方政务，却也不是一件简单的事情。

庞籍刚到任，就遇到了一件说大不大、说小不小的事情。当时，宋仁宗极度宠爱的尚美人派内侍前往开封府传教旨，要求免除开封府境内工人的商业税。众所周知，教旨乃是皇太子或诸侯王一级对其下属颁布的命令。一个小小的美人，在宋朝后宫中仅位居四品，也敢扯出虎皮当大王？

但这个尚美人还真不是一般后宫货色。仗着官家的宠爱，她不仅胆敢联合当朝宰相吕夷简，怂恿官家废掉郭皇后，还敢结交宗室，卖官鬻爵。就连之前在宋、辽战争中被俘虏的王继忠叛变投敌后，其儿子王怀德也曾通过尚美人的关系，获得了宋朝的官位。而这些，官家宋仁宗睁只眼、闭只眼。可见，尚美人在后宫之中势力的强大。

当尚美人的教旨传到开封府时，身为判官的庞籍却拒不接旨，而是转头上奏宋仁宗称："祖宗以来，未有美人称教旨下府者，当杖内侍。"

的确，尚美人此举颇有些"前无古人，后无来者"的意味，可这不都是他宋仁宗给惯出来的？庞籍本意或许想借此事让宋仁宗警醒，惩办尚美人一伙。

宋仁宗接到庞籍的奏疏后，不痛不痒地批复道："自今宫中传命，毋得辄受。"以后宫中再有人乱传旨意，地方官不能接旨。既表明了自己不愿处罚尚美人的心思，也承认了庞籍的功劳。

自那以后，宋仁宗一朝，鲜有后宫干政之事。

在庞籍从政生涯中，他始终看不惯朝中的结党营私现象。当时，同为地方官吏的范讽特爱结交权贵，庞籍没少借用自己上疏的机会，弹劾这位同僚。但范讽早先已拜在宰相李迪的门下，庞籍弹劾他人之事，很快就被李迪获知。为防止范讽东窗事发，李迪不仅利用自己的职权把庞籍的奏折压了下来，还特地向宋仁宗上奏，庞籍纯属闲着没事干，疯狂弹劾一位好官，理应严惩。

宋仁宗知道庞籍并非蛮不讲理的官员，只不过在奏疏中缺乏证据佐证范讽的"犯罪事实"。因此，对庞籍的判决是轻罚其为广南东路转运使，到地方上负责社会民生及部分官员察举监察事务。

但庞籍嫉恶如仇，对宋仁宗的宽容，并未见好就收。到广南东路上任后，他还不忘给宋仁宗再上一道奏折，称自己上次弹劾范讽时，奏疏中所提及的一些事情，范讽还没交代，建议有司从重处理范讽交结权贵、危害朝廷正常行政秩序等问题。

与上次一样，庞籍的奏疏在朝中引起轩然大波。随即，他从广南东路转运使的位置上，被改贬为太常博士，被召回京到国子监教书反省去。

与此同时，跟宰相李迪交好的范讽在党争的过程中，成了宰相吕夷简的眼中钉、肉中刺。在吕夷简的"神助攻"下，范讽终遭贬官。

3

在宋仁宗长达 41 年的执政生涯中，宋朝除了要面对北方实力强大的契丹辽国，国境西北边也崛起了一个少数民族政权西夏。

景祐五年（1038），西夏创始人李元昊在野利仁荣、杨守素等亲信大臣的拥戴下，在兴庆府（今宁夏银川）正式登基，称国大夏。李元昊大封群臣，并以臣子的身份，遣使给宋仁宗上表，说明其建国称帝的合法性，要求宋朝正式承认西夏政权，并遣使互市友好。

尽管兴庆府所属的灵州，在李元昊的爷爷李继迁时就已由党项族人占据，但从李继迁到李元昊的父亲李德明，两代人都是本本分分地给宋朝当臣子。如今李元昊居然悖逆祖先，擅自称帝，宋朝上下岂能坐视不管？

宋仁宗听到此事后，立即下令对李元昊实施"削夺赐姓官爵"等处罚，并停止边境互市，在宋夏边境发布檄文，重金悬赏李元昊首级。而李元昊也在摸清宋朝的态度后，遣使辽朝，借机与辽国结盟，共同施压大宋。

在此情况下，宋朝与西夏之间的战争不可避免地爆发了。

从北宋康定元年（1040）的三川口战役开始，短短两年的时间内，宋夏之间爆发了三场重要战役，宋军每战必败，损失惨重。为扭转战场形势，挽救败局，宋仁宗曾派遣名臣范仲淹、韩琦等到前线督战。但令人意外的是，范仲淹等人的到场，并未能给武备本来就极度羸弱的宋军带去多少希望。反而，在之后的好水川之战、定川寨之战中，宋军再度遭遇惨败，大将任福、葛怀敏、曹英等以身殉国，其下士卒死伤惨重。

值此危难之际，已回朝升任左谏议大夫的庞籍向宋仁宗上疏，要求朝廷削减一切不必要的开支，加大边军军费补给与支出，对于奋勇杀敌的将士要不吝赏赐，调动他们的积极性。

庞籍的建议，无疑给了宋仁宗在惨败战局下一丝希望。宋仁宗不仅完全同意庞籍的建议，还急调他知延州（今陕西延安），协助韩琦、狄青等人布置对西夏的作战。

延州是西夏与宋朝数次战争的前沿要地。庞籍到任后，映入眼帘的是，宋朝百姓因战火而流离失所的情景，城中遍布残垣破瓦，土地失耕，杂草丛生。还有十万戍城将士，无处安居，散落城中各个角落。

为了扭转颓废的军心，保护城中的百姓，庞籍对尚留在城中的将士约法三章，并组织众人修复城池。城中逐渐恢复生气。或许因庞籍早年间两度抗旨皆无事的缘故，驻守延州的宋军没有一人敢忤逆他的命令，延州的治安及城防焕然一新。

随后，考虑到西夏军队兵抵延州需经过一个叫桥子谷的地方，庞籍先下手为强，派狄青领着万余部队到此驻扎屯田。如此一来，西夏大军想要再东进就困难了。

待局势稳定后，庞籍让军中年纪较大的士兵提前退休，回家务农，全力保障军需粮饷的输出。这样，身强力壮的士兵在前头冲杀，不用再担心回城后没有吃喝。宋军以战养战的持久性作战思想，正式形成。

而随着宋夏关系恶化，西夏在战争节节胜利的同时，也尝到了国中经济崩溃的恶果。史料记载，在这段时间里，宋朝停止了对西夏的经济援助，禁止西夏所产青白盐入境，导致西夏境内的粮食、绢帛、布匹、茶叶及其他生活日用品奇缺，物价昂贵。

更惨的是，作为西夏的盟友，辽国还有自个儿的"小算盘"。这个第三方一直想借用新兴的西夏作为"敢死队"，替辽军南下打开战略通道。

没办法，宋夏战争最后逼得李元昊提前遣使求和。

不过，再怎么说，李元昊也是这场战争明面上的胜利者，于是他耍了个"小聪明"——派亲信野利旺荣修书一封，说明自己愿意接受招安，并询问宋仁宗能否对派去的官员也一并封赏为太尉。

像这种明目张胆要官的议和，搁在平时，宋仁宗铁定不会同意。可是，宋夏战争对两个政权的影响都是深远的。此时，宋仁宗只想尽快结束战争，所以同意了李元昊的说法，让庞籍照这个意思，拟信一封给李元昊，要对方尽快将议和提上日程。

庞籍却看出了其中的问题。他赶紧上奏宋仁宗："太尉位居三公，不是一个使者应该享有的官阶和官职。即便官家您不计较，您细想下，他野利旺荣是李元昊手下，野利旺荣都是太尉三公了，那李元昊还能乖乖称臣？"

宋仁宗一听，问题确实大了。遂命令按照庞籍的意思办理，要求李元昊重修书信。

4

宋夏最终停战议和，庞籍功不可没。在李元昊再度臣服宋朝后，宋仁宗论功行赏，庞籍获升枢密副使，随后又升至枢密使，授职同中书门下平章事，真的成了当年夏竦口中的庞宰相。

作为宋夏战争的功臣，曾先后与韩琦、范仲淹、庞籍等人共过事的名将狄青也获得了职位的提升。狄青出身不好，因少年时期与人打架斗殴被捕黥面，发配充军。脸上的刺青，常常让人想起他就是个囚犯。为此，狄青发迹后，宋仁宗曾想让他把脸上的刺青去掉，但狄青没有同意。

在宋朝"以文抑武"的环境中，加上狄青脸上的刺字，朝中文官少有能看得起他的。故在宋夏战争之后的侬智高叛乱中，宋仁宗想起用他为宣抚使，带兵平叛，却遭朝中多数官员反对。

宋仁宗只好找来庞籍询问对策。

庞宰相到底是跟狄青共过事的人，极其清楚狄青的个人性格，故对宋仁宗表示，战场上最好能让狄青当机立断，避免文官掣肘，这样打赢战争的概率很高。

宋仁宗听从了庞籍的建议，让狄青独断军务。

狄青一去，果然捷报频传。宋仁宗可高兴了，对庞籍说："这都是卿的功劳啊。等狄青回来，朕干脆让他当枢密使，晋同平章事，做宰相如何？"

庞籍一听，慌了。他以官家太老丈人曹彬为例，向宋仁宗劝谏道："昔太祖时，曹彬平江南，擒李煜，欲求使相，太祖不与，曰：'今西有河东，北有幽州，汝为使相，那肯复为朕死战邪！'"你看，像曹彬这种于国有大功者，在英明神武的宋太祖那儿都捞不到枢密使兼同平章事的职务，狄青凭平定侬智高叛乱和参与宋夏战争立功，就封这样的官爵，太容易了吧。

但念及狄青为国付出甚多，宋仁宗还是坚持己见，将狄青封为枢密使。

对此，有学者认为，这是宋仁宗对朝堂过于扬文抑武的一次矫正，目的是为了打压相权对皇权的威胁。但事实上，狄青的任命问题也许没有这么复杂。毕竟庞籍与狄青相知相熟，狄青不适合官场党争，庞籍也是知道的。正如当初言官反对狄青出任宣抚使一样，朝廷给狄青的定位就是"武人"。让狄青这样一个只适合战场的宿将，加入纷繁复杂的朝廷党争，或许只会害了他。

果不其然，在狄青就任枢密使之后，他的人生开始走入下坡路。最终，在朝廷一堆文官的反对下，一代名将被贬陈州，发病死，享年49岁。

5

在宋仁宗一朝，庞籍除了有举荐狄青、结束宋夏战争之功外，在晚年还向宋仁宗进言，请求选择宗室内有才少年为皇太子，以便为多年未有子的宋仁宗及前途未卜的大宋王朝留条后路。

这样一个人，绝对算得上是大宋的功臣与忠臣。

回过头来，《三侠五义》中的庞太师，到底是谁？在历史中是否有原型？

还真有。但绝对不是莫名其妙"躺枪"的庞籍，而是宋仁宗一生挚爱的温成皇后张氏的伯父、三司使张尧佐。

众所周知，宋朝中央，相权被一分为三，除了中书门下省的长官外，枢密使和三司使同属宰相级别。张尧佐所任的三司使管天下财赋，大致类似于今天的财政部部长，可谓位高权重。

可张尧佐在担任三司使时，宋朝天下却不大太平。据说，在张尧佐主持天下财政大计期间，大宋境内地震频发，黄河改道，洪水泛滥，民生凋敝。为此，张尧佐没少被宋仁宗手底下的言官指着鼻子骂。这其中就包括当时身为言官的包拯。

这已经不是包大人第一次弹劾张尧佐了。想当年，张氏为了让自己家族的门第更高，还曾请宋仁宗对张尧佐加官晋爵。对于爱妃的要求，宋仁宗当然一百个答应，可到了包大人这儿，包大人却劝官家"断以大义，稍割爱情"。说话的距离较近，包大人的口水还喷到了宋仁宗脸上。

但随着温成皇后的地位提升，宋仁宗对张尧佐越来越好，在其去世后，还特地追封其为太师。

明清以后，包大人的美名随着公案小说的流行而广为传播，那群曾经被他怒掸过的同僚，自然成了小说家笔下的"大反派"，当然也少不了某太师。只不过，当这些口口相传的故事被具象文字呈现时，所有的小说家都需要给不确定姓名的"某太师"安上姓名。

结果，《三侠五义》的作者阴差阳错地创造了个名叫"庞吉"的庞太师。从此以后，真实历史上的庞籍，就不明就里地跟小说中的庞吉勾连在了一起，再也说不清楚了。

真实的庞籍病逝于宋仁宗嘉祐八年（1063），享年76岁。追赠司空，加侍中，赐爵颍国公，赐谥"庄敏"。庞籍死后不足一个月，宋仁宗驾崩，世间只留下一段谁也想不到的历史变形记。

成吉思汗之死，死因成谜

　　成吉思汗也有怕死的时候，晚年一心想寻找延年益寿的秘方。

　　恰好此时，全真教道士丘处机西行万里，前来拜见。之前，成吉思汗的"私人医生"刘仲禄曾进言，丘真人 300 岁了，知道长生不老的秘术。

　　成吉思汗相信这传闻，一见丘处机便问："真人远道而来，给我带了什么长生之药呀？"

　　丘处机回答道："有卫生之道，无长生之药。"他恳请成吉思汗征战时不要再大肆屠杀，说治国之方要以敬天爱民为本，长生之道则以清心寡欲为要。

　　成吉思汗一听，觉得有道理，对丘处机很是欣赏，称他为"神仙"，并对左右近臣说："丘神仙说的养生之道，我牢记在心，你们不许向外人泄密啊！"

　　与丘处机会面的 5 年后，1227 年夏，66 岁的成吉思汗在征讨西夏时离奇去世。

　　成吉思汗因何而死，葬于何地，成了千古之谜。《蒙古秘史》《史集》《元史》等多种文献留下了不同的记载。

　　有人说，成吉思汗坠马受伤，病重而死，有人说他被美丽的西夏王妃刺杀，有人说他是中箭阵亡，有人说他是中毒而死，还有人说他是被雷电击中身亡。世人想要破解成吉思汗的死因，但成吉思汗去世之后，其陵墓的下落也湮没在历史长河中。

　　这位震动欧亚大陆的一代天骄，留下了一个谜团。

1

成吉思汗铁木真的人生，是浴血奋战的一生。他统一了蒙古各部后，又历经二十余个春秋，发动对金、西夏、花剌子模等地区的战争，将铁蹄的踪迹从蒙古草原向南延伸到了黄河岸边，向西直至里海、咸海以北。

他使"成吉思汗"这个称号，成了恐怖与征服的代名词，如史书中所说，"王钺一挥，伏尸万里"。

而说到成吉思汗之死，要从他与西夏的最后一战说起。

西夏是党项人在中国西北部建立的政权，占据河西走廊、河套平原等军事要地，"东尽黄河，西界玉门，南接萧关，北控大漠"，与蒙古有不少过节。

成吉思汗崛起于蒙古高原后，五次发兵攻打西夏，每一次都大胜而归，把西夏打服了。西夏吓得连连求饶，表面上给蒙古当小弟，暗地里却企图勾结漠北各部及金国对抗成吉思汗。

当成吉思汗调集军队西征花剌子模（位于中亚西部），要求西夏增援时，小弟不听话了。

那一次，蒙古使者到了西夏，西夏大臣阿沙敢不抢先说："你们兵力不足，怎么敢称大汗？"说罢就把蒙古使者打发走了，拒绝给成吉思汗"打工"。

成吉思汗对此十分恼怒，西征回来后一直惦记着这件事。

1226 年，成吉思汗决定亲率蒙古大军讨伐西夏，并事先派出使者向西夏宣战。

蒙古使者代表成吉思汗，质问西夏献宗李德旺说："你以前说西夏人愿做我的右手。我西征时派遣使者让你发兵从征，你却没有履行诺言，还恶意挖苦我们。现在我征服了花剌子模，要来找你算账了！"

老实人李德旺一脸无辜地说："我没有说过讥笑你们的话啊！"

这时，又是那个叫阿沙敢不的大臣跳出来挑衅说："是我说的！你们仗着有能征善战的军队就想来侵略我们。我们有贺兰山的营地，有很多帐房和骆驼，你们就来交战吧！想要金银、绸缎和珠宝，有种就到西夏来拿！"

老实说，看到这里都不禁让人怀疑，这个阿沙敢不是不是间谍，故意来搞事情。

蒙古与西夏就此开战。

对于蒙古骑兵来说，这是一场摧枯拉朽的战争，征战多年的他们根本不把西夏军放在眼里，转眼间就攻占了河西走廊诸州，还把夏献宗李德旺给活活吓死了。

1227 年，西夏的皇位传到了李德旺之侄李睍（xiàn）手中，是为夏末帝。

李睍即位后，西夏陷入蒙古军东西两路的钳形攻势。为了救援灵州（今宁夏灵武），十万西夏军在黄河冰面上与蒙古大军展开决战。

年迈的成吉思汗亲自站在冰面上，下令弓箭手射向西夏军的腿脚，只见西夏士兵应声而倒，死伤惨重。

史料记载，这场战争中，西夏军的死亡人数是蒙古军的十倍。

不久后，西夏的灵州、临洮（今甘肃临洮）、西宁（今青海西宁）等重镇接连失守。都城中兴府（今宁夏银川）被蒙古军包围半年之久，几乎粮尽，又遭遇强烈地震，宫室、房屋大部分倒塌，城中军民也大都患病。

李睍眼见大势已去，遣使向成吉思汗献城投降，但以"备贡物，迁民户"为理由，请求允许一个月时间的宽限，意思是，您别急，我们先给您准备好胜利礼物，把民众安顿好。

这个由李元昊建立的西北政权，至此走向灭亡的边缘。

然而，当年七月，在西夏正式投降前夕，退居六盘山下清水县行宫避暑的成吉思汗溘然长逝。他没有亲眼看到西夏投降的那一天，那是他此生征服的最后一个地方。

按照《史集》的记载，成吉思汗似乎忘记了丘处机的嘱托，愤怒的他决定斩草除根，死前留下遗诏，暂秘不发丧，命部下待夏末帝出城投降后，将城内军民全部杀光。西夏投降后，心怀愤恨的蒙古军处死夏末帝李睍，又对西夏臣民举起了屠刀，冲进城内大肆杀掠。

西夏在一场血腥的战争中灭亡，而西夏人撕心裂肺的哭喊声，掩盖了蒙古人送别成吉思汗的悲伤。

2

成吉思汗的死看似突然，又像是某种必然的结果。

出兵西夏之前，成吉思汗已经是一个花甲之年的老人了。在一些史书中，成吉思汗是年老体衰，患病而死。

比如《元史》说"不豫"，这在古代指君王、尊长染病。《史集》也写成吉思汗此次征战时，"疾病缠身""已病了"，而《黄金史纲》也有他"患重病"的记载。

在这些史书的记载中，成吉思汗似乎早已感觉到，自己即将油尽灯枯。

他派人召来最信任的两个儿子窝阔台、托雷，对他们说："我的孩儿啊，我的死期已近。在长生天的保佑下，我为你们打下了辽阔广大的疆土……现在，我对你们立下如下遗言：你们要想过富足满意的生活，享受执掌大权的快乐，就必须齐心协力对抗敌人，尊崇朋友。"

随后，他以蒙古民间流传的"一头蛇与多头蛇"寓言，告诫儿子们要精诚团结，并命诸子、诸将拥戴窝阔台为其继承人。

这个寓言是成吉思汗生前常讲的故事：一个酷寒的夜晚，多头蛇为了御寒，几个头争先恐后爬进洞去，结果因互相争夺，都没能爬进去，冻死在外面；而一个头的蛇却很快爬进洞里，抵御了严寒。

成吉思汗前半生流离失所，遭遇亲人离散、兄弟背叛，因此希望儿女们注重家庭亲情，不要互相争斗。成吉思汗死后，黄金家族与蒙古帝国却逐渐走向分裂，不过，他已经看不到这些身后事了。

3

那么，成吉思汗可能死于什么病？

有学者认为，一些史料写成吉思汗临死前"心里难过""恶心"，再加上他特意退至甘肃东部的六盘山下避暑，像是因为天气酷热、气候不适而染上某种热病，属于斑疹伤寒之类。

他一个老头子，常年征战操劳，心力交瘁，本来就是易患病之人，当时医疗条件落后，得病后挺不住就走了。

但由于缺乏现代医学诊断，这种说法只能是现代人的一种推测。

《蒙古秘史》则认为，成吉思汗的病逝，与此前坠马受伤有关。

这部史书记载，1226 年冬，也就是成吉思汗去世的半年前，他骑着一匹青豹花马出去打猎。走到半路上，许多野马跑过，青豹花马受惊，成吉思汗坠下马来，受了重伤，在附近驻营休养。

此时，蒙古使者回来，西夏大臣阿沙敢不出言不逊的事传到成吉思汗耳中，还在养伤的他气坏了，说："我就是死了，也不能容忍他们说这样的大话！"遂抱病出征，决心率领蒙古大军踏平西夏，但不承想，自己的身体先支撑不住了。

坠马病重一说，容易让人想起，此前丘处机对成吉思汗的一次谏言。

当初，与丘处机见面不久后，成吉思汗在山上追猎一头大野猪，骑乘的马匹突然失控，他一时没坐稳，摔下马来。野猪看到这场面惊呆了，在一旁不敢扑过来。近侍们拍马赶到，扶成吉思汗上马，回到御帐，幸而有惊无险。

那时，丘处机还没启程回中原。他听说后，闯进帐中对成吉思汗说："上天之道是好生恶杀，如今您圣寿已高，应该少出去打猎。坠下马来，是上天的警告；野猪不敢扑过来，那是老天在护佑您。"

成吉思汗听了连连点头，说："丘神仙的话，我牢记在心。"此后两个月，成吉思汗不再出猎，但不久后好了伤疤忘了疼。

史籍中记载的两次坠马，仿佛形成了一种强烈的宿命感。

4

对于成吉思汗这样的大人物，仅仅是自然病死的说法，肯定无法满足世人八卦的心。

于是，在各类史书中，成吉思汗有了各种各样离奇的死因。

《蒙古源流》记载，成吉思汗在最后一次征讨西夏的战争中，俘虏了年轻貌美的西夏王妃古儿别勒只·豁阿。

成吉思汗被她迷住了，当即将西夏王妃纳入后宫。据说，在侍寝的当夜，西夏王妃不堪受辱，更放不下国仇家恨，乘着成吉思汗正在兴头的时候，重伤了他的下体。一说是咬伤。

西夏王妃为西夏人报了仇，自知无路可逃，跳入黄河自尽，香消玉殒。这一夜后，成吉思汗伤重不治。

不止一种史料认为成吉思汗死于西夏人之手。

在《马可·波罗行纪》中，马可·波罗就说，他听闻当年成吉思汗在攻打西夏的重镇太津（古要塞）时膝部中了一箭，而西夏士兵在箭上涂了毒，没过多久，箭毒攻心，把成吉思汗给带走了。

支持这一观点的人可以帮成吉思汗脑补一句台词："我以前也是个征服者，直到我的膝盖中了一箭。"

另一种吊诡的说法是，夏末帝给成吉思汗下了诅咒。

在这个故事中，夏末帝李睍出城投降时，成吉思汗还未去世。

成吉思汗下令将夏末帝抓起来处死。在意识到自己即将殒命时，李睍悲愤地对成吉思汗说："你杀我时，如果我流出的血是乳白色，我死去三日之后，你也会死。"

成吉思汗听到这句话后哈哈大笑，说人伤口流出的血不可能是白色的。

没想到，当刽子手砍下李睍的头颅时，乳白色的血液从他的伤口流出。成吉思汗心理受到暴击，自感气数将尽，三天后病重离世，并留下对西夏进行屠城的遗言。

这一说法就有点儿灵异故事的感觉了。

以上几种说法，似乎也可以解释，蒙古人为何会在胜利后对西夏人展开残酷报复。

还有个离奇的说法是，成吉思汗是被雷劈死的。

这个故事出自出使蒙古的欧洲传教士加宾尼，他比马可·波罗早了30年来华，那时距离成吉思汗去世也才十几年。加宾尼到达蒙古高原时，发现夏天的雷电伤人事故频发。另外，蒙古人很迷信，相信上天以雷电警告世人的说法。

加宾尼记载了当时草原牧民流传的故事："在他（铁木真）完成了他的命令和法令以后，他就被雷电所击毙。"（《出使蒙古纪》）

在这部文献中，成吉思汗是误入草原雷区，被雷电击中而亡。

5

后世在对成吉思汗的死因进行五花八门的解读时，会发现他们连成吉思汗的陵墓都找不到了。

史载，1227年，蒙古人灭掉西夏后，开始护送成吉思汗的灵柩返回蒙古高原。一路上，送葬队伍会将每一个遇到的人畜杀死，这是一种殉葬方式，也确保外人不会知道成吉思汗的陵墓所在。

按照蒙古的习俗，成吉思汗的灵柩被实行"密葬"，葬在一个人烟稀少的风水宝地，"其墓无冢，以马践蹂，使平如平地"，不立碑，不立庙，参与安葬的工匠与士兵也都被处死。

下葬后，地上逐渐长满青草树木，掩埋了一切痕迹。从此，无人可知晓其葬地所在。这一风俗一直延续到北元时期，蒙古帝王的陵墓几乎都成了谜。

史书只说，成吉思汗生前为自己选择的葬地叫"起辇谷"。

蒙古高原有一座肯特山，是克鲁伦河、鄂嫩河、图拉河等草原河流的发源地。

《史集》记载，成吉思汗常于夏冬时节在肯特山打猎。有一次，他来到了其中一处山谷，那里风景秀丽，唯独长了一棵孤单的大树。成吉思汗在此散步、独坐，消磨了一段时光，然后对近侍们说："这个地方，就作为我的葬地吧！"

此处山谷，就是"起辇谷"，其所在地至今众说纷纭。

有些人猜测，那里或许藏有蒙古征服者从各地搜刮来的大量珍宝。

今内蒙古鄂尔多斯也有一座成吉思汗陵，一般认为，这是成吉思汗的衣冠冢。

成吉思汗去世的时间正当盛夏，如果那时没有采取适当的防腐措施，运到肯特山一带尸体早已腐烂，这不符合萨满教魂归天地的习俗。有学者认为，成吉思汗的真身并没有葬在肯特山。

相传，成吉思汗去世时，蒙古人按照习俗，取来骆驼头上一根白色的绒毛，吸收他最后一口气，然后放在银制盒子中供奉起来，这是灵魂的象征。当时的蒙古人崇拜萨满教，而萨满教认为，人的肉体来自于大自然，去世了也应该回归大自然，不需要铺张浪费的厚葬。

鄂尔多斯达拉特旗出土的一则蒙文史料说，所谓的成吉思汗陵实际上只是安葬成吉思汗的衣冠宝剑等遗物，而成吉思汗本人的身体早已择时、择地"天葬"。因此，多少年来，无数人寻找成吉思汗真身的埋葬之地，都以失败告终。

鄂尔多斯的成吉思汗陵还有一群特殊的守陵人——达尔扈特人。近 800 年来，他们世世代代守卫成吉思汗的遗物，守护殿内圣灯长明，数百年如一日地祭祀，从未离开。如今，达尔扈特人人口已近 5000 人。

6

1227 年，成吉思汗在历史迷雾中逝世，而蒙古人的征服还在继续。

临终之际，成吉思汗为儿子们口授了南下攻金的方案："金朝的精兵镇守在潼关，这里南据连山，北限大河，难以很快攻破。如果与他们的老对手宋人联合，可借道而行，中路绕道唐（今河南唐河）、邓（今河南邓州）二州，直驱汴京。金廷危急，必然会从潼关调兵，但他们以数万之众，千里赴援，即便赶到也已人马疲乏，可一举击溃。"

七年后，蒙古与南宋联合，灭了金朝。

此时，蒙古大军正在欧亚大陆上纵横驰骋。

1235 年，蒙古人发动"长子西征"，由术赤之子拔都、窝阔台长子贵由和拖雷长子蒙哥领衔，将蒙古帝国的战线向西推移，直至欧洲，先后击败了保加尔人、钦察人和斯拉夫人。

拔都在西征之后建立了蒙古四大汗国之一的金帐（钦察）汗国，统治东欧的大片地区，整个欧洲都为之震荡，将蒙古人称为"上帝之鞭"。

1251 年，蒙古帝国在蒙哥汗的号令下，发动又一次大规模西征，统帅为蒙哥之弟旭烈兀。

旭烈兀率军摧毁了伊斯兰教伊斯玛仪派统治的阿拉穆特，消灭了阿拉伯的阿拔斯王朝、叙利亚的阿尤布王朝，建立起蒙古四大汗国之一的伊利汗国，统治西亚。

1279 年，悲惨壮烈的崖山海战，为历时半个世纪的宋蒙战争画下句号。

史书记载，成吉思汗生前说过："我死之后，一个强有力的名字将在这个世界上继续流传。"尽管成吉思汗之死成了世人茶余饭后的谈资，但无论是亚洲人，还是欧洲人，在若干年后仍会想起，曾经被蒙古人征服的恐惧。

史上最会夸中国的老外，是个大骗子？

热那亚的监狱，来了一批威尼斯战俘，牢房里弥漫着一种失落的气息。

13 世纪末，意大利城邦林立。威尼斯与热那亚两大商贸中心，为了争夺贸易控制权，多次兵戎相见，这一回，威尼斯人吃了败仗。

来自意大利比萨的三流作家鲁斯蒂谦，此时也受困于热那亚的监牢里。他审视着自己的新狱友们，其中，一个侃侃而谈的威尼斯人引起了他的注意。

那名威尼斯人留着浓密的胡子，梳着亚平宁风情的棕色卷发，口中念叨的，却是一个远在万里之外的东方古国。

威尼斯人说，他到过那个叫"中国"的地方，那里有用黄金铺成的宫殿，有世界上最繁华的城市，以及数之不尽的财富，他在中国居住了十几年，曾经与皇帝陛下谈笑风生。

鲁斯蒂谦觉得这些事迹闻所未闻，他兴奋地举起笔，在狱中将这些故事集录成册。

这部奇书在此后几百年间有多个名称，有人因其讲述了世界另一边的见闻，称之为《寰宇记》或《东方见闻录》。

在全书的开头，鲁斯蒂谦郑重地写上那个讲述者的姓名——马可·波罗。

1

这部由马可·波罗口述、鲁斯蒂谦执笔的"世界一大奇书"，又称《马可·波罗行纪》，为欧洲人打开了通往大陆彼岸的大门。

关于这部奇书，却有一个至今没有定论的争议——马可·波罗到底有没有来过中国？

在《马可·波罗行纪》的故事中，马可·波罗是威尼斯商人波罗家族的孩子。

为了代表教廷向元朝皇帝赠送"圣油"与信函，马可·波罗随父亲和叔叔从威尼斯出发，从中亚陆路一路东行，途经新疆、敦煌，来到元世祖忽必烈统治下的元大都（今北京），此后在中国居留十几年，并被忽必烈选拔为官吏。

在中国期间，马可·波罗在朝廷学习相关的礼俗、语言，学成后奉忽必烈之命走访云南，后来在扬州任职三年，并多次往返于杭州、苏州、福州、泉州等城市，几年之间走遍中国各地。

1291 年，马可·波罗一家为护送元朝的阔阔真公主出嫁伊利汗国，从泉州启航出海，之后返回欧洲。

回到威尼斯后，马可·波罗发现，他们家的房子被邻居占了。

此时的马可·波罗刚从长途旅行的带桨帆船走下来，衣衫褴褛，说话还带着点儿蒙古口音，同乡怀疑他来路不明，将其拒之门外。

于是，马可·波罗特意宴请亲戚邻居，在席间换了三件从东方带来的华贵衣服。他将之前穿的破烂衣衫取来，用刀割开，只见衣服中包裹着的各种珍宝黄金，一下子滑落地上。

同乡们哪里见过这阵仗，都惊呆了。

威尼斯人这才相信波罗家族回家了，从此对马可·波罗礼敬有加，又因为马可·波罗每次聊天，都把中国的黄金百万说得跟小目标一样轻松，大家给他取了个外号，叫"马可百万"，把他家叫作"百万宅第"。

马可·波罗就这样成了当地小有名气的"网红"，而且精通流量密码，放在今天，他的口头禅大概是用一口意大利口音的普通话说："我们中国真的太厉害啦！"

不久后，热那亚城的舰队来犯，马可·波罗代表家乡参战，在海战中不幸被俘，被投进监狱。

马可·波罗在狱中继续讲述他在中国的传奇故事，并遇到那个擅长写骑士小说的作家鲁斯蒂谦，二人合力完成了一部旷世奇书。

2

后来，威尼斯与热那亚议和，马可获释回家，而《马可·波罗行纪》正以他意想不到的影响力在欧洲各国广为传播。

与之相伴而来的，是各种质疑。

这本书在欧洲刚一出版，就有人怀疑其真实性。近代以后，东西方联系更加频繁，人们从《马可·波罗行纪》中发现了不少"硬伤"。

最荒诞不经的故事，当数马可·波罗吹嘘自己在元军攻打襄阳的战役中立过大功。

马可·波罗说，他们一家人到中国后，发现元军久攻襄阳不下，就为皇帝进献了一种叫"回回炮"（抛石机）的新武器。元军凭借这一攻城利器，拿下了南宋的军事重镇襄阳。

"献炮"一事有迹可循，但在《元史》等中国史籍中，明确记载了为元朝进献这一武器的是来自西域的回族人亦思马因。亦思马因亲自担任"回回炮手总管"，指挥炮兵猛攻襄阳，配合其他几路元军发起总攻，最终迫使襄阳守将吕文焕投降。

时间也对不上。

马可·波罗来华时间存在争议，一般认为，他在 1275 年夏天才到达元朝上都开平府（今内蒙古自治区锡林郭勒盟），而元军攻陷襄阳是至元十年（1273）二月，那时，马可·波罗还在赶来中国的路上。

即便是支持马可·波罗来华说的学者，很多也认为马可·波罗并未向元朝献过新炮法。"献炮"的故事极有可能是马可·波罗听来的，因为当时距离襄阳之战不过几年时间，这场战役算是国际大新闻，他只是将别人的功绩冒为己有。

此外，马可·波罗说他在中国生活了十几年，可是《马可·波罗行纪》缺少了很多中国关键词。比如说，他没有提及汉字。作为一个在中国居住多年的人，马可·波罗似乎完全不懂汉人的语言文字。他没有提到茶叶。这是宋元时期中国最重要的外贸商品之一，且当时杭州等大城市都有茶馆，马可·波罗完全可以光顾品尝。他没有讲到长城。这是中国历史上最著名的标志性建筑之一，几乎每个西方人对中国的第一印象中都会有长城，而马可·波罗的书完全没有关于长城的记载。他没有记载女子"缠足"的习俗。晚于马可·波罗来华的欧洲传教士大都会对中国女子以"缠足"为美的奇特风俗记上一笔，可在马可·波罗的讲述中却不见踪影。

在一些人看来，马可·波罗是个骗子，《马可·波罗行纪》纯属虚构。

有人说，马可·波罗根本没有来过中国，他可能只是到了中亚的伊斯兰国家，在那里和从中国回来的波斯或土耳其商队谈过话，知道了一些关于中国的知识；或许他最远不过是去了他们家族在黑海或者君士坦丁堡设立的货栈，闲来没事就跟来往的商人吹牛皮。

还有人说，马可·波罗来过中国，但他只在北方的蒙古高原和华北平原久居，并没有游历四方，因此对中国南方完全不了解，遑论如他所说的在扬州当了几年地方官。

3

翻开各个版本的《马可·波罗行纪》，却总能找到一些触动内心的文字。

那是，只属于东方的山水画卷。

据马可·波罗回忆，在杭州期间，他泛舟西湖，眼前浮现出这样一番画面："那些爱好泛舟游览的人，或携家带眷，或邀请一些朋友，雇上一条画舫，荡漾在水平如镜的湖面上。画舫上桌椅板凳、宴客的设备，无不布置得整齐清洁，舒适雅观……船身的两侧均有窗户，便于游人坐在桌旁，倚窗眺望，饱览沿途绮丽的湖光山色……假如伫立在离岸一定距离的船上，不仅整个宏伟、瑰丽的城市，它的宫殿、庙宇、寺院、花园以及长在小道上的参天大树，都可以尽收眼底，同时又可以观赏其他画舫载着游湖行乐的男女，轻轻地在湖上穿梭似的来来往往。"

如果不是身临其境，一个西方人恐怕难以想象出宋元杭州的"临堤台榭，画船楼阁，游人歌吹，十里荷花，三秋桂子，四山晴翠"，更别说留下如此细致的描写。

"行在"杭州也是马可·波罗最爱的中国城市之一，他将其称为"天城"，而将另一座江南名城苏州称为"地城"。元史专家杨志玖认为，这个有些尴尬的翻译是马可·波罗不通汉语导致的，他可能把"上有天堂，下有苏杭"这句俗语理解错了。

与历史上许多人物的回忆录一样，马可·波罗对中国之行的具体日期、人文风情等记忆存在不准确或前后不一致之处，但在诸多方面的记载，也有与中国史书出奇符合的地方。

《马可·波罗行纪》记载了一些他在中国期间发生的重大事件。

比如发生于至元十九年（1282）的阿合马遇刺案。阿合马是颇受忽必烈重用的宰相，这人位高权重，但口碑比较差，其推行的种种政策引发了朝臣不满。这年，忽必烈离京，驻跸上都。有个叫王著的益都千户和僧人高和尚共同谋划，假传太子的命令骗阿合马出宫，趁他出行的机会，拦住其车马，用袖子里藏着的铜锤砸碎阿合马的脑袋，当朝宰相登时毙命。

马可·波罗详细地叙述了这桩刺杀案，说这一事件发生时，他人就在大都。

他还讲了至元二十四年（1287）的乃颜之乱。

马可·波罗说，忽必烈为平定在东北起兵叛乱的蒙古宗王乃颜，乘坐象轿御驾亲征，把这个远房亲戚捶了一顿。

更关键的是，马可·波罗提到乃颜是一个基督教徒（准确地说是基督教聂斯托利派），叛军将十字架画上了战旗。

这条材料为现存的汉文史料提供了重要补充。在中国的历史文献中，只说乃颜"惑于妖言"，信奉一种与佛教不同的宗教（"离佛正法"），却没有说乃颜究竟信奉什么宗教。

关于这场叛乱的结果，马可·波罗说，乃颜作为蒙古贵族，以"不出血死"的方式被处死，而在汉语文献中，也留下了乃颜败亡之后，被投入河中的记载。

马可·波罗对这些历史事件的熟悉程度，不像是一个商人道听途说所能了解的，更像是一个帝国官员从同僚处得到的消息。

此外，马可·波罗还准确记住了忽必烈的生日在阳历9月，也就是中国阴历的八月廿八日。在古代，皇帝生日是一个举国庆祝的大日子，更何况在马可·波罗的故事中，这位皇帝对他有知遇之恩。

另一个重要节日是中国的春节，马可·波罗说中国新年是在阳历2月，基本上准确。

他还说，在这一天，皇帝和臣民要穿上白色的衣服，因为白色是吉祥的象征。此处乍一听禁不起推敲，过年不应该穿大红色吗？然而，新年穿白衣的说法，符合当时蒙古贵族的风俗。

4

对马可·波罗来华持怀疑态度的人指出另一个严重的漏洞，即汉文史籍中，并没有史料可证明马可·波罗的存在。

马可·波罗自称，他"曾亲受大可汗的命令，治理扬州三年之久"。可翻遍扬州地方志收录的元朝大小官员，都没有找到他的名字，也难以确定马可·波罗担任的所谓"长官"是个什么官。

20世纪初，有学者为了辩驳怀疑论者，一度将马可·波罗强行附会为元朝大臣孛罗，认为二者是同一人，提出马可·波罗在扬州担任的官职是淮东道宣慰使（1276年设立，治扬州，属江淮行省）。

但这一说法已确定为谬误。

孛罗是正儿八经的蒙古人，其祖上是成吉思汗正妻孛儿帖的管家，而且他与同时期的阿里不哥、伯颜与文天祥等人物都有过接触，后来官至宰相。

如果孛罗就是马可·波罗，肯定分身乏术，无法一边在元朝官居高位，一边去意大利的监狱讲述自己的风光史。

不过，中国史书没有留下马可·波罗的名字，也不是什么稀奇事。

有元一代，先于或晚于马可·波罗来华的西方人，有不少人写下关于中国的《行纪》或其他著作，叫得上名号的就有小亚美尼亚国王海屯、法国传教士鲁布鲁克、摩洛哥旅行家伊本·白图泰等。

他们都对东西方交流做出了杰出的贡献，但在中国史籍中无迹可寻。

还有一个例子，《元史》及元人文集中记载了元至正二年（1342），罗马教皇使者来华的事件。

罗马教廷的档案中，明确记载了访华的使者叫马黎诺里。此事在《元史》中的记载却是这样的："是月，拂朗国贡异马，长一丈一尺三寸，高六尺四寸，身纯黑，后二蹄皆白。"史官惜墨如金，描写了使者前来赠送的名马，但使者姓甚名谁，只字未提，反正请他吃几顿饭就送走了。

如果老外来中国后没被写进史书，就说他们没来过中国，如此要求未免也太苛刻了。

5

难道中国史书中完全没有马可·波罗的踪迹吗？

历史学者杨志玖一生致力于马可·波罗的研究。1941 年，他在《永乐大典》收录的元朝史料中发现了一段震惊学术界的文字。

这是一篇出自元朝《经世大典·站赤门》的公文，说的是至元二十七年（1290）泉州官员为即将出海的元朝使臣分配口粮一事：十七日，尚书阿难答、都事别不花等奏：平章沙不丁上言："今年三月奉旨，遣兀鲁歹、阿必失阿、火者，取道马八儿，往阿鲁浑大王位下。同行一百六十人，内九十人已支份例，余七十人，闻是诸官所赠遗及买得者，乞不给分例口粮。"

此处出现了几个拗口的人名。

沙不丁是当时的江淮行省平章政事，此人管海运出身，由于当时泉州路在其管辖范围内，因此泉州的市舶事务也归他管。

阿鲁浑是伊利汗国的君主。13 世纪，蒙古人纵横欧亚大陆，除建立元朝外，还建立了四个相对独立的汗国，即金帐汗国（又称钦察汗国）、察合台汗国、窝阔台汗国与伊利汗国。

伊利汗国王室算是元朝皇帝的亲戚，该汗国由忽必烈的弟弟旭烈兀创建，其领土东起阿姆河和印度河，西至小亚细亚大部分地区，南抵波斯湾，北至高加索山。

兀鲁歹、阿必失阿、火者，这三个人就是即将出海前往伊利汗国觐见阿鲁浑的使臣。按照季候风的规律，他们将于 1291 年从泉州出发，走海路经过"马八儿"（今印度东南岸一带），前往波斯。

这段史料中没有提到马可·波罗的名字，但他可能隐藏在这支使团中。

前文说到，马可·波罗原本在中国混得风生水起，促使他返回欧洲的契机，是 1291 年，元朝公主阔阔真嫁伊利汗国的事件。

在马可·波罗的故事中，伊利汗国君主阿鲁浑的妻子去世，国王遣使到元朝求婚，请求娶与亡妻同族的蒙古女子为续弦。忽必烈恩准了，下诏命 17 岁的阔阔真公主出嫁为阿鲁浑妃，并由三使臣与熟悉出海路线的马可·波罗一家护送出航，随后思乡心切的马可取道西亚，回到意大利。

在《马可·波罗行纪》中，马可·波罗提到了与他们同行的三使臣名字，其原文为 Oulatai、Apousca、Coja。

我们将其与元朝史书中的三个使者姓名一一对应，会发现这两种史料讲的是同一次航行：

Oulatai—兀鲁歹；

Apousca—阿必失阿；

Coja—火者。

遗憾的是，元朝史籍中并没有提及三个使者与马可·波罗、阔阔真公主的关系。

杨志玖认为，这篇站赤公文未提及阔阔真与马可·波罗，一是因为公主地位显贵，本就与分配口粮无关；二是地方官沙不丁向中央请示使团的口粮分配问题时，只有使团的领队，也就是三使者非提不可，即便马可·波罗身在其中，他也不是负责人，因此被略过。

中西方史料出现了惊人的吻合，而这可能是马可·波罗在中国历史上留下的痕迹。

对怀疑论者质疑马可·波罗来华真实性的看法，"肯定论"学者们也有许多猜想。

马可·波罗不写汉字，而且书中提及的许多地名都是蒙古、突厥或波斯语的称呼，如 Cathay（契丹，即北中国）、Cambaluc（汗八里，即元大都）、Caramoran（哈剌木连，即黄河）……

有学者推测，这估计是因为马可·波罗精通波斯语、突厥语和蒙古语，但不懂汉语。

即便真如马可·波罗所说，他在扬州当了三年官，可中国史书对元初江淮的蒙古官员也有"无一人通文墨者"的记载，而且元朝统治者一度关闭了科举考试，重用蒙古人、色目人，贬低北人（原金朝统治下的汉人）与南人（原南宋统治下的臣民）的地位。

马可·波罗在中国时整天跟蒙古贵族打交道，故而忽视了许多与汉文化相关的事物，如长城、印刷术、筷子、茶叶、缠足。

马可·波罗遗漏了"长城"。一方面是因为元朝幅员辽阔，无须修长城防御北边，前朝修筑的长城也起不到防御作用。另一方面，我们现在看到的长城，大部分是砖石建成的明长城，而马可·波罗来华时，看到的最多是元代以前用泥土筑的城墙与碉堡，且都荒废已久，这个商人出身的老外，可能没有对此唤起什么好奇心。

缠足在宋代上层社会的妇女间已经盛行，但马可·波罗入元后，每天接触的蒙古族妇女并不缠足，且汉族妇女碍于礼教，长期处于封闭状态，马可·波罗平时也见不到她们。

马可·波罗在中国生活了 17 年，不识汉语，没有深入了解汉文化，也许是受当时政治情势的影响，这也导致他对中国存在许多片面的认识。

6

长久以来，欧洲人对东方有种根深蒂固的向往。有学者说，这种想象中的"东方"几乎是欧洲人凭空创造出来的。

希腊、罗马时代的欧洲人相信，遥远的东方有一个叫"塞里斯"（Seres，是

"丝绸"的意思）的古国，那里的人"平和度日，不持兵器，永无战争。他们性情安静沉默，不扰邻国，那里气候温和，空气清洁，舒适卫生，天空不常见雾，无烈风。森林甚多，人行其中，仰不见天"。

当时，东方之于欧洲人，就像晋代陶渊明笔下的世外桃源。

早在公元前 4 世纪，马其顿的亚历山大大帝南征北战，建立横跨欧亚非的帝国，其中一个原因就是他读了荷马史诗的《伊利亚特》后，为书中描写的东方世界深深着迷。

直到去世前，这位年轻的征服者都怀着前往东方的梦想，但大陆的彼岸，依旧广阔而神秘。

14 世纪后，随着《马可·波罗行纪》广泛传播，这种想象被进一步推向高潮。

作为一个商人，马可·波罗用极其夸张的手法讲述中国各地的物产、贸易、集市、交通、税收等与商业有关的事物，将东方描绘成一个拥有无尽财富的宝地，宫殿中"所有房间里的墙壁上都铺着金子和银子"。

在书中，马可·波罗表示，亚洲的东部并非封闭的水域，而是海岸的边缘。他对亚洲东海岸的描述，使垂涎东方文明富庶的欧洲人相信，可以通过航海找寻通往中国的道路。

15 世纪，来自意大利的哥伦布经常阅读一本拉丁文版的《马可·波罗行纪》，并在上面做了 260 多处注解。在马可·波罗故事的激励下，他决心远航东方，寻找黄金之国。

1492 年，哥伦布带着西班牙国王写给中国皇帝的国书，开始了首次航行，横渡大西洋，到达美洲的巴哈马群岛和古巴、海地等地。这是发现新大陆的开端。

哥伦布完全沉浸在对偶像马可·波罗的崇拜中，他以为自己到达了亚洲，将古巴当作日本，登岸寻找黄金，又把墨西哥当成马可·波罗口中的"行在"（杭州），还将美洲土著当成印度人，命名为"印第安人"。

直到晚年，哥伦布仍坚信，自己到达的是亚洲。

在《马可·波罗行纪》成书的两个世纪后，除了哥伦布，为美洲大陆命名的亚美利加、绕过好望角的达伽马、首次完成环球航行的麦哲伦等开启大航海时代的航海家，都是《马可·波罗行纪》的忠实读者。

欧亚大陆的平衡从此被打破，欧洲人实现了他们"通过交换，或者通过征服，取得黄金、珍珠和香料"的野心。

史学界有句话，叫"说有容易道无难"。如今，认为马可·波罗没有到过中国的论据全部加起来，似乎还无法推翻马可·波罗本人生前的叙述。

据说，马可·波罗临终时，神父让他忏悔，承认自己在编造游记时撒了弥天大谎。但马可·波罗坚定地说，不，我所说的，还不及我见到的一半。

无论马可·波罗是否来过中国，他与他的《马可·波罗行纪》，已经改变了世界。

历史与传说：李自成的最终归宿

19岁的李自成在陕西米脂县做驿卒，无论严寒酷暑，常年奔波于当地仅有的两处驿站。

那时，他只想老老实实地攒上几两银子，早日娶妻生子，摆脱贫困的命运。

随着天下饥民群情激愤，一场动乱正向四方蔓延，后来，李自成被迫下岗，加入了反抗的浪潮。

39岁的李自成来到北京城，在成千上万人马的簇拥下行至承天门前，为拔除明朝的"不祥之气"，他举弓搭箭，朝"承天之门"牌上射去，一箭射中中心。

那时，李自成以"闯王"之名，把明朝三百年江山翻了个底朝天。

可李自成想不到，历史只给了他42天的时间，短暂的巅峰过去，便是兵败如山倒，到最后，连他的死也成了谜。

1

从崇祯十七年（1644）三月十九日，李自成率领大顺军进京，崇祯帝在煤山自杀，到同年四月三十日，李自成撤离北京，只过去了42天。

这是决定大顺政权兴衰成败的42天。

起初，大顺军占领北京时，得到百姓欢迎。当时民间流行一句话，叫"杀牛羊，备酒浆，开了城门迎闯王，闯王来了不纳粮"。李自成凭着这几句口号，成为贫苦大众的头号偶像。

李自成起义军奉行"均田免粮"的经济政策。均田，指均土地，把官商富户的田产分给农民自耕自种；免粮，就是减免百姓交纳的赋税。

如此一来，老百姓自然唯闯王马首是瞻。明朝覆灭后，就连北京的官绅地主也来拍李自成的马屁。

史载，崇祯自缢后，在京的两三千名明朝官员自尽的仅有 20 人，有很多人眼见大势已去，赶紧跑到大顺朝廷求录用。

有一天，李自成心腹、大顺丞相牛金星看到一个叫刘廷谏的大臣前来面试。

牛金星见刘廷谏满头白发，年已老迈，就对他说："公老矣，须白了。"那老刘听了连忙辩解说："您要是肯用我，我的须发自然变黑，我真的还没老。"除此之外，其他在京官员"衣冠介胄，叛降如云"。

在南方的史可法听说这一情况后，大为愤慨，说在北方的诸臣尽忠死节者寥寥无几，在南方的诸臣起兵讨贼者屈指可数，"此千古以来所未有之耻也"！

北京陷落之际，明朝镇守关外的军队奉命撤入关内勤王，等到进关后，得知大顺军已经攻占北京，也纷纷向大顺政权投降。

短短三个月内，秦岭、淮河以北的明朝军队基本上已全部被大顺收编，地方除辽东外全部归大顺政权接管，李自成建立的大顺达到了事业的顶点。

明末清初思想家顾炎武在《日知录》中有一个著名的观点："有亡国，有亡天下，亡国与亡天下奚辩？曰：易姓改号，谓之亡国；仁义充塞而至于率兽食人，人将相食，谓之亡天下……保国者，其君其臣、肉食者谋之；保天下者，匹夫之贱，与有责焉耳矣！"

在官绅地主看来，大顺取代大明，只是历史上常见的改朝换代，是"异姓改号"，需要挣扎图存的是皇亲国戚、世袭勋臣之类的"肉食者"，同一般的官绅士民没什么关系。

对于前来投靠的官绅地主，李自成却把握不住，他占领北京后，实行打击官绅地主的"追赃助饷"政策，也就是征收富人们的家产来解决军队和政权的经费。

正史站在官绅地主的角度，往往对此采用负面的描写，如甲申三月，大顺军占领大名府，"布州县伪官，毒掠缙绅"；大顺军进占广平府，"次日，拷掠乡绅，以官职大小定银数之多寡，惨不可言"；邹平县令上任后，"刑逼乡官，渐及富户，谓之追饷"等等。

士大夫编撰的史书，只会抨击所谓追赃助饷的"罪行"，却从不赞扬大顺军"均田免粮"的政策。

各地的"追赃"活动，一直延续到大顺军战败西撤为止。如此一来，原本想把李自成当作新靠山的官绅地主人心惶惶，暗地里都盘算着再度反水，当"带路党"。

最后把李自成推上绝路的，正是明朝的旧臣。

在军事部署上，李自成也犯下了错误。

自努尔哈赤起兵之后，山海关外的满洲人便是中原的心腹大患，其军事力量日益崛起。

李自成进军北京后，将大批主力部队分布在西北、湖广、河南等地，进占山西、畿辅、山东之后，兵力进一步分散，却唯独没有将京东、山海关一带交给心腹镇守，反而托付给了吴三桂等明朝旧将。

吴三桂跟满洲人打了很多年仗，跟大顺军却无冤无仇，史书说，他"以清兵仇杀多次，不欲返颜，乃修表谋归李贼"，与大批明朝文官武将一起归附了大顺。

甲申年（1644）三月二十二日，吴三桂原本在永平府（治所在今河北卢龙县）张贴告示，声明自己将率领部下兵马前往北京准备接受李自成的任命。可短短四天之后，吴三桂率领军队即将到达北京城时，却变卦了，由投降大顺转变为与大顺敌对。

其中的原因，在史书中有三种说法：一说吴三桂听说他的父亲吴襄被大顺政权拘捕追赃，大怒，故而改变主意；二是从京城私自逃出的奴仆谎报吴家已被大顺军抄没，引发吴三桂的不安；三是最为人熟知的"冲冠一怒为红颜"，据说，吴三桂的爱妾陈圆圆被大顺军将领霸占，使得吴三桂羞愤不已，突然带兵杀回山海关，随后投降清朝。

吴三桂给清朝摄政王多尔衮带去了一封信，信上说自己作为明朝的孤臣，请求清军发兵共讨大顺军，"示大义于中国，则我朝之报北朝者，岂惟财帛，将裂地以酹，不敢食言"。

吴三桂这是自作主张，把自己多年来把守的地盘都让出去了。

多尔衮对关内的风云突变早已洞察在心，他接受吴三桂的投降，派兵以一天二百里的速度急行军赶赴山海关。至此，清朝入主中原的时机已到。

大顺军为了讨伐反复无常的吴三桂，只留下一万老弱病员留守北京，其余十万主力由李自成、刘宗敏率领，开赴山海关，与吴三桂部、清军狭路相逢。

山海关大战一触即发。

在这场影响明清之际全国局势的关键性战役中，大顺军先后与吴三桂军、清军鏖战，遭到以逸待劳的清军痛击，阵容大乱，李自成见败局已定，下令撤退。清军取得大胜后，攻入了山海关。

回到北京后，李自成将吴三桂家属三十四人处斩，他恨透了这个叛将。

此时，摆在李自成面前的难题是，到底该如何据守北京。

四月三十日，随着清军步步逼近，华北一马平川，李自成自知无法在北京集中一支足以固守的兵力，一旦陷入清军围城，自己可能成为瓮中之鳖，只好放弃北京，率军西撤。

此前一天，李自成刚刚在北京举行即位典礼。撤离北京那天，距离他攻入北京春风得意的日子，仅仅过去 42 天。

史载，大顺军撤退时，北京"城中扶老携幼西奔者络绎不绝"，但那些曾经投降大顺的官绅地主，有不少人早已准备好迎接新的主人。

2

大顺军退到山西后，清军暂时停止了追击，大约有一个月的时间没有采取军事行动。

但李自成再次犯错，他没有坐镇太原，调遣军队入晋勤王，而是听从刘宗敏等亲信的建议，于六月初渡过黄河，返回大本营陕西，退入西安，直至大顺军土崩瓦解。

1644 年年末，寒风掠过黄河，清朝大军在豫亲王多铎的率领下，于孟津县渡河，向西安东面的屏障潼关发起了进攻。在关前，清军架起红衣大炮轰击高耸的城墙。

潼关一旦失守，关中形胜形同虚设，因此，李自成不得不将驻守西安的主力调到潼关。

与此同时，由清英亲王阿济格率领的一支大军进入陕北，与进逼潼关的清军双管齐下。

面对腹背受敌的局面，李自成被迫主动放弃陕西，另谋出路。

清顺治二年（1645）正月，潼关失守。

当时，留守潼关的大顺军将领马世耀向清军诈降，秘密派人送信给李自成，请他回师潼关，自己从中接应，击破多铎的军队，不料这一密信被清军截获。

第二天，多铎谎称举办宴会，将马世耀所部的武器全部解除，又以打猎为名，在潼关西南十里的金盆口设下埋伏，等到马世耀和部下前来赴约，便一声令下，命伏兵将马世耀与部下七千余名大顺军将士全部拿下，随后下令处死。

多铎占领潼关仅仅数日，便出兵攻占西安。

大顺政权连西北的老家都丢了，回到了原先流动作战的状态。

此前，李自成已带领刘宗敏、刘芳亮等心腹部将由西安经蓝田、商洛向河南撤退。

李自成再次离开了大顺军的大本营，告别了他的家乡。

在陕西，年轻的李自成曾经是一个无忧无虑的驿卒，工作只是为了一日三餐。后来，饥荒来了，政策变了，他失业了，一场起义将他推向了历史舞台，可转眼间化为乌有。

离开陕西后，大顺军前有南明军队堵截，后有清军追击，处于被动挨打的位置。此时，李自成的想法是："西北已经失去了，我们可以去夺取东南啊！"他率军东进南下，欲夺取江南为基业。

1645 年三月下旬，李自成到达湖北襄阳一带，其麾下士卒有从陕西、河南带来的兵力十三万，以及原先部署在襄阳、承天、德安、荆州四府的数万人马，合计二十万众，"声言欲取南京，水陆并进"。出发前，只见阴霾四起，暴雨烈风吹倒了大顺军的旌旗。

大顺军接连遭受重创，已然士气低落，一方面没有根据地可提供后勤供应，另一方面又要拖家带口，保护随军家属，已经完全沦为"流寇"。这支大军没能形成什么气候，反而在清军与南明军的前后夹击下走向末路。

这一年的五月，李自成率领残部行至湖北九宫山下，留下一个难解的生死之谜，消失在史书记载中，这也标志着大顺政权的覆灭。

3

湖北省境内有两个九宫山，一在通山县，一在通城县，李自成最后的归宿究竟是在哪个九宫山，三百多年来众说纷纭。

关于李自成在湖北九宫山遭遇不测的说法，可统一称为"战死说"。他既不是被清军所杀，也不是被南明所杀，而是死于一次偶然的民间冲突事件。

1645年五月初，李自成行至湖北九宫山下，亲自带领少数卫士前去察看地形，突遭当地团练武装的袭击。尽管李自成率领的这支军队有数万之众，但谁也没想到，李自成作为统帅居然没有处于队伍中间的位置，而是脱离大部队跑去探路，当地团练也不知道这竟然是大名鼎鼎的大顺皇帝李自成。

在这场短兵相接的遭遇战中，李自成被人多势众的当地武装包围，死于混战之中。

康熙年间费密撰写的《荒书》中，详细描写了李自成与当地乡勇搏斗的经过。

双方交战之际，李自成与山民程九伯徒手搏斗。常年种田的程九伯自然不敌久经战阵的闯王，被李自成摔倒在地，压在身上，李自成拔出刀，正要刺向程九伯。

说时迟，那时快，程九伯的外甥金某看到眼前景象，拿着一把铲子赶来相助。李自成只顾与程九伯搏斗，没有注意到金某，被金某一铲子猛击，削去了半个脑袋，当场毙命。

据康熙《通山县志》记载，大顺军将士得知李自成被杀后，悲愤交加，在当地进行了报复性的劫掠,"人民如鸟兽散,死于锋镝者数千,蹂躏三月无宁宇"。

不可思议的是,害死李自成的程九伯居然活了下来。在程九伯的宗谱中,程九伯的后人没有说祖上干掉了李自成,只写"剿闯贼李延于牛脊岭下",这也让李自成是否死于九宫山显得扑朔迷离。

还有一种说法,李自成并没有与村民发生争斗,而是被误杀。

清康熙年间的《罪惟录》记载,李自成率军经过九宫山时,发现山上有元帝庙,村民正在举行游神赛会,李自成便带二十轻骑走近观看。

随后,李自成让骑兵留在山麓,自己独自前往庙中跪拜,似乎有所祈祷,迟迟不肯起身。庙里的乡亲们见李自成一身戎装,行为古怪,以为是强盗。有一个人比较冲动,拿起掘土用的锸,一把朝李自成的头上刺去,把他刺死了。

之后,村民从李自成的衣服中搜出一枚金印,才知错杀贵人,吓得纷纷逃走。

有学者认为,李自成的遗体可能由随行的大顺军将士进行秘密安葬,所以,此后清军未能找到他的尸首。

4

不久后,李自成死于九宫山的消息,传到了清朝与南明朝廷的耳中。

清军将领阿济格从陕西一路追击李自成的残部,终于在湖北得到李自成已死的消息。可是,作为前线指挥,阿济格对李自成是死是活,以及如何死去的情况,始终闪烁其词,甚至先后奏报不一。

1645 年闰六月,阿济格向朝廷上奏说:"闯贼兵尽力穷,逃窜进九宫山。我在山中遍寻不得,又四处通缉,有闯军的降卒和被擒的贼兵说,李自成逃走时,随从仅有二十人,被村民围困,不能逃脱,遂自缢死。我让熟识李自成的人去辨认尸体,但因尸朽莫辨,没有人能辨认出来。我之后会再进行查访。"

这里增加了"自缢"一说。

阿济格说李自成是被围困后自缢而死,还自称找到了一具可能为李自成的尸体,但得不到确认。

之后，阿济格的查访没有下文，显然李自成之死没有眉目，得不到证实。同时，来自前方的奏报将各种说法都传回了朝廷，有人说李自成已死，有人说李自成还活着。

摄政王多尔衮对此颇为不满，他看着让人眼花缭乱的奏报，下谕痛斥阿济格等人说："尔等先声称流贼已灭，李自成已死，贼兵尽皆剿除，故我祭告天地宗庙，宣谕中外。后来，我又听闻李自成是死了，但贼兵并没有全数歼灭。如今又听说李自成逃遁，现人在江西。此等奏报的情形，前后互异……你们这样谎报，还有谁是可信的？"

南明朝廷也十分关注李自成的下落，有人以此向朝廷邀功请赏。

南明大臣何腾蛟在隆武元年（1645）向隆武帝汇报的奏疏中说："天意亡闯，以二十八骑登九宫山，以窥伺计，不意伏兵四起，截杀于乱刃之下……"

何腾蛟上疏称"元凶"已除，自称确有实据，只是这一地区暂时被清军攻占，我无法派人查验。

隆武帝朱聿键看完何腾蛟这空洞的发言，"疑自成死未实"。

无论是清朝，还是南明，始终无法为李自成之死找到一个令人信服的证据。

后来，清朝官方编撰《明史》，把李自成列入《流贼传》。在刊定李自成之死时，《明史》将战死说与自缢说相结合，写道："（李自成）自率二十骑掠食山中，为村民所困不能脱，遂缢死。或曰村民方筑堡，见贼少，争前击之，人马俱陷泥淖中，自成脑中锄死。"

5

然而，关于李自成的最后归宿之谜，并未就此尘埃落定。

清代乾隆年间，湖南澧州有个官员叫何璘，他根据自己调查所得，写成《书李自成传后》，对李自成死于九宫山一说提出质疑。

他认为，李自成"设疑代毙，以为缓追脱身之计"，后在石门夹山寺遁入空门。

在这篇文章中，何璘讲述了他听闻的故事：

李自成南下后，面对清军与南明的前后阻击，且部下多叛逃，已经心灰意冷，于是"舍骑入山，削发亡命"，逃到石门县的夹山寺出家为僧，法号"奉天玉"，活到了康熙年间，年约七十岁去世。何璘问寺中还在世的老僧，他们回忆说，没有人知道奉天玉和尚来夹山寺之前的经历，但听他的口音，好像是西北一带的人。

何璘还为自己的说法提供了一些佐证，如李自成"失踪"后，大顺军余部在澧州、石门一带盘踞多年，也没有另外推举一位首领，也许是因为李自成隐居山间。

石门一带地处湘鄂交界，层峦叠嶂，地势复杂，正好作为两个朝廷都要追捕的头号逃犯的藏身之地，而夹山寺是历史悠久的禅寺，也可为这位为帝为寇又为僧的传奇人物提供一个修行之地。

何璘认为，"奉天玉"这一法名的由来，是因为李自成曾自称"奉天倡义大元帅"。还有人说，王者主也，主若隐其头就是"玉"。

李自成"出家说"由来已久，但新中国成立以来，出家说曾长期得不到认可，并被有意掩盖，有学者认为这是一种"逃跑主义"，不利于营造农民军领袖的形象。

1984 年，湖南石门县夹山寺发现了奉天玉和尚墓，墓葬中出土了大量关于奉天玉和尚的文物，且违背僧规，按俗礼下葬，似乎印证了闯王当和尚的故事并非毫无根据。

当地人还发现过奉天玉和尚的画像，是一种雌雄眼、面貌狰狞的形象，"雌雄眼"即眼睛一大一小。《明史》记载，李自成"高颧深䐁，鸱目曷鼻，声如豺"，相貌比较奇特，而且他在征战时曾被射伤左眼，箭伤痊愈后导致两只眼睛一大一小，这恰好与奉天玉和尚像的雌雄眼相符合。

但是，奉天玉和尚是否为李自成至今仍存疑，缺乏有力的实证。李自成禅隐夹山的说法，也只是各地闯王传说的其中一个。

在甘肃榆中县，人们相信，李自成兵败后，在亲信的掩护下逃脱，隐居于榆中县青城镇，而且死后埋在了青城镇黄河边的龙头堡子。这一说法，源自当地的一本《李氏宗谱》以及李氏后人的祭祀活动和青城镇的口头传说。

　　在湖南临澧县，有一个蒋氏家族，自称其发迹与李自成有关。一说闯王失败后，将儿子寄在蒋家，并给了一支令箭，可用其在河边船上取金银，蒋氏抚养闯王之子长大，由此发家。现代女作家丁玲就是临澧蒋家的后人，她回忆说："我小时候也听过不少这方面的传说，家里老人说，临澧的蒋家是李自成的后人。"

　　那个让明清两朝共同忌惮的枭雄，在掀起了一场惊动天下的风暴之后，归于沉寂。他的生死下落，在此后数百年成了一个为人津津乐道的话题，而历史的是非功过，不过成王败寇而已。

时代变了：八旗没落之谜

　　1948 年，一部名为《十三号凶宅》的恐怖系电影在北平（今北京）隆重上映。受电影热映影响，人们除了热衷于讨论电影里的恐怖情节外，对于十三号凶宅的现实影射也有浓厚的八卦兴趣。

　　电影讲述郑亲王被八国联军用战马拖死后，王府日趋没落，王族中一对兄妹私通，生下了私生女。私生女长大后，晚上经常穿着白衣在王府里游荡。就像电影海报所宣传的，"王府之夜，鬼影幢幢，奇情怪闻，兄妹私通"。

　　由于该电影一早便说明了故事发生在北平宝禅胡同十三号郑亲王府，且剧中套用了真实人物信息，故而，熟悉老北京四九城内故事的老少爷们，很快便知道了电影的具体所指。

　　一时间，满城风雨，都在说郑亲王府闹鬼的事儿。

　　得知此事后，身为清朝郑亲王府末代主人的金昭煦怒不可遏。他一纸讼状将电影出品方告上了法庭，但他上诉的根本目的，不是出于维护郑王府的名誉，而是为了索取一笔赔偿费。

　　最终，在法院的裁决下，电影出品方以涉嫌侵权罪名被判向金昭煦赔偿了 13 亿法币精神损失费。

　　随后，电影出品方将该片的角色信息进行艺术化处理后，继续公映，场场爆满。而拿到赔偿费的金昭煦，没有再追究。

　　要知道，和硕郑亲王这个爵位在清朝那是八大"铁帽子王"之一，属世袭罔替制王爷。所谓"世袭罔替"，即无论承袭王爵的人犯了什么罪，也只罪在其人，不影响王爵世袭。按光绪朝修订的《大清会典事例》记载，清朝凡封和硕亲王者，每年可得一万两的俸禄，并"每银 1 两给米 1 斛"（1 斛本为 10 斗，后改为 5 斗，1 斗即 10 升）。此外，亲王照规定还有大粮庄、银庄、果园、瓜园等42 处。

无论清朝皇帝如何变化，郑亲王还是原来那个钟鸣鼎食的郑亲王。然而，清朝仅仅灭亡 30 多年后，郑亲王府的末代主人已经沦落到了要靠 13 亿法币（按1948 年 5 月《大众日报》报道，50 万法币可购买 12.08 两大米换算，其购买力大约相当于今天八九千元）过日子的地步。

时代变了，时代早就变了。

1

清朝立国的"八旗制度"，最早源于努尔哈赤时代的后金军事管理制度。后金将散居在白山黑水间的女真族人召集起来，以"牛录""甲喇"为基层单位，组成以"固山"（满语意思"旗"）为单位的军事组织，"出则为兵，入则为民；以旗统兵，以旗统人"。

随着爱新觉罗家族的势力不断扩大，努尔哈赤将这种起兵初期的松散军事组织正式确立下来，分授不同颜色的旗帜，形成真正意义上的"八旗"。最终在努尔哈赤之子皇太极执政时期，衍生成为清代满、蒙、旗下汉人内部的社会管理制度。

入关之后，清朝统治者以为，明朝衰亡的根本原因就是实行了两百多年的分封制度。在明朝"分封而不赐土，列爵而不临民，食禄而不治事"的体制下，众多明朝亲王只能在封地内享有郡国之名，而无治国之实，实属资源浪费。但明朝的皇子到底还是根据国家的要求，到地方"就了国"，这对于中央朝廷而言又是一颗潜在的"定时炸弹"。明朝中期出现了安化王、宁王等大小叛乱，让清朝统治者觉得有必要避免历史的覆辙。

最终，清朝统治者决定对皇族实行"分旗赐第"政策，即"诸王不赐土，而其封号但予嘉名，不加郡国"。如乾隆三十年（1765），乾隆皇帝第五子永琪受封和硕荣亲王后，其后人即隶属镶红旗，"为镶红旗宗室右翼近支第一族"，隶属该旗籍下的人丁、土地等，实际上就成了荣亲王家族的私有财产。

对于普通旗人，清朝则以"跑马圈地"的形式完成初次财富分配。

满人在长时间的发展过程中，因环境等因素，只习得骑马打猎，对于中原地区长期赖以生存的农耕文明并不熟识，导致入关后，八旗上下生活上出现各种不适应。为了解决八旗军队入关之后的生存问题，不胜耕种的清朝上层只好发动声势浩大的圈占土地运动，将官府新丈量好的土地，收归国有，再统一分配给旗人，以保障八旗军民入关之后的正常生活。

在这个过程中，原先属于农民所有的肥沃土地被清军以"跑马圈地"的形式收走，替换的皆是一些盐碱化程度高、耕作肥力不强的土地。一部分农民甚至因圈地沦为新入关八旗的奴仆。圈地后，大量土地由奴仆耕种，普通旗人兵丁再也不需要苦哈哈地耕作了，可以全身心地投入到为清朝开疆拓土的战斗中。

就这样，清朝八旗社会形成了"王公—普通旗人—奴仆"三个等级的划分。

鉴于八旗军民主要为战争服务，清政府规定，所有的在旗人员一律不准经商，不准务农，终身只能在官方设置的"满城"附近活动，超出规定范围（禁旅八旗以京师内城周边 40 里为界，驻防八旗以满城周边 20 里为限），一律处以重罪。

但随着时间的推移，天下太平，八旗子弟武备松弛。到了晚清，形成了魏源所说的"聚数百万不士、不农、不工、不商、不兵、不民"的八旗人口，均丧失基本的谋生能力。

仅需要一场变故，这个庞大的寄生人群就将面临瓦解崩溃。

2

这场剧变发生在清军入关 267 年后。辛亥革命爆发，清朝于 1912 年灭亡。

清政府从前按规定发给八旗子弟的俸银、禄米等一律停发。这意味着满洲八旗子弟以往赖以生存的"铁杆皇粮"从此没了。

于是，自上而下，八旗的各色人等开启了"救家图存"的新模式。

1911年，当6岁的清逊帝溥仪即将被人抱下皇位之时，另一个可怜的皇族孩子——出自顺承郡王家族的文葵呱呱坠地。此时文葵的本家叔叔讷勒赫31岁。

光绪七年（1881），承袭了八大"铁帽子王"之一的顺承郡王之后，讷勒赫历任清朝禁烟大臣、宗人府右宗人等重要官职，还娶了慈禧太后的外甥女、隆裕太后的妹妹静芬做了福晋。在清末的王公大臣中，讷勒赫也算得上是位说得上话的王爷。

根据《大清会典事例》的规定，郡王爵每年可以领得俸禄5000两。虽然光绪年间减半发放，但在清初的圈地运动中，顺承郡王家族也占了不少"福利"。仅在京郊河北保定定县一带，顺承郡王家族名下就有八万多亩庄田。即便没了俸禄，靠着地里长出来的庄稼卖钱，郡王爷每年过的日子还是相当美滋滋的。

可是随着清政府的倒台，原来隶属于各王府之下的人丁、驱役等也都"翻身农奴把歌唱"，不仅恢复了平民百姓的身份，更有甚者直接拒交往年需要按时缴纳给王府的赋税。据顺承郡王后人焘诚记述，民国二年（1913），顺承郡王府就曾因"关外庄头占园欠租"向许诺优待清朝皇族的民国政府提出过控诉。

在呈文中，顺承郡王家族写道："窃本府受赏之地，坐落奉天沈阳、辽阳、海城、本溪等地，向令本府旗丁承领，名曰庄头，由庄头招佃领种交租，历年除纳课赋之外，酌定租数交府，余归该庄头赡养家口，历有年所，毫无异同。即偶逢灾歉，在本府亦随即酌减缓免，而伊等亦无强索抗衡之举。不期国体变更，共和肇兴，该庄佃不察共和之真相，竟将王产视为己有，不但额租连年拖欠，抑且有自行税契转售之事。"

可见此时的顺承郡王府完全没了往日的威风，鞭长莫及的肥沃土地因为"无主"，直接成了手底下人乐得其享的丰厚家产。

而光绪年间重新修订的《大清会典事例》规定，"郡王府应设长史1名，典仪4人，一、二、三等侍卫共15人，驱使太监30人，以及司牧、司库、羊群长、牛群长等官"。按这个算法，撤除司牧、司库等杂官，郡王府平常少说也得有50口人等着发工资吃饭。

故在经济来源断绝后数年，1917年，时年37岁的讷勒赫就在焦虑中英年早逝了。

讷勒赫去世后，本着顺承郡王府不能绝嗣的原则，已经逊位的溥仪又"颁诏"，令时年 6 岁的文葵继承了叔叔的爵位，为新一代顺承郡王。

比起在前清时代担任过重要职务的讷勒赫，"民国第一代新生儿"文葵既没有从政的经历，也未曾经历过大风大浪。而顺承郡王府曾经丰厚的家底儿，此时拿得出手的也只有保定定县那八万亩地了。

好在原本产权归属国家的王府，在清末时由隆裕太后的一道懿旨变成了诸位王爷的私产，坐吃山空的顺承郡王一大家子才得以将这座他们家族住了近 300 年的老王府出租给皖系军阀徐树铮，作为西北筹边使署办公地。

好景不长。1920 年，直皖战争爆发，不到一个星期的时间，皖系部队就被击败，南逃离京。顺承郡王一大家子的租金瞬间断绝。

迫于无奈，末代顺承郡王只能找到溥仪的七叔"涛贝勒"载涛，请他帮忙牵线搭桥，将王府以 75000 大洋的价格卖给奉系大军阀张作霖，充当帅府。

至此，文葵一家彻底从昔日王孙沦为无业平民。

文葵未曾染上祖上的"不良习气"。王府败落后，他有心报效屡弱的国家，曾跑到东北，追随溥仪的步伐。但很快他发现，溥仪名义上是皇帝，实际上说了算的是日本人。在那里上班，"受气，抬不起头来"。后来，文葵以照顾年迈的母亲为名义，离开东北，返回北京，改名文仰宸，闭门画画。

彼时，在皇族宗室中，溥心畬"笃好诗文、书画，皆有成就"，在美术界与张大千齐名，二人并称"南张北溥"。文仰宸赋闲之后，时常与溥心畬兄弟一起交流绘画心得。凭借着自己对名家大作的了解，文仰宸在山水画及宫廷绘画上颇具心得。在 1990 年的北京亚运会上，作为跨时代的见证人，文仰宸向亚运会筹委会捐赠了两幅山水画和一幅书法作品，广受专家好评。

3

而同为晚清宗室旗人，更多的王府在没落之后，后人多数只懂混吃等死。据溥仪的远房侄子毓嵒回忆，在冯玉祥进入紫禁城赶走了溥仪之后，彻底断绝来自

"小朝廷"方面供养的惇亲王族人，只能靠典当家财维生。

作为惇亲王的后人，毓嵒的父亲溥偁是承袭惇亲王系固山贝子溥僴的哥哥，前清时代曾在御前供职。在彻底失去经济来源后，毓嵒家里的排场依旧，点心只吃老字号致美斋的、酱菜只要大栅栏六必居老店的，总之以往该有的排场一样也不能少。

毓嵒的父亲溥偁去世后，毓嵒家的庶务由其叔叔溥修打理。作为诗词爱好者外加戏曲发烧友，溥修在诗文绘画上稍有建树，但执掌偌大的家务，对他来说着实不行。

承接毓嵒父亲的委托之后，溥修不但没有及时止损，反而经常把唱大鼓戏的人请到家中唱堂会。由于没了钱财收入，坐吃山空的一家子只能将身边的佣人一个个辞退。钱不够了，就觍着张老脸四处借钱。

从前，府中"四菜一汤"的光景，到最后也沦落到了吃大饼、咽咸菜。

由于惇亲王府西路中段为一处大型花园，园中南北有房屋100余间，古树参天，环境清幽，故借不到钱的惇亲王后人便打起了这处后花园的主意。后来，在举家搬迁天津之际，溥修命人到园子里把值钱的木材全部卸了下来，卖了1万多大洋，带去天津。

值得一提的是，在晚清政局波诡云谲之下，作为近支宗室的惇亲王世系还出了一个赫赫有名的"大阿哥"溥儁。

戊戌变法失败后，以慈禧太后为首的顽固派曾想借此机会废黜光绪皇帝，另立新人。经过一番挑选，慈禧太后弟弟桂祥的大外孙子、道光帝直系子孙溥儁获封大阿哥，并延请同治帝的岳父、清代唯一的旗人状元崇绮为大阿哥的授业恩师。

然而，对于这个时年15岁的少年，崇绮对其学业的评价是"最懒于攻读"。一句话，相当于一棒子敲死了这位皇子的进一步化凤成龙的前途。

为了让自己能像隔壁朝鲜的兴宣大院君那样有进一步施展政治的空间，溥儁的父亲端郡王载漪不惜铤而走险，向慈禧太后展示义和团的神勇，怂恿慈禧向外国列强宣战，结果惨败。端郡王载漪也被推出来顶了罪，废了王爵，流放新疆。

作为大阿哥，溥儁的好日子也到头了。

由于载漪原先得以承袭郡王爵位，源自其同宗的另一位叔伯无子，将其过继过去。故在载漪获罪之后，慈禧勒令载漪父子归还本宗，爵位由光绪皇帝的亲弟弟载洵承袭。由此，溥儁回到了惇亲王府。

在王府内居住一年多以后，溥儁北上内蒙古看望父亲，并在那里完成了自己的终身大事，与内蒙古阿拉善亲王的女儿成了亲。

清朝灭亡后，不学无术的大阿哥靠着曾经的显名，在民国几届政府中当参议，有一定的收入。然作为落魄王孙，没事抽点儿大烟，逛逛戏楼子，捧捧女角儿的坏毛病始终难改，当参议的这点钱压根不够他挥霍。

到了 1921 年，时局动荡之际，溥儁的挂名参议被撤销后，这个在清末显赫一时的大阿哥，只能挑起绿釉儿的酱菜坛子在京城的街边卖王致和臭豆腐，艰难度日。

4

这些皇室贵胄在大厦将倾之际，好歹还有庄田、王府的大物件可卖，家底还算厚实，可对于清末人数众多的八旗子弟而言，他们的日子就要更惨了。

自 19 世纪中叶开始，那群每年固定吃"铁杆庄稼"度日的八旗子弟开始尝到了生活的窘迫。

随着清政府在对外战争中的连次失利，军费开支加上战争赔款，已经让清政府的财政捉襟见肘。更令人头疼的是，在历来被视为"鱼米之乡"的江南地区，声势浩大的太平天国运动前后持续十余载，战火几乎烧遍了整个南中国。

在内外战交加的背景下，数据显示，仅咸丰元年（1851）用于支援对外军费及河饷的银两就达两千多万两，几乎占据了同年清政府国库收入的三分之二；咸丰三年（1853），太平军控制了长江水道，导致该年份清王朝在江南地区一分赋税也没收着，国库全年只剩不到百万两。

而同一时期，在官方的记录中，仅北京地区，满族八旗人口兵丁等就有 12 万人左右。土地急剧减少，人口增速过快，再加上濒临崩溃的财政体系，直接导致的结果就是晚清时期严重的通货膨胀和八旗人丁的粮饷减少。

当时，为了尽量降低经济方面的影响，清政府不得不大量发行一种名为"大清宝钞"的纸币。但大量的宝钞流入市场，并没能为疲弱的社会经济增加多少活力，反而"钱质日劣"。咸丰年间刚发行时，官方规定银两兑换宝钞的比率为1∶7000；到了同治年间，比率已经上调至1∶10000；光绪之后，"京师旗民得钞一千，不抵半千之用"。富家子弟还可以银两结算，普通旗人手中的宝钞还不如今天的卫生纸。

于是，在经济大乱中被"包养"多年的八旗子弟，成了清王朝前进道路上最先被抛弃的小伙伴。先在咸丰年间，兵丁俸禄按80%发放，再就是后来八旗人口每年惦念的那份免费大米减半发放。

到了光绪年间，经过八国联军侵华后，普通八旗子弟每年能领到的口粮仅有官方定额中的两成。吃不饱，穿不暖，那是常有的事。

曾经有着八旗子弟背景的"人民艺术家"老舍先生，在其著作中便有大量关于当年八旗军民饥寒交迫的描写。在《正红旗下》这部自传体长篇小说中，他写道："以我们家来说，全家的生活都仗着父亲的三两月饷，和春秋两季发下来的老米维持着。多亏母亲会勤俭持家，我们才不至于沦落成乞丐。""每每朝廷发的三两银子中，还掺着两小块假的。"

创刊于光绪年间的《京华日报》，自发刊以来，就时常收到来自普通旗人的控诉："据我看来，吃饱饭的旗人，也没有多少。就拿这一包儿护军钱粮说罢。除了本旗的老爷们层层克扣，关不上二两有零的银子。换成二十来吊现钱，拿到家去，去了房钱水钱，还有吃饭、穿衣、烧煤的钱没有哇。一分钱粮，乐不了三天半，又得发二十六七天的愁。再要把钱粮借了账，月月从账主儿手里接钱，连一天都快活不了啦。"

可见，到了此时，曾经威风凛凛的八旗，不过是一群尚讲衣冠礼貌的"乞丐"耳。

第六章

不可思议的事件

国都多次沦陷，唐朝为何没亡？

公元881年1月8日，这一天对大唐的朝臣来说，是一个相当不吉利的日子。

两天前，黄巢的军队已然攻陷唐都长安的门户潼关，现在正驻扎在霸上，准备随时打进长安。

在这千钧一发的关头，是打是谈是跑？怎么打，怎么谈，怎么跑？

大伙儿没了主意。正想找唐僖宗商量的时候，却突然发现：皇帝已经逃跑啦！

唐僖宗跟着他的宦官"阿父"田令孜，带着若干后宫人士仓皇出逃。因为走得急，竟然忘了通知群臣。

老板跑路了，搬砖的只能干瞪眼。

一周后，黄巢在长安称帝，国号"大齐"。而唐朝的大臣们则怀着懵圄、委屈的心情，一个个成了义军的刀下鬼。

昔日安史之乱，两都失陷，玄宗奔蜀，人们都以为这大唐要完了。没想到仗打了几年，大唐竟然挺了过来。如今国都再次失陷，甚至连朝臣也搭了进去。形势之惨比安史乱后有过之而无不及。

这回大唐该收摊了吧？呵呵，想多了。

1

大唐是见过地狱的。

公元 755 年，安史之乱爆发，毫无征兆。

之前的大唐歌舞升平，万国来朝。可安史突然来了这么一下子，大唐差点背过气。史载，安史之乱期间"宫室焚烧，十不存一""人烟断绝，千里萧条"。

盛世的坠落，不仅带走了繁华，更是让人口锐减，国力也随之大大衰退，可谓惨不忍睹。

早在那个时候，就有很多唱衰大唐的声音。比如李白诗里就写了：

> 三川北虏乱如麻，
> 四海南奔似永嘉。
> 但用东山谢安石，
> 为君谈笑静胡沙！

说安史之乱跟永嘉之乱有一拼了，那唐朝岂不是要步西晋的后尘？

然而唐朝并没有完。

如今黄巢兵锋肆虐，虽然折腾得唐朝够呛，但想瞬间毙命却也做不到。

公元 884 年，一个朝代谢幕了——谢幕的不是唐朝，而是黄巢的"大齐"。

自安史之乱后，到公元 907 年朱温建梁，大唐这已经被打烂的王朝居然又活了近 150 年。唐朝一共才享国 289 年，居然一多半的时间都在苟延残喘？唐朝为何有如此顽强的生命力？

2

一个政权能长久生存下去，最关键的因素是什么？

有句话唐太宗总是提起，这句话大家都很熟："夫君者舟也，人者水也。水可载舟，亦可覆舟。"

安史之乱虽然让唐朝狼狈不堪，却没把唐朝一撸到底，原因就在于没有夺走对唐朝来说最重要的东西——民心。

由于安史战乱的破坏，大唐昔日的盛世一去不复返。而叛军残暴，百姓苦不堪言。

之前歌舞升平，而今兵连祸结；之前酒足饭饱，而今民不聊生。多好一个"盛世"，让安禄山给砸了。

虽说唐玄宗晚年昏聩，宠奸任佞，最后酿成大乱。但朝堂之上的政治倾轧，平头百姓自然不会知道那么多，也不会在意。谁给好日子过，我们就跟谁走。

而对精英阶层来讲，辅佐君王建功立业那是政治正确。虽说玄宗后来这个皇帝当得不好，但安史叛军的表现更让人望之生畏，所以自然还是站在李唐这一边。

有了民心，就有了"正统"。李唐政权因此便有了存在的合法性。

不会有人再去追究当年唐高祖是如何从老杨家得到天下，唐太宗又是如何干掉了亲兄弟成功上位，而武则天又是如何女主当国，立威天下。

"正统"，成了李唐手中当之无愧的政治王牌。

拥有这张王牌，唐朝就有了叛军无法企及的号召力。所以安史叛军终不能有所作为，二帝四王之乱也对唐朝无可奈何。

拥护唐朝的人，总是远远多于反叛的人。如此，江山何忧？

3

有民心固然好，但只有民心显然不够。

后世北宋被金兵攻灭，送靖康耻"大礼"的时候，天下民心还是在的。然而宋都开封一被攻陷，整个帝国立马瘫痪。如果不是建炎南渡，恐怕金人当时就能一统天下了。

国都陷落，王朝灭亡。自古以来大多数朝代都是这样，但唐朝却没有这一层担心。

数数看，作为唐朝国都的长安，终唐一代被攻陷了多少回？

安史之乱的时候，唐朝两个皇帝，玄宗入蜀，肃宗北上灵武；吐蕃攻陷长安的时候，代宗东奔陕州（今河南三门峡）；二帝四王之乱（唐德宗时期削藩引发的叛乱事件），德宗西逃奉天（今陕西乾县）；黄巢之乱的时候，僖宗又入蜀；

朱玫之乱的时候，僖宗再度出奔；唐末李茂贞攻长安，昭宗东奔华州（今陕西渭南）……

没有哪一个朝代像唐朝这样，国都数次被攻陷，王朝居然还不亡的。而唐朝也因此成为秦朝一统六国之后，寿命第三长的朝代。

之所以会出现这种情况，完全是拜唐朝的藩镇所赐。

都知道藩镇是唐朝灭亡的罪魁祸首，但唐朝之所以能挺过安史之乱，还坚持那么久，也是藩镇功劳。

对此，宋代史家有评论说："弱唐者，诸侯也；既弱而久不亡者，诸侯维之也。"

自从唐玄宗的父亲唐睿宗设立节度使以来，地方的势力便不断增长。尤其随着节度使权力的扩大，在掌握一方财、军、政大权之后，地方之于中央，独立性越来越强。"外重内轻"的局面渐渐形成了。

安史之乱之所以爆发，便跟这种地方分权的形势密不可分。安禄山起兵的时候，身兼三镇节度使，坐拥十几万唐朝正规军精锐，而当时全国不过十个镇而已。

于是在叛乱之初，兵力空虚的中原很快被安禄山横扫。在攻陷长安，赶走了唐朝朝廷之后，安史叛军的兵势达到极盛。

然而，赶走了朝廷并不能让安史叛军赢得战争。因为其他几个镇还在。并且，他们跟安禄山一样，也都具备相当的独立性，不会因为唐朝中枢的瘫痪而乱作一团。而这些镇的节度使，还都效忠于唐室。

哪怕"上意不达"的时候，北边的郭子仪、李光弼等，照样领军跟安史叛军掐；而江南那边的日子，该怎么过还是怎么过。安乐之余还将钱粮源源不断地供应到北方平叛前线，继续支撑着风雨飘摇的大唐王朝。

分权地方的唐朝，就像九头虫一样：掐了其中一个头，并不能把它怎么样。

攻下了国都，赶跑了皇帝，却不能亡其国。安史叛军如此，后来的那些叛乱者也如此。

安史之乱后，唐朝皇帝吸取教训，建立了神策军。这支军队作为大号的"禁军"，直接归中央统领，一定程度上缓解了"内轻"的局面。

而地方的藩镇，在黄巢之乱以前，大多数是不反对中央的。

此时的唐朝既有政治牌，又有军事牌。即使在晚唐黄巢之乱之后的藩镇割据时期，唐朝朝廷也不失为一个"加强版的超级藩镇"。在那种纷乱的局面下，只要唐朝皇帝不作死，必然不会有哪个藩镇想不开，主动把唐朝朝廷作为目标的。

除非唐朝皇室权威不在，而天下藩镇一家独大。

4

黄巢之乱平定，过了 20 年后，大唐帝国日薄西山。

数次战乱，民心早已不在，"人心思唐"成为旧事。

此时的唐昭宗，手里的禁军也早已败光，"避难圣地"四川也变成了独立藩镇。

皇家再有难，却逃无可逃。

抬眼东望，占据河洛的朱温已然羽翼丰满，李克用打不过他，李茂贞也打不过他：这天下俨然朱氏一家独大。

公元 904 年，势单力孤的唐昭宗被朱温强迁到洛阳，旋即殒命。

这次，大唐才真的完了。

北宋初年，四川为何全国最乱？

中国历史上，几乎没有一个统一朝代可以避免大规模农民起义的冲击：秦末有陈胜吴广起义，西汉末有赤眉绿林起义，东汉末有黄巾起义，东晋末有孙恩卢循起义，隋末有瓦岗军起义，唐末有王仙芝黄巢起义，元末有红巾军起义，明末有李自成张献忠起义，晚清有太平天国运动……

这些农民起义，规模都很大，影响遍及全国，有的甚至成为改朝换代最大的推动力。

神奇的是，两宋统治 319 年，竟然没有发生一起全国性的农民起义。

但与之相对应，两宋的小规模、区域性、短时间的农民起义此起彼伏，堪称历代之最。根据《两宋农民战争史料汇编》的统计，在宋朝的统治时间内，一共爆发了 433 起农民起义，相当于平均每年约 1.36 起。这个数据足够吓人，但可以肯定，这么多的起义里面，绝大部分只是州、县以下的小动乱，旋起旋灭。

规模相对大一些的起义，两宋不过三次，分别是：北宋初年的王小波、李顺起义，在四川地区，持续约两年；北宋末年的方腊起义，在江浙地区，持续约一年；南宋初年的钟相、杨幺起义，在洞庭湖地区，持续约五年。

比起其他朝代动辄转战大半个中国、影响几千万人、持续一二十年的大动乱，宋朝这三次规模最大的起义，显得有些"寒碜"。补充一句，宋江领导的梁山泊起义实际上规模很小，它的影响被小说《水浒传》扩大化了。

那么，宋朝为什么会形成小起义不断、大起义几乎没有的局面呢？这其中究竟隐藏着怎样的统治密码呢？我们通过剖析北宋初年的王小波、李顺起义，来解释这个有意思的问题。

1

四川自古号称"天府之国"，经济富足，少动荡。唐末黄巢起义影响那么大，转战十余个省，就是没有进入四川。四川反而成了唐朝皇帝最后的避难所。

五代时期，当时整个中国是大乱世，而四川依然维持了相对稳定的状态。虽然经过前、后蜀两个地方政权，以及 925 年的后唐灭前蜀之战，但正如史书所载，"大兵一临，瓦解土崩"，没经过像样的战争，前蜀就灭亡了。七年后，孟知祥据两川自立，是为后蜀。又三年，孟知祥去世，他的儿子孟昶继位。

作为后蜀末帝，孟昶统治四川 30 年左右。

直到 965 年，大宋乾德三年，赵匡胤出兵，仅用 66 天灭了后蜀。孟昶在投降之前，连连哀叹："吾父子以丰衣美食养士四十年，及遇敌，不能为我东向发一矢。"

宋朝在灭掉后蜀之后，为了证明这场战争是有道伐无道的正义之战，在正统史书中把孟昶写成了一个荒淫无能、沉迷女色、奢侈到使用"七宝溺器"的亡国之君。但后蜀亡国后，当地的史书却坚持认为，孟昶是一个节俭、仁慈的有为之君。据《蜀梼杌》记载，孟昶投降宋朝，离开成都时，"万民拥道，哭声动地"。《邵氏闻见录》的记载也可以佐证，该书说："（孟）昶治蜀有恩，国人哭送之。"

吊诡的事发生了。

在宋朝接手统治四川后，这个稳定繁荣了几百年的区域，竟然连连发生兵变和暴动，并最终在 993 年爆发了四川历史上规模最大的农民起义——王小波、李顺起义。

2

四川在宋初的动乱，源于北宋朝廷对这一地区的猜疑、高压与掠夺。

在南北方同时存在好几个割据政权的前提下，宋太祖赵匡胤决定先取四川，很大的因素是看中了蜀中积累的财富。

在后蜀统治的 30 多年间，四川这个与江浙并称的全国财赋重地，"无一丝一粒入于中原"。可以想象一下，当地富裕而又不用给中央上税，历经 30 多年，这个地方的财富积累一定是很可观的。按史书的说法，叫"府库之积……财币充实"。

攻灭后蜀之后，宋朝朝廷将后蜀国库积累的重货布帛，全部搬运到开封。光这项转运工作，水陆并进，花了十余年才宣告完成。这也意味着，北宋朝廷在财力得到极大充实的同时，四川则几乎被掏空了。

不仅如此，入蜀的宋军军纪败坏，暴行不断，最终激起了众怒。

以忠武军节度使王全斌为统帅的伐蜀军队，不仅大肆杀害后蜀降兵，还对当地人民极其残忍。史载，宋军一入成都，王全斌等首领"日夜饮宴，不恤军务，纵部下掠子女，夺财货，蜀人苦之"。甚至出现了宋兵将领"割民妻乳而杀之"的恶劣事件，连赵匡胤得知后，都不禁哀叹："妇人何罪，而残忍至此。"

四川人民在整个战乱的五代都未经过这么大的苦难，没想到自诩正义的宋朝王师来了之后，反而成为苦难的制造者。这激起了蜀地人民的强烈不满。许多人在北宋治下的命运，远远不如孟昶当国主的时候。于是，蜀地刚归降，反宋运动就进入了密集爆发期：成都、梓州（今四川三台县）、绵阳等地，都有暴动发生。

后蜀文州刺史全师雄作为降将，举家跟随降兵开赴开封。行至绵阳时，遇上降兵暴动，全师雄举家逃入民宅躲避。暴动的士兵把他搜出来，强行拥立为帅。

就在全师雄动摇之际，王全斌派人前来招抚，但来人却灭了全师雄家族，并夺了他的爱女。全师雄愤怒到了顶点，遂坚定地站在暴动士兵一边，发起了宋初四川最大的兵变。

全师雄率众攻取彭州，成都十余县起而响应。陆续有士兵、百姓加入起义，很快全师雄的队伍就达到十余万人，号"兴国军"，全师雄则自称"兴蜀大王"。势力最盛时，巴蜀有十六个州响应全师雄，而王全斌则独困成都城内，跟开封断绝了联系。

虽然全师雄的起义在一年后宣告失败，但给宋朝敲响了一记警钟。

当时，四川境内的反宋武装，往往假托后蜀末帝孟昶（或其后人）的名义相号召，打出"兴国""兴蜀"的旗帜，重建蜀国的意图十分明显。

赵匡胤为此十分头疼，曾怅然说了一句："蜀人思孟昶不忘。"他根本不知道，蜀人怀念孟昶，并不是孟昶有多好，而仅仅是现状太令人失望了。

3

全师雄领导的士兵起义，以灌口寨（今属四川省都江堰市）为据点，中心地带覆盖川西平原十余县。起义被镇压后，赵匡胤下令改灌口镇为永康军。把一个镇升格为军（相当于州）一级的行政单位，并赐名"永康"，说明赵匡胤对这一地区实在放心不下。

皇帝们希望该地"永远康宁"，实际上则是不得康宁。

时隔25年后，993年，宋太宗淳化四年，著名的王小波、李顺起义就在永康军下辖的青城县爆发了。

农民跟士兵不一样，本性更加安分守己。我们知道，要让惯于逆来顺受的中国古代农民甘冒杀头灭族的风险去起义造反，是极其困难的。史书说："若令家畜五母之鸡，一母之豕，床上有百钱布被，甑中有数升麦饭，虽苏（秦）、张（仪）巧说于前，韩（信）、白（起）按剑于后，不能使一夫为盗，况贪乱乎？"

一起农民起义能够爆发，唯一的可能性就是，当地的农民已经没有活路了。

历史学家秦晖曾经指出，农民起义的爆发一般有以下几个条件：官府滥用民力，横征暴敛；官府实行严厉的经济垄断；实行严厉的户口控制；吏治腐败，法外敲诈；官府与民间组织对资源的争夺；天灾与外患等非社会因素……也就是说，农民起义都是官逼民反和天灾人祸叠加的结果，很少是由单一因素引发的。

具体到王小波、李顺起义，正如前面所说，宋朝在征服四川之后，对传说中的"天府之国"进行了严厉的盘剥和管制。即便在全师雄领导的兵变发生后，也几乎没有调整统治策略。

文献记载，北宋前期，全国税额最高的地方，基本集中在川峡地区，形成"天下商税，四蜀独重"的现象。宋太宗淳化年间，朝廷为了从四川搜刮更多财富，将当地的支柱产业——布帛业、盐业、茶业等，全部纳入专卖管制。这就是史书所说的："言事者竞起功利，以惑人主，成都除常赋外，更置博买务，诸郡课民织作，禁商旅不得私市布帛，日进上供，又倍其常数，司计之吏，皆析秋毫。然蜀地狭民稠，耕稼不足以给，由是小民贫困，兼并者籴贱贩贵，以夺其利……"

好好的富庶之地，因为经济剥削和产业管制，几乎垮掉了。人心动荡，连活路都成问题。后来参与追剿李顺起义军的石普十分肯定地说："蜀之乱（指王小波、李顺起义）由赋敛迫急，农民失业，不能自存，遂入于贼。"

史载，宋太宗赵光义的第五子赵元杰曾封为益王，在成都期间修了一座假山。有一次召集僚属饮酒，众人都夸赞假山，而一个名叫姚坦的下属却独自低着头。

益王强迫他看假山，他说："但见血山，安得假山？"我只看见一座"血山"，哪有什么假山？

益王吃了一惊，追问原因。姚坦说："坦在田舍时，见州县督税，上下相急以剥民。里胥临门，捕人父子兄弟，送县鞭笞，血流满身，愁苦不聊生。此假山皆民租赋所出，非血山而何？"

这或许是真事，或许是史家讽刺宋初盘剥四川的寓言。

总之，赵元杰后来徙封为吴王，到江南去了，而走投无路的王小波振臂一呼，起义了。

4

四川遍地是干柴，只需要一颗火苗就燃了。天灾，就是这颗火苗。

淳化四年（993）春，四川遭遇旱灾，闹起大饥荒。这对于号为"天府之国"的四川来说，应该是罕见的天灾。

王小波首先在老家青城（今属四川省都江堰市）举起义旗。

关于王小波的个人信息，史书记载甚少。虽然他是宋初一个重要的农民起义领袖，但奇怪的是，史书没有对他特别垂青，也不像记载其他起义领袖一样，编造很多没有人性的段子对他进行污名化。这说明王小波在起义过程中的表现确实不错，没什么污点可供嫌恶叛乱者的文人士大夫进行黑化的。

我们只知道，王小波是青城县味江人。青城县是四川著名的茶叶产区，王小波和他的妻弟、起义的另一名领导者李顺，应该都是茶农或茶贩。

根据四川眉山人苏辙的记载，宋初一开始并未实行茶榷（政府管制和专卖），"淳化之间，牟利之臣始议掊取，大盗王小波、李顺等因贩茶失职，穷为剽劫"。也就是说，淳化年间朝廷加紧对茶业的管控之后，垄断了民间的茶叶买卖，使大批茶农、茶商面临破产和失业的困境。

王小波应该是一个容易激愤和蛮有号召力的人。在政府垄断茶业使自己失业后，他迅速拉起了100多人的起义队伍，对抗当地政府。这次起义之后，北宋朝廷对当地茶农一直心有余悸，在每年春季采茶时节都要派驻军队到青城县巡逻，防止茶农再次聚众闹事。

王小波最主要的历史贡献，是喊出了一句响亮的起义口号："吾疾贫富不均，今为汝辈均之。"

"均贫富"的提法，影响了此后一千年的农民起义，是一个穿透历史的口号。后来，南宋钟相、杨幺起义提出"等贵贱，均贫富"，明末李自成提出"均田免粮"，都是在王小波这个口号基础上的发展。

话说回来，"均贫富"这个口号在宋初出现，也反向证明了宋代的进步。宋代以前，农民被迫起义，最主要的诉求是为了摆脱人身束缚和奴役，包括国家摊派的繁重的劳役。而宋代以后，农民普遍获得了人身自由，国家的征兵和重大工程建设，也从强制性服役改为招募性、购买性服务。所以，农民最大的痛苦不再是人身奴役，而是经济压迫和贫富分化。可以说，"均贫富"的口号和行动在宋初是应运而生。

当然，为了吸引更多人加入起义队伍，王小波也编造了一些神奇化的身世。但不是以他本人的身份，而是利用人们对宋朝的不满，把他的妻弟李顺虚构为后蜀孟氏后人。根据陆游在《老学庵笔记》中的记载，王小波在起义之初曾发表了一番讲话，讲话内容如下："我土锅村民也，岂能霸一方？有李顺者，孟大王之遗孤。初，蜀亡，有晨兴过摩诃池上者，见锦箱锦衾覆一褓裸婴儿，有片纸在其中，书曰：'国中义士，为我养之。'人知其出于宫中，因收养焉，顺是也。"

意思是说，我王小波是一个土老帽儿，没有资格称霸一方，但李顺有，他是后蜀末帝孟昶的遗孤，血统纯正，四川本来就是他孟家统治的，现在我们只是要替他夺回失去的东西。

王小波的队伍先后攻下了青城、彭山两个县，并严惩贪官污吏，杀了彭山县令齐元振。杀齐元振的手法残忍，但对起义者而言，相当解恨。史书说，他们杀了齐元振后，"剖其腹，实之以钱，以其平日爱钱故也"。你不是爱钱吗，不是搜刮民脂民膏吗，我们给你的肚子填得满满的，满足你。可见这是多大的仇恨。

起义军在杀死齐元振后，将他搜刮自民间的财产，还于民间。

这一把漂亮的操作，赢得了民心。王小波的队伍很快就达到数万人。

大概经过一年的战斗，到当年年底，王小波在与官兵的一次战斗中，额上中箭。但他仍奋勇上阵，杀死西川都巡检使张玘。

而王小波因伤势过重，也结束了他的生命。史书连他死时多少岁，都没有记载。

王小波死后，他的妻弟李顺继续担任起义军首领。宋代文献有确实可信的记载，说李顺在起义前曾领头主持过灌口二郎神祠的祭祀活动，并曾一度被捕成都府狱，几遭杀害。这说明李顺在起义前就是一个有领导力的刺儿头。

李顺坚持王小波起事的原则，继续做好三件事：一、杀贪官污吏；二、抄富豪的家，但不绝其生路，给他们保留了足够的衣食日用；三、将抄家所得，用于赈济穷民。

史书记载，李顺"录用材能，存抚良善，号令严明，所至一无所犯。时两蜀大饥，旬日之间，归之者数万人，所向州县，开门延纳，传檄所至，无复完垒"。

淳化五年（994）正月，起义者占领成都，建立政权。李顺自号"大蜀王"，改年号为"应运"。

李顺并不满足于此，仍要解放更多人，于是派起义军四面出击，北抵剑门，南到巫峡。

蜀地大为震动，远在开封的朝廷也极为震惊。二月，宋太宗紧急派遣王继恩率军由陕入川，镇压起义军。

为了阻止宋军南下，李顺派部下杨广率起义军数万人去守住剑门，结果遭到宋军夹击，牺牲惨重。

此时，李顺犯了一个致命的战略性错误。在守卫剑门的同时，他又派部下杨里贵率20万人去攻梓州，从而分散了兵力。剑门没守住，攻打梓州的起义军围城围了80多天，也久攻不下。直到突破剑门的王继恩主力部队往援梓州，起义军的结局已经不难预见了。

起义军一路撤退，到五月份，完全退出了成都。

这时候，李顺的下落成了一个历史疑案。

史书出现了多种记载，有的说他在撤退过程中被乱兵所害而死，有的说他被王继恩俘虏后斩杀。而最神奇的一种说法是，李顺化装成僧人，逃出了成都，30年后在广州被捕，朝廷不敢声张，暗地里将这名垂垂老矣的起义领袖处决了事。不过，李顺失败后，蜀人还是怀念他。成都人在一座庙的墙壁上画了一个美髯丈夫，"据银胡床坐，从者甚众"，当地人说，这就是李顺。

李顺下落不明之后，起义军并未溃散，这时出现了一个名叫张余的新首领。张余坚持战斗，一度攻下泸、渝、涪、忠、万等八个州，人数恢复到十余万人，在进攻夔州时，有船千艘。但此时，朝廷军队已大量进入四川，各州各郡的官兵又加强了防守，起义军的活动受到了很大的限制。

至道元年（995）二月，起义军最后一个首领张余在嘉州（今四川乐山）战死。

此后，起义军散落，一部分转入四川的深山丛林，一部分出走云南。虽仍有小股的战斗，但已是强弩之末，一场震动大宋王朝的起义，至此烟消云散。

5

但王小波、李顺起义还是给四川和大宋朝廷留下了深深的烙印。

宋太宗在这场起义的末尾，下了罪己诏，承认他"委任不当，烛理不明"，"致彼亲民之官，不以惠和为政；管榷之吏，惟用刻削为功。挠我蒸民，起为狂寇"。又说:"念兹失德,是务责躬。改而更张,永鉴前弊。"

皇帝道了歉,同时把四川动乱的根源推到了贪官污吏身上。但我们知道,所谓的贪官污吏,很大程度上只是在执行朝廷对四川的惩罚性掠夺政策而已。

不过,宋太宗还算说话算话,在表示要改弦更张,将四川动乱作为永远的借鉴之后,淳化五年(994)九月,他就派出有廉洁美誉的张咏出任益州知州。张咏临行前,宋太宗专门找他谈话,说:"西川乱后,民不聊生,卿往,当以便宜从事。"

张咏到达成都后,降低盐价,使人民买得起盐;对王继恩的专横,也断然加以制止;对掠夺民财的士兵,进行严厉的惩治……他在成都数年,采取了柔性治理手段,被称为"有惠政"。

此后,四川分别在997年和1000年发生两起兵变,但对朝廷的震慑远不及王小波、李顺起义。反倒是另一种长时段的影响,在四川人心中慢慢扎根。

从宋仁宗皇祐四年(1052)年底开始,四川地区出现了"岁在甲午,蜀且有变"的传言。传言不仅被编成歌谣,唱遍四川,还传到了大宋朝廷。这时,距离甲午年(1054)其实还有一年多时间,但四川民间和开封朝廷,已经人心惶惶。

传言的发生,起因于上一个甲午年,即994年,李顺攻入成都,建立大蜀政权。而再往上一个甲午年,934年,正好也是孟知祥在成都称帝建立后蜀的年份。四川人和朝廷官员因此有理由相信,在即将到来的新的甲午年,1054年,四川一定还会有大事发生。

连宋仁宗都很担心。

皇祐五年(1053)正月,离甲午年还有一周年之时,他派出了口碑很好的程戡出任益州知州,随后又下诏整顿蜀地吏治,对贪滥苛刻、害民妨务者加以处理。接下来的一年中,朝廷陆续发布针对四川的惠民政策,降低税率,考察盐井,减免上供的绢帛……一系列政策的出台,旨在安抚蜀地民众,防止上一个甲午年的李顺起义历史重演。

到了甲午年(1054),四川在"侬智高欲借大理兵寇蜀"的谣言中平稳度过,有惊无险。

王小波、李顺起义确实是宋朝统治者一段挥之不去的历史记忆。直到宋神宗时期，王安石变法推行"市易法"，打算在成都设立市易务，宋神宗和一部分官员还以王小波起义为戒，生怕闹出乱子来，不敢轻易派人去。王安石出来作了当面保证，宋神宗才同意。

北宋朝廷针对四川的政策调整——经济上轻赋税，政治上严控制，终于取得了成效。经过宋初近半个世纪的动乱，宋仁宗以后，四川基本没有起义和暴动发生，变成宋代全国最稳定的地区之一。

6

从四川由乱而治的个案，我们可以分析宋代小起义不断、大起义几乎没有的成因。

宋代是一个善于吸取历史教训的朝代。它是在晚唐、五代军阀割据，强地方、弱中央的基础上建立起来的新朝代，几乎所有国策的着力点都用在了怎样避免晚唐、五代的统治悲剧上。

为了防止地方割据，宋代实行分权制地方行政制度，中央对地方形成绝对的制度优势：削其支郡，以断其臂指之势；置通判，以夺其政；命都监监押，以夺其兵；立仓场库务之官，以夺其财……

从势、政、兵、财控制地方之后，"向之所患，今皆无忧矣"。尤其是在兵力配置上，宋朝实行尊京师、抑郡县的政策，地方仅保有承担劳役的厢军，几乎全无武备。一旦某地有发生民变的苗头，骚动一起，凭地方兵力要控制住就很悬。正如南宋四川人魏了翁所说："处处无兵，城垒不修，或数十夫持耰白梃，便可尽杀守令，开府库，谁复御者？"

所以宋代会时常发生一些怪现象，比如有人振臂一呼，率领队伍造反，历数千里竟然没人镇压；或者地方好不容易紧急召来州兵，一看，只有二三十人，直接就被起义者团团围住。

宋代全国平均每年1.36起的小起义，根源就在地方权力尤其是兵力的弱小与空虚，给了起义者闹起来的时间和空间。其实只要地方的兵力强一些，绝大多数小规模的起义在萌芽阶段就会被压下去了。

但这些小起义最终无一起发展成全国性的大起义，这才体现出宋朝地方治理的技术。

关于宋代始终未爆发全国规模农民起义的原因，历史学界进行了多层次、多角度的分析。

其中，最主要的观点认为，宋代的赋税结构发生了前所未有的变化，其庞大的财政开支主要已非取自农业。随着租佃制的普遍推行，作为宋代农民主体的佃农，减轻了封建的人身依附关系，有了多种可供选择的谋生之路。有些人尽管生活仍很劳苦，但还不至于走投无路、大批流亡。除了个别地区、部分极端年头，比如北宋初的四川、北宋末的浙江，农民的日子难过而造反，两宋300多年并未出现过全国性的农民没有活路的情况。

还有学者认为，宋朝将中国古代的社会保障提升到最高水平，可以说汉唐不能企及，元明清也没有超过。因此宋代尽管有数百次小规模群体性事件发生，却是唯一没有发生全国范围的民变的朝代。

不应忽视的另一个重要原因，是宋朝统治技术的动态化和精细化。像上面讲到的四川，宋初对该地区执行的是惩罚性的高压和掠夺政策，在一系列的民变爆发之后，朝廷适时调整了政策，从高税额地区变成低税额地区。由于影响最大的王小波、李顺起义最早是由失业茶农挑起的，朝廷此后也加强了对茶业从业者的重点监控，避免历史重演。这一切均是宋朝地方统治艺术的体现，所以在宋初近半个世纪的动乱后，四川此后恢复了长久的安定。

河北地区也是如此。由于唐末的王仙芝、黄巢依靠活动于河北的私盐贩子为基础发动农民战争，宋朝吸取了这一教训，在推行榷盐（食盐专卖）政策时，唯独给河北开了绿灯。因为朝廷怕河北一旦榷盐，又会酿成宋朝版的黄巢起义。正是有了这些特殊的防范性政策，河北虽然在北宋屡遭灾荒，税额负担也重，但该地区农民起义的次数和规模，相较其他地区并不突出。

宋人对朝廷的地方统治艺术，还是相对满意的。北宋理学家邵雍就说过，本朝"内无大臣跋扈，外无藩镇强横，亦无大盗贼，独夷狄为可虑"。

是的，如果没有强大的边疆对手，宋朝就完美了。

可惜这样一个动态、精细的超稳定治理系统，先后被女真人、蒙古人给打破了，真应了那句经典名言——生于忧患，而死于安乐。宋朝已无王小波，却有完颜晟和忽必烈。这就是一个朝代的宿命。

元朝两征日本，为何都惨败？

至元十一年（1274）十月初五，元军驾船逼近了位于日本海上的对马岛。

当时，日本正处于镰仓幕府时代，守备对马岛的是时任对马岛守护代（即代理藩主）宗马允助国。这是一个有着丰富海战经验的 68 岁老将。战前，他已从各种渠道得知元军计划伐日，在战船还未到达时，便做好了一切战斗准备。

按照大和武士从前的交战规则，双方在开战前应该先派一名武士到阵前射出一支鸣镝箭。听到哨响后，双方才正式组织武士发起一对一的较量。

于是，日本武士早早地掏出弓箭，对天一射。

可笑的是，那支鸣镝箭划过一声哨响后，迅速跌入大海。速度之快，令岛上武士一时错愕。

蒙古军队可不管这些，他们早已习惯草原上的骑兵冲锋，哨声一响，立即发动。不多时，守岛的日本武士，包括宗马允助国在内全数被剿。

登陆对马岛后，蒙古军队马不停蹄，相继对壹岐岛、九州等地发动登陆作战，并取得阶段性战果。

但一场突如其来的"大风"，彻底打乱了元军进攻的步伐。风助士气，日方转败为胜，元军只能及早登船撤退，狼狈而回。

是的，一向战无不胜的蒙古勇士，竟然折戟日本。

但，这还不是最惨的一次。

1

事实上，忽必烈一开始并没有跨海攻打日本的计划。

对他来说，南方的宋朝才是阻碍其一统天下最大的"绊脚石"。此前，他的哥哥元宪宗蒙哥在合州（今重庆合川区）钓鱼台遭遇滑铁卢，命丧中土。

然而，忽必烈的汗位并不是通过蒙古帝国内部的忽里勒台推举。蒙哥死后，蒙古帝国内部高层出现了两个汗位候选人：忽必烈和阿里不哥。在部分大臣的支持下，忽必烈最终击败阿里不哥，总领漠南，登基称帝，改国号大元，建立元朝，制度上也实行了汉化政策。

不过，在传统蒙古人眼中，推行汉化，等同于背离草原传统。

因此，即位后的忽必烈，除了需继续执行对外扩张政策外，还需为他推行的汉化政策找到一个合适的理由。

恰在这时，一个名叫赵彝的高丽人跑到大都（今北京）觐见了忽必烈。他告诉忽必烈，朝鲜半岛附近，时常遭遇日本国海盗的袭击，日本人实在可恶。他恳请忽必烈派遣使者到日本去宣谕，令其臣服。

赵彝接着说出了，日本国与大宋王朝间贸易往来的证据。

忽必烈这才对日本提起了兴趣，他以为，蒙古军队久攻不下南宋，搞不好就是因为这个"小日本"。

但忽必烈"莫须有"的猜测，确实有一定的道理。

众所周知，在宋代以前，日本曾因派遣遣唐使朝拜大唐而闻名于世。唐朝覆灭多年，但日本对中原王朝的崇拜却有增无减。

两宋时期大体横跨了日本的平安时代（794—1192）与镰仓幕府时代（1185—1333）。日本史料记载，这一时期，除宋太祖、宋英宗、宋钦宗等三位皇帝外，其余君主在位期间都有外交文牒送达日本。

尽管镰仓幕府特别看不惯平安时代的奢靡腐化，但并不妨碍他们对大洋另一边富庶的大宋垂涎三尺。

在镰仓时代前期，南宋与日本民间贸易繁盛。通过贸易，一批自宋朝而来的铜钱逐渐流入日本本土，取代了当时日本混乱的货币体系，成了市场上百姓常用的硬通货，名曰"渡来钱"。而幕府奉行的"武家伦理"，其最高的精神奥义即源自中土禅宗。故到了镰仓时代，幕府将军或执权接受禅宗佛法，乃至拜中土禅宗高僧为师就成了定例。

这其中也包括时任镰仓幕府执权北条时宗。

忽必烈虽动了讨伐日本的心思，却还不敢贸然行事。

为了尽快摸清对方的底牌，至元三年（1266），忽必烈首先令元朝兵部侍郎黑的、礼部侍郎殷弘组建使团，取道高丽，准备访问日本。效仿中原王朝惯例，元朝方面也为日本国王准备了一封"国书"，由使者呈递日本国王御览。在这封"国书"的开头，元朝方面毫不客气地写道"上天眷命大蒙古帝国皇帝奉书日本国王"。

但眼看着自己的两大"邻居"即将建交，高丽国王不开心了。

曾几何时，高丽与蒙古互称兄弟，双方平等互助合作。可蒙古强大后，这种"兄弟"关系就慢慢变成了蒙古帝国的单方面索取了。此时，无论元朝出于何种目的与日本交往，夹在两者之间的高丽都难独善其身。

因此，当忽必烈严令高丽护送元朝使者访问日本时，高丽方面却以海上风浪太大为由进行劝阻。

忽必烈到底是草原上的雄鹰，他没有理会高丽方面的意见，并继续施压。高丽方面只好派出己方的大臣携带两国国书前往日本。

2

至元五年（1268）正月，由高丽派出的起居舍人潘阜一行抵达日本九州太宰府。

对于当时在亚欧大陆征战无数的蒙古帝国，日本当朝虽不熟，却多有耳闻。

据悉，在蒙古使臣抵达日本以前，高丽国曾派出使者与日本方面媾和，从他们透露的信息中，幕府方面就对这个征服了亚欧大陆大半的政权产生惺惺相惜之心。

此时，镰仓幕府实际话事人北条时宗是个未满20岁的年轻小伙。虽然在年龄上只能给忽必烈做孙子，但年少掌权的他，此前已通过阻止一场颠覆幕府的政变，逐渐成了日本政坛上老练的政治家。

与忽必烈志在必得的强硬类似，北条时宗内心也潜藏着来自武家的"匹夫之怒"。尤其是当他看到蒙古帝国的国书文末写道"以至用兵，夫孰所好，王其图之，不宣"时，感觉被冒犯的愤怒直冲脑门。

很显然，忽必烈递交国书的目的，并不是在跟他商量，让其安心归顺，而是使用了"以至用兵"的威胁恐吓之辞。

北条时宗也不是被吓大的，他十分清楚，幕府屹立的基石就是私兵家臣制。这种制度实际上就是以恩赏土地的方式，将武士阶层和权力绑在了一起。权力越大，土地越多，实力也越强。若有人胆敢侵犯武士阶层的土地，他们宁愿战死，也绝不松手。因此，忽必烈此番恫吓，不仅无效，甚至还造就了日后蒙古与日本必有一战的结局。

为了拖延时间，北条时宗授意日本天皇，不答复元朝的国书。

同时，他发布命令，要求九州各大名返回驻地，紧急整军备战，严密监控元朝方面的军事动向，防止对方突袭日本。

摸不着态度的潘阜一行人，只能空着手回国复命。

对此，忽必烈颇感纳闷，国书既已达，不表态，不行动，是何态度？

3

在黑的、殷弘等人持续无功而返后，忽必烈的老部下赵良弼出场了。

这位出身于女真族的外交家，在元朝内部以善谏闻名。他认为，元朝始终无法让日本有个明确的态度，皆因蒙古汉子执行命令时太硬气了。

日本是个与中土王朝有长期邦交的国家，受汉化的影响很深，而中原王朝与藩属国之间，最讲究的就是"亲藩之情"。赵良弼认为，元朝必须让日本这个"小弟"感觉到"家的温暖"，不能一上来就给人下马威。

他表示愿为忽必烈与日本国王间打开对话通道，促成两国邦交，从而借助海路夹攻南宋。

忽必烈随即令其率团出访日本，并为其安排了 3000 蒙古兵护卫。为了所谓的"邦交诚意"，赵良弼拒绝了，仅带了 24 人随从。

可到了日本，赵良弼的热脸，照样贴了幕府的冷屁股。

北条时宗认为，武家的精髓就是"忠诚"和"尊严"。此前，他已向所有拥护自己的大名下达了誓死保卫家园的命令。如今，假若接受了元朝的诚意招安，幕府的尊严往哪搁？

于是，北条时宗继续以拖延的态度，应对这群远道而来的"蛮子"。

面对夜郎自大的幕府，赵良弼心里也是十分窝火。在给忽必烈的奏章中，他特别强调，日本武士阶层就是一群狠勇嗜杀、傲慢无礼的野蛮人。

但出使日本期间，赵良弼仔细研究了日本社会各阶层成分及风土人情，这为后期元军进攻日本提供了诸多实用情报。

4

赵良弼的计划落空，彻底浇灭了忽必烈"不战而屈人之兵"的幻念。忽必烈当即勒令蒙古铁骑克日征服日本。

至元十一年（1274），经过多时的备战，以凤州经略使忻都、高丽军民总管洪茶丘为帅的大元水师，浩浩荡荡地开赴日本对马岛。

第一次元日战争正式爆发。

从战斗序列上看，忽必烈此次多少有些过于小看日本了。因为，除主帅忻都之外，这支水军基本囊括了契丹人、高丽屯田军、降元金人与北方汉人，感觉杂牌军就足够把日本拿捏得死死的。

由于日本人一早就从南宋禅师那里了解到蒙元骑兵的凶残，因此，蒙元大军登陆后，日本武士已做好全体"玉碎"的准备。他们的顽强抵抗，使蒙古军队很快陷入了战争的泥潭之中。

出发前元军并没有预计到战事的困难性，在军队补给上没有做太多准备。上岸后，蒙古军队依旧保持着过去在中原地区"打草谷"的习惯，通过烧杀抢掠补充军需。此举激起了日本民间反元的情绪，使得蒙古联军疲态尽现。

而北条时宗安排的日本兵，全由九州本土人士组成。除了同仇敌忾外，他们清一色装备防护性能极好的铠甲及薙刀，单兵作战能力极强。

如此一来，当蒙古联军与日本兵展开近身肉搏时，劣势突显。就连在阵前指挥元军向前冲锋的联军左副帅、汉将刘复亨也在战斗中负伤。

九州本土山高林深，蒙古大军的骑兵冲锋优势完全发挥不出来。主帅忻都也不敢孤军冒进，只能命令登陆的蒙军在每次战事结束后，即回船休整。一来一去间，日军逐渐摸透了元军的作息计划，常常在其撤退时，给他们制造麻烦，令元军防不胜防。

一般来说，登陆作战就是为了夺取敌占岛屿、海岸等重要目标，或在敌岸建立进攻出发地域，为之后的作战行动创造条件。可没摸清日军动向的元军根本不具备这样的条件。

就在元军伤亡不断扩大之际，海上突发台风。元军船只大部分被风浪所卷，沉没海中。主帅忻都只能仓促取消攻势，最终仅有半数部队逃出生天，回到元朝。

回朝后，忻都等人也不敢直说自己战败了，这使得忽必烈误以为蒙元大军已经将小小的日本征服了。

于是，满怀憧憬的忽必烈赶紧命令礼部侍郎杜世忠、兵部侍郎何文著作为特使，再次携带国书，取道高丽，奔赴日本。

5

至元十二年（1275）四月，两位不知实情的特使与高丽随员等一行五人抵达日本。刚上岸，就被日方逮捕，旋即处斩，以慰阵亡将士。

由于事发突然，加上各方有意封锁，元使遇害的消息，直到四年后才传回大都。

忽必烈这才明白过来，忻都当年撒了谎。

他怒不可遏，本欲将忻都等人以军法处置。时任征东元帅的忻都，却抢先立下了军令状，愿带所部再征日本，直到打服他们为止。

看到忻都求战心切，忽必烈摇了摇头。

他清楚地知道，第一次元日战争虽然损失巨大，却也不是完全"战败"。至少从战略层面上讲，元日战争的爆发，阻碍了宋朝与日本民间的贸易往来。日本长期对宋朝输出的木材、稻米等大宗商品，因为战争全都被迫留在本土，供给内需。而失掉外援的宋朝，1279 年在蒙古军队强大的攻势下彻底覆亡。

如今的形势，远征日本已经不再需要顾忌南宋朝廷趁虚而入了。

于是，在休整了两年之后，至元十八年（1281），第二次元日战争爆发，此役在日本史上也被称作"弘安之役"。

开战以前，双方都是做了大准备的。

忽必烈这次决定兵分两路。东路军依旧由积极请战的忻都旧部组成，而南路军则由宋朝降将范文虎率领，主力为十万新附军。

何为新附军？实际上就是一支由罪犯、官府工匠以及被迫降元的宋兵组成的部队。这次伐日的新附军主力，基本是抗元名将张世杰的旧部。

据史料记载，这次出海的新附军，携带的军需品中，除了必备的兵器之外，最多的就是各类农业生产工具。

很明显，按照忽必烈的如意算盘，这批新附军只要上了船，就断无可能再回中土。而从所谓的"人道主义"出发，新附军的阵亡，亦不会给忽必烈带来更多的历史谴责。相反，他们的离去、逃匿海外或战死，还有助于元朝的社会稳定，降低这批人反元的可能性。

另一边，面对蒙元海军的二次袭击，日本方面也是铆足了劲。

上次元军进攻时，海上突发台风，已让笃信有天神庇护的日本民众相信，这就是"神风"的助力。元军撤走之后，北条时宗也有意加强日本西海岸的防卫。他在国内颁布了"异国警固番役"，要求九州本土的武士全部进入一级战备状态。同时，他还命人在沿博多湾海岸线、滩涂等地，修筑出一个个高约两三米、底部宽幅达三米的防御工事，取号"元寇堡垒"，用于观察海面上元军的态势及抵御其第一轮攻势。

此外，针对元军配发的攻城"回回炮"，北条时宗特地将九州本土沿海一线的城池、城墙加宽加高加厚。

因此，这一次元朝方面发动的第二次战争，几乎就是双方军备实力的正面较量。

6

诡异的事情又发生了。

就在元军准备对九州本岛发动进攻时，海上又刮起了台风，这彻底打乱了元军部署已久的大决战。

更为悲催的是，这场台风比上次更猛，整整持续了四天四夜。可把没怎么看过大海的蒙古人愁坏了，船上的将士们纷纷晕船呕吐。

为了尽量降低强台风对船只的影响，忻都干脆模仿三国时代的曹操，将元军船只沿着海岸线用铁链锁死，避免它们随风飘散。

但这种人为的固定方式，对防台风起不了丝毫作用。在强台风的肆虐下，船只与船只间相互碰撞，导致多艘战舰毁于一旦，元军溺死者无数。

仗打到这里，可以说是完全没有必要再继续下去了。

可即便是撤军环节，元军也无法像在陆地上那般从容。

作为南路军的统帅，范文虎是出了名的"范跑跑"。一看台风实在厉害，他首先坐船向高丽方向逃窜，留下身后十万大军在风中群龙无首。

十万新附军只能以十夫长、百夫长为首，分成一个个细小的作战单位，边打边撤。

日军一看，千载难逢，遂从四面八方杀出，十万大军连同未及逃走的元军，要么被歼灭，要么被俘虏。

据战后统计，除了先期逃走的那群高层将领外，活着从海上回归的元军只有三人。

7

忽必烈显然难以接受战败的结果。经过对三人的盘问，他将军队调度混乱的问题，归结到了范文虎身上。

可这依旧无法解释，忽必烈打日本缘何两次都败给了台风。数百年来，史学界都在探讨元军两次被日本挫败的原因，直到2005年左右，这一谜底逐渐有了相对靠谱的解释。

美国考古学家兰德尔·佐佐木经过对当年大海战爆发的博多湾海底打捞出来的蒙元战舰残骸进行研究，推断称，元军两次征日本所用的船只，应该都采用了一种名叫"鱼鳞式"结构的船壳拼接方法。

这是中国古代建造楼船时惯用的造船技术。明朝郑和下西洋所使用的"宝船"，也是通过这种方式被拼接出来。

利用这种方式构造的船只，其中一大好处就是可以使船壳板联结紧密严实，不易漏水，而且船舶载重量也会获得更大提升。

也就是说，为了壮大元军进攻的声势，忽必烈两次对日作战均有楼船加入。

不过，利用这种方式造出来的船只，一旦在海上遭遇巨大的风浪侵袭时，船体本身结构脆弱，极易断裂。而且，楼船本身除了够大之外，在作战中天生就具有调度不便的缺点。因此，一旦遭遇台风打击，慌乱之中，大船很可能不听使唤。

研究人员还发现，这些被打捞上来的残骸还有一个共同的特点：铆钉过于密集。

有时候在一块船板的同一位置，工匠会钉上五六个铆钉用于加固船体，说明这些船板本身就是重复使用过多次的劣质木材。

元军驾驶着这样的船只出海，安全性可想而知。

可以说，拙劣的设计和材料，是导致元军舰队失败的主要原因。

8

不过，失败似乎不存在于忽必烈的字典里。

为了彻底征服日本，"弘安之役"后第二年，忽必烈启动了第三次伐日计划。

经历了两次重大海战失败，他不敢轻易再犯第三次错误。这次，他将训练元朝水师对外作战的重点放到了东南亚。

然而，元朝水师南征之路同样不顺，打缅甸，征安南，伐爪哇，通通徒劳无功。

一连串的战略失败，加剧了元朝内部的经济负担，一个庞然大物迅速开始走入下坡路。

战争带给元朝的伤害已无法避免，在下令无限期罢征日本后不久，至元三十一年（1294），年迈的忽必烈病逝于大都。

而战争，同样给日本镰仓幕府带来了巨大的伤害。

抗元战争的胜利，并没有给幕府一个可合法没收"政敌"土地的机会。因此，曾为幕府血战过的武士们，在战后得不到应有的待遇。为了生计，他们只能脱离幕府，走向伺机反叛的道路。

在元日战争结束后大约 50 年，镰仓幕府轰然倒塌，成了历史。

战争从来就没有赢家。

天启大爆炸的真相

1626 年 5 月 30 日（明天启六年五月初六）上午 9 时许，北京城西南隅的王恭厂火药库附近突然爆发出一声巨响。

据《天变邸抄》记载，在巨响传出的一瞬间，一个特大的火球腾空而起。巨响声中，天空丝状、潮状的乱云横飞，有大而黑的蘑菇、灵芝状云像柱子那样直竖于城西南角。

紧接着，爆炸中心方圆十几里内尘土飞扬，数万间房屋轰然倾倒，许多大树连根拔起。位于爆炸中心附近的象房被震塌，象群仓皇奔逃，踩死踩伤路人甚多。

伴随着剧烈爆炸，附近的人们几乎一瞬间被剥去了身上所有衣物，一丝不挂。爆炸冲击波并未导致周围发生火灾，人们只见大量的木材、石块、尸体等如雨点般从天而降，砸死砸伤地上多人。

时值明末天启年间（1621—1627），故这次爆炸在历史上被称作"天启大爆炸"。

当天清晨，工部照常安排工匠入宫修缮大殿。爆炸发生时，受冲击波影响，正在施工的匠师们通通从脚手架上掉下来，死伤无数。

按照皇帝起居的时间安排，这个点，正好是明熹宗在乾清宫进早膳的时间。

许是接收到"天人感应"的信息，听到巨响，前一秒还在专心吃饭的明熹宗，后一秒就一个箭步冲出乾清宫。速度之快，身旁竟只有一名侍卫能跟上。

明熹宗一行逃至建极殿时，就连紧紧跟随在皇帝身后的侍卫也被"高空抛物"砸死。见状，明熹宗赶紧找了张大桌子，龟缩其下。

而明熹宗唯一存活的亲骨肉——三皇子朱慈炅，则显然没有他爹运气好。爆炸的巨响，直接给这个不到一岁的小婴儿造成了不可逆转的伤害。几日后，三皇子薨，明熹宗朱由校从此绝嗣。

1

这么一场危害社稷的大爆炸，事后官方当然需要展开大规模调查。

由于不清楚爆炸的具体原因，受惊匪浅的明熹宗做的头件大事，就是"亲诣太庙恭行慰礼"。为了让上天尽快平息怒火，平日里只想钻研木工的他，竟学着历朝皇帝琢磨起了"罪己诏"，深刻检讨自己的从政过失，并自掏腰包一万两赈济京师灾民。

皇帝犯错，自然得有人背锅。

身为掌管全国土木工程的最高长官，工部尚书董可威当然难辞其咎。在皇帝的厉声斥责下，董可威被撤职严办。

然而，在大爆炸中，他也是一名受害者。

当时，正赶着进宫面见皇帝的董大人，轿子被掀翻，朝服及身上所有的衣物皆随风消散。更加悲催的是，赤身裸体的董大人还被随后掉下的物体砸断了双臂，奄奄一息。

董可威被撤职后，时任工部侍郎的薛凤翔顶替了老上司的职务。

作为大爆炸的幸存者，薛凤翔当日也遭遇了与董可威相似的境遇。只不过，他幸运地躲过"高空抛物"，毫发无损。因此，由他组建的灾后工作小组对事故发生后的现场勘探做得尤为细致。

据其奏报，这场突如其来的大爆炸发生于王恭厂附近。爆炸产生的巨大破坏力，使王恭厂内形成了一个长三十步、宽十三四步（每步约合今 1.6 米）、深两丈有余的地陷坑洞。

除此之外，位于爆炸点中心附近的都察院、天仙庵、保安寺、白虎庙等均受到不同程度的损毁。紧挨着王恭厂的石驸马大街上的一对石狮子，每只重达五千斤，均震飞出顺承门外。

爆炸发出的巨响，同时间，距离京城百八十里外的昌平、密云、通州等地的百姓也有所耳闻。

根据巡城御史李灿然与工部的统计，此次事故总共造成"塌房一万九百三十余间，压死男妇五百三十七名口"。

如此巨大的伤亡，让平时难得上班的明熹宗，也认真研究起文武百官在大爆炸后汇总的情况。

爆炸次日，在都察院上班的河南道御史王业浩即递交了一份关于此次事故的见闻录。在这份证词中，王业浩写道："辰时（7—9 点）入署办事，忽闻震响一声，如天折地裂。须臾……见火焰之烛天，四边颓垣裂屋之声不绝。"

王业浩的说法得到了当时身处皇宫的大太监刘若愚的认可。据刘公公回忆，在爆炸发生时，他"忽"闻大震一声，随后隐约嗅到空气中有股火药味。

很显然，爆炸跟京城王恭厂附近存放的爆炸物相关。王恭厂内有明廷直接掌管的大型火药库。每年由此出产的夹靶枪、连珠炮、铅弹等黑火药、火铳达数十万斤，直接配发京师神机营列装。

于是，集合来自各方的证词，明廷最终将此次爆炸定性为火药库失火意外。

2

但好好存放的易燃易爆物品，怎么会突然爆炸？朝廷方面，一时摸不着头脑。

还是王业浩，他在上疏阐明自己的所见所闻后，又向朝廷奏报了一件事。

他称，前不久接到塘报："奸贼差奸细十人，限于四月二十七日齐至京师，潜图内应。"想来，近日王恭厂爆炸与此间关系不小。

天启年间的大明帝国，外有金兵侵扰，内有农民起义，正值国难当头。无论是北方的努尔哈赤还是内部的叛军捣乱，炸京师火药库无疑都是暴击明军战斗力的上上之策。

然而，按照明朝职官设置，王恭厂隶属工部，厂内除有一名掌事太监外，平时还有六十名匠头和近百名禁军。如果这么一伙奸细悄悄潜入王恭厂，不可能不惊动守备的禁军。因此，王业浩的怀疑很快被一些反对意见所掩盖。

当时的沈国元写了本《两朝从信录》，专门搬运天启、崇祯两朝的邸报内容。在援引了《天变邸抄》的说法后，他又做了补充说，王恭厂爆炸后，官方曾救出一名小太监吴二。吴二说，爆炸前，天有异象，"但见飚风一道，内有火光，致将满厂药坛烧发，同作三十余人尽死，只存一人"。

吴二的"证词"，后来也被《明熹宗实录》所采纳。

不过，同作三十余人皆死，只有吴二不死的概率很低。那么合理的解释，无非两种，要么这场大火是吴二放的，要么就是有人在吹牛。

如果说大爆炸是吴二故意引爆的，那么，他是否具备作案的条件呢？

根据史料记载，他独自完成作案的可能性不大。

明朝自发展神机营以来，对火药的制造和管控把握得相当严格。对于硫磺、黄石这两大制造黑火药的主要原料，官方采取统一购置。作为战略储备物资，硫磺和硝石在民间也不能随意贩卖。要是没有宫引凭条，私自贩卖者，一律以夹带私货罪之。

《大明律》规定，凡贩私盐者，杖一百，徒三年；若有军器者，加一等，诬指平人者加三等，拒捕者斩。

想来这个相当懂得保命的太监吴二，还不至于蠢到会选择这种自投罗网的方式。

由此推测，吴二作案的最佳机会，就只有在王恭厂的黑火药堆里做手脚了。

但稍微有点常识的人都知道，黑火药非常敏感。只要有些许火星，哪怕是一道雷击，都足以引燃。因此，吴二作案后逃离现场的假设根本不成立。

那么，爆炸的真相到底如何？

3

事实上，无论是《天变邸抄》还是《明熹宗实录》，都难逃明末党争集团"东林党"的把控。

在《明熹宗实录》的编撰团队中，东林党人贺逢圣就曾任总纂官，参与修史。

而据学者研究，最早将《天变邸抄》当作一手史料收录的，除了实录外，还包括了明代文集《颂天胪笔》和《碧血录》。这两本书的共通点便是"适当魏党歼灭时，故记被害诸臣之事"。

说白了，这就是东林党人主导的政治主张宣传读物。

众所周知，明末的东林党与阉党水火不容。学者因此怀疑，《天变邸抄》很可能是东林党人在王恭厂爆炸后，故意夸大捏造出来的"人祸"。其目的就是为了借天谴，营造一种魏忠贤及其党羽倒行逆施，惹得老天爷大怒的社会舆论，进而解救此前因故被捕下狱的同伴们。

因为就在爆炸发生的一年前，天启朝最大的太监魏忠贤刚完成了一次对东林党人的大屠杀。出身东林党的大臣杨涟实名举报了魏忠贤二十四条杀头大罪，随后遭到后者拷打致死。

而迫害杨涟致死，不仅未能如预期般成功打压东林党的敌对气焰，甚至还导致了黄尊素等人在皇帝面前对魏忠贤等阉党人士发起二次冲击。

于是第二年，天启六年（1626），握有黄尊素、周顺昌等人曾试图营救东林党人汪文言的证据，魏忠贤决定再次如法炮制。五月，黄尊素、周顺昌、李应升、周起元等人被捕入诏狱，史称"东林七君子"案。

谁知，才过去没几天，王恭厂就爆炸了。

这种种的细微联系，难免不令人思虑到东林党与阉党的明争暗斗。

在爆炸后流传的《天变邸抄》中，除了有对当时灾难现场的民间描写外，也大量着墨于上层人士众生相。据记载，大爆炸发生后，钦天监官员曾有占卜言，地鸣者，当是朝中有奸党，是为大凶之象，宜天下群起而攻之。魏忠贤听后二话不说，直接命人将此官员杖杀。

另外，大爆炸发生时，除了董可威之外，另一反对东林党的大臣潘云翼也在大爆炸中丧命。但与潘云翼许久未见，且一直吃斋念佛的夫人，在大爆炸发生后，被人发现"抱一铜佛跪于中庭，其房片瓦不动"。而前屋中日日与潘云翼偷欢的妾室，此刻却"俱压重土之下"。

爆炸之烈，亘古未有。潘夫人房中竟然片瓦不动，基本已可断定有极大的造假成分。可见，《天变邸抄》写作者在创作过程中，有意利用"天谴"，将社会舆论导向至某些反派人物身上。

4

尽管王恭厂爆炸事件朝廷官方早已定性为火药意外爆炸，并相对精准地完成了事故发生后的伤亡报告。但囿于当时的技术条件限制，该场大爆炸的具体原因至今仍无定论。

当时详尽记载王恭厂爆炸的资料，除了《天变邸抄》外，具有参考价值的还有刘若愚的《酌中志》和朱祖文的《丙寅北行日谱》。这两本书，都曾提到此次爆炸"不焚寸木"，"凡坍平房屋炉中之火皆灭"。再结合《天变邸抄》中记录，爆炸发生前几天，山东济南知府曾往当地城隍庙上香。随行众人及知府本人在推门入内的一刹那，全部晕倒在地的怪异现象，现代学者王岩推论，此次爆炸或与当时地下天然气泄漏有关。

根据他的说法，爆炸发生前后，京城周边的蓟州、密云等地连震三日，轻微余震甚至波及天津、宣大、山东以及河南等地。轻微地震虽不至于对地面造成多大影响，却有可能使地壳运动出现裂痕，从而引发地下天然气溢出。

从《天变邸抄》记录爆炸当日，宫中火神庙的守门内侍曾听到殿中有一阵音乐之声此起彼伏，吓得他们赶紧推门入内，谁知"忽见有物如红球从殿中滚出，腾空而上"。一会儿，王恭厂就炸了。而天然气泄漏通常都会发出忽粗忽细的哨声，宛如人在吹哨，也是此起彼伏。

另外，王岩先生还提到，天然气爆炸是一种放热反应。气体急速膨胀产生的能量会以冲击波的形式往外传递，也就是《天变邸抄》中吴二所感受到的那股"飙风"。

天然气的爆炸具有很强的推动和破坏能力，足以将王恭厂内的满屋子炸药引燃，如此便产生了两个爆炸中心。在破坏力的相互作用下，两个爆炸中心间会形成如同龙卷风般的旋转气流，加重破坏程度。

如果此时人在天然气聚积的地方，除了会被卷入龙卷风的旋转气流中，更会因气体急速膨胀而出现肢体断裂、撕毁的现象。这也暗合当时史料称"死者之肢体多不全，无论男女尽皆裸体，未死者亦多震褫衣帽焉"的记载。

那北京地区是否会暗藏地下天然气呢？

事实是有的，早在20世纪80年代，《中国地质报》就曾援引美国方面研究，指明北京地下潜藏石油和天然气。

虽然王岩推论天启大爆炸与天然气大爆炸有一定关系，但他也实在拿不出特别有力的证据。

对于这场大爆炸，史学界、科学界只能从另外的角度继续探索其起因。因此，继"天然气爆炸说"后，学界又相继衍生出了"地震说""陨石说""内热地核强爆说""飓风说"等多角度的分析假说。

5

但无论哪一种假说，都无法消弭这场超级大爆炸背后引发的帝国大震荡。

在魏忠贤的压力下，东林党人并没能通过《天变邸抄》制造的舆论成功营救狱中的伙伴。

天启六年（1626）六月，东林党的智囊黄尊素，穿上囚服，自行前往衙门自首。随后，在得知狱卒已受命准备谋害自己，为免伤及他人性命，他选择在一个漆黑的夜晚，赋诗一首，自尽了结。

与黄尊素一起被魏忠贤列入必杀名单中的其余"六君子"，同样举止特异。他们连逃都不逃，乖乖在家等待东厂抓捕。

起初，仗着魏忠贤的权势，东厂拿人的流程走得还蛮顺的。李应升、周宗建等四人本着东林党人"士可杀，不可辱"的气节，在众目睽睽之下被东厂带走。

而东林党领袖高攀龙，则干脆在特务们还没上门时，就自绝于世。

但到了抓捕周顺昌时，阉党却遭遇了前所未有的压力。

周顺昌祖籍苏州，是东林党人魏大中的亲家，为人仗义，最喜欢在家乡做好事。以往有人蒙冤受屈，他总要找到有关部门陈情说理。因此，当地百姓听说周顺昌被抓，个个义愤填膺。

文徵明的曾孙文震亨，以及杨廷枢等人甚至带领众人阻拦负责此案的阉党重要成员毛一鹭的去路，要求对方给予周顺昌公正的判决和公开的说法。

在周顺昌被捕期间，苏州百姓自发上街暴打东厂、锦衣卫人士。还有几人根本与东林党争毫无瓜葛，但他们更希望沾上东林不屈之气节，暴打官方人士后，主动揽下所有罪行，陪周顺昌走向鬼门关。

随着"六君子""七君子"们的人头落地，魏忠贤的末日也不远了。

王恭厂爆炸一年后，天启七年（1627）五月十八日，明熹宗朱由校在一次游园活动中，也如明武宗般不慎落水，受到惊吓，不久即驾崩。

由于皇子朱慈炅之前的不幸夭折，导致这时大明帝国内部出现权力真空，明熹宗并无子嗣可继承皇位。故而，朱由校在已知自己命不久矣时，亲自指定其弟信王朱由检继承帝位，是为崇祯皇帝。

崇祯皇帝素来对魏忠贤祸国殃民的行径深恶痛绝，因此，在他的支持下，嘉兴贡生钱嘉征历数了魏忠贤十条大罪，给皇帝一个杀魏忠贤的机会。魏忠贤自知难逃一死，在被抓捕过程中也想到了自尽。然而，其百死亦不足赎罪。崇祯皇帝诏令将魏忠贤肢解，悬头于河间府，以息众怒。

可惜，大明帝国中毒已深，单杀一个魏忠贤根本无法扭转败局。

在余下不足二十年的时光中，东林党再度崛起，他们结党营私，令初为人君的朱由检颇为忌惮。作为一名迟疑不决的君主，朱由检又寻回了从前权倾天下的阉党余孽。然而，无论是谁做君主，政见不同的两派终究不能和平共事。

在李自成大军步步紧逼之下，曾被认为最有可能力挽狂澜的崇祯皇帝，最终吊死在煤山的歪脖子树上。

当大明帝国无声覆灭的时候，人们是否会猛然想起：十八年前，天启六年（1626）的那一声巨响，像极了一个庞然大物轰然倒地的预演？

崇祯帝为何死不迁都?

崇祯十七年（1644）三月十七日，北京城外，大顺军的炮声一阵接着一阵，仿佛在向大明王朝索命。

困守城中的崇祯皇帝朱由检召来自己的妹夫、驸马都尉巩永固，想抓住最后一根救命稻草。

巩永固是支持迁都南京的大臣之一。上个月，他还跟崇祯说，愿意亲自招募义兵护驾南迁。

此时，崇祯问他:"你之前跟朕说，可召集数万义兵随朕南下，今天还能做到吗? "

巩永固无奈地说:"今天来不及了! "

崇祯说:"你先前说可以一呼百应，现在又说没人了，这是为什么? "

巩永固回答道:"之前还有时间集结人马，如今事态紧急，人心尽乱，难以叫人来护驾了。"

崇祯听后慌了，又问:"那你们率领家丁护送我南下，行不行? "

巩永固与其他大臣赶紧说:"家丁哪里抵挡得了贼兵的锋芒? 况且臣等都是老实人，不敢私自蓄养家丁。"

次日，京城失守。万念俱灰之下，崇祯来到城中煤山自缢而死，以"君王死社稷"的方式结束了他充满争议的一生。

从诸多史料可知，在亡国之前，曾有一个迁都的机会摆在崇祯面前，他没有好好珍惜。

"南迁之议"被提上日程，讨论了两个月之久，但始终未能付诸行动。这成为崇祯最后的遗憾，也为这个风云激荡、疑窦重重的甲申年，留下了又一个谜团。

1

明末南迁之议，一说始于崇祯十六年（1643），崇祯与时任内阁首辅周延儒的秘密会谈。

当时，李自成的农民起义军还未威胁到京师，但是清军再次入塞大掠，引起了崇祯的警惕。

此前不久，清军在松锦之战中击溃明朝关外最后一支劲旅，俘虏并劝降明军大将洪承畴、祖大寿，打通了明朝苦心经营多年的宁锦防线。随后，清军从墙子岭（今密云北）分道进军，数月间连破蓟州、真定、河间、临清等地，掳走了数以万计的人口、牛马，搜刮了大量金银珍宝，所过之处城池残破，生灵涂炭，声势震动京师。

崇祯一边派周延儒督师御敌，一边以"边寇交织"为由，私底下与周延儒商议迁都南京的可行性。

南迁的风声很快传到了后宫。后妃们比较八卦，一下子就聊开了。

崇祯的老婆周皇后好几次暗示说，我在南京还有一个家（"吾南中尚有一家居"），表明了支持丈夫迁都的想法。

天启皇帝的遗孀懿安皇后张嫣，却表达了保守的看法，她对周皇后说："有外人传言要南迁，这一定是周延儒在误导皇叔。"之后，张皇后亲自找到崇祯帝，说："宗庙陵寝都在此，能搬到哪里去？"一向偏执的崇祯听了，起初有点恼火，但看在皇嫂的面子上，不好意思发脾气。

恰好清军大掠后北归，北京暂时安全了，随后周延儒因罪免职，崇祯帝便放下了南迁的念头。

转眼间到了崇祯十七年（1644），大明王朝的最后一个春天。

这年正月，李自成在西安称帝，建立大顺，乘胜挥师东出，势如破竹。二月初，大顺军从关中渡河挺进山西，攻克军事重镇太原，剑锋直指京师。

李自成的迅猛攻势，让崇祯措手不及。

一个多月间，崇祯帝几乎每天都寝食难安，他接连下罪己诏、勤王诏，对部下封官许愿，对起义军招抚诱降，想以此感化民心，挽回败局。

在那篇文辞优美的罪己诏中，崇祯承认，朝廷赋税加派过度、官吏巧取豪夺，百姓负担过重，才迫不得已地起兵叛乱，此皆"朕之罪也"。他希望农民军保持冷静，表示一定痛改前非，只要起义军愿意"反正"，可"耕田乐业，永为王民"，等等。

讽刺的是，诏书刚下，拱卫京师的大同、宣府（今张家口市宣化区）两大重镇就被大顺军攻陷了。

明朝中枢已然暴露在起义军咄咄逼人的视野下，崇祯面临的最大困境，一是没兵，二是没钱。

自从陕西孙传庭的主力部队大败于农民军后，明朝在北方几无精兵可用。曾经威震东北的关宁铁骑在松锦之战后就一蹶不振，由吴襄、吴三桂父子率领的数万兵马镇守在山海关，处于清军的虎视眈眈之下。

崇祯也拿不出可供各地军队勤王的兵饷。

史载，当崇祯召见久于边事的吴襄时，问及兵饷的情况，有这样一段对话。

崇祯问吴襄："你们父子手下有多少兵啊？"

吴襄老实交代："现在我手头还有三万余将士，其中骁勇敢战的精锐，只有三千。"

皇帝又问："需饷几何？"

吴襄答道："百万。"

崇祯帝当时就震惊了，说现在皇宫内库只有七万，就算砸锅卖铁，最多也只能凑到二三十万给你们当军饷。

很多人听到明朝国库没钱，都是一种"真的吗？我不信"的态度，以为是崇祯抠门，不肯拿钱出来，还相信这样一种说法：明亡后，李自成进京，从明朝国库中搜出"库银共三千七百万，金若干万"。

这是清初有个投靠清朝的文人杨士聪写了本《甲申核真略》，带头造的谣。后来有些史学家信以为真，就抄录了这一数目，都相信崇祯国库里真的藏有几千万两银子。

同时期的一些史料却佐证了崇祯帝对吴襄说的情况。如《流寇志》："内帑无数万之藏。"《国榷》："内帑无数万金。"

朝廷拿不出钱，将士们自然也不肯卖命。

当大同、宣府失陷的消息传到北京，崇祯下诏调遣兵马入京勤王。

宁远总兵吴三桂率领的关宁铁骑踟蹰不前，还没到北京崇祯就上吊了，他后来的行为广为人知；山东总兵刘泽清谎称坠马受伤，拒不奉诏，逃到南方去了；密云总兵唐通倒是来了，但他先降李自成，后降多尔衮，荣登《贰臣传》，后来还被清朝皇帝嘲讽说，这人不肯给前老板出力，投靠我们后也没立下什么功绩。

崇祯十七年（1644）春，告急的战报如雪片一样飞来，城内孤立无援，国库空空如也。

崇祯想要绝处逢生，最靠谱的方法，也许还是南迁。

2

正当李自成的兵马准备直取京师之时，崇祯十七年（1644）正月初三，崇祯帝召集大臣议事，商议如何保卫北京城。

面对清军与大顺军的东西夹击，众朝臣唇枪舌剑，争论了半天也没个结果。

此时，一个叫李明睿的小官员引起了崇祯的注意，他建议崇祯放弃北京，迁都南京。

李明睿是江西南昌人，天启年间进士，当时任"左中允"。这是东宫詹事府下一个专掌记注、纂修之事的六品小官，本来是个名不见经传的小人物，但他的"御寇之策"让崇祯有些心动。

史书记载，此次廷议之后，崇祯帝屏退左右，单独召见了李明睿。

李明睿说："如今正是危急存亡之秋，只有南迁一策，可缓解目前的局势。"

崇祯犹豫不决，说："此事重大，未可易言，未知天意如何？"

李明睿一听都急了，我好言相劝，你还想着问老天爷。

他对皇帝说，天命这玩意儿，善则得之，不善则失之，现在天命靠不住，人定则胜天，而且失之毫厘，谬以千里，皇上就不要迟疑了，等到贼军打过来，想要跑路就来不及了。

崇祯帝此时终于"坦诚相见"，说："此事我早有想法，但无人支持，故而推迟至今。现在你的想法与朕不谋而合，但假如其他大臣不同意，为之奈何？"崇祯还警告李明睿此事关系重大，不可泄密，万一泄露，你小命就没了。

李明睿接着向崇祯献计，连南迁的路线都帮他想好了："不如四路设兵，山东、山西、河南，此陆路也；登州海船、通州运河，此水路也。皇上须从小路轻车南行，二十日抵淮上。"

说到最后，崇祯连连点头，说："朕知道了。"

所谓李明睿献策的真伪，历来众说纷纭。

这则史料最早出自清朝顺治年间邹漪所撰的《明季遗闻》，而邹漪的老师叫吴梅村，吴梅村又是李明睿的门生。因此，早在清朝就有人质疑邹漪"颇为李明睿粉饰"，夸大了其在南迁之议的作用，写下近似小说家言的密谈细节。

但这个故事至少说明一种情况：面临腹背受敌的军事压力，明廷部分官员发起了"南迁之议"，有关迁都的声音，开始萦绕在崇祯周围。

南迁的首选对象有时不是崇祯帝本人，而是他 16 岁的长子朱慈烺。

《明史》记载，当年二月，左都御史李邦华秘密上疏，请求崇祯帝固守京师，并仿永乐朝故事，由太子监国南京："我国家并建两京，原以供时巡备据守，皇上即不南迁，宜令太子诸王居旧都，一系天下之望……号召东南，共图灭贼。"

3

对于崇祯朝廷而言，迁都南京有先天的优势。

明朝开国之初，朱元璋即位于应天（今江苏南京），称应天为京师，确立了应天的首都地位。

尽管朱元璋在位期间多次与群臣讨论迁都，备选的建都之地有汴京、关中，乃至朱元璋的老家临濠府（今安徽凤阳），但直到朱元璋去世，都因种种原因而放弃。

明初洪武、建文二朝，大明帝都一直是南京。

建文帝在位时，他那个野心勃勃的叔叔朱棣发动了靖难之役，从其镇守的北平（今北京）一路南下打到南京，夺了皇位。

北平作为明成祖朱棣的龙兴之地，被视为理想的定都之地。于是，朱棣历经多年，实行迁民北上、营建北京、建造紫禁城等一系列举措，于永乐十八年（1420）下诏迁都北京。

但是，朱棣没有完全违背祖宗之制。在迁都北京后，明朝仍以南京为陪都。

有明一代，明朝实行特殊的两京制度。在南京设有一套与北京各机关平行设置的中央机构，宗人府、六部、都察院和五军都督府等一应俱全，只是各机构名称前都加了"南京"二字，与北京各机关互不统属，且官员多由年高资深的大臣担任。比如明朝中期，五朝老臣王恕任南京兵部尚书，名望极高，"天下倾心慕之"，当时流传一句民谣："两京十二部，独有一王恕。"

明朝的南京，不是一个摆设，而是仅次于北京的政治中心。一旦国家有变，北方失控，南京便可在短期内成为明朝中枢，主持天下大局。

另外，从经济的角度说，南京所处的江南地区经济富庶，是大明王朝最重要的赋税来源地，至少不差钱。

而从明末的天下大势来看，崇祯十七年（1644）初，南方总体上相对安定。天灾和民变还没有对江淮南部以及更南的广大地区形成较大冲击，江南各地方政府也没有像陕西、河南、山西等北方行省一样，陷入农民军的包围而完全失去控制。

南迁虽然可耻，但是有用。历代王朝有过不少南迁的经历。

北宋末年，靖康之变前夕，金军兵临城下，宋徽宗就撒腿往南跑，他先是禅位给太子赵桓（宋钦宗），自己连夜从开封逃出，前往江南避难，自称"教主道君太上皇"，好不逍遥快活。宋钦宗一把鼻涕一把泪，不情不愿地给老爹收拾残局，好不容易才等到金人退兵。

宋徽宗一听说金兵退了，随即返回京城，但被软禁于宫中，防止复辟。没过多久，金军再度发动南侵，把北宋朝廷一锅端了，徽宗、钦宗都被押送去五国城（今黑龙江依兰县）流放，受尽屈辱。

北宋灭亡后，宋徽宗第九子赵构建立南宋政权。他比他爹还能跑，先是从北宋的南京应天府（今河南商丘）逃到扬州，后来又逃到明州（今浙江宁波），还被金人追击，吓得逃到海上，等到金兵撤离江南后，才将临安府（今浙江杭州）定为南宋的"行在"。

定都南方后，南宋享国152年。在军事上，南宋利用长江防线，前与金朝、后与蒙元长期对峙，而其经济之繁荣、文化之辉煌、人才之众多，也是历史上各个偏安政权中的NO.1。

从诸多方面来说，宋朝南迁并非历史的倒退，反而使汉唐以来的中华文明得到更好的传承与发展。

在南宋之前，唐朝"安史之乱"期间，有唐玄宗南迁成都，实现了唐朝中央机构的安全转移，之后其子唐肃宗在灵武即位，号召各路唐军平叛。西晋"永嘉之乱"，也有司马氏皇室与北方士民南渡，在建康（今江苏南京）建立起东晋政权，延续魏晋文脉。

明亡后，很多人说起"甲申南迁之议"，未尝不扼腕叹息。

明末清初的学者彭孙贻认为，崇祯应该迁都，而不是去上吊。他说："国君死社稷，正也，迁国图存，权也，权而不失乎正也。"

4

若想要迁都，崇祯需要得到朝廷重臣的支持，以免自己独自承受放弃宗庙社稷、祖宗陵寝的不孝罪名。

鉴于李明睿、李邦华等南迁支持者势单力薄，崇祯将"南迁之议"摆上台面，希望经过朝廷公议来决定此事。

这一下子就引起大臣们的争论。

身微官卑的李明睿依旧坚定地鼓励崇祯南迁，他正式上奏，劝崇祯帝以"御驾亲征"的名义南下。

他在奏疏中说："今日最急，无如亲征。京营甲兵不下十万，近畿召募得数十万，圣驾一出，四方忠义必有闻风响应者。"

此时，京城小干部李明睿扮演的是"南迁派"大臣的代言人。

反对南迁的"留守派"大臣立即派出代表与李明睿针锋相对，力阻南迁。

兵科给事中光时亨第一个跳出来，指责李明睿的奏疏是异端邪说，还说不杀李明睿，不足以安定人心。

留守派有自己的一套说辞。

在明朝，北京不止一次陷入围城的困境。

明朝正统年间发生"土木之变"，连明英宗都被蒙古瓦剌部俘虏了，之后于谦却指挥北京保卫战，成功使京师转危为安。

嘉靖年间的"庚戌之变"，俺答汗率部包围北京，当时朝廷也没迁都。

更重要的是，在这几次危机中，力陈南迁的人都被视为奸臣。

当初，瓦剌进逼北京时，大臣徐珵（后改名徐有贞）主张南迁，遭到训斥，差点儿被斩首，结果于谦组织军队，取得了北京保卫战的胜利。徐有贞从此遭到朝廷的取笑，长期得不到升迁。每次说到他，别人的反应都是，这不是那个提议南迁的老徐嘛！

徐有贞对此怀恨在心，后来虽然协助明英宗发动夺门之变复辟，担任首辅，但也被后世称为小人。

到了明末，大臣们想起这件事，很容易把支持南迁的人当作另一个"徐有贞"。

如果他们为南迁振臂高呼，迁都成功还好，最后若是没迁成，轻则身败名裂，重则身首异处。封建士大夫大都爱惜名节，不愿为此冒险。

当反对派大臣异口同声地指责李明睿妖言惑众时，崇祯只好无奈地说，你们怎么这么双标呢？一样是"邪说"，你们都专攻李明睿，却不责备光时亨。

更多的大臣选择保持沉默，一味明哲保身，不置可否。

朝中议论纷纷时，崇祯让内阁首辅陈演表态，甚至直接把话挑明了，这事儿你帮我担待着点儿。

等到开会时，陈演却只知道"演戏"，每次崇祯逼他发言，陈演都只是笑笑而已。看着陈演尴尬而不失礼貌的微笑，崇祯气得一脚把椅子踢翻了。

归根到底，京官都有自己的小算盘。他们不愿意放弃眼前的利益，良田美宅带不走，而等到新的王朝建立，他们跳槽到新公司，总比南迁之路四处颠簸来得轻松。

大臣们对崇祯也有些恐惧。崇祯皇帝在位 17 年，虽然忙里忙外，但这个皇帝就像有偏执型人格障碍，不轻易相信别人，喜欢杀大臣。

粗略统计，崇祯执政 17 载，共轮换内阁大学士 50 人，并且下令处死 2 人，换兵部尚书 14 人，处死 5 人，还下令处死总督 7 人，巡抚 11 人，留下诸多疑案。

对这样一个皇帝，众臣很难跟他一条心。

南迁之议的争论，一直到李自成打进北京都没讨论出结果。

这种无休止的廷议一旦兴起，只会引起各派党争，留下一地鸡毛。

崇祯帝对此叹息道："朕非亡国之君，诸臣尽为亡国之臣。"

在生命的最后几天，崇祯反复说的一句话就是"诸臣误朕"，他把南迁之议的破产甩锅给大臣，没有从自己身上找原因。

5

实际上，崇祯本人对南迁的心态很矛盾。

他曾经暗中做南迁的筹备工作，派给事中左懋第前往南京，查看沿江车马舟师情况，又下密旨命天津官员冯元飏准备三百艘漕船，在直沽口待命。

明亡前夕，冯元飏还派其子携带紧急奏疏入京，建议皇帝从海路迅速南迁。当冯元飏之子听到南迁已经罢而不议时，只能饮泣而返。

可见，南迁之路几乎铺好了，崇祯却迟迟没有行动。

一是他不愿背负骂名，"遗恨于万世"。因此，崇祯企图将南迁的责任推给朝臣，却没想到这一计划并没有得到更多大臣的响应，而是陷入争论不休的混乱之中。

二是崇祯不愿放弃至高无上的皇权。

当时，南迁之议的另一个方案就是李邦华提出的：太子南下，皇帝留守。

这也是唯一能让南迁派与留守派达成妥协的折中方案。

但是，太子南迁，势必以崇祯帝本人为牺牲品。

这就是光时亨提出反对时说的："幸太子往南，诸臣意欲何为？将欲为唐肃宗灵武故事乎？"你们说可以护送太子南下，那等太子到了南方，是不是要学唐肃宗，把他老子赶下台啊？

二月二十八日，这是决定南迁之策的关键一天。

此时的崇祯已经心力交瘁，他无法给李明睿、李邦华等南迁派大臣肯定的答复。他的立场已经向留守派倾斜。

在召见诸阁臣时，崇祯直言道："祖宗辛苦百战，定鼎于此土，若贼至而去，朕平日何以责乡绅士民之城守者？何以谢先经失事诸臣之得罪者？且朕一人独去，如宗庙社稷何？如十二陵何？如京师百万生灵何？逆贼虽披猖，朕以天地祖宗之灵，诸先生夹辅之力，或者不至于此。如事不可知，国君死社稷，义之正也。"

对派太子去南京监军的方案，崇祯以太子少不更事为由否决，说："朕经营天下十几年，尚不能济，哥儿孩子家做得甚事！"

至此，两个南迁方案都宣告破产。此时，距离李自成进京不到一个月。

当南迁之议接近尾声时，驸马巩永固仍上疏劝说崇祯早日迁都，并说愿意招募数万义兵护驾南下。

崇祯问："义兵何易？"

巩永固信心满满地说，别说几万人，如果陛下不再坐守京师，而是亲征南下，将会有数十万人响应。

这是最后一次南迁机会。

等到李自成攻入皇城的前一天，崇祯帝再次想起这件事。他找到巩永固，可巩永固说，都到这个关头了，您让我上哪里给您找人去？

当时，大顺军直抵城下，已经封锁了崇祯南下的道路。

紫禁城外，李自成的敢死队"孩儿兵"砍伐树木，制成云梯，随时都会攻进来。崇祯换上轻便的靴子，"出中南门，手持三眼枪，杂内竖数十人"，想寻找出城的路，但发现根本跑不了。

6

临死的这一天，崇祯写下最后一道诏书。这是一道血书遗诏，也是他与这个世界的诀别："朕自登基十七年，虽朕薄德匪躬，上干天怒，然皆诸臣误朕，致逆贼直逼京师。朕死，无面目见祖宗于地下，自去冠冕，以发覆面。任贼分裂朕尸，勿伤百姓一人。"

在求死之前，崇祯先命太监取来破旧衣帽，为 16 岁的太子朱慈烺与 9 岁的永王朱慈炤、7 岁的定王朱慈炯乔装打扮，让他们伪装成平民百姓的模样，赶快出宫逃难。

临别之际，崇祯像一个普通的父亲，耐心地告诉儿子们："你们乘乱逃走，要改名换姓，遇到年老者要称呼为老爹，遇到年轻者要呼之为叔、伯，见到年幼者，要以兄弟相称。其他如文人、军人、官人等，务必谨慎小心，加以区别……"

说罢，崇祯已经泣不成声，左右宫女、太监无不痛哭。

之前劝说崇祯南迁的周皇后，早已决心与崇祯同死社稷，她在涕泣之后，走进坤宁宫，悬梁自尽。

对爱妃与女儿，崇祯更是采取歇斯底里的方式，只希望她们不要落入乱军之手，遭受侮辱。一些史书说，崇祯持剑砍杀了备受宠爱的袁贵妃，又挥剑砍伤了女儿长平公主，公主本能地用左臂一挡，手臂折断，当场昏厥过去。

经过一天的血战，天已微明。

崇祯帝在太监王承恩的陪同下，在杀人与自杀的悲怆中，来到了景山那棵歪脖子树下。

李自成进京后，不久便搜捕到了明朝南迁的最后希望——太子朱慈烺。李自成没有处死这个年少的太子，而是说："汝无罪，我岂妄杀。"

朱慈烺很勇敢，对李自成说："如是当听吾一言，一不可惊我祖宗陵寝，二速以礼葬我父皇母后，三不可杀吾百姓。"

李自成点头答允。

朱慈烺感觉到李自成对明朝众臣的担忧，又说了一句："你放心吧，文武百官最无义，明日一定来向你朝贺。"

果不其然，很多当初反对南迁的大臣，转眼间就拜倒在大顺军的旗帜下，前来投降的明朝官吏多达一千三百余人。

李自成因此更加相信朱慈烺"文武百官最无义"的说法，认为明朝官员坏透了。

于是，大顺军对在京官员大肆拷掠。李自成让部下刘宗敏制作了几千副夹棍，用严刑峻法逼迫明朝官员交出家财。这些官僚、勋贵、地主被用刑后连连求饶，被迫拿出成千上万的白银，之前阻止南迁的如意算盘转瞬成空。

李自成败于清军后，大顺军的胜利果实被清朝夺取，太子朱慈烺在乱军之中下落不明。

有人说，崇祯虽未南迁，但他的自杀，是一种"以死求生"的方式，不仅留下"国君死社稷"的美名，也唤起了各地人心的震荡，激励那些忠臣良将继续为大明复仇，掀起了南明抗争的风暴。

历史学者魏斐德却认为，崇祯不采纳南迁的建议，也不遣太子去南京，只是便宜了清朝。崇祯的优柔寡断，最终使清朝继承了明朝完整的中央机构，几乎接管了明朝京城的全部汉族高官，并依靠这套系统，进一步统一南方。

南迁的失败，也削弱了南方明朝皇室宗亲的凝聚力。

建立于南方的南明政权，包括福王朱由崧监国南京建立的弘光朝廷，以及后来福建的隆武、广东的永历等小朝廷，由于缺乏天下共主的地位，派系倾轧，内耗严重，最终抗清失败。

人家清朝也有理由说的，我带的是什么朝廷，我的天下是从闯贼手中夺过来的，你们这批人是什么人，什么明朝王爷都在僭位，他有这个能力吗？

招抚江南时，清朝摄政王多尔衮致书，直斥弘光朝廷为非法政权："夫君子之仇，不共戴天。《春秋》之义，有贼不讨，则故君不得书葬，新君不得书即位，所以防乱臣贼子，法至严也……国家之抚定燕都，乃得之于闯贼，而非取之于明朝也……兹乃乘逆寇稽诛，王师暂息，遂欲雄踞江南，坐享渔人之利，揆诸情理，岂可谓平？"

假如当初崇祯成功南迁，即便北方被闯军或清朝所夺，至少可在南方实行统一的军令政令。这样的南明政权，也许还有中兴的可能。

但历史没有如果。

第七章

古籍里的秘密

被禁千年:《推背图》的真相

相传，贞观年间，唐太宗曾召见十分擅长占卜的李淳风来推算大唐国运，另一位擅长相术的方士袁天罡（纲）也在场。

李淳风一时兴起，喋喋不休，一路推算到了千年以后。

这时候，袁天罡稳不住了，赶紧从背后推了李淳风一把，警告他："天机不可泄露！"

李淳风这才停止了推算。

后来，这些"天机"被写成了中华第一预言奇书《推背图》，因为可以预言国家政事的兴衰更替，在历朝历代，都广为流传。上自天子，下至百姓，有心人总忍不住要看看。

等到一千多年以后，清朝覆灭，当了伪满洲国皇帝的溥仪闲来无事，也看《推背图》。其实，他并不怎么相信，但对里面的一些预言印象深刻：

乌无足，山有月；
旭初升，人都哭。

一口东来气太骄，
足下无履首无毛。

一朝听得金鸡叫，

大海沉沉日已消。

"鸟无足",即鸟字下去四点,"山有月",即再配上一个"山"字,构"岛"字,日本即是个岛国;"旭初升",日本国旗为太阳旗;"人都哭",指日本侵略中国,人民遭受涂炭……

"一口东来气太骄":"一口"为日,"东来",指日本在我国之东;"气太骄",指其骄横,不讲理。"足下无履首无毛":"足下无履",日本人在家,不好穿鞋,而穿木屐;"首无毛",指日本军人,过去一律光头,不留发。"一朝听得金鸡叫":日本战败投降,是在一九四五年,那年正是乙酉年,即鸡年,而中国地图,外形又像一只昂首挺立的金鸡。"大海沉沉日已消":指日本垮台了。

这事后来确实应验了。

预言奇书《推背图》,现代人称中国版玛雅预言,相传为唐代天文学家李淳风、袁天罡所合著,到了明清,还得到文学家金圣叹的评点。

在清朝覆灭以前,这书只能以手抄本流传,无法公开刊印,因为它是历朝历代官方严禁传播的禁书。晚清以后,因所谓的预言应验宣传,这书一跃成为超级畅销书,获得了各种再版又再版的机会。

直到 21 世纪,还有网友一边看,一边戏谑说,原来这不是一本按摩技术指南。

《推背图》的真相,到底是什么?

1

《推背图》一书,根据现有文献,最早出现在武周时期的《大云经疏》中。

《大云经疏》又是什么?是恭维、证明武则天称帝合法性的《大云经》的注解。

远古至今,天、地、鬼、神等超自然力量,素来为人们所忌惮和崇拜。而其中,"天命",是人们对一切无法掌控的事情所作的解释,当然,也常常成为人们要去做某件事的解释,譬如改朝换代。

历朝历代，统治者都必然要将"天命"跟政权的合法性统一起来。

如何让有利于自己的"天命"深入人心？在那个还没有大众传媒的年代，朗朗上口的谣谶、神秘莫测的祥瑞和图谶等，对统治者而言就是重要的"战场"，既要利用，也要防备。

武则天亦深谙此道。

武则天当政时期，对谣谶的禁止相当严厉，若家中藏有谶书，将遭灭族之灾，更不要说推算、制造谣谶。但是，除了查禁谣谶，武则天作为历史上第一位女皇帝，传播武周政权的"天命"，对她而言显得更加迫切和必要。

天授元年（690）七月，已经执掌李唐朝政多年的武则天颁《大云经》于天下。

经书中，和尚们暗示称，武则天"尔时佛告天女。即以女身当王国土"。而后，怀义等和尚为进一步强调武后称帝的合法性，便为此经书作注，引用了十八则谶语进行证明。

其中一则，即来自于《推背图》："大蓄八月，圣明运翔。止戈昌，女主立正起唐唐，佞人去朝龙来防，化清四海，整齐八方。"

这是我们目前所了解到的关于《推背图》的最早面貌，只有以上几句谶诗。而在其他唐朝文献中，暂时没有看到这本预言书的身影。

拿它跟如今所流传的《推背图》对比，就会发现很多值得探讨的地方。

如今的《推背图》，虽然有关于武则天称帝一事的图谶，但谶诗并非如上述所言。从谶诗的句式上看，《大云经疏》里的版本跟现在流传的版本相去甚远。

有学者考证后提出，这数十字的谶诗，应当是时人杂抄各种符命、谶纬之书而成的。譬如，"大蓄八月""女主立正"应当是改写自《易稽览图》中的"大蓄，八月，天德明王，侯人去城，十二年天下大昌，女子立政；三年，去此地，大神兽来见，至堂；三年，大兽出东北台邑、河邑"。

至于通行版本《推背图》中关于武则天称帝的"日月当空，照临下土"一诗，则可以看出明显的事后补记的痕迹，所以连武则天的改名、武周的结局、大唐的复辟等等细节，全都对应上了。

可见，经历了一千多年的流传，此《推背图》早已不是彼《推背图》。

简单来说，武周时期的《推背图》是预先造好的谶语，为了下一步的行动而准备的，是"预热"；而托名金圣叹的评点版《推背图》，是事后补记的谶语，并刻意将时间提前，以体现谶语之于历史事件预测的应验性，是"回放"或"重播"。

有意思的是，在唐朝文献中，我们甚至不能清楚，《推背图》的作者是谁。

因为根本没有提及。

2

关于《推背图》的作者，历史上有三种说法，一为李淳风所著，二为袁天罡所著，三为李、袁二人合著。

最早提到《推背图》作者为李淳风的，是南宋岳珂的《桯史》："唐李淳风作《推背图》……宋兴受命之符，尤为著明。艺祖即位，始诏禁谶书，惧其惑民志以繁刑辟。然图传已数百年，民间多有藏本，不复可收拾，有司患之……"

而记《推背图》为袁天罡所作的，最早是南宋刘克庄的《后村集》："（李淳风）逆知生女主，预说覆唐宗。误杀五娘子，安知在后宫。（袁天纲）似有人推背，相传果是非。请君看秘记，若个泄天机。"

再到明朝，就出现《推背图》为两人合著的说法。在最晚抄于明万历年间的清本《推背图》中，序言提到，向唐太宗进呈秘记的是李淳风、袁天罡二人。

那么，事实到底如何呢？

上文已提到，在现有的唐代文献中，并没有找到关于《推背图》作者的记载，而关注这两位通晓天文历法的天文学家、占卜术士本身，倒有不少有趣的预言故事。

在《旧唐书》和《新唐书》的《李淳风传》中，均记载了这样一件事：

唐太宗时，有谶言称："唐代三世以后，将会有女主武王替代唐室拥有天下。"为此，唐太宗秘密召见了在太史局任职的李淳风来询问此事。

李淳风回答道："臣根据星象推算，这一征兆已经形成。而且这个人已经出生，就在陛下宫里。从现在起，不超过三十年，就会坐拥天下，将李唐的子孙几乎杀尽。"

唐太宗急了，就问："把有可能（取代唐室）的人都杀死，这样做可以吗？"

李淳风则淡定地说："这是天命，没有通过占星就可以驱除、避免灾祸发生的道理。注定拥有王命的人不会被杀死，陛下杀人恐怕会波及无辜。而且根据天上的星象，如今已成定局，这个人又在宫内，已经是陛下眷属了。再过三十年，她就会衰老，人老了就会仁慈，虽然接受禅让改朝换代，但对于陛下的子孙，也许不会过分伤害。如果现在杀了这个人，那么世上就会再生出另一个人，从小就因结下仇恨而心狠手辣，这样，反而将来会杀害更多的李室子孙，一个不留。"

唐太宗听后，觉得李淳风说得有道理，便不再纠结这事了。

这样一段密诏对话，谈的是"女主武王代有天下"的预言。

而关于袁天罡的记载，巧的是，他也接受过唐太宗的召见，也跟武则天有渊源。

史载，袁天罡曾见过年幼的武则天，当时武则天是一副男孩装扮。袁天罡看其步态和眼睛后，吃惊地说："这孩子龙眼凤头，是最为显贵的模样。"转到侧身多看几眼，更吃惊了："如果是女子，实在不可窥测，将来会成为天下的主人。"

袁天罡也"预言"了武则天称帝一事。

然而，《推背图》里面关于武后称帝的预言，到底跟李、袁二人有没有关系？

在新旧唐书这两部正史当中，提到他俩写了不少书，但就是没有提到《推背图》。

既然武周时期已经出现了《推背图》，而这两个颇有名气的人物都与武则天称帝的预言有关，为什么官修史书反而没有提到这本预言奇书？而直到距离唐朝覆灭两百多年后的南宋，才有人提及《推背图》是谁写的，这种时间的错置说明了什么问题？

其实，并不是因为李淳风、袁天罡才有了《推背图》，而是有了《推背图》才有了"作者"李淳风和袁天罡。

目前学界大致认为，《推背图》作者并非李、袁二人，而是后人伪托。这本奇书的真正作者，应该是一代又一代的民间不知名人士，不断改写、增补、修订而成。

这也就可以解释，为什么流传的《推背图》版本各异。因为它本质上就不是一本定版的书，而是不同时代、不同人不断抄写和改写的书。只是书名和意图相同罢了。

问题来了，为什么大家要把这本书安到李、袁二人头上？

因为他们是最合适的人选。

李淳风和袁天罡，两人自唐朝起，占星、看相预言的名气就极大，业务水平高。而在史籍记载中，两人都接受过唐太宗的召见。更巧的是，都谈论或预言过武则天称帝这件事（当然这也可能是五代和宋初史家修新旧唐书时，受到谶纬的影响，而把武则天称帝的预言附会到李、袁二人身上，毕竟新旧唐书修撰时，武则天称帝的事已成人人共知的历史）。纵观当时所有的方技术士，还有比他们俩更好的代言人吗？

因此，《推背图》由唐朝两位大师所著的说法就在民间传播开来，并在传播中越发神化、确凿。

至于两人推背的故事，大概也是个不知道从何时起流传开来的传说罢了，结合最后一象，解释了书名的由来：

茫茫天数此中求，世道兴衰不自由。万万千千说不尽，不如推背去归休。

3

由众多民间不知名人士集体创作的《推背图》，特点是会根据时代变化而产生各种版本。

据学者研究，当前可考究到的《推背图》流传版本，从内容上区分，大致分为四种：一是武周时期《大云经疏》中所引的面貌模糊不清的"经疏本"；二是有六十七幅图像和谶诗的"六十七图本"；三是有六十幅图像和谶诗的"六十图本"；四是有六十幅图像和一百二十首谶诗，并且题为金圣叹评点的"金圣叹评点本"，也是如今我们主要看到的版本。

《推背图》的成书，并非一蹴而就。它大概经历了从杂抄谶纬书籍，到谶诗体例整齐统一，再到配上图像几个阶段。

根据考证，宋元时期，《推背图》已形成了图像与谶诗相配合的预言模式，而最晚到元朝至治年间（1321—1323），《推背图》的图像和谶诗已经全部完成。

但是，它在内容上并不固定。

除去未成形的"经疏本"，"六十七图本"应是目前所见的最早的《推背图》。但是，这一版本的传播，抄本与抄本之间也有差异，因为在流传的过程中，经手人不断吸收新的谣谶，进行了修改和更新。同一版本尚且如此，更别说后面形成的六十图本会出现多么大的变动。

在《水浒传》第一百零九回中，提到北宋农民起义领袖方腊应《推背图》图谶一事：

"原来方腊上应天书，推背图上道：'十千加一点，冬尽始称尊。纵横过浙水，显迹在吴兴。'那十千，是万也；头加一点，乃方字也。冬尽，乃腊也；称尊者，乃南面为君也。正应方腊二字。占据江南八郡，隔着长江天堑，又比淮西差多少来去。"

关于方腊领导起义的图谶，在六十七图本中能够找到：

"若逢女子上牛头，有一猖狂上陈州。家是十千加一点，那时国乱此中由。"

在六十图本中也有：

"若逢鼠尾牛头后，有一猖狂在六州。字是十千加一点，寻思国乱此因由。"

但是，在金圣叹评点本中，这一图谶消失了。

对比以上几则关于方腊起义的谶诗，施耐庵所写的是五言诗，有可能是他看到过已经佚失的五言谶诗版本，也有可能是他自己修改的。而六十七图本和六十图本中，两个版本的谶诗字词不一。再到金圣叹评点本中，大概因为传播者认为方腊起义之事影响甚微，就撤换为其他内容的图谶了。

可见，根据时局需要而删改内容，是《推背图》编写的基本原则。

对比三个版本，会发现，《推背图》的预言节奏在不断加快。以预言清朝建立的图谶举例，从第四十一象提到第三十八象，再提到第三十三象：

六十七图本：第四十一象，图：四色旗八面。

六十图本：第三十八象，图：一桶八旗，一金甲神，口吐青烟，手执斧，斧口出火。盔红缨，腰玉带，袖马蹄，着乌靴。

金圣叹评点本：第三十三象，图：一船在水中，上有旌旗八面，船中有十人。

为什么预言节奏加快？因为新的编写人得给新发生的事腾位置，同时，这也是为了保证《推背图》预言比例协调。已验之事和欲验之事平均分配，有利于进一步提高《推背图》可信度，吸引民众阅读和传播。

从金圣叹评点本的图像推测，图画中新刻画的船中十人，是在"预知"清朝的十位皇帝。这说明，这个版本极有可能出自清末民初人之手。

话说回来，金圣叹真的评点过《推背图》吗？

大多数学者持否定意见。

据传，金圣叹在15岁即完成《推背图》评点，这个说法本身就令人生疑。更重要的是，金圣叹评点本中，后半部分涉及很多民国事件，带有时人根据现实变化而修改的明显倾向，因此，更削弱了金圣叹评点《推背图》的可能性和可信度。

《推背图》之所以生生不息、迭代更新，是因为，社会上总有人需要它。

4

《推背图》预言政治兴替，对那些有志于取天下的人而言，是他们的舆论宝典。于民间宗教而言，是他们宣传"天命"、吸收教徒的重要工具。对大部分群众而言，则是在混乱的现实中寻求答案的慰藉。

1932年初，一·二八事变爆发后，上海人心惶惶，在十九路军退出上海前后几天内，大批《烧饼歌》和《推背图》开始出现在上海街头，大家争相抢购、阅读。

而后三月到七月，日军占据上海，书店借机大力营销：

1932年1月28日发生的上海中日战事早已为唐代袁天罡、李淳风合著的

《推背图》一书算定；该书预言的"事事应验无讹"，但后世的传本经过多次翻印，"已失真髓"；百新书店独家代售的《推背图》是清朝大内秘藏唯一的真本，内有金圣叹与张之洞的详细批解；该书在庚子国变时流至海外，由某华侨花巨资购回，现在影印出版。

在这则广告中，书店以第三十九象证明其灵验性：

"鸟无足"指飞机，"有月"指十二月，"升"指二十一日，而阳历的 1932 年 1 月 28 日即阴历十二月二十一日。照这样解释，一·二八事变是预定要发生的事情，而"一朝听得金鸡叫，大海沉沉日已过"一句则意味着"倭国必亡"。因此，读者只要细心揣摩《推背图》的预言，未来的大事"件件俱可预知"。（《广告》，《申报》1932 年 3 月 25 日，第 5 版）

这样的广告是奏效的。战争中的民众对时局感到恐惧、不安，内心充斥着敌人战败的期望，他们需要从这些预言书中"获取力量"。

不过，知识分子认为，这是对迷信的依赖，民众缺乏教育启蒙，不能正面认识社会现实。文学家许地山就指出，《推背图》《烧饼歌》这类预言书都是迷信，"无论选择那（哪）一个时期底（的）史实来解释都可以解释得通"。

一语道破"天机"。

一千多年来，《推背图》的产生和盛行，不过都是操弄人心的游戏罢了。一群人对另一群人的操弄。

溥仪大多数时候不信《推背图》，但也逃不过这些预言书给他带来的郁闷："这与其说是为了给自己算命，不如说是给自己精神上以麻醉，以暂时忘却对未来的恐惧……"

一幅图、几行诗，你绞尽脑汁地找证据进行解释，这究竟是一种治愈，还是折磨？

《兰亭序》之谜：真迹失传千年，赝品却卖出了天价

王羲之醉了。

他铺开一张蚕茧纸，手握一支饱蘸墨汁的鼠须笔，即兴挥毫，写下一纸行书。

这一天，是东晋永和九年（353）三月初三，天朗气清，惠风和畅。

三月三，上巳节，有"修禊"的习俗，即临水而祭，濯除不洁。时任会稽内史的王羲之以文会友，与谢安等四十余位文人雅士齐聚山阴兰亭。

众人坐在蜿蜒的溪流边，将酒杯放入溪中，顺流而下，酒杯在谁面前停下，谁就要饮酒作诗，此为"流觞曲水"。

群贤吟咏，诗兴大发，当场将所作诗篇编成集，并由王羲之亲笔作序。

会稽山间，王羲之醉笔写成的《兰亭序》（也称《兰亭集序》），跨越了 1600 多年的时空，始终是中国文学与艺术的一座高峰，号称"天下第一行书"。

但是，我们现在看到的各版《兰亭序》都是摹本，唐代以后，《兰亭序》真迹下落不明，至今成谜。

1

王羲之的《兰亭序》被推崇为"天下第一行书"，离不开其头号粉丝李世民的追捧。

唐初，李世民为秦王时，偶然间看到了《兰亭序》的拓本。

史书描写李世民的反应用了两个字——"惊喜"。

正是这个"惊喜"，改变了《兰亭序》在中国书法史上的地位。

隋唐以前，王羲之、王献之父子齐名，合称"二王"，但《兰亭序》的书法成就鲜有人提及。

南北朝时期，梁武帝萧衍是个文艺皇帝，收集了"二王"大量书法作品，但梁武帝晚年昏聩，酿成"侯景之乱"，他收藏的"二王"真迹大多毁于战乱，所剩无几。

隋朝建立后，隋文帝杨坚统一南北，"尽价购求""二王"墨迹，也只得到王羲之真迹五十幅。

到了唐代，唐太宗李世民十分崇拜王羲之，他说："心慕手追，此人而已，其余区区之类，何足论哉！"

于是，李世民下诏在全国高价求购王羲之的书法作品。流落四方的墨宝一时齐聚京城，却唯独不见《兰亭序》。

据何延之《兰亭记》记载，原来，王羲之病逝后，他的后代把《兰亭序》当作家宝传承。

传至第七代子孙王法极，遭逢战乱，落发为僧，将《兰亭序》带到永欣寺（在今浙江）。

王法极出家后，法号智永。他传承了祖上的书法造诣，常居寺中临写《兰亭序》，前后长达三十年，每次毛笔笔头用坏就扔进一个大竹筐中，日积月累，竟积攒下十大筐。智永便在门前挖一个深坑，将用过的笔掩埋其中，砌成坟冢状，名曰"退笔冢"。

智永圆寂后，将《兰亭序》传给其弟子辩才。

《隋唐嘉话》说，此后《兰亭序》一度为南朝陈宣帝所得。到了隋朝，晋王杨广（即后来的隋炀帝）率军平定南陈后，有人将《兰亭序》献给杨广。

但是，永欣寺的僧人并未忘记师父的嘱托。有一个叫智果的和尚从中周旋，他以拓印的名义将《兰亭序》真迹从杨广处借来，重新收藏在永欣寺。

那时，杨广正在图夺皇位，没有心思追究此事，也没再向僧人们索要。当然，也不排除杨广与他表侄李世民审美上存在差异的可能。

到了唐朝初年，《兰亭序》依旧由永欣寺的辩才和尚保管。

2

唐太宗"大V"带货，捧红了王羲之的书法作品，"玩之不觉为倦，览之莫识其端"，却迟迟得不到他最爱的《兰亭序》真迹。

有一天，李世民终于打听到《兰亭序》的消息，请辩才和尚进京，好生款待，向他打听书帖的下落。

辩才不负师父与师兄弟所托，假称真迹早就不知在何处。李世民反复问了几次，辩才都矢口否认，李世民只好放他回去。

实际上，辩才早已在寺庙修了一个暗龛，专门用来藏《兰亭序》。

唐太宗英明一世，推想《兰亭序》真迹应该就在辩才处，可不知如何求取。此时，宰相房玄龄推荐了一个叫萧翼的官员，让他去智取《兰亭序》。

萧翼是个聪明人，他要完成领导安排的工作，又不想为难藏《兰亭序》的僧人，便向李世民提出两个请求：一是不要公开派自己前往，让他以平民的身份拜访；二是向李世民借了几幅"二王"的书法字帖。

之后，萧翼脱下官服，换上青色长衫，装扮成一个落魄书生，随着商人的船南下，千里迢迢来到永欣寺。

萧翼先跟辩才套近乎。他知道老和尚琴棋书画样样精通，就找机会和辩才聊下棋、说弹琴。

辩才与萧翼见面交谈后，一见如故，十分投机，遂结为好友。此后数日，二人一同抚琴、投壶、赋诗，玩的项目都很高端，接着就聊到了字画。

萧翼见时机成熟，亮出了自己的底牌，将借来的"二王"书法真迹拿出来给辩才欣赏。

这些作品本来都是皇家珍藏，难得一见。

辩才不知事情原委，见萧翼如此大方，竟一时高兴，说出了自己私藏《兰亭序》的秘密，他打开暗格，取出《兰亭序》真迹给萧翼看，进行友好的"学术交流"。

之后有一天，萧翼见辩才外出，抓住机会溜进寺庙，盗走《兰亭序》真迹，随后快马加鞭，返回长安复命。

辩才回来后，见《兰亭序》被盗，才知道自己错信萧翼，被这个狡猾的小子给坑了。

李世民得到《兰亭序》真迹后，自知手段不光彩，也念及辩才年迈，没有追究其欺君之罪，还赏赐了一些钱财谷物给他。

辩才用这些财物修建了三层宝塔，但因这件事受到刺激，不久便病逝了。

后来，著名画家阎立本根据这一故事，创作了《萧翼赚兰亭图》。

由此可见，李世民还算是比较大度，不怕别人议论此事。

3

李世民绝对是《兰亭序》的真爱粉，史称其"宝惜者独《兰亭序》为最"。

每天处理朝政的间隙，李世民都会将《兰亭序》取来一观，别人上班"摸鱼"刷手机，人家唐太宗上班时还要抽空学书法。

下班时间，李世民将《兰亭序》置于座位之侧，朝夕赏鉴，甚至经常夜半把烛，起来临摹《兰亭序》。

李世民还将对《兰亭序》的爱传播到朝野，乃至后世。

他下旨，命书法家赵模、韩道政、诸葛桢、冯承素等人用"双钩法"拓印了多个摹本，赐给功臣勋贵、皇子诸王。

从此，世人逐渐兴起临摹《兰亭序》之风。

所谓"双钩法"，是临摹书法作品的一种方法，即以笔单线写出某种书体的空心字，在勾勒出空心字后多填上墨，以求神似。

在印刷术尚不发达的时代，双钩法可以写出近似真迹的作品，常留下不少珍贵的摹本。

贞观年间，还有虞世南、褚遂良等唐代书法大家留有《兰亭序》摹本。到了清乾隆年间，乾隆帝汇集历代有关"兰亭"的八种墨迹，同刻于石柱上，称之为"兰亭八柱"。

　　"兰亭八柱"之一的"神龙本",即唐太宗命冯承素所临摹本,是现存知名度最高的《兰亭序》摹本。因为冯本《兰亭序》上有唐中宗神龙年号印章,故名"神龙本"。

　　唐代以后,神龙本《兰亭序》历经多位名人收藏,上面密密麻麻盖着许多印章,如郭天锡、杨士奇、项元汴、乾隆帝等都曾是"神龙本"的收藏家。

　　一千多年来,《兰亭序》流传的其中一条主线,就是通过对历代摹本,如神龙本、虞世南本、褚遂良本等不断进行临写、翻刻,追寻王羲之的足迹,留下大量精品摹本。

　　在"文化造极"的宋代,士大夫几乎人人都有《兰亭序》摹本。时至南宋,翻刻、收藏《兰亭序》摹本的风气更为炽热。

　　南宋词人姜夔一生过着清客游士的生活,直至穷困潦倒,葬于钱塘之畔。

　　姜夔的遗愿就是:"除却乐书谁殉葬,一琴一砚一《兰亭》。"

　　史载,姜夔曾藏有四本《兰亭序》摹本,其中一本定武本《兰亭序》(五字不损本)后来归赵孟𫖯的堂兄赵孟坚所藏。

　　据说,南宋末年,赵孟坚购得这本心仪已久的《兰亭序》摹本后,兴奋不已,连夜乘船回家,途中遭遇大风,船被吹翻。

　　幸亏河水不深,性命无忧,但赵孟坚的行李衣物都被浸湿。

　　赵孟坚顾不得其他物品,只是急忙下水抢出定武本《兰亭序》,并双手高举,立在水中,高呼:"《兰亭》在此,余不足介吾意也!"于是,这本定武《兰亭序》被后世称为"落水本"。

　　2006 年,宋落水本《兰亭序》出现在深圳的一个拍卖会上,起拍价格便是3800 万元的天价,创下当时的纪录。

　　《兰亭序》历代摹本尚且能倾倒众生,那当年让唐太宗朝思暮想的《兰亭序》真迹,更是出神入化。

4

　　说回唐太宗李世民,他对《兰亭序》的喜爱,也是到了生则同榻、死则同穴的地步。

后世把玩的都是摹本，他这玩意儿可是真迹啊！

到了晚年，李世民与历朝历代的许多帝王一样陷入了对长生不老术的追求，长期服用丹药，性情越发多变。

正如《兰亭序》中所写的，"夫人之相与，俯仰一世"。

在经历长年的征伐、权术与争斗后，李世民意识到自己大限将至，在生命即将走到尽头时，他对太子李治（即唐高宗）说："我死之后，你只要把《兰亭序》用玉匣装好放在墓室中，就算是你尽孝了。"

唐太宗去世后，大臣褚遂良也上奏说："《兰亭》，先帝所重，不可留。遂秘于昭陵。"

李治采纳大臣的建议，遵从父亲的遗愿，将《兰亭序》真迹随葬唐太宗昭陵。

此即《兰亭序》"陪葬说"。

唐宋相关文献中，如何延之《兰亭记》、刘餗《隋唐嘉话》、李绰《尚书故实》、韦述《叙书录》、钱易《南部新书》等，都采用这一说法。

按照此说，《兰亭序》的复制品以各种形式流传于后世，但其真迹随头号粉丝唐太宗入昭陵后便已不传。

从东晋永和九年（353）兰亭之会到唐贞观二十三年（649）李世民去世，《兰亭序》真迹在世间流传的时间不过 300 年左右，却惊艳了千年的时光。

5

然而，有人认为，《兰亭序》入昭陵后一度重现人间，并经历一番劫难。

李世民去世后过了 200 多年，唐末五代时，有个叫温韬的军阀，为后梁耀州节度使，在长安做了多年行政长官，此人最大的爱好是盗墓。

《新五代史》记载，"韬在镇七年，唐诸陵在其境内者悉发掘之，取其所藏金宝"。

这是说，温韬把唐朝皇帝的陵墓给掘了。

有唐一代，唐朝皇帝在长安周边修建了庞大的帝王陵园，包括唐太宗昭陵在内，共有 18 座陵寝，号称"关中十八陵"。

唐太宗昭陵最为坚固，温韬命士兵费尽力气打通了长达 75 丈的墓道，进入地宫后，见其建筑内部恢宏壮丽，犹如人间宫殿。

温韬进入墓室中，从李世民正寝旁的石函中取出一个匣子。打开一看，尽是李世民生前珍藏的名贵字画，其中最贵重的当数三国时钟繇与东晋王羲之这两位大书法家的真迹。在墓中沉睡多年后，"钟、王笔迹，纸墨如新"。

但是，温韬这个盗墓贼没什么文化，他不通文墨，并不看重书画本身，而只想要装裱其内外的华美绸缎与金玉卷轴。

于是，温韬让手下把钟王作品揭下来，只留下包装，丝毫不关心真迹作品的去处。这完全是一种买椟还珠的愚蠢做法。

新旧《五代史》没有明说《兰亭序》是否也在此劫中，但在关于温韬外甥郑玄素的记载中，有文献提到，温韬盗出的钟王真迹中包括《兰亭序》。

《南唐书》记载，温韬去世后，其外甥郑玄素得到许多从昭陵中盗出的钟王真迹，之后避乱南下，在庐山隐居四十余年，过着"采薇食蕨，弦歌自若"的生活，成为五代有名的隐士。

郑玄素去世后，到了北宋郑文宝编著的《江南余载》中，相关的记载多了一句："《兰亭》亦在其中，嗣是散落人间，不知归于何所。"

这一记载不知是出自郑玄素生前自述，还是当地人的见闻。根据这一说法，《兰亭序》曾因温韬盗唐帝诸陵而"复出人间"。但在郑玄素之后，谁也不知道真迹流落何方。

到了元代，郑杓《衍极》记载了《兰亭序》真迹的另一种结局。

在这个故事中，昭陵玉匣中藏着《兰亭序》的真迹，另外还刻有一个石本陪葬。温韬进入昭陵墓室后，"取金玉而弃其纸"，没有取走书画和石本。

宋初，有农民误打误撞闯进了昭陵，见"纸已腐，惟石尚存"。这块仅存的石头被当地农夫带回家，当作捣衣石，幸亏长安当地有个士人发现，以百金购回，后来长安失火，石本也被焚毁。

魏晋文献说，王羲之书《兰亭序》用的是蚕茧纸，其主要原料是麻或布，质地极薄，虽寿命长，抗虫蛀，但经历长年累月的变迁，又被盗墓者不经任何保护措施贸然打开，难免氧化腐烂。

若按照这一说，《兰亭序》也许早已化为尘土。

这是《兰亭序》真迹现世的最后记载。宋元以后，尽管各种说法仍层出不穷，但传说附会的色彩渐浓，已不足为信。

6

近年来，各界衍生出了新的观点。

有人说，《兰亭序》或许没有藏在昭陵，而是藏在乾陵。

乾陵是唐高宗李治与女皇武则天的合葬陵，也是唐十八陵中保存最完整的一座陵墓。

照这么说，唐太宗去世后，李治做了一个违背祖宗的决定，他表面答应，却没有将《兰亭序》随葬昭陵，而是自己收藏了。另有宋人蔡挺的一篇文章说，《兰亭序》真迹陪葬昭陵时，被李治的姑姑用伪本掉包。

不过，《兰亭序》陪葬于乾陵的说法，是一种捕风捉影的主观臆测，只因为《新五代史》写温韬盗墓时有一句："惟乾陵，风雨不可发。"

温韬盗唐帝陵，只有乾陵逃过一劫，因为他要盗掘乾陵时，出现了极为反常的天气。

他一靠近乾陵，狂风大作，暴雨倾盆，把他吓得够呛，担心遭报应就没去。

正是这句话，让一些学者抱有一份美好心愿，希望《兰亭序》完好如初地藏在乾陵中。

还有人相信，《兰亭序》或许仍在昭陵中。

近些年，考古专家在陕西礼泉县九嵕山，对唐太宗昭陵进行实地勘探时，发现许多陪葬墓已被盗，但昭陵本身并没有大规模人为破坏的痕迹，地宫入口完好，而昭陵地宫尚未进行过现代考古发掘。

这么多年来，昭陵文物中最有名的是原置于北司马门的大型浮雕石刻"昭陵六骏"，这属于地面建筑，唐太宗随身陪葬物却不见流传，他生前收藏的"钟王真迹"始终只存在于文字之中。

因此，有学者对新旧《五代史》中"温韬盗墓"的记载提出质疑，认为昭陵并未被温韬盗掘，《兰亭序》真迹也许还埋藏在陵墓中的隐秘角落。

7

一千六百多年前，王羲之书《兰亭序》，如有神助，"及醒后，他日更书数十百本，终不及此"。

《兰亭序》不过 28 行、324 字，可即便是王羲之本人，也无法还原当时的神来之笔。

宗白华在品评魏晋书法时说："晋人风神潇洒，不滞于物，这优美的自由的心灵找到一种最适宜于表现他自己的艺术，这就是书法中的行草。"

人生百代过客，纸墨常留人间。

观"天下第一行书"《兰亭序》，可以读出魏晋之美的典范与魏晋名士超尘脱俗的灵秀风采。

观"天下第二行书"《祭侄文稿》，可以读出唐代颜真卿的忠义耿介，体会书法背后颜氏满门忠烈的悲壮。

观"天下第三行书"《寒食帖》，可以读出宋代苏轼被贬黄州惆怅孤独的心情，品味苏东坡的人生百味。

《兰亭序》写道："修短随化，终期于尽。"

生命总会有尽头。雄才大略的唐皇李世民，也料不到他死后《兰亭序》真迹的命运多舛。

在宋人笔记《醴泉笔录》还有一段令人细思极恐的记载："赵安玉客长安，购唐太宗骨葬昭陵。一豪姓蓄脑骨，比求得甚艰。"

　　这是说，昭陵被盗后，李世民的尸骨也流落人间，一个叫赵安玉的人客居长安时，于心不忍，花费重金，从一个土豪手里购得了唐太宗的颅骨，重新进行安葬。

　　帝王将相终归尘土，唯有精神不死，文化不朽。

　　世人寻觅《兰亭序》真迹的下落，亦是对文明的回首。

诗鬼李贺为何落选《唐诗三百首》？

27 岁早逝的天才诗人李贺，跟王勃一起，被公认为最让人扼腕叹息的唐朝才子。

论诗名之盛，李贺登上"大唐十大诗人"排行榜，应该问题不大。他被誉为"诗鬼"，在大唐诗人纷繁的别称中，知名度恐怕仅次于"诗仙""诗圣"和"诗佛"。

论经典之诗，李贺有不少传诵不息的诗，比如《雁门太守行》《高轩过》《金铜仙人辞汉歌》，等等。他的一些"金句"，像"天荒地老无人识""天若有情天亦老""雄鸡一声天下白"等等，更是达到了家喻户晓的程度。

但是，这样一个无论人气还是实力均属唐朝一线的大诗人，在目前最为流行的唐诗选本《唐诗三百首》中，却没有一席之地——连一首作品都没有入选。到底是怎么回事呢？

这是一个至今争议不休的问题：是李贺的水平有问题，还是《唐诗三百首》的编选出了问题？

1

《唐诗三百首》是目前最经典、传播最广泛的一个唐诗选本，甚至上升到中国文化的代表。有学者直接说，一个懂中文的人，只要认真读一下《唐诗三百首》，就不可能不被中国化。

不过，《唐诗三百首》的出现距今不到 300 年。

它的编者署名蘅塘退士。长期以来，人们并不知道蘅塘退士何许人也，对他的了解几乎为零。这就像是天外飞仙，留下一部经典，然后了无踪影。

直到最近几十年，经过朱自清、金性尧等学者的考证，我们才知道蘅塘退士本名孙洙，康熙五十年（1711）生于江苏无锡，乾隆十六年（1751）中进士，先后出任三地的知县。孙洙为官清廉，很有同情心，每当卸任时，当地百姓都自发为他送行，伤心泪流。乾隆四十三年（1778），孙洙卒于无锡，终年 68 岁。

《唐诗三百首》成书于乾隆二十九年（1764），当年孙洙已 54 岁，是在他的继室徐兰英的协助下编成的。

孙洙在这本唐诗选集的序言中说，他之所以编这本书，是因为当时流行的儿童启蒙诗选《千家诗》编得太粗糙了，"随手掇拾，工拙莫辨"。他想精编一本真正的唐诗选本，作为私塾教材。

可见，孙洙是一个脚踏实地的人。他的想法很单纯，就是编一本好的唐诗教材，并没有想到在他身后，这本教材的流行程度远远超过了如今的黄冈密卷。

据统计，迄今为止的唐诗选本大约有 600 种，包括著名的《唐百家诗选》（王安石编）、《唐诗归》（钟惺、谭元春合编）、《唐诗别裁集》（沈德潜编）。这些选本的编者都大名鼎鼎，结果，反而是名不见经传的孙洙编的《唐诗三百首》流传最广，知名度最高，经久不衰。史载，《唐诗三百首》刊行后，"风行海内，几至家置一编"。

在"五四"以前，许多私塾均以《唐诗三百首》作为古诗教材。民国一些大学者在回忆童年时，都会提到学习《唐诗三百首》的经历。钱锺书曾回忆说，他童年时随伯父、父亲读书，"经、史、古文而外，有《唐诗三百首》，心焉好之，独索冥行，渐解声律对偶"。

一些大人物也把《唐诗三百首》当作必读经典。据贺子珍回忆，在井冈山斗争时期，毛泽东还能够把《唐诗三百首》背下来。在中南海毛泽东故居藏书中，有 5 种不同版本的《唐诗三百首》。

因为《唐诗三百首》的流行，使得这本书具有了超越编者孙洙本人雄心之外的权威性和经典性，从而被赋予了多重解读的意义。

比如入选其中的唐诗，会变得耳熟能详，像李商隐的多首《无题》诗，诗意朦胧难解，却因入选《唐诗三百首》，化雅为俗，随便一个人都能张嘴背几句。

比如一个唐朝诗人是否入选其中，成为衡量其重要性的关键指标，杜甫、李白、王维稳坐唐朝三大诗人宝座，跟他们入选《唐诗三百首》的诗歌总量排名前三有很大的关系。

比如某个诗人会因为一首诗被选中，从此名垂千古，像《唐诗三百首》的"压卷"之作《金缕衣》，作者杜秋娘尽管是个女性，但国人却永远记住了她的名字……

与之相对应的，一个诗人如果没有作品入选《唐诗三百首》，人们就会怀疑这个诗人的重要性和经典性，进而怀疑这个诗人的水平。

比如悲催的李贺。

2

为什么李贺在《唐诗三百首》中没有一席之地呢？

孙洙没有解释原因，我们只能做一些尽可能合理的推测。

都知道李贺的诗好，但他的诗大多不是通常意义上的好，而是想象力爆棚、落笔奇诡的那种好。在讲究门派的明清两代，一个文人学诗总要问哪门哪派，你如果学李贺，基本只能说：对不起，在下无门无派！

从晚唐的李商隐开始，千余年来，学李贺的诗人代有人出。到了元朝，更是达到极盛，无论大诗人还是小文人，都以学习李贺诗为荣。但明清以后，一般人已经不敢轻易去学李贺，除非是徐文长、龚自珍这样的狂士才敢学，也才能学。

晚明人余飏说："唐人诗品，以杜甫为圣，李白为仙，李贺为鬼，故唐诗无注可读者，李、杜皆是；虽有注而终不可读，惟贺为然。贺之诗，险仄奇诡，无一字可调俗言，无一言可入俚耳。"

这既是对李贺独特诗风的肯定，也是批评李贺诗"险仄奇诡"，即使有注释，也很难读懂，更不要说去学了。

另一个晚明人许学夷也说："后人学（李）贺者，但能得其诡谲，于佳句十不得一，奇句百不得一也。"

这是劝告大家不要学李贺，没有李贺那样的才气，去学了反而会画虎不成反类犬。

元末诗人杨维桢以效仿李贺闻名，诗名盛极一时。但明朝中期以后，诗评家们都把杨维桢当作学李贺失败的反面个案，告诫世人千万别学。胡应麟说，杨维桢有才，可惜耽溺于李贺的瑰奇诗风，以致"大器小成"，沦为笑话，可惜呀。

这种观念影响及于清代。跟孙洙同时期的郑板桥说得更直白，他说："长吉（李贺）鬼语，诗非不妙，吾不愿子孙学之也。"不是李贺的诗不好，而是"鬼气"太重，故不想让子孙学。

就文学观念而言，明清人比唐宋人保守、正统。所以，以"鬼气"扬名的李贺在唐、宋、元的接受度颇高，在明清两代反而变得难以接受。

大人都难以接受，自然不会把李贺推荐给下一代。就像我前面所说，孙洙编《唐诗三百首》的初衷，是给儿童启蒙用的。在这种思想指导下，诗风特立独行的李贺可能第一个就被排斥出局了。

3

还有一个原因，李贺在诗中表现出来的蔑视君主与皇权的态度，也被认为挑战了儒家正统观念，所以不为孙洙所青睐。

《唐诗三百首》编成于乾隆时期，一个官方认定的盛世，但其实那个时期的文网挺密的，动辄触犯禁区。孙洙本人也不是离经叛道之人，对帝国的思想规训十分认同。

他的《唐诗三百首》，正统和尊君观念极强，比如，他在"五律"诗这个类目中，第一首就选了唐玄宗李隆基的《经邹鲁祭孔子而叹之》。鲁迅就曾批判说，这首诗跟我们有什么关系！

又如，关于马嵬坡兵变的唐诗很多，但孙洙偏偏选了郑畋的七绝《马嵬坡》，还在这首诗下面批注说："唐人马嵬诗极多，惟此首得温柔敦厚之意，故录之。"

我们来读一下这首诗，看看是怎么个"温柔敦厚"法：

> 玄宗回马杨妃死，云雨难忘日月新。
>
> 终是圣明天子事，景阳宫井又何人。

——郑畋《马嵬坡》

诗的意思是说，唐玄宗返回长安时，杨贵妃早已死了，旧时恩爱难忘，而唐朝又重新振兴了。在马嵬坡处死杨贵妃，唐玄宗真是决策英明，不然的话，唐朝就会步陈后主亡国的后尘呀。

稍懂历史的人都知道，这首诗完全违背了史实，是诗人为了回护唐玄宗的形象而编造的谎言。真实的历史是，在唐玄宗逃往蜀中的路上，随行的禁军在马嵬坡发动兵变，诛杀了杨贵妃。但正因为郑畋在诗中歪曲事实，突出了"天子圣明"，所以被孙洙认为"温柔敦厚"，保全了"一代明君"的面子和圣名，遂入选《唐诗三百首》。这就是孙洙的皇权观念。

再看看李贺是怎么写安史之乱中的唐玄宗的：

> 春月夜啼鸦，宫帘隔御花。
>
> 云生朱络暗，石断紫钱斜。
>
> 玉碗盛残露，银灯点旧纱。
>
> 蜀王无近信，泉上有芹芽。

——李贺《过华清宫》

李贺写他经过当年唐玄宗和杨贵妃寻欢作乐的华清宫，已经一片荒凉冷落，暗讽唐玄宗昏聩酿成安史之乱，祸国殃民。诗最后一联甚至不称唐玄宗为皇帝，直称其为"蜀王"，只会逃难到四川，不顾帝国生死存亡。

两诗一对比，就知道李贺为什么不受孙洙待见了。盛世中的文人，只需要涂饰皇权的夜莺，不需要怪里怪气的乌鸦。

由此，我们也就知道了：杜甫入选《唐诗三百首》的诗歌数量名列第一（36首），但为什么偏偏没选他最经典的"三吏三别"和《茅屋为秋风所破歌》；白居易是中唐新乐府运动的领袖，唐朝诗坛真正的流行天王，但为什么他只入选了 6 首诗，而且他那些犀利的讽喻诗一首不选；李绅讽刺时代的《悯农诗》"春种一粒粟，秋收万颗子。四海无闲田，农夫犹饿死"，聂夷中直指皇帝的《伤田家》"我愿君王心，化作光明烛。不照绮罗筵，只照逃亡屋"，皮日休深刻揭露唐末极端黑暗社会面貌的《正乐府十篇》，所有这些经典的现实主义作品，为什么一首未选……

一个时代有一个时代的需要，那个诞生《唐诗三百首》的康乾盛世并不需要这些刺痛的诗，也不需要刺痛他人的李贺。

4

《唐诗三百首》很经典，它在唐诗读物中的地位也无法挑战，然而，经典和权威并不意味着无可挑剔。

也许孙洙的初心只是编一本教材，从没想过它会上升为中国文化读本，以及由此带来的额外殊荣。但如同荣誉不请自来，质疑和批评也是理所应当。

很多人为孙洙辩护，说李贺落选《唐诗三百首》是李贺的诗有问题。其实大可不必如此。承认编选者本人的偏好与时代局限，比起鼓吹一个选本的完美无缺，更能让我们保持一种开放的文化心态。

因为，不管你如何解释，都很容易找到驳倒你的理由。反之，亦如是。

你说李贺诗"儿童不宜"，但他也有"大漠沙如雪，燕山月似钩，何当金络脑，快走踏清秋"这样清爽的绝句呀。你说李贺诗太难懂了，难道李商隐的诗就好懂吗？为什么同样不好懂的李商隐，入选的诗却能排到第四位（24 首）呢？你说李贺诗在各种类别都不是顶尖的，难道唐玄宗入选的诗就是顶尖的吗？《经邹鲁祭孔子而叹之》这么平平无奇的诗都入选了，为什么真正的诗人反而没有一席之地……你有一千个理由辩解，他人就有一千零一个理由反驳。千万不要去做这种徒劳的工作。

不如直接承认《唐诗三百首》错过了李贺，就是时代观念导致的，是这本经典的瑕疵和缺憾，是涂抹不去的历史烙印。

　　不仅错过了李贺,它也错过了罗隐,一个像李贺一样的怪才,一个写出"时来天地皆同力,运去英雄不自由""采得百花成蜜后,为谁辛苦为谁甜"等经典诗句的奇人;不仅错过了罗隐,它还错过了张若虚,那首"孤篇横绝"的《春江花月夜》在《唐诗三百首》中同样找不到踪迹;不仅错过了张若虚,它还错过了卢照邻,那首七言歌行《长安古意》如此经典,影响全唐,却不配占有半页纸……

　　唐代确实是中国诗歌的巅峰,全民写诗,催生了巨量的杰作,《唐诗三百首》怎么选、选谁上都不会错,但不选谁上,可能背后就有玄机了。

　　对于李贺作品落选《唐诗三百首》,我们最后也只能归之于李贺这个人不讨喜、叛逆、反正统等无关写诗水平的因素了。

　　没有一种唐诗选集可以网罗所有的唐诗杰作,但一部遗漏了李贺、罗隐、张若虚、卢照邻等诸多大咖的诗选,细究起来还是挺让人遗憾的。

《金瓶梅》作者之谜

且说北宋宣和年间（1119—1125），在阳谷县卖了多年炊饼的武大，突发恶疾，死了。这可急坏了三个人：武松、潘金莲和西门庆。

一听说哥哥出事，"打虎英雄"武松随即丢下手中所有公务，回家料理后事。

而武大的妻子，貌美如花的潘金莲，着急的却不是如何安葬先夫。武大一咽气，潘金莲就对西门庆说道："我的武大今日已死，我只靠着你做主！"话一说出口，她又担心自己以后没了地位，随即补充一句："你若负了心，怎的说？"

武大正是因撞破二人丑事，而被他们挟私报复，鸩杀丧命。

搁这杀人的当口，西门庆哪里有闲心谈情说爱？说实话，鸩杀武大，也是他头一遭杀人。杀人不是杀鸡，他哪会不紧张？但潘金莲的话，已脱口而出，他只能赶紧回应。

于是，便有了西门庆那句："我若负了心，就是武大一般！"

1

以上情节，出自明代四大奇书之一的《金瓶梅》。

书的开篇便塑造了一个经典人物——西门庆。

与《水浒传》中的西门庆差不多，《金瓶梅》里的西门庆，也是吃喝嫖赌样样精通。

自从继承了他爹留下的生药铺子之后，西门大官人就时常在外眠花宿柳，惹草招风。结交的朋友，亦多是"帮闲抹嘴，不守本分"的人。但闯荡江湖许久，也练就了些许拳脚功夫。十里八乡的，倒也闯出些许威名。

一开始，只有一家生药铺子的西门庆，家产并不十分富裕。但凭着走南闯北的胆识，广泛结交的人脉，开药铺之外，他在县里"与人说事，交通官吏"。自从有了"保护伞"，阳谷县里"举放私债"的好事全都归了他。

随着财富的增长与地位的提升，西门庆不仅将大女儿西门大姐嫁给了八十万禁军杨提督的亲家陈洪的儿子陈敬济，搭上了上层的关系，还给自己新娶了本县左卫吴千户的女儿吴月娘填房，人生好不快活。

有意思的是，在《金瓶梅》故事发生的宋朝，实际上并不存在"提督""卫所千户"等官职，这些都是明朝才出现的职位。难道该书的作者连这点历史常识都不具备？不是的。正如我后面要讲到的，宋朝只是《金瓶梅》的一个盒子，里面装的全是明朝的东西。

在续娶了吴月娘之后，西门庆又相继收入了富孀孟玉楼、太监侄媳李瓶儿，两个小妾的到来，又为他带来了巨额财产。

西门庆的这种生活意识，与明朝资本主义萌芽时期的社会观念几乎完全相同。据史料记载，终明一代，上层对下层的剥削发展至顶峰。从明宪宗时代开始，无论君主还是普通贵族，都将家族的财富看得比国库更为重要。为了尽可能多地聚敛钱财，"私铸银钱""开设皇庄"那都是家常便饭。

不过，西门庆的财色双收之路倒也不是一帆风顺。

受利益链条的牵连，西门庆努力攀上的"大树"杨提督，被宇文虚中参倒后，顺带也将他绊倒了。对此，一向处于社会末流的西门庆未免有些心慌。

但他最擅长"与人说事"，说白了就是牵线搭桥，上下拿钱。在他的职业生涯中，扬州盐商王四峰曾通过他，搭上了位高权重的奸臣蔡京。最后，在蔡太师的襄助下，王四峰免于受罚，并附赠其 2000 两银子酬谢。而西门庆转手就将银子一分为二，一份归了自己，一份孝敬蔡太师。

如今，自己出了事，西门庆故技重施。他找来经常替自己往京城送礼的来保，让其先备一份厚礼往蔡京府上，打探消息。从蔡府公子蔡攸的口中，来保等人得到了一个重要信息：昨天三法司会审，主审的是右相李邦彦。蔡京树大招风，如今也正牵扯杨提督一事，被圣上罚靠边站，不适合发声。不过，杨提督的事，上头已有定论，问题不大，只是会牵扯手下部分用事人等，你要不到李大人那去探探口风？

就这样，西门庆通过来保再向右相李邦彦进贡。

当来保等人把礼物呈上时，李邦彦早已等不及，一面说道："看在你蔡大爷份上，又是你杨老爷亲（qìng），我怎好受此礼物？"另一面又补充："科道参言甚重，一定要问发几个。"说完，命人取来准备发落的犯人名单，西门庆的名字赫然在列。

来保见了主子的名字，吓得魂飞魄散，赶紧递给李邦彦五百两，请求对方法外开恩。

《金瓶梅》接着写道："（李）邦彦见五百两金银，只买一个名字，如何不做分上？即令左右抬书案过来，取笔将文卷上西门庆名字改作贾廉，一面收上礼物去。"

能用钱解决的，那都不是个事。

西门庆算是躲过一劫了，但《金瓶梅》作者借"贾廉"之名讽刺李邦彦假清廉的用意，也是十分明显了。

2

在真实的历史中，宋代高官根本不会为了 500 两银子见钱眼开。

宋代的官员年薪是帝制时代历朝中最高的。拿大家熟知的包青天举个例，根据宋仁宗嘉祐年间颁布的《嘉祐禄令》规定，包拯作为龙图阁直学士兼知开封府，一年至少有 1656 贯的俸禄。

在古代，官方通常将一贯钱与一两银子的价值画等号。相信身为右相的李邦彦，年俸绝对不会比包拯低。来保所送的 500 两，实不足让他垂涎三尺。

但这种情况到了明代，就大为不同了。乞丐出身的明太祖朱元璋，最恨贪官污吏。他认为，以往各朝出现大面积的贪官污吏，不是因为他们缺钱，而恰恰是因为他们太有钱了。如果要保障大明王朝官员持续廉洁，那就必须降低他们的俸禄水平，甚至是发实物，不发钱。而且，各级官员的俸禄都是限定死的，只要天下还是大明的天下，什么级别的官员拿什么工资，都得遵循太祖的规定。

只能说，朱元璋这种异于常人的思维，在明初百废待兴之际，具有一定的正向作用。那时，明朝各项规章制度还是执行得比较彻底，钱还挺值钱的。就像嘉靖年间的名臣王琼后来说的："国初定制，百官俸给皆支本色米石，如知县月支米七石，岁支米八十四石，足勾养廉用度。"可日子越往后，问题越大。

首先是社会底层商人。这一群体在帝制时代一直得不到重视，但他们却是整个社会中最懂财富如何最大化的人。

在强大的利益驱动下，人对财富的追求与取舍开始陷入迷茫。正所谓"有钱能使鬼推磨"，只要能谋得暴利，谁还有空管它合不合法。如此一来，到了中晚明，商人根本不管朱元璋那套"寸板不得下海"的政策，放开胆子与日本、葡萄牙等外国人通商，在他们手中以物易银，谋得暴利。

根据历史学者估算，从嘉靖年间到明朝灭亡的百余年间，平均每年约有75吨的白银从日本流入中国。另外，大量低成本的美洲白银也在葡萄牙的全球贸易中，从海上进入中国。数据显示，明朝晚期，包括日本、美洲在内的世界白银产量，约有1/3至1/2最终流入中国。

钱多不一定是好事，大量白银流入自然会导致市场上的钱贬值。这个道理大家都懂，可不知道为何明朝后世君主们一个个在捞钱时都犯了傻，在他们设置的金融体系中，居然没有提前设置"准备金"。白银一到，明朝原先自给自足的那套大明宝钞直接贬值了。大明宝钞贬值后，官方只能加速印钱，这成了大明王朝一个无解的金融无底洞。

此举可把那些拿着死工资的官员给害惨了。

没钱买米，这日子没法过。故而，捐官受贿几乎成了晚明官员心照不宣的一种财富来源。

这也就是为什么《金瓶梅》中的北宋右相李邦彦，竟会为500两而折腰——人家表面是一部宋朝历史剧，实际是一部明朝时代剧。

3

与《水浒传》的讲述不同，《金瓶梅》中，武松回家后并没有遇上寡嫂潘金莲和仇人西门庆。

武大郎死后，潘金莲与西门庆草草将其火化，之后大肆狂欢。潘金莲嫁予西门庆为第五房妾室，人称"潘五娘"。至于他们俩的丑事，街坊邻居们都晓得，但碍于西门大官人的权势，也不敢多管，只编了四句，算是嘲讽西门庆：

"堪笑西门不识羞，先奸后娶丑名留。轿内坐着浪淫妇，后边跟着老牵头。"

比较讽刺的是，西门庆并不十分清楚潘金莲的过去。

在嫁给武大郎以前，潘金莲已被其亲生母亲先后贩卖给了两任主人——王招宣和张大户。这俩老头均是老来纵欲人士，在他们的家中，原为良家子的潘金莲被调教得琴棋书画样样精通。再加上"天生丽质，脸衬桃花"的优势，她很快在张大户家崭露头角。之后，为了改变命运，潘金莲接受了命运的安排，将自己的全部奉献出去，以换取金钱、地位和自由。

不凑巧的是，张大户是个"妻管严"。当张大户的妻子得知了丈夫的出轨行径时，却将一腔怒火发泄到潘金莲的身上，认为其是红颜祸水，对其"甚是苦打"。

而张大户所能做的，就是将潘金莲卖给样貌丑陋的武大郎为妻。张大户看中的，正是这个男人"不行"。

人生三次被卖，潘金莲并没有反抗，也不想反抗。

原生家庭的不幸，加上常年在男人堆里的鬼混，她已经学会了如何精致利己。就像张大户将其发卖，也只是为了使自己能顺利躲过老婆的目光，继续与潘金莲厮混。

潘金莲的遭遇，与现实中的明朝妇女颇有几分相似之处。

受程朱理学影响，明朝肇建伊始，朱元璋就定下规矩："凡民间寡妇，三十以前，夫亡守制，五十以后，不改节者，旌表门闾，除免本家差役。"

帝制时代，徭役是历代王朝赖以生存的经济基础。而明代初期，政权不稳，战争不断，农业发展受困，赋税徭役只能不断地加重摊派。由此带来了恶劣影响，有永乐年间的唐赛儿叛乱为证。

由上可知，当时寡妇只要不改节就能有免除本家徭役的福利，这诱惑力该有多大。

然而，人毕竟是社会的产物，他们的思维会随着社会的发展而改变。

进入明代中叶，商品经济兴起，进一步刺激了人们的消费欲望。自上而下的奢靡之风、高消费之风，充斥整个社会。人们突然意识到，能过上好日子绝非因早年遵守伦理纲常的"存天理，灭人欲"，而是别有门道。

一些掌握着儒家话语权的有学之士，也开始抨击原来那套束缚人性与正常生活需要的社会系统。

压制女性社会地位的"夫为妻纲"，自然也成了众矢之的。为了自己的自由，妇女们当然要与从前的旧制度抗争到底。于是，在明代史料中便时常出现某位官员，置备了许多貌美妾媵，但是"妻严酷不敢近"的惧内画面。

可笑的是，在这场"妇女解放运动"中，婢女并没有资格参与其中。在商品经济逐渐发展的明朝中晚期，婢女被定义为主人家的私有财产。也就是说，不管社会怎么解放思想，都跟她们没有关系。

不过，中国家庭向来以父权家长制占主导地位。故而，没有什么社会地位的婢女有时也会应主人的需求，扮演着不同的角色，从而变相获得社会地位的提升。

说到这点，就不得不提《金瓶梅》中西门庆家的另一小妾庞春梅。她原先不过是西门庆正牌老婆吴月娘身边的丫环，自从被西门庆收用后，她就成了府中少有的尊贵"主儿"。从前跟西门庆要求这要求那的潘金莲见了她，也不敢粗使，只叫她在房中铺床叠被，递茶倒水，衣服首饰拣心爱的与她，丝毫不敢怠慢。而没啥眼力见儿的孙雪娥，仗着四奶奶的身份，对庞春梅颐指气使，最终则吃尽了苦头。

自从这股开放的社会风气得到释放后，明代中晚期的小说界，除了《金瓶梅》外，还有《浪史》《痴婆子传》《绣榻野史》等都对传统的禁欲主义发起史无前例的挑战。

4

到底是哪位仁兄开启了这部奇书？历史上则众说纷纭。

关于《金瓶梅》的作者，明人沈德符在其著作《万历野获编》中留下了线索，称作者为"嘉靖间大名士"。可能囿于当时的环境，他并没有对这位大名士展开详细描述。

在迄今为止发现的最早的《金瓶梅》刻本万历刻本中，有一篇署名"欣欣子"的序，第一句话就说"窃谓兰陵笑笑生作《金瓶梅传》"，指明书的作者为"兰陵笑笑生"。

"兰陵"是郡望，"笑笑生"是作者。所以该序最后一句话是："吾故曰：笑笑生作此传者，盖有所谓也。"

紧接着，《金瓶梅词话》中，《廿公跋》又留下了重要线索，其中称："《金瓶梅》传为世庙一巨公寓言，盖有所刺也。"

巨公即大官，世庙代指庙号为明世宗的嘉靖皇帝。所列信息与沈德符所言相合。

现在我们可以根据这有限的历史信息，对《金瓶梅》的作者问题做一番考究和推测。

兰陵郡，在历史上曾辖过今天的山东省和江苏省的部分地区。也就是说，该书的作者当为山东人或是江苏人。

书中西门庆、潘金莲等人的故事多发生在阳谷县和清河县。在书中的前八十回，被作者明确归属于东平府，与阳谷县、清河县并称为"一府二县"。从古至今，阳谷县一直隶属于山东，现为山东省聊城市下辖县。书中所介绍的东平府，历史上府治即今山东东平县州城镇。在宋代，这里大部分时间叫郓州。

故而，早在明代，兰陵笑笑生的真实身份，就已被认定是嘉靖时代与山东有关的大名士、大官僚。

纵观嘉靖时代的文坛，才子文人各竞风流，会写小说、戏曲的文化名人数不胜数。其中，与山东有关的，就包括从嘉靖二十六年（1547）那场科举中脱颖而出的李先芳、李开先、王世贞等数人。

另外，根据《金瓶梅》刻本的最早流传轨迹，史学界还给出了多达 60 多人的可能作者名单。唐寅、沈德符、李攀龙、谢榛、汪道昆等中晚明文坛"后七子"以及科举名人皆位列其中。

根据《金瓶梅》所描绘的内容，明人沈德符直接拆穿了作者用意。他告诉后人，《金瓶梅》中蔡京父子影射的是严嵩父子，林灵素影射陶仲文，朱勔影射陆炳。此三人皆是嘉靖时代的权佞。借古讽今，针砭时弊，《金瓶梅》中的宋徽宗隐喻了谁，不言而喻。

那嘉靖一朝，谁跟这三人苦大仇深呢？

无疑是王世贞。

当年，杨继盛弹劾严嵩父子祸国殃民而遭迫害时，掌管锦衣卫的指挥使陆炳尽管同情杨继盛，却未出全力为其脱困。杨继盛入狱后，仅有王忬、王世贞父子为其奔走呼救。

杨继盛的慷慨就义，令大明天下震撼不已。人们纷纷谴责严嵩父子一手遮天。也正是在这种情形下，严嵩不得不将仇恨的矛头对准了王世贞的父亲王忬。

那时的王忬在辽东战场上意气风发，被嘉靖皇帝调派到长城一线防御鞑靼部。谁料，就在王忬到任后不久，鞑靼部越过长城威胁京师。得知消息的嘉靖皇帝龙颜大怒，随即起了杀心。

为了救父一命，王世贞携其弟跪在严嵩家门外三天，滴水未进，却被严世蕃以扰其清闲，撵出严府，眼睁睁地看着他爹人头落地。

于是，世间便有了王世贞撰写《金瓶梅》，用西门庆影射严世蕃，并在出书之日，在每页中涂上毒药，赠予严世蕃阅览，遂有后者被毒死的传说。

众所周知，严世蕃最终的结局是被嘉靖砍了头。但《金瓶梅》作者是王世贞一说，却从未消失。从明清时代开始，诸多流传后世的资料纷纷指出《金瓶梅》的作者就是王世贞，这一度几乎成了"铁案"。毕竟，王世贞曾官至南京兵部侍郎，又是嘉靖时代"后七子"中的领袖人物，引领嘉靖文坛二十多年的文风走向。区区一本《金瓶梅》，他还是有这样的水平和能力撰写的。

5

然而，《金瓶梅》作者为王世贞一说，到了近代，却被文史圈中的四位大佬一力否决。他们分别是：鲁迅、郑振铎、吴晗、茅盾。

鲁迅给出的依据是，《金瓶梅》这类小说在晚明时代相当常见。不能因为王世贞在嘉靖文坛久负盛名，就认为该书是他所作，即便王世贞曾有在山东任职的经历。

他认为，《金瓶梅词话》被发现于北平，为通行至今的同书的祖本。文章虽比现行本粗略，对话却全用山东的方言所写，这绝非江苏太仓人士王世贞所能驾驭。

由鲁迅发起的这次质疑，改变了《金瓶梅》作者一贯的定论。学者们纷纷对原有的证据，进行推理分析，最后又得出了 N 多作者的猜测。

其中，角度最为新颖的，当数"徐渭说"。

学者全亮认为，在《金瓶梅》第十七回，兵部王尚书不发兵马致使朝中杨提督被宇文虚中弹劾的那段，与现实中王世贞的父亲王忬的经历很像，很有可能作者就是为了影射当年王忬拒不出兵，致使鞑靼部越过长城的事实。如此一来，王世贞若为《金瓶梅》作者，则未免太"丧心病狂"，不合常理。因此，《金瓶梅》的作者当另有其人。比较可信的怀疑，就是王世贞的仇人，为了恶搞他整出来的一部小说。

历史上，与王世贞有仇的名人除了徐渭，还有谢榛。但全亮以为，谢榛和王世贞同属"后七子"之列，两人身边共同好友不少，谢榛不具备不计后果与王世贞撕破脸皮的条件。徐渭就不同了，此人对王世贞的厌恶是全方位的。徐渭不止一次在自己的文集中公开嘲讽王世贞，已是尽人皆知。

而现实版的文人徐渭也是足够"丧心病狂"的，他不仅因为妻子张氏对其不贞，在癫狂状态下把人杀了，还曾几次试图自我了断，一次比一次疯狂，结果却都没死成。

　　全亮等人因此认为，徐渭一生处于复杂的家庭矛盾中，这些家庭矛盾促使他晚年创作了《金瓶梅》。《金瓶梅》是用血泪浸染的教训，是用生命谱写的华章，是徐渭一生跌宕起伏、冲突矛盾的大总结。

　　总之，只要《金瓶梅》的历史与文学魅力一日不消减，关于它的作者的争论也就一日不停歇。唯一可以确定的是，这部包裹着色欲的奇书，正是明朝中晚期社会万象的一叠实录、一次揭发、一个隐喻。

　　《金瓶梅》中的众人在一片盛世繁华落幕后，死的死，走的走，像极了经历过商品经济与思想解放盛世的大明王朝，在日渐奢靡的风尚中，走向了末路，走进了历史。

第八章

消失的古族群

统治南方的百越，最后去哪里了？

吴王夫差，一生背负着两个东西。

一个是父仇。那一年吴越大战，父亲阖闾战败，被斩断脚趾，仓皇而逃。归国途中，伤重不治。

临死之前，父亲顶着最后一口气抛下一句话："尔而忘勾践杀汝父乎？"

夫差只能回答两个字："不敢。"

接着就是励精图治，再战越国，大败越军，勾践臣服，放虎归山……

另一个，则关乎族群。

吴国的先民是世居东南沿海的百越的其中一支，断发文身，拔牙凿齿，农耕水田。

相传吴国的建立者也是周室血统，只不过争宠失败，跑到句吴，被当地越人推为首领。夫差的曾祖父寿梦，即位之时，朝拜周王室，观诸侯礼乐，却发现即使身在此地，他却不属于这里。

上自天子，下至百官，人们都束发盘髻，前襟的衣服向右，而偏偏寿梦发式如椎，一看就是南方来的——那个不习礼乐，野蛮落后的地方。

屈辱的种子就此埋下。

所以，没人能够想象，夫差在黄池大会诸侯、意欲称霸的时候，是多么的意气风发。毕竟做到过这件事的人，有齐桓，有晋文，而他们都是华夏族。

这是一种宣言：我们，现在可以上台了吧。

1

九年之后，当年意气风发的夫差已成困兽。

围猎他的正是那个手下败将——勾践。

面对前来示弱的使者，勾践心中有些不忍，毕竟是多年的老对手了。

身边的谋臣范蠡劝道："天与弗取，反受其咎。"二十多年的谋划，岂能因为一时的仁慈而放弃。

勾践决心已下，挥师向前。夫差自刎，吴国覆灭。

复仇成功的勾践，并没有止步不前，因为他也是越人。勾践沿着夫差走过的路，引兵渡淮，聚集齐晋等诸侯，按照惯例向羸弱的周王室要挟封赐，晋升为越伯。

各方来贺，遂成霸主。相同的剧情，再一次上演。

我们都知道，春秋时期，周王室衰微，诸侯并起，争夺霸权。却往往忽略了一个事实：环绕华夏的四夷，也在崛起。

文献里习惯将这些民族称为东夷、南蛮、西戎、北狄。这些并非严格的区分，如果严谨些，当时华夏大地大致可以分成五个部分。

内亚草原的游牧民，主要说古突厥语族和古蒙古语族各语言，所谓"胡"。

东北亚森林地带诸民族，主要说古通古斯语族各语言，所谓"貊"或"貉"。

急剧扩张的华夏民族集团，所谓"夏"。

汉水、大别山以南至南岭以北的稻作区的诸蛮，主要说苗瑶语族诸语言，所谓"蛮"。

还有就是南方滨海地带的古代诸越民族，所谓"越"。吴越两国，正是当时偏居东南的百越发展最快的一部分。

这些集团相互之间并没有一个分明的界限，往往纠缠在一起，相互扩张，这就是华夷之争。

在这个背景下，齐桓公、晋文公相继出现在历史舞台，提出"尊王攘夷"的口号。在自己捞好处的同时，不忘尽些义务：援救被戎狄攻击的小国，保护一下周王。

齐晋两国最头疼的敌人，莫过于楚国。楚，本是南方的土著民族发展而成，也就是上文所说的"蛮"，文化与中原相异，还窥视中原。其中，晋楚交战一百年，谁也奈何不了谁，双方只能平分霸权，而此时的楚国早已被中原诸国所接受。

西边的秦国，早先也被认为是夷狄，想称霸中原却被晋国所拒，只好西略戎地，反而大获全胜，还因此得到了周王的认可。

吴、越的称霸之旅和楚国、秦国很像，被边缘化、被排斥、被打压，然后学习、奋进、成熟，进取中原，成为霸主。

在齐桓、晋文定下的规矩面前，霸主如走马灯一样换来换去。一个又一个秩序挑战者，走上舞台，然后发现自己早已成为秩序的保护者。

称霸之后，勾践迁都琅琊（今山东诸城一带），已然是百越之中走得最远的一支。只是，身份越来越模糊。

回头一看，他们这些所谓"蛮夷"，基本已经华夏化了。越国之人，和那些习礼乐的人，又有多么大的区别呢？

他或许会想起多年前击败阖闾的那次战斗：越人死士排成三列，各持剑注于颈上，走到吴军阵前，集体自刎而死。吴军惊骇，越军因此获得冲锋制胜的机会。

野蛮到了极点，却是这个国家从蛮荒之中杀出来的气质。

而如今，勾践只能对子孙说："夫霸以后，难以久立，其慎之哉。"

可惜，子孙不贤。越王无彊与齐楚争强，却被楚威王所败，自己身死。越国从此一蹶不振。

2

秦始皇兼并六国，统一诸夏之后，决定把王化推向四极。

所谓"北击匈奴，南平百越"。

吴、越两国的华夏化，并不意味着长江下游全体人口的华夏化，甚至不意着其统治区域大多数人口的华夏化。

当时的东南地区，是越人的海洋。在长江下游到南海交州湾一带，分布着于越、闽越、扬越、南越、西瓯、骆越、滇越等各个越人集团。

秦始皇派遣屠睢率 50 万大军，分五路，进军南岭和福建，没想到激起了越人的凶性。横扫六合的秦军，在南方迟滞了脚步，相持三年，不敢解甲。

越人利用秦军战线过长的缺点，打持久战，使之粮食绝乏，趁秦军劳倦，然后"夜攻秦人，大破之，杀尉屠睢，伏尸流血数十万"。

最后没办法，秦始皇以任嚣为南海尉，赵佗为龙川令，领 50 万罪犯流徒，留守岭南，然后征调 15000 名未婚女子，与将士成婚定居，才算在这里扎下了根。

不过可以知道的是，中原移民是要远远少于越人的。中原男女在岭南居住，以华变夷，反过来，越人之风俗也在影响着他们。

可是百越百越，族群众多谓之百，也说明越人集团中并没有一个绝对中心。

秦乱以来，留居岭南的中原人士赵佗见此地远离战争的旋涡，便据险自守，立南越国。一个河北真定人，就这样成了越人的首领。

刘邦定天下之后，陆贾来使，意在收编。而赵佗如何定位自己很重要：究竟是一个割据一方的诸侯，还是异族的首领。

不知是已成习惯，还是刻意为之，赵佗将头发扎起结成发髻，然后叉腿而坐，表现得跟越人一模一样。

陆贾只能先声夺人："汉高祖英明神武，所向披靡，要不是看在百姓面子上，早就打过来了，你应该以礼对待汉王使者云云。"

赵佗轻飘飘一句："居蛮夷中久，殊失礼义。"

接着问道："我和韩信、萧何之流比，谁更厉害？"

陆贾回答："您好像更厉害些。"

"那和汉王比呢？"

"您统治的地方犹如汉之一郡，王何乃比于汉。"

赵佗大笑作答："吾不在中国发家，所以在此地称王，要是让我居中国，怎么会不如汉？"

这当然只是口舌之争，我们也能从中看出赵佗的心思。虽然把自己收拾得像一个越人，甚至不知礼节，可是一旦有机可乘，同样要逐鹿中原，做中国的王。

对付这种人，怀柔即可，实在不听话，再动刀兵。

事实上也正是如此，赵佗表面上叫自己"蛮夷大长"，哪怕反叛也是行中国制，坐黄屋左纛之车，以皇帝身份发号施令。

等到汉王朝慢慢复苏，又变成你好我好，两相情愿。你懂我的图谋不轨，我懂你的故作大方。

只不过，一切都要用拳头说话。等到汉武帝之时，中原强盛，南越王国终归覆灭。

郡县制，才在南方真正确立。

当然，郡县之外、蛰居在山野之中的百越人民，还在挣扎。

3

秦汉四百年，在历史的长河中不过是一瞬。

当时的南方和北方，完全呈现不同的光景。

北方的非华夏人群如同零星的孤岛，汉人则是包围他们的海洋。而在南方，华夏化地区和人口有如孤岛一般点缀在非华夏的海洋中。

只不过，这些华夏孤岛一直在成长和扩张，并最终逆转了孤岛与海洋的关系。

熟悉三国的朋友们都知道，孙吴偏居南方，可是事一点不少。扬州的山越，荆州的武陵蛮和交趾的豪族都是让人头疼的问题，其中山越尤盛。

此时的文献里，越人被冠以"山"字，意味着他们是出没在山林之间。并不是他们对这种地形有所偏爱，而是因为那些好的平原地段已经被华夏力量所控制、所侵吞。

他们只有两个选择：要么同化，要么逃入华夏势力一时尚无力进入的深险之地。

东汉末年，大权旁落，群雄并起。值此动荡之际，越人也想要夺回他们世代居住的生息之地。

山贼严白虎据吴郡，山越宗帅祖郎等举众应之。其后孙氏据江东，山越不断聚众起事，扰动孙吴后方。

丹阳郡、吴兴郡为春秋时吴地，会稽为越国故地，建安郡为闽越故地，庐江郡是东瓯故地，豫章、鄱阳、庐陵、长沙、零陵等郡是扬越生活的区域。可以说，百越的后裔把东吴包圆了。

孙吴是怎么解决的呢？

陆逊伐东三郡山贼费栈，得精卒数万人。

张承出为长沙西部都尉，讨平山寇，得精兵一万五千人。

全琮讨山越，召得精兵万余人。

最讲方法的是诸葛恪。丹阳山越为乱，他召集大军，却不进攻，反而修缮工事，只求避战。等到收获之季节，割尽山越谷稼，于是山民无粮，只能下山投降。由此可见，这哪里还是山民，不过都是些逃往山林的越人。孙吴又添兵四万。

要知道，等到西晋平吴的时候，所得吴兵不过 23 万。

史书都是轻飘飘的。归附华夏的越人就像摆在商店的货物，强者为兵，弱者补户。因此，孙吴之后，我们就很少看到山越的记载了。

越人在归附王化之前的生活未必是美好的，有可能是奴隶，有可能要受到首领的压迫。但是王化之后，越族的首领或许可以当个官，获得一些特权，一些越人能够逃离原有的压迫，好好做一个沐浴王恩的百姓。但是大部分底层越人被迫在原有的压迫之外，添加新的负担——赋税和徭役。

中央政府需要士兵和劳动力，地方官员需要政绩和私利，贵族则需要身份和特权，而越人只能沦为他们的牺牲品。也难怪如此多的人奔向山林，凭借着险阻，侥幸获得一刻的喘息。

这便是中国历史吊诡的一幕：一方面史书总在记载异族穷凶极恶、没事就作乱，另一方面异族却越来越少。

史书记载山越最后一次军事行动，是在唐中期："（裴）肃贞元时为浙东观察使，剧贼栗锽诱山越为乱，陷州县。肃引兵破擒之。"

从此，山越不再"作乱"。

4

魏晋以来，民族融合之大势不可逆。

在南方，华夏的孤岛不断扩张、彼此相连，属于百越后裔的空间越来越少。

山越之后，属于百越一脉还有僚、乌浒、西原蛮等民族，大都集中在今天的两广。

是拥抱变化，还是固守传统，这是每一个非华夏民族都要面对的问题。

就在这时，横空出了一位女英雄——冼夫人。冼夫人家族世代生活在岭南，乃是当地俚人的首领。她这一生经历梁、陈、隋三朝，正是中国由分转合的时期。从公元502年南梁萧衍称帝开始，至公元605年隋朝杨广即位时止，先后更换了15位皇帝。

纷乱的局势，常叫人看不清。可是冼夫人每一次都押对了砝码。

第一次，是选择丈夫。

当时冼夫人贤名远传，南海沿海地区（古代包括越南沿海地区）和海南岛共千多个部落归附在她的统领下。正是进取的时候，她却选择和一位汉人冯宝结婚。

一个是"南越大首领"，一个是"朝廷地方长官"，在汉俚联姻的背景下，俚人渐服王化，习礼乐，拥抱中原文明。梁武帝大通二年（528），冼夫人以岭南大首领的身份上书朝廷提出在海南岛设置崖州，梁皇朝准予。冼夫人将自汉代脱离了中央王权586年之久的海南岛，重新收归国家管理，并在海南岛恢复郡县制。

第二次，是侯景之乱。

梁朝末年，侯景攻破建康城。梁朝政权摇摇欲坠，冼夫人一没倒向暴戾的侯景，二没倒向心怀鬼胎的梁朝宗室，三没有顺势割据一方，却把宝押在了当时身在岭南的陈霸先手中。

结果我们都知道，陈朝建立，而冼夫人被封为中郎将，为刺史级别。

第三次，是陈朝灭亡。

冼夫人果断率领岭南各族拥护隋朝的统一。又一次站在了胜利者的一方。

我们看冼夫人这一生，不独立、不称王，完完全全做到了保境安民，简直就是岭南的守护神。

汉、越族人民对她的崇拜，已成为一种深层的"群体黏合剂"，使当地汉、越族老百姓互相之间产生一种发自内心的认同感、亲切感，而俚人也逐渐融入汉民族，成为今天两广地区的汉族先民。

南宋之时，当海南人羊郁请求宋高宗赐号封冼夫人为"显应夫人"的时候，宋高宗二话不说立马钦准。

或许宋高宗想到了残破的江山，想到了异族的凌虐，期盼着再出现一个冼夫人能带给南逃的汉人一处避风港。

总之，冼夫人被册封，象征着中原王化的影响深入地方，人们跟随民间信仰正统化的进程，而成为中原王朝的顺民。

这一进程，与唐宋的历史变迁同步，随着越人逐渐整合于南迁的汉族之中，先后形成了广府、潮州（福佬）、客家等不同民系。而未被融入汉族的越人，则逐渐发展成壮、黎、瑶、畲等边疆族群。至此，百越消亡，而新族群绵延到了今日。

百越是一个史书着墨很少的集团，毕竟汉人才是当之无愧的主体。边缘地区往往被视为戎夷蛮狄，从而被认为文化贫瘠，不值一书。

即便是在这寥寥几笔中，我们依稀可见一个庞大族群的兴与衰，起与落，进取与转型。

历史的边缘，也藏着夫差、勾践的野望，赵佗的权宜，山越的苦难，冼夫人的明智……

如果没有边缘，又哪来的中心？

匈奴：一个凶悍的族群，为何说没就没了？

冒顿单于至死也未能想到，两百多年后，他的后代匈奴儿郎们，居然会为了一口吃的，投降了！

那是蒲奴单于时代。蒲奴单于是那位著名的呼韩邪单于的孙子。他在位初期，匈奴遭遇了严重的自然灾害。史载，当时匈奴"连年旱蝗，赤地数千里，竹木尽枯，人畜饥疫，死耗大半"。

为了求得一丝生存空间，蒲奴单于遣使赴汉朝和亲，希望新兴的东汉王朝能够放松对北方的防范。

不料，此举却被匈奴贵族日逐王比提前获悉。

作为正统的单于子孙，日逐王比在匈奴内部本来具备继承资格。但因其父早逝，加上叔父呼都单于有心破坏游牧帝国长期贯彻的兄终弟及继承制，故而，日逐王比始终与单于宝座失之交臂。

最终，心怀不满的日逐王比抢先一步投降了汉朝，并在后者的扶持下，建立了一个与"北匈奴"蒲奴政权分庭抗礼的"南匈奴"政权。

此后，南北局势发生了天翻地覆的变化。

在班超等人的持续经营下，西域各国与东汉间形成战略外交关系，以蒲奴为首的北匈奴势力被不断地挤压，而南匈奴在汉朝的同化下，生活则相对稳定。

然而，南、北匈奴始终处于"仇衅既深，互伺便隙"的状态。趁着这个机会，南匈奴单于干脆邀请汉朝方面出兵，以帮助自己清除障碍，"封狼居胥"。

当时，正值汉和帝初立，主政的是他的养母窦太后。窦太后为了让哥哥窦宪有个将功赎过的机会，同意了南匈奴的提议。于是，在窦宪的率领下，汉朝与北匈奴历经了多场大战。

蒲奴单于最终在金微山（即阿尔泰山）一带被击败，率部遁走乌孙之地（大致位于今新疆西北、哈萨克斯坦东南、吉尔吉斯斯坦东部及中部一带），从此消失在历史记载之中。

1

事实上，关于北匈奴残部最后的归属，很多年来都不为中国人所知。

直到 19 世纪末，晚清状元洪钧在出使沙皇俄国时，才在该国流传的西方史籍中看到了疑似这支匈奴残部流亡欧洲的端倪。在这些资料中，18 世纪的法国东方学家德金提出了一个观点：战败的北匈奴人西迁，活动到了欧洲，并在其后威震亚欧大陆的"上帝之鞭"阿提拉的带领下，在东欧平原上建立了极盛的匈人帝国（Hunnic Empire）。

德金的观点，在欧洲引起了极大的轰动。之后，随着中西方的文化交流，英国历史学家爱德华·吉本，中国学者章太炎、梁启超等人普遍采纳了这种观点。

中国的典籍中，最早记载"匈奴"的，是司马迁的《史记》。在书中，司马迁写道："匈奴，其先祖夏后氏之苗裔也，曰淳维。唐虞以上有山戎、猃狁、荤粥，居于北蛮，随畜牧而转移。"

按司马迁的说法，匈奴人的先祖是夏桀的儿子淳维。至于他们后来为何一步步衍变成游牧部族，司马迁的解释是，在西周时代，除了淳维这一支，北方还有多部以游牧为生的野人。他相信淳维膝下的匈奴人，正是混于其中被同化了，才从根本上遗忘了原有的生活习俗。

不过，后世学者对司马迁的记述也有别样的解读。王国维就曾在他的著作《鬼方昆夷猃狁考》中，以"山戎、猃狁、荤粥"三者发音接近推断，匈奴应为汉朝时官方对北方游牧民族的别称。王国维认为，产生这些称呼差异与当时朝代所使用的官话发音有关。

匈奴因为没有文字，故未留下关于自己祖先起源的记载，但学界似乎都不反对——至迟在公元前 4 世纪末，匈奴人已活跃于今天的蒙古大草原。

草原上是典型的季风气候，冬季寒冷干燥，夏季温湿多雨，春秋气候多变。生活在那里的匈奴人，自然没有那群曾经活跃于大河流域的中原祖先那么幸福。残酷的生存环境，要求他们必须要有草原苍狼般的野性，才能活下来。

于是，经过草原间无数次的资源兼并，匈奴人在领袖头曼的带领下，逐渐壮大起来。

为了树立崇高的威信，头曼自定封号单于，成为匈奴部族法定的初代统治者。此后，单于之名也为历代匈奴帝国最高统治者所享有。

尽管匈奴在头曼的带领下，势力蒸蒸日上，但纵览当时北方，匈奴不过是个小喽啰，在其周边强大到足以危害中原王朝的，还有东胡、月氏等。

正是在这种情况下，头曼才让自己已成年的大儿子冒顿，带领匈奴儿郎们去征伐新的土地。

可笑的是，儿子在前方浴血奋战，老子却在大后方过着老婆孩子热炕头的悠闲日子。也不知道是谁给吹的枕边风，头曼单于甚至考虑废长立幼，打算将外出征战的冒顿弄死在沙场上。

千钧一发之际，冒顿偷了月氏的良马，骑着它回到匈奴。头曼没有办法，只能将冒顿视为有功之臣，令其统率麾下一万兵马。

为了保命，冒顿打算先下手为强。利用平时训练的机会，他命人制造了一种带哨的鸣镝箭，并下令：“鸣镝所射而不悉射者，斩之。”

清理完不服从自己的部众后，冒顿放心地发动了“鸣镝弑父”，并一举成为新任的匈奴单于。

2

与其父的懈怠享乐不同，冒顿这一生，从未停下扩张与前进的步伐。在位期间，他不仅把从前强盛的部族东胡、月氏打残，甚至将触角伸至中原王朝的边境线上。

当时，汉朝灭秦初立，北方防卫一度空虚。冒顿趁机率众南下迁移，匈奴帝国的版图进一步扩大。

一开始，冒顿并无发兵侵扰中原王朝的意图。毕竟，在距此不远的战国时代，赵国名将李牧曾在边境防线与草原汉子打过一仗。那一仗的惨烈，冒顿恐怕早有耳闻。

但当韩王信接受汉高祖的诏命前往马邑（今山西朔州）就藩时，形势发生了变化。

马邑城往北走个几百里，就是冒顿治下的漠南匈奴腹地。韩王信建都于此，很难不让其怀疑大汉王朝有战略北扩的意图。故趁着汉朝百废待兴之际，冒顿兵发中原，前来搅局。

韩王信当然明白远水救不了近火的道理，为了保命，他只能一边请求刘邦发兵襄助，一边主动向匈奴求和。

韩王信"两面派"的作为，令汉高祖刘邦深为反感。于是便有了后来刘邦发兵攻打韩王信的借口，也间接促成了冒顿与刘邦率自家军队正面交锋的结果。

因汉朝军事情报的失误，刘邦率部兴高采烈地扑了个空，在白登山上，被匈奴骑兵围了七天七夜，直到汉朝使者求见阏氏（匈奴王后），厚馈礼物方得保全。

尽管此次南下作战，冒顿略占上风，但冒顿却从阏氏的话语中认清了一个事实："今得汉地，犹不能居。"

北方草原游牧部族多杂居，彼此间的民族认同感并不强烈。只要有一个"绝对大王"的出现，其他部族都会慕名而至，向其靠拢。目下的冒顿，正是这类领袖人物。

而匈奴部族，从冒顿的先祖淳维以降，少说也有千年，却始终无文字流传。如何使一个庞大的帝国持续保持高速运转，或许才是匈奴帝国在未来持续扩张和发展中面临的最大挑战。

一生充满野心且极具战略眼光的冒顿，显然明白其中的道理。

返回草原之后，冒顿随即着手设计匈奴帝国内部的等级制度。

在这套草原早期的人马管理制度中，冒顿将整个匈奴帝国一分为三，帝国东部交由左贤王管理，西部则为右贤王领地。他们与冒顿一样，均有在各自管辖的区域内设立"王廷"（类似诸侯国国都）的权限。除了像伐汉这种重大军事行动外，左、右贤王均有权自己调度麾下部队，四处征战，为匈奴帝国开疆拓土。

两贤王及其之下的左、右谷蠡王，左、右大将等，均由匈奴王族担任，以左为尊，皆具备单于继承权。

如此一来，一个以单于为核心的金字塔形宗族等级体系基本建立起来。后来，模仿汉朝立太子制度，匈奴人也将左贤王定为"单于储副"，位同太子，高于诸王。

凭借这套制度，匈奴帝国一度狂得没边，压得汉朝差点喘不过气来。

3

直到匈奴的伊稚斜单于撞上了汉朝的汉武帝刘彻后，它才再也狂不起来了。

公元前120年冬，寂静的长安突然传出了一则令人振奋的喜讯——13年前持节出使西域各国的张骞，已于日前平安返回长安。

尽管此次张骞出使并没有完成汉武帝邀击匈奴的计划，但在外游历了十余年，还是为大汉帝国收集到最详细的西域风土人情资讯。

有了西域的第一手资料，次年，汉武帝果断令"帝国双璧"卫青和霍去病出兵直捣单于王庭。

霍去病运气极佳，率军北进千余里后，遇到了匈奴左贤王的辎重部队。霍去病二话不说，上前就是一顿冲杀。左贤王等一时未及反应，在遭遇战中大败，被俘斩7万余人，全军覆没，左贤王自己仅以身免。随后，霍去病乘胜率军北进，封狼居胥。

而卫青的队伍，虽不是汉军最强，士气却极盛。与匈奴主力厮杀了一天一夜，死伤相当。伊稚斜从未见过如此骁勇的大汉铁骑，慌乱中竟趁着天黑，率先领着数百侍从往北逃出了战场。

单于的遁走，令参战双方始料未及。

得知单于不在的消息，匈奴骑兵人心涣散，不多时，即作鸟兽散。汉军主帅卫青则紧急勒令骑兵丢下重装备，轻骑突击，往北追击了数千里，却一无所获。

漠北决战后，匈奴人尽失阴山以南的河套平原以及大面积水草丰美的天然牧场，畜牧业生产受到了根本性限制。利用原匈奴左贤王辖下的上谷郡（郡治在今河北省张家口市怀来县）以东的"呼伦贝尔大草原"，汉朝相继笼络了一批原先附属于匈奴麾下的塞外部族，令其徙居上古、右北平、辽西、辽东等地，替汉朝监视匈奴动向。同时，在原匈奴浑邪王的驻地上，汉朝还设置河西四郡，以此切断匈奴势力与西域的联系。

而遁走漠北的匈奴残部，就像翦伯赞先生分析的那样，在失去了草原这个历史舞台的大后台之后，不可避免地进入了衰退期。

公元前89年，匈奴境内发生大规模雪灾，人畜死伤无数。四年后，狐鹿姑单于病逝，临终前留下遗言："我子（左贤王）少，不能治国，立弟右谷蠡王！"但这一决定，引发了单于之位的争夺大战。

按照匈奴等级制度，右谷蠡王之上还有左谷蠡王。此时的左谷蠡王，正是狐鹿姑单于的正妃颛渠阏氏的儿子。为了让自己的儿子统一草原帝国，她与当时一批德高望重的匈奴贵族联合封锁了单于已逝的消息。

但还是不慎走漏了风声。时为左贤王的狐鹿姑长子愤慨不已，与叔叔右谷蠡王产生了矛盾。而右谷蠡王的王位继承权被无情剥夺之后，更是恨死了颛渠阏氏等一众匈奴贵族。

更为复杂的是，当初狐鹿姑单于是接受其兄长禅让后才继承的单于之位。出于私心，狐鹿姑并没有在兄长去世后，让其侄子继任左贤王之位。因此，其侄子、时任日逐王（狐鹿姑单于新设的匈奴贵族王号，位在右贤王之上，左贤王之下）先贤掸又忌恨上了叔叔一家。

这边匈奴单于之位还未决出个胜负，那边数度降临的雪灾，一次次挤压匈奴人的生存空间。

最终，经过数度较量，颛渠阏氏成功将她的情夫屠耆堂扶上了单于之位，号"握衍朐鞮单于"。此时，颛渠阏氏的儿子壶衍鞮单于已病死多年，继位的虚闾权渠单于也已死去。

屠耆堂的上位，意味着一个非冒顿嫡系子孙出身的人当上了单于，这自然遭到匈奴大批贵族的抵制。屠耆堂遂大开杀戒，引起匈奴贵族内部又一场内讧。

为免遭迫害，自知即位无望的日逐王先贤掸成了匈奴帝国归汉的先行者。他的归降不仅促进了历史上第一次大规模的汉匈融合，也为汉朝打通了与西域之间的联系通道。

4

但与先贤掸的出走降汉不同，身为前任单于虚闾权渠的儿子，稽侯珊选择了跟"篡位"的屠耆堂对抗到底。

在岳父乌禅幕及匈奴一半贵族的支持下，稽侯珊顺利登上单于宝座，是为呼韩邪单于。

匈奴两单于并立，"冒牌货"屠耆堂自然尽失民心。随着呼韩邪与之公开决裂，这个匈奴内部高层野心家，只落得个拔剑自刎的下场。

可是，一统匈奴的呼韩邪并不是一个善治的英主。

在征伐政敌的过程中，呼韩邪与哥哥产生了极大的矛盾，导致后者在合力清理完一切障碍后，自立为郅支单于，并率部打下呼韩邪的王庭（今蒙古国哈拉和林），建立北匈奴，与呼韩邪分庭抗礼。

面对哥哥的威逼，呼韩邪放弃了单打独斗的路子，选择与汉朝结成联盟。

公元前53年，呼韩邪以儿子、右贤王铢娄渠堂为人质，和弟弟左贤王一起前往长安，觐见汉宣帝。为展示极大的归顺诚意，呼韩邪当众提出愿率所部留居漠南光禄塞（今内蒙古包头市西北），替汉朝守卫漠南以及河套地区。

呼韩邪提出的方案固然有夺回匈奴故地的考虑，但他也明确表示归附汉朝，并愿受汉朝差遣。因此，当内附的呼韩邪所部抵达汉朝时，汉宣帝当即命令将军董忠率部为呼韩邪单于护卫，并"赐呼韩邪部众谷、米糒（干饭）前后三万四千斛，给赡其食"。

之后，汉宣帝将呼韩邪原先的部众一分为二，一部归于并州，一部安置于朔方等郡县，与汉族融合同化。

而作为匈奴单于的后起之秀，郅支单于则走上了与弟弟截然不同的道路。

为避免自己遭到汉匈联军的打击报复，秉着最后的一丝骄傲，郅支单于不惜背负全族人饿肚子的风险，将战争的触角伸向西域。

在那里，"去长安万二千里"的西域大国康居收留了他。

康居国的疆域大致位于今天哈萨克斯坦锡尔河流域，东临乌孙，西接安息，是当时西域少有的大国。在康居王的资助下，郅支趁着乌孙国内乱，占领了伊赛湖以西的大片土地，为自己攒下了家底。

乌孙国从前就饱受匈奴的战火侵袭，这次被暴揍后，他们更清楚自己无力抵抗。于是，便上书向大汉朝求救。

听说匈奴残部有重新经略西域的苗头，汉朝方面高度紧张。公元前 36 年，西域都护甘延寿、副校尉陈汤奉命率部前往康居一探究竟。

郅支单于自从有了自己的地盘，就又狂起来了。他把康居王赏给他的妻子及族人全部杀掉，并勒令在其地盘上的康居人要给匈奴人当奴隶，还向汉朝索回此前因示弱而献上的儿子。

当汉使谷吉护送其子抵达康居后，郅支单于又将谷吉等一众汉朝使臣通通宰杀，简直丧心病狂。

对此，西域都护甘延寿深感局势不容乐观。如若朝廷不对郅支单于的狂妄行为加以惩处，恐严重影响汉朝在西域诸国中的声望。可没有朝廷的诏令，即便他控弦西域，也不便私自出兵。

甘延寿犯起了难。

不过，这一切对于第一次远征塞外的陈汤来说，那都不是事。

针对塞外局势的多变，陈汤一边向甘延寿阐明自己对郅支单于的看法，一边假借汉帝圣旨，向西域各部调兵。

巧合的是，就在这个节骨眼上，甘延寿突然"久病卧床"。如此一来，陈汤直接以副校尉代行其事，将甘延寿绑上了"贼船"，率领西域诸国军队，共讨郅支单于。

这一仗，在陈汤的号召和组织进攻下，郅支单于彻底败亡。他的匈奴残部，也不得不放弃继续西迁的计划，被汉朝军士统一分配至西域各国，化整为零。

5

郅支单于的败亡，导致呼韩邪单于不得不放弃所有的幻想，自请为汉室之婿，以尽藩臣之礼。

对于这场突如其来的"和亲"，汉元帝难免措手不及。因为，被呼韩邪看中的汉室女子，是国色天香的王昭君。为了和平，汉元帝只能忍痛割爱，看着王昭君远嫁匈奴，去开启一段和亲佳话。

随后，征得汉元帝的同意，呼韩邪单于携娇妻再度返回漠北，安为汉藩。

尽管呼韩邪单于在关键时刻决计"称臣入朝事汉"，换得短暂和平，但此时强盛的汉朝也处于风雨飘摇之际，附汉实际上再度给趋于和平的南匈奴埋下分裂的种子。

公元9年，汉朝外戚王莽夺取汉室江山，成立新朝。王莽的政变，彻底打破了南匈奴自汉宣帝以来边塞和平相处的局面。

当时，为了和谐匈奴内部，汉宣帝接见呼韩邪单于时就赐给他一方"金玺"，让其享受高于汉室诸侯王的待遇。而王莽一上台，就直接追降了各位单于的政治待遇，将他们贬为小小列侯，连"王"该有的面子都不给。

更有甚者，即位第二年，王莽就利用新承汉室的宗主地位，将匈奴土地、人属、牛羊等一分为十五，同时立呼韩邪后代子孙15人为单于，令其各率一部，各自为政。此举虽在一定程度上削弱了匈奴部族东山再起的可能，却给好不容易平静下来的边疆，埋下祸端。

唯利是图的匈奴单于们，被引进了一个互相攻伐的"棋局"。王莽坐收渔翁之利，扶植亲汉的王昭君女婿卜须等人抗击原匈奴贵族。这却致使匈奴所部纷纷将怨气撒往中原汉室身上，劫边城、杀汉民之事时有发生。

而负责搞事的王莽似乎还没有意识到，他的边塞政策不仅导致了此后千年东亚政治格局的嬗变，更使其新成立的王朝迅速化为历史的泡影。

公元23年，王莽走到了生命的尽头。随着更始军杀入长安，他也死于乱军之中。

但王莽的去世并没有浇灭匈奴人仇恨的心火。

在呼韩邪单于之子呼都单于的率领下，受汉室钱粮扶持的匈奴卷土重来。他们趁着中原战火纷飞之际，专门扶持了一个假称姓刘的枭雄卢芳，打算一报自呼韩邪单于以来屈服汉朝的"耻辱"。

不料，卢芳并非称雄的料，吃着匈奴人给的饭，却勾搭上了汉光武帝刘秀。在匈奴与东汉之间，降了又叛，叛了又降，致使双方的矛盾不断加剧。

眼见这个傀儡不堪重用，贪婪的呼都单于决定亲自上阵，正面硬刚新崛起的刘秀。但在两方正式撕破脸皮前，呼都就一命呜呼了。

呼都死后，一场暴风雪突如其来，席卷了漠北大本营，为原本内部已现裂痕的匈奴，更增添几分不安定的因素。

在继承人问题上，呼都单于生前并未吸取父亲呼韩邪单于时代匈奴贵族内讧的教训。与先前统一时代的狐鹿姑单于类似，呼都也想尽办法破坏匈奴法定的兄终弟及制度。在他的干预下，其子蒲奴单于在那个灾荒之年，成为风雨飘摇的古匈奴新任君主，并一步步将这个支离破碎的帝国带入万劫不复的深渊。

由于自己的政敌已经捷足先登跟汉朝搞好了关系，蒲奴单于只能放弃与东汉和亲的想法，转头迁怒于日逐王比所建立的新南匈奴政权。

在暴风雪的肆虐与南匈奴的不断反击下，走投无路的蒲奴单于最后只能像祖先一样，将发展的眼光转向了已与汉室天下断联数十年的西域。

上天不知是否也有意毁掉这头草原狼，在蒲奴单于经略西域时，汉朝突然冒出了两位大英雄：班超与耿恭。前者以 36 吏士收服西域大国鄯善，后者在西域以"神明之力"大败匈奴兵士，致使匈奴扎根西域、图谋发展的企图再度泡了汤。

6

一场更大的变局，在匈奴内部酝酿着。

由于匈奴自冒顿以来，一直有奴役其他部族的习惯，因此，乘着蒲奴一部自顾不暇之际，在其身边的其他游牧部族纷纷崛起。

作为古老游牧族群东胡的分支，部分东胡人以鲜卑山（今大兴安岭）为祖源，逐渐发展出另一支影响历史的族群——鲜卑族。

在有限的游牧空间里，早期的鲜卑人充当汉朝的"打手"，直面奴役了他们多年的匈奴人。鲜卑的分支拓跋部干脆将原属匈奴左贤王领地的呼伦贝尔大草原，视为自己的家园，与匈奴人抗争到底。

没吃没喝的北匈奴，实在没办法，只能率部西迁。最后，在窦宪击溃匈奴之后，这支残部便在史书上呈现扑朔迷离的状态。

在南北朝时期成书的《魏书》中，作者明确记载，这支匈奴残部被击溃后西遁乌孙。在乌孙停留一段时期后，其中精壮的匈奴部众再度踏上西迁的步伐，徙居更远的康居，并与当地的乌孙人、高车人（原匈奴统属的丁零人，因其族战车车轮高大而得名）同化融合，建立了悦般国。

由于匈奴残部一脚踏入了中亚地界，此后中原王朝再没有与之发生过战争冲突，中国的史书上再也没有这支曾经叱咤东北亚草原部族的踪迹了。

直到北匈奴西迁近 200 年后，才有西方的历史记录说，当时西亚国家大亚美尼亚的国王泰格兰纳斯（可能是发明亚美尼亚字母的梯里达底三世）手下有一支匈奴部队。他们在波斯萨珊王朝沙普尔二世（约 309—379）讨伐中亚各个民族时，曾有出色的作战表现。

但西方历史对匈奴人的记载也处于断断续续的状态，因此，当"上帝之鞭"阿提拉带领他麾下的匈人铁骑征服欧洲时，惊恐的人们第一反应便是曾经游历亚欧北部的匈奴部族卷土重来了。

然而，匈人与匈奴的关系，至今学界也没有统一的说法。

在西方史料中，关于匈人最早的记载大约出现于公元 350 年左右。那时，阿提拉正带着他的盟友阿兰人（即中国史料记载的奄蔡，属原康居国的一部分）发动对东哥特人的攻势。

从现存史料分析，西方学者 K·内密提认为，"匈人"一词很可能来自斯特拉波《地理志》中记载的 Phrynoi 族（即富尼人）。而在另一部西方古书《百科书典》中也有记载："赛里斯国内的吐火罗人、富尼人和其他蒙昧部族都不重视肥壮的牛羊……"

赛里斯即古代西方对中原王朝的称谓，故内密提认可匈人是北匈奴西迁的产物。

不过翻阅历史可知，在匈人出现的那段时间内，亚欧大陆北部除了北欧之外，基本处于游牧民族势力范围内。因此，凭着阿提拉的横空出世以及内密提的猜测，很难将匈人与北匈奴西迁的血脉流传勾连在一起。

唯一可以肯定的是，留存在汉朝的那一支南匈奴，之后成了东汉政府的"边防军"。在随后的三国短暂分裂时代，他们再一次失去靠山，只能返回草原，与崛起的鲜卑人争夺生存空间，并最终在击败鲜卑族的同时，举起了反晋大旗。

西晋永嘉五年（311），叛晋的匈奴军队在首领刘聪的带领下，俘虏了晋怀帝。

这起被称为"永嘉之乱"的历史事件，是久无声息的匈奴人的"回光返照"。他们的铁蹄，由此再度踏破了中原来之不易的天下一统，并开启了长达270年左右的大分裂时期。

但很快，匈奴人热衷内讧的劣根性又让他们丢失了地盘，在随后的动荡与迁徙中继续分解，并与其他民族融合，形成了魏晋南北朝时期的"杂胡"。而这些"杂胡"，除了少部分融入塞北各族，绝大部分在隋唐大一统之后便在史籍中消失了。

这意味着，匈奴人在中国历史舞台的最后一场演出，以彻底融入中原汉族而宣告落幕。

鲜卑：一个"战斗民族"的消亡史

可能慕容复自己都闹不清楚，他想重建的是哪门子的"旧国"。

在金庸的《天龙八部》中，有一位玉树临风的世家公子——姑苏慕容复。此人以一招擅长反转劲力的"斗转星移"，令江湖中人忌惮三分，也使得他有幸与丐帮帮主乔峰并称为"北乔峰南慕容"。

按小说的设定，这位江南帅哥的先祖为鲜卑人，曾创下大燕辉煌帝业。尽管时过境迁，到了北宋时期，慕容家族仍在经济富庶的江南具备雄厚的实力。

然而，就是这样一个开局手持"王炸"的人，却陷入了一个名叫"复国"的精致陷阱中无法自拔。

为了复国，慕容复不惜割舍与表妹王语嫣的儿女情长。

为了复国，他人挡杀人，佛挡杀佛。

最终，失道寡助的慕容复在这场春秋大梦中，变得疯疯癫癫，令人唏嘘。

但他到头来也从未明白，他要重光的大燕，重振的鲜卑，早就不存在了！

1

根据小说的设定，姑苏慕容氏应该源于鲜卑慕容氏。而慕容氏背后的鲜卑族，是自匈奴陨落后，在草原上冉冉升起的霸主。

在已知的历史中，人们普遍认可鲜卑起源于塞外部族东胡。但对于东胡的起源，却一直不甚清楚。

"东胡"一名，最早见于先秦著作《逸周书》，里面写道："东胡黄罴，山戎戎菽。"意思是，东胡以狩猎黄罴等大型野兽为生，而山戎则擅于种植一种名叫戎菽的豆科植物。

这说明至少在先秦时期，中原人已认识到东胡人主要以狩猎为生。

到了西汉时期，匈奴的狐鹿姑单于曾向汉昭帝致书称："南有大汉，北有强胡。胡者，天之骄子也！"可见在匈奴人的意识里，汉朝北方边境沿线生存的这堆部族，无论东胡还是月氏，他们都可视之为与匈奴人有着千丝万缕血缘关系的"强胡"。

对于狐鹿姑单于所指的"强胡"，现代学者认为，"胡"乃所有使用乌拉·阿尔泰语系的少数民族对"人"的称呼，其正确读音应为 hun。因此，东胡实际上也被理解为在匈奴东边的草原狩猎部落。

约莫在公元前 3 世纪左右，当发源于阴山一带的匈奴人在他们的伟大头领冒顿单于的领导下崛起时，一向活跃在他们东侧的东胡便成了其最先想要征服的头号强敌。

匈奴人的动作，早已引起东胡人的密切关注。为了试探匈奴的虚实，东胡王先后派遣使者到匈奴，向当时势力还不如东胡王的冒顿单于讨要他的阏氏和头曼单于留下的千里马。

阏氏就是单于的皇后。而作为一个与马伴生的草原部族，匈奴人对千里马的感情是极其强烈的。东胡王相信，如此明目张胆的索取，将使双方的矛盾"可视化"。只要冒顿胆敢不同意，那东胡随时可以以此为理由讨伐匈奴。

冒顿单于紧急召集身边亲信商议对策。对于东胡王的无理取闹，大部分匈奴贵族都义愤填膺，要求冒顿兴匈奴虎狼之师先下手为强。唯独冒顿自己采取了示弱的态度，将美人和千里马都拱手相让，以此来积攒匈奴内部对东胡的愤恨。

就这样，在双方明争暗斗间，东胡王始终找不到冒顿单于的不臣之心。而冒顿单于最终聚合所有对东胡愤恨不已的人们，发起了对东胡的驱逐战争，彻底将对方打残，从而统一了蒙古草原。

东胡败亡后，其残部一部分辗转进入大兴安岭的鲜卑山一带定居，另一部分则散落在大兴安岭的乌桓山。渐渐地，他们脱去了先祖留给他们的种族符号，演变成新的族群：鲜卑人和乌桓人。

尽管学界都认可冒顿单于发兵东胡的史实，但鲜卑人的先祖当年逃命栖居的鲜卑山究竟在哪里，迄今仍搞不清楚。不过，为了寻祖问根，早在北魏太武帝时期（423—452），拓跋焘就曾命中书侍郎李敞到祖居之地刻碑祭祀。故而，1980年，考古人员发现大兴安岭北麓嘎仙洞（位于内蒙古鄂伦春自治旗阿里河镇西北约10公里处）中存有这块石碑之后，便将嘎仙洞所在的山区定义为鲜卑山。

2

自从鲜卑人遁入大兴安岭之后，匈奴人无疑成了草原上最凶狠的狼。

在冒顿单于绝对领袖的意志引导下，匈奴人开始独霸一方。凭借手上的弯刀与战马，匈奴人与中原汉朝死磕到底。然而，与中原王朝稳定的农耕文明相比，草原游牧文明始终具有很大的局限性。在大汉王朝经济腾飞与军事发展的双重施压下，匈奴部族被生生地拖垮了。

匈奴的落败，让所有曾经被其压服的部落看到了重新崛起的希望。于是，趁着汉匈两败俱伤之际，鲜卑人步随乌桓人之后，重返草原。

几乎与匈奴人的崛起一样，鲜卑人在重回草原之际，部落间也出现了一位统一的领袖——檀石槐。

檀石槐活跃于东汉王朝中后期。在鲜卑人的传说中，檀石槐的降世尤为传奇。当年，其父投鹿侯随匈奴人出门打仗，一去三年，回家后发现妻子已为其产下一子。面对妻子的不忠，投鹿侯自然十分愤怒。可他的妻子却说，这是天意，自己"尝昼行，闻雷震，仰天视而雹入其口，因吞之，遂妊身，十月而产"。

这种带有神话色彩的出身故事，显然是后来附会上去的。但不可否认的是，这个私生子，却是日后统一鲜卑，尽夺匈奴故地，连扰汉边的草原枭雄。

效仿匈奴的冒顿单于，檀石槐在弹汗山（今内蒙古大青山）和歠仇水（今内蒙古兴和县与河北怀安县境东洋河）一带设立了自己的王庭，正式号召龟缩于深山里的部众，沿着匈奴人走过的道路去获取更多的战略资源。

在那个草原无主的时代，檀石槐的决策是成功的。

史料记载，在相继击败北边的丁零人、西边的乌孙人和东边的扶余人后，檀石槐也将自己下辖的草原帝国分成东、中、西三个部分，并设置三部大人（部落总首领），令其分别统辖域内其他部落，并最终效忠于自己。据学者考证，日后影响历史走向的慕容鲜卑、宇文鲜卑即由中部鲜卑和东部鲜卑发展而来。

凭借着极为辽阔的疆域，檀石槐对中原王朝的态度，明显比冒顿嚣张多了。一句话，檀石槐不屑于与东汉和亲，更不愿接受其任命。可以的话，檀石槐的事业想做到无限大。

于是，从前不大起眼的鲜卑，成为东汉中后期北方最大的敌人。

延熹九年（166），鲜卑分派几万骑兵进入东汉沿边的九个郡，杀害掳掠官吏百姓。东汉朝廷派名将张奂进攻鲜卑，鲜卑人这才出边塞离去。

镇守边塞的将领主张出兵远征塞北，可此时的东汉朝廷内部却产生了意见分歧。

主和派以为，鲜卑"兵利马疾，过于匈奴"，是擅长发动闪电战的好手。更何况，眼下东汉无论是经济还是兵力都无法与前朝相比，硬碰硬恐怕一点好处也占不着。因此，他们认为东汉军队应将主动出击改为被动防守，护住现有国土即可。

尽管这一观点可能过于保守，但后来的史实证明，此项决策至少消弭了中原地区百余年的外族入侵风险。

与此同时，气候的急剧变化，也在不断压缩鲜卑人的生存空间。根据气象学家竺可桢的研究，此时的东亚正遭遇有史以来的第二个小冰河时期。气温下降，导致了一个相当严重的问题：自然水源不足。对于依赖水草丰美的草原进行放牧的鲜卑人来说，这无疑是致命的。

幸运的天平再一次倒向了东汉王朝：公元 181 年，檀石槐卒。

因其生前未能留下强有力的继任者，曾经强盛的鲜卑帝国昙花一现。为了各自眼下的利益，鲜卑人又延续了匈奴人衰败的老路——内部分裂。

3

内耗就会走向衰败，待中部鲜卑慕容氏再度崛起之际，他们只能对过去曾经傲视过的中原王朝俯首称臣了。不过，承续东汉王朝而来的曹魏、西晋等政权，却不敢轻易得罪他们。

于是，在中原政权的扶持下，鲜卑慕容部首先在族群中崭露头角，其首领涉归成了中原王朝钦命的"鲜卑单于"。涉归则干脆给家人们冠姓"慕容"，成为鲜卑历史上第一个冠用汉姓的大家族。

为啥起号"慕容"？按照其后人的说法，慕容具有"慕二仪之德，继三光之容"的意思。所谓二仪，即阴阳；三光则是日、月、星。看起来涉归及其家人都十分温顺，准备归化于汉民族文明。

实则不然。传说，在汉桓帝执政时期，当时的中部鲜卑大人叫柯最阙，他住的官邸就叫慕容寺。因此，究其冠姓"慕容"的本意，涉归及其子孙大概是想告诉世人，慕容鲜卑不仅要统治草原，更要威震华夏，一统宇内。

可是，还没等涉归有下一步动作，他的儿子们已经开始闹分裂了。

学习中原的权力更替制度，慕容涉归在草原上搞起了嫡长子继承制。这就让庶长子慕容吐谷浑心中膈应得很，可他也不敢像匈奴的冒顿单于那样"鸣镝弑父"，故而只能将一肚子怨气撒在了弟弟、慕容涉归嫡长子慕容廆身上。

涉归死后，吐谷浑拿到了父亲留给他的 700 户牧民和牛羊，实力远远弱于慕容廆。尽管他们的父亲有言在先，希望两兄弟日后精诚团结，在各自的地盘上牧牛放马。可老爹一咽气，两人就互相看对方不顺眼。

在一系列的小范围摩擦后，身为弟弟的慕容廆成功把哥哥吐谷浑挤走，并开启了慕容家的最高使命——南下侵占中原。

不过，慕容吐谷浑也不是吃素的。被弟弟赶走后，他率部定居阴山、祁连山一带，鼓励繁衍。据说，他去世前，膝下已有 60 个孩子。靠着这批"童子军"，数十年后，一个以吐谷浑为名的族群政权被重新建立起来，并开始了新一轮征伐中原的进程。

当然，这是后话了。

慕容庼把哥哥赶走后，便以统一天下为己任，尊儒礼，倡汉文，时刻关注着中原王朝的细微变化。但慕容庼父子都没等到入主中原的那一天。

慕容庼的孙子慕容儁等到了，可那已不是统一的天下。

除了鲜卑，匈奴、羯、羌、氐等其他四个大型部落，也跑到中原抢肉喝汤。偌大个天地，一下子冒出了十几个大小不一的政权。无奈，慕容儁只能秉承家族遗命，在自己的地盘上率先建立起一个叫作"燕"的政权。鉴于后来陆续出现诸多以燕为号的政权，史学家将其称为"前燕"。

前燕出道即巅峰，短时间内便与前秦、东晋两大政权分治，形成新的三足鼎立之势。

可慕容氏的家族使命是一统天下，这需要几代人的努力，也意味着即便做了皇帝，慕容儁的脚步依旧不能停歇。为此，他要求在前燕境内，辖下部众成年男子皆需当兵，并亲自制订了两年内扩军 150 万、进军中原拿下洛阳的大计划。

贸然增兵显然超出了前燕的负荷，很快，在这项不合理的重压政策之下，慕容氏家族内部闹翻了。

公元 360 年，慕容儁在邺城阅兵，准备南下夺取东晋，恰在此时病情加重而死。临终前，他特地找来弟弟慕容恪，要其继承自己的衣钵。

面对哥哥的真诚试探，慕容恪宁死不从。因为他知道，他还有个侄子慕容暐，虽仅十岁，却是哥哥的嫡长子。于是，在此刻的生离死别间，慕容恪发誓，自己日后只代行周公事，忠心辅佐幼主。

可连他自己也没意识到，盲目遵从家族流传的嫡长子继承制，将会给崛起中的前燕提前埋下祸根。

继位的慕容暐是个扶不起的阿斗，日常除了利用手中的权力封山占水、修建园林之外，基本啥都不懂。至于他们家族世代流传的统一天下的使命，在他那里不过是一阵风。

当慕容暐决意抛弃父祖重视的"农耕以积累国力，尊儒以凝聚人心"的正确做法时，前燕离灭亡也就不远了。公元 370 年，距离慕容儁咽气不到十年，鲜卑慕容氏辛辛苦苦打造的第一个政权前燕，在不肖子孙慕容暐手上葬送了。

4

尽管前燕政权功亏一篑，但慕容家族从未放弃过复国的念想。亡国十余年间，慕容氏的其他支系又先后建立了后燕、西燕等诸燕政权。

但天下风云变幻，时势已尽归慕容氏的亲家鲜卑拓跋氏。

燕魏之争落败后，慕容鲜卑人遭到残酷镇压，很多人为了逃避政治迫害，纷纷改姓，由"慕容"改为"慕舆"或"豆卢"，后又改为舆、卢两姓。随着时间推移，慕容部与拓跋部的国仇家恨才算彻底消弭，一些慕容鲜卑人恢复了本姓，另一些人却因时间久远再未改回"慕容"之姓。在北魏末年的大乱中，慕容氏终于以武人的面貌趁着六镇起义后的反汉化潮流重新崛起，出现了慕容绍宗（慕容恪后人）等家族，历经东西魏直到隋唐成为高门大族。

不过，这只是慕容氏硕果仅存的安慰罢了，绝大多数鲜卑慕容人与拓跋氏融为一体后，共同迈向了汉化的大熔炉。

公元 398 年，从燕魏争霸胜出后，由鲜卑拓跋部首领拓跋珪创立的北魏王朝开始称雄华北，并逐渐统一北方。

鉴于诸燕政权大抵一世、二世而终的教训，拓跋珪一早便想到了中原的立嫡制度，并效仿汉武帝赐死钩弋夫人的先例，首创"子贵母死"制度。

所谓"子贵母死"，就是北魏皇子一旦被册立为太子，其亲生母亲就难逃一死。

这套惨无人道的祖宗家法，虽在理论上杜绝了外戚专权的可能，但实际上很多时候不过是拓跋氏皇帝们的一厢情愿。

由于大多数北魏太子确立之时年纪尚小，宫中一般设立保姆或由其他宫人代为抚养。而这些人在付出劳动后，亦随着太子的身份转换，飞上枝头变凤凰，成了养尊处优的皇太后，并引导其亲族，开启一段新的外戚政治。

文明太后冯氏就是最好的例子。

她原为北魏文成帝拓跋濬的皇后，但二人并未诞下一子半女。为了让自己的后代能顺利继承皇位，在文成帝的主持下，他的庶长子拓跋弘认了冯氏为养母，形成抚育关系。

因为文成帝过早去世，年轻守寡的冯太后耐不住寂寞，在宫中豢养了不少情夫，并让他们插手朝政，导致新即位的献文帝拓跋弘心生反感。最终，拓跋弘与养母冯太后彻底闹翻。在冯氏的逼迫下，18 岁的拓跋弘不得已禅位于 5 岁的儿子拓跋宏，成为太上皇。

然而，冯太后并未善罢甘休。她是个记仇的人，为了给死去的情夫报仇，她毒死了拓跋弘。这便导致了冯太后与年幼的孝文帝拓跋宏之间仇怨更深。

但冯太后始终紧握手中大权，聪明的孝文帝为了保命，在冯太后执政期间，更多时候自愿充当"事无巨细，一禀太后"的虚位君主。

虽然冯太后私生活不检点，但她的政治嗅觉却是灵敏的。

至孝文帝时，北魏建都平城（今山西大同）已近百年。相较于气候适宜的中原地区而言，平城地处边陲，气候寒冷，土地贫瘠，灾荒多发，显然不是一个理想国都的建设地。此外，从军事上讲，统一了北方之后，北魏的战略重点主要向南，都城太靠北，反而不利于对北魏整体国土的管控。

所以，在冯太后执政过程中，她尝试加入了一系列带有汉化元素的政策，希冀通过这种手段改变北魏当时颓废的经济。而这，不仅保障了北魏王朝租税和徭役的稳定征发，还意想不到地收获了辖地内中原士大夫对拓跋鲜卑的印象改观，为日后北魏王朝南迁中原打下良好的基础。

5

公元 490 年，冯太后去世，孝文帝亲政后第一件事就是迁都洛阳，推行汉化。

迁都毕竟是大事，牵扯到诸多鲜卑贵族的切身利益。于是，孝文帝以"统一天下，建德立功"为名，兴兵 30 万，御驾南伐，逼迫鲜卑贵族接受王朝迁都的既定事实。

公元 494 年，经过长途跋涉，孝文帝终于将鲜卑大部带入了中原，北魏国都也从平城搬到了洛阳。

　　没想到，这引起长期扎根草原的鲜卑旧势力的强烈反对。在他们的怂恿下，孝文帝的皇太子拓跋恂首先站出来反对自己的父亲，并公然逃回平城，准备起兵谋反。为了大局，孝文帝只能忍痛赐死太子。这下，随军南下的鲜卑族人皆不敢妄言半句了。

　　为彻底断绝鲜卑贵族对故地的留恋，孝文帝要求所有随军迁到洛阳的鲜卑贵族，一律以河南洛阳为籍贯，死后必须葬于北邙山，不得回迁草原，否则视为抗旨。

　　于是，一大批拥有自家牧场牛羊的鲜卑贵族，成了中原洛阳人士。

　　随后，孝文帝又以不利胡汉合作为由，明令禁绝鲜卑贵族在官方文件上使用鲜卑语表达。但他也明白，改变语言习惯并非一朝一夕之事，因此，针对具体实施步骤，他又做了一些调整，如要求 30 岁以下人士必须习得汉语，否则剥除其任官资格。在圣旨的强制下，南下的鲜卑族人都学起了汉语，进一步消除了鲜卑人与汉人之间的语言隔阂。

　　孝文帝还要求原鲜卑八大部落达奚、独孤、步六孤等，通通改用汉姓，并以身作则，取"万物之元"的含义，给全体拓跋皇族钦定了汉姓元氏，拓跋宏也由此变成了元宏。

　　经过这一系列改革后，鲜卑人的文化与生活习惯已与汉人无异。但正如后世苏东坡所言，"赤髯碧眼老鲜卑，回策如萦独善骑"，唯独在长相上差别甚大。故孝文帝汉化改革的压轴，就是推行胡汉通婚。在原鲜卑八大部的基础上，他效仿中原盛行的门阀制度，将原鲜卑八大部与中原五姓七望捆绑在一起，组成一个门望世代相传的新贵族阶层。

　　从此，南下的鲜卑族正式融入汉族，成为华夏大家庭中不可缺失的一部分。

6

　　不过，上天并不打算给孝文帝多留时间。在迁都洛阳五年后，亲率大军抵御南齐部队的孝文帝病逝军中，享年 33 岁。随着他的离去，正在进行的改革被迫中断，又一影响历史进程的乱世开启了。

自从孝文帝迁都洛阳后，北魏旧都平城就失去了它原有的作用。政治环境的突变，导致原先担负拱卫首都重责的边境六大军镇同时失能，逐步沦为北魏王朝的"弃子"，成了发配戍边犯人的最终归属地。

更为凶险的是，由于北魏统治阶层汉化程度逐步深入，官员任用开始讲究门荫出身，导致一向以戍边为业的六镇将士更无出头之日。

在吃不饱穿不暖、政治地位边缘化的情况下，六镇之乱不可避免地爆发了。

尽管起义最终为进京勤王的契胡人尔朱荣所剿，但北魏王朝却给自己招来一个"掘墓人"。通过战争，尔朱荣逐渐成为北魏版的曹操。而在挟天子以令诸侯的同时，他的麾下，也诞生了两个军事强权人物：鲜卑化的汉人高欢和汉化的鲜卑人宇文泰。两人白手起家，顶替老东家，将北魏王朝一分为二，各自为政。

鉴于孝文帝改革的"不彻底"，宇文泰在执掌西魏王朝的最高权柄后，展开了新一轮的改革。

由于鲜卑军队历来部落属性很强，故宇文泰在初步改革时，即强调保障鲜卑军事集团的利益。具体而言，就是朝中以鲜卑军士为骨干，创设"八柱国十二大将军"的府兵制。他规定，除了他自己以及西魏宗室代表元欣外，另外六名重要军事将领可各督二大将军，分掌禁旅，合计十二大将军。每个大将军各领开府二人，每一开府各领一军，合计二十四军。

受惠于这座军权"金字塔"，隋唐两代帝王的祖先杨忠和李虎，身份都由边镇将领变身为开国元勋、朝廷重臣，获得当权者的青睐与重视。

为了实现军权的初步集权化，宇文泰还让各柱国与各大将军互为掎角之势，形成相互监督、制衡的局面，从根本上杜绝了鲜卑军队再谋叛乱的可能。

随着实力的上升，宇文泰又着手构建"关中本位"概念。说白了，就是将西迁的汉将籍贯由原来的崤山以东，一律改为关陇郡望。按陈寅恪的说法是，此举与当年孝文帝强制汉化一样，只为断绝西迁汉将的故土之念，并给予大批出身寒微的汉将附会世家豪门的机会。

历史表明，随着这套体系的订立，以宇文泰为首的关陇军事贵族集团正式形成。在此后包含隋唐两代的 300 多年间，无论是权力更替，还是王朝颠覆，从关陇集团内部看，都不过是一群亲戚在打架。

从这个意义上看，鲜卑人最后确实得到了天下，却完全丧失了族群的主体性，彻底消融在汉民族的汪洋大海之中。

隋唐时期，鲜卑族作为一个族群实体，已经不复存在。虽然我们仍能从隋唐的历史中找到鲜卑后裔或鲜卑文化因素，不过，这已如同昔日的燕子，逐渐飞入寻常百姓家。

文明是族群融合的过程，历史是族群消弭的结果，而消失的鲜卑人，或许是最深刻的见证者。

粟特人：操控东西贸易，打断大唐国运

1907 年，英国考古学家斯坦因来到了敦煌。

他慕名来找一个叫王圆箓的道士，想淘些壁画和造像。可是，掌管着藏经洞钥匙的道士外出化缘，他便决定守在这里。毕竟，一个好的猎手，需要耐心。

等待的过程中，他沿着离敦煌不远的古长城遗址碰碰运气，在距敦煌市 90 公里的汉代烽燧的一处垃圾堆里，发现了一个几乎腐烂的邮包，里面装着 8 封信函，残破不堪。

信札中的文字非常古老，一看就是无人知晓的"死文字"。

是谁写了这些信？要寄到什么地方？信里说了些什么呢？

斯坦因知道，脚下这片土地充满了惊喜，他迫不及待地想要占有它、研究它、破解它。而如今，这些古信札陈列在大英图书馆，无声地诉说着历史。

公元 4 世纪初，一群来自中亚的粟特商人跋山涉水到达中国。他们以武威、敦煌等地为据点，在洛阳与中亚之间贩运丝绸、香料等商品。他们旅居在中国西北，常常写信寄往家乡或者楼兰，有的为了生意，有的为了家人。

有一封信是用棕色的丝绸缠着，残缺的封皮上写着"撒马尔罕"字样，那是收信的地址。写信者向他的老爷感慨着时局，说匈奴人刘渊攻占了洛阳，俘虏了晋怀帝，宫殿被付之一炬。洛阳不复存在，邺城也不复存在，到处都是饥荒。派去"内地"的人三年没有回信了，不知道过得怎样？

他不知道中国人能否把匈奴赶出去，也不知道自己在中原的生意是否还能做下去。

还有两封信是一个女人发出的，寄给自己的母亲和丈夫。

她和她的女儿被遗弃在敦煌已经三年了，没有钱，没有衣服，只有寺院的僧侣肯接济她。为了生存，她要学习中国人的礼仪，并且卑躬屈膝地服务中国人。她向商业伙伴求助，想要和丈夫团聚，却被拒绝，又找到了地方官，结果被踢回给她的亲戚。

被遗弃的痛楚化作一腔怒火，她在给丈夫的信中说："一定是我在遵从你来到敦煌的命令那天起，就惹恼了诸神！我宁愿嫁给猪狗，也不愿成为你的妻子！"

这些信件，因为某些原因没有送到本该收信的人手里。商人的迷茫，妇人的哭诉，被掩埋在长城的烽燧之中。

而粟特人，古代丝绸之路最为活跃的民族，也因为 9 世纪阿拉伯帝国的入侵，失落在历史之中。

他们，究竟是怎么样的民族呢？

1

在中国的史书中，粟特又被叫作昭武九姓。据说他们曾经定居在"昭武"——今天甘肃的武威、张掖一带，后迁徙至中亚的泽拉善夫河流域。所谓"九姓"，是史书上曾记录了多个大大小小的城邦国家，有康、安、米、曹、史、何等国，其中以撒马尔罕为中心的康国最大。

历史上粟特从未形成过一个统一的帝国，因此长期遭受到强大外族势力的控制。在异族的统治下，粟特人并没有灭绝，反而生出独特的智慧。

《新唐书》曾这样形容他们："高鼻、深目、嗜酒，好歌舞于道。生儿以石蜜啖之，置胶于掌，欲长而甘言，持钱如胶之粘物。"粟特的男儿，一生下来就是要去经商的。说出的话，要像蜜一样甜，这样就能卖出去东西；手中的钱，要像胶一样粘得稳，这样就不会吃亏。

史载，阿拉伯在征服粟特之后，俘获了一批叛军。凶恶的阿拉伯人并没有把他们全部杀光，反而分成了贵族和商人，地位显赫的贵族被处死，风尘仆仆的商人反倒全部活下来。足以证明，嘴巴甜又有钱的人到哪里都能吃得开。

很早之前，粟特人就开始了他们在丝绸之路上的行走，出现在东汉的中国、帕提亚波斯和大秦罗马的欧洲。哪里有获利的可能，哪里就留下了他们的身影。尤其是中国。

汉唐之间，粟特人源源不断地从撒马尔罕来到长安。他们往往是以商队的形式，少则数十人，多则数百人。一部分粟特商人会在一些便于居住的地点留居下来，比如武威、敦煌，然后建立自己的聚落，剩下的人继续开拓，建立新的聚落。

就这样，一个又一个的小点出现在丝绸之路上，最后连成一条粟特人的迁徙之路。

进入中国之后，他们也不仅仅满足于长安，而是不停地向中原更遥远更辽阔的腹地进发，邺城、晋阳、洛阳，乃至北边的幽州。他们同样也会跨过长江，行走在扬州、广州、襄阳等地。

他们可能数代人都在从事这样的贸易活动，他们留恋中土，定居于中土，联姻、通婚，慢慢融入了东方的世界。有的世代居住在西北，成了当地一大家族。有的口齿伶俐，还熟悉各种语言，就当上了外交官。有的凭借着弓马娴熟，当了侍卫，进了军旅。

对他们来说，故乡的印象，恐怕早已模糊了。

1999 年，黄土高原上发现了一座古墓，其墓志盖中清晰地写道：大隋故仪同虞公墓志。

墓主人姓虞，名弘，是个粟特人。然而墓志却写到：虞弘一族是高阳颛顼帝的后裔，他的远祖迁徙到蒲阪，也就是舜帝之都，开枝散叶。后来族人茂盛，有一支迁到了西域，就是虞弘一族。

这个说法多半是附会的，但至少可以看出，虞弘是希望人们认可他是炎黄之后的。

或许唯有这样，他才能在中土的广袤大地上安息，而自己的子孙才能更好地在中国建功立业。

2

可是，要想真正在中国安居下来，只靠财力是远远不够的。

一个精明的商人必须明白一个道理：这世上最值得投资的商品，莫过于权力。

北朝以来，大批入华的粟特人投身于军伍之中，积累功绩。他们在朝代更迭、风起云涌之际，抓住了机会，攀上了高枝。尤其在大唐帝国的草创过程中，有太多粟特人的身影。

李渊太原起兵之后，意欲夺取长安，得到了多方响应。

一个是西域胡商何潘仁，一个是"长安大侠"史万宝。

何潘仁身为昭武九姓之一，拥有无尽的财富。他曾经散钱财、揽宾客，在隋炀帝身边拿到了一个幕士的头衔，可还是郁郁不得志。

后来他犯了法，畏罪潜逃，还纠集了一支几万人的队伍，劫掠长安以西的城邑。其势头之盛、风头之劲，以至于李渊之女平阳公主亲自让家仆马三宝去说以利害。

实力有了，钱财有了，但是如果没有权力背书，何潘仁始终是一个秩序之外的人，一个贼。

史万宝的出身比何潘仁要好得多。他虽然也是胡人，但父辈都曾当过官，而他的兄长正是隋朝大将史万岁。

但对于一个官二代来说，"大侠"并不是一个好的外号。侠者，以武犯禁，哪怕你再有名气，也是被排斥在秩序之外的人，和贼没有多少分别。

这两个边缘人物响应太原起义，会同平阳公主，共同迎接李渊进入长安。一个贼和一个侠，在与李唐政权的适时接触中，摇身一变，化身成了唐朝开国功勋，跻身权力的中心。

这样一个大颠覆大进取的时代，哪怕是一个庞大的家族，也在寻找出路。

隋大业十三年（617），李轨在凉州起兵，号大凉王，割据一方。

但他明白，他只是一个傀儡。如果不是那个"桃李子，皇后绕扬州，宛转花园里，勿浪语，谁道许"的谶语，如果他不姓李，那么在这个位置的就是别人了。

他要感谢身后的粟特人——安氏家族。造反当天，正是安氏家族的安修仁率领胡人杀进了内城，摇旗呐喊，这才有了大凉王。

可是，越是感激，他就越是忌惮。大凉政权的里里外外都被一群胡人把控，他并没有多少话语权。

安氏家族也明白，跟着李轨只是权宜之计，现在长安城里头也坐着一个姓李的，精明的商人自然知道取舍。

居住在长安的安修仁之兄安兴贵上书请求劝降李轨。李渊对他说："李轨据河西之地，交好吐谷浑和突厥，如果兴兵讨伐，必然十分困难，怎么才能让他归附呢？"

安兴贵自信地回答道："我家族在凉州世代居住，名望甚高，士庶归附。我的弟弟安修仁为李轨所信任，掌握大权。想要取凉州，易如反掌。"

事实也正是如此。安兴贵到了凉州，劝李轨投降，遭到拒绝，便立马率领胡人将城池包围。李轨出门迎战，安兴贵大喊一声："大唐派我来杀李轨，不从者诛三族！"城里老幼立马投降。

李轨只能长叹一声："人心去矣，天亡我乎！"随后便被押解去了长安，最终被处死。

富庶的河西之地就这样被安氏家族双手送给唐朝。而安兴贵被授予右武侯大将军，封凉国王；安修仁被授予左武侯大将军，封申国王。

一番交易下来，安氏家族便从偏僻的凉州走向繁华的长安。

3

走进长安之后，安氏家族和大唐进入了蜜月期。

安兴贵之子安元寿曾入仕秦府，作为李世民的侍从，颇得信任。玄武门之变的时候，安元寿亲自披甲，宿卫于嘉猷门，事后被封为右千牛备身。

李世民即位不久，突厥颉利可汗率兵大举南下，杀到了渭水便桥。危急时刻，李世民亲率精兵征讨，而颉利可汗遣使投降，请求太宗屏退左右。在性命攸关的时刻，李世民独独将安元寿留于帐内。一来是信任他的武力，二是需要他作为粟特人精通多种语言的能力。

然而，正当安元寿前途无限光明的时候，凉州来了一封信。安兴贵以"家业殷重"为由召回安元寿，主持家业。

那么多的荣耀与权势，说舍去就舍去了。

他们明白：相比于政治地位，财富才是他们的立身之本。投资于权力，是为了更好地攫取财富。

彼时的长安，四夷云集。粟特人是比较特别的一群人。他们不像吐蕃人，背后有一个强大的政权作为倚靠；不像突厥人，身后总是跟着一个部落的人；也不像契丹，有着凶悍的武力。他们最擅长的，还是经商。

因此，粟特人投资唐朝最早，地位却没有其他民族那么高，甚至无人得到赐李姓的荣耀。但有一句老话说得好：闷声发大财。

唐中期以来，粟特人地位见涨。许多昭武九姓成了望族，遍布凉州、雍州等地。还有不少粟特人被授予节度使的职位，其中就有那个影响了整个大唐国运的男人——安禄山。

安禄山是一名混血儿，母亲是突厥人，父亲是粟特人。从他的身上，我们总能看到粟特人狡猾、逐利的一面。

他早年间在市场作为一个牙郎谋生，精通多种语言，善于揣测人心，习得粟特商人哄人、骗人的本事。

靠着这张会说话的嘴，安禄山一路平步青云。一声"干娘"，叫得杨贵妃心花怒放；一曲地道的胡旋舞，也让唐玄宗更加宠遇这个敢于扮丑的胡人。

作为一个粟特人，他早已达到了权力的巅峰，然而他并不满足，想要入朝为相，甚至还要整个江山。

被推到台前的安禄山，在欲望的旋涡中迷失了自我，逐渐背离了粟特人的生存智慧，进而连累了自己的无数同胞。

当然，商人的一面还在。安史之乱前，他便派遣大量的粟特商人前往各地进行贸易，加速商业敛财。所得的钱财用来贿赂官员、取悦玄宗，玄宗一高兴，便回赐礼品，这些钱财都化作叛乱的军费。

在与北方民族的接触中，河北的粟特人渐渐习得了凶戾的性格，既有商人的贪财狡猾，又有武士的骁勇暴躁，与凉州、中原的粟特人渐渐有了分别。

安史之乱爆发后，756年年初，中兴武将李光弼到了常山（今河北正定）。常山团练杀掉胡兵，抓住粟特人安思义，前来投降。

李光弼问这个敌将："如何才能抵挡住史思明的援军？"

安思义回答道："胡骑虽然骁勇，不能持重，如果无利可图，就会沮丧离心。"

这是一个粟特人的自我画像，可见安史叛军一善骑射、二贪财物的特性。

只是从这个画像身上，我们还能找到多少那个商业民族的影子？

4

安史之乱后，原本趋于上升地位的粟特人，立马跌进了谷底。

其实，无论是安史叛军，还是平叛的军队里，都充斥着各个民族的身影。但对于唐朝人来说，安禄山和史思明就是粟特人，而他们发动了这场叛乱。因此，安史之乱后的很长一段岁月里，全国刮起了一阵反胡风暴。

公元757年，唐肃宗进入刚刚收复的长安，立刻下令将宫门带"安"字者改之，可见唐朝对安禄山的憎恶，想要极力抹去他的痕迹。但是，"安"本就是一个具有褒义的字，在地名、坊名、门名中多不胜改，因此，很快就放弃了。

然后是对胡人将领的仇视。

中唐名将李元谅是一个粟特人，原本姓安，少时被宦官骆奉先收养。他改名为骆元光，却无法改掉自己高大长须的胡人印迹。

即便他战功赫赫，可还是无法避免随处可见的仇视。在平李怀光之乱的过程中，敌将徐庭光辱骂李元谅，并且让一个胡人演员在城头做戏，以此侮辱李元谅的先祖。然后遣使告知，说他只降汉将。

胡人这个身份，即使在安史之乱三十年之后，仍然会给他带来极大的痛楚。面对此等羞辱，他只能"深以为耻"。

可笑的是，明明是个叛贼的徐庭光，却凭着汉人的身份，就可以对唐朝的将领肆意侮辱。可见当时胡人地位之卑微。

李光弼、李怀光、仆固怀恩……诸多为唐朝尽心尽力的胡人将领被猜忌、被打压、被攻击，结果就是，李光弼郁郁而终，李怀光、仆固怀恩被逼谋反。

面对这种情况，粟特人的变通来得很快。

安史之乱爆发后，凉州安氏的安重璋在李光弼手下抗击叛军。趁立功的时候，安重璋立马向唐肃宗进言："臣籍贯在凉州，本来就姓安，因为安禄山祸乱天下，臣耻与之同姓，请求圣上赐国姓。"从此，凉州安氏举宗姓李，安重璋改名为李抱玉。

乾元二年（759），李抱玉借立功之机，又向皇上进言，请求徙籍于京兆，脱离凉州。

根据地对于一个家族的重要性自不必说。当年安氏在腾飞之际，敢急流勇退，为的就是守住家族的基业。如今他们果断放弃基业，举族改变家族的标志，离开家族的故地，成为地道的长安人。这是何等的魄力！

然而，这个大家族的转型还没有结束。来到长安之后，李抱玉的兄弟习文学儒，又与中原的高门大姓通婚，完完全全将自己当成了一个汉人家族。

安氏之融入长安，就是当时千万粟特人融入汉族的一个缩影。

并不是所有人都能被赐国姓，或是举家迁徙，但是改变郡望和籍贯倒是一个非常有用的做法。

在唐以前的粟特人墓志中，他们并不讳言自己的出身和郡望，从哪里来的就写哪里，是哪国人就写哪国人。就像前文提到的虞弘墓，至多把远祖的身份改一改，和中国人攀个亲戚。中唐以后，就没有这么实诚了。

比如会稽康氏，这个姓乃是粟特人的大姓。开元年间他们还自称来自西域，安史之乱后，便用唐人不熟悉的会稽来作自己的郡望，反而让人觉得他们是江南的高门大族。

只是，一旦开了这个口子，那么完全变成一个江南名士家族，就只是时间问题了。

当然，对于久居中国的他们来说，也是顺水推舟之举。

5

河北的粟特人，则走了一些弯路。

唐朝为了结束叛乱，陆续接受了安史诸部将的投降，并划定各自的势力范围，形成了河北藩镇割据的局面。河北地区，自立节度使，不纳贡赋，且拥有重兵，和朝廷分庭抗礼。

因此，生活在这里的粟特人，并不会受到排斥和打压。于是，大批粟特人进入河北，建立新的家园。

那时的北方，就像一个熔炉，各个民族混杂在其间，相互通婚、同化。粟特人逐渐融入突厥、沙陀等民族中去，也就是"内亚化"。

这里的粟特人似乎完全没有了商人的脾性，反而越来越剽悍，在以后唐末五代群雄割据的混乱形势下益显其能，骑射本领甚至已有凌越突厥人之势。

唐末五代时，李克用父子的精兵无敌于天下，每有征战，必以昭武九姓后裔为中坚，而以骁勇善战著称的粟特猛将比比皆是。

最著名的如李存孝。存孝本名安敬思，为李克用养子。一身的骑射本领，每作战，便为先锋，冲锋陷阵，未尝挫败。难怪后世评价其为"存孝之勇，足以冠三军而长万夫，苟不为叛臣，则可谓良将矣"。

黄巢起义，唐朝覆灭，沙陀崛起，天下又趋于一统。北方的民族也加入中原王朝的争夺之中，这就掉进了中国历史最神奇的旋涡。一旦你开始承认天下，开始以皇帝自居，你就成为华夏秩序的一部分。

就比如后晋建立者石敬瑭。他的母亲是突厥化的粟特人，父亲是沙陀化的西夷。这位民族成分混杂的后晋高祖，却屡屡标榜自己是汉臣之后，以求获得中原士大夫的支持。

粟特人，在内亚化之后，会同北方诸民族，又折回了"汉化"的轨道。

当然，还需要一条"鲶鱼"。

公元 936 年，石敬瑭在晋阳举兵反唐。但他自度实力不足，便遣使求援于契丹，愿"称臣于契丹主，且请以父礼事之，约事捷之日，割卢龙一道及雁门关以北诸州与之"。

书表至契丹，耶律德光喜出望外，九月亲率五万骑兵，直奔晋阳。耶律德光解晋阳之围后，与石敬瑭会面，正式册立其为大晋皇帝。石敬瑭与契丹相约为父子之国，割燕云十六州给契丹，每年并奉布帛三十万匹。

石敬瑭觊觎中原帝王的权势，却并不承担保全疆域的责任，这使他难逃千古骂名。但他引入了契丹的势力，在"外来"强敌的威胁下，沙陀与汉族的矛盾一下子就成了内部矛盾。

石敬瑭割地称臣之后，粟特后裔、镇州节度使安重荣以为耻辱，每次见到契丹的使者，必然破口大骂，甚至还会将其诛杀。他斥责石敬瑭，是量中国之物力，取契丹之欢心，凌虐汉人，竟无餍足。已是完完全全的汉人口吻。

众叛亲离之后，仅凭契丹为援建立起来的后晋是难以维持的。石敬瑭死，侄石重贵即位，在契丹两度大规模进攻之下土崩瓦解。

而粟特人融入汉族的长夜已过，曙光亮起。新的民族已经登台，又是一轮昼夜。

党项人被灭族真相

在第五章《成吉思汗之死，死因成谜》一文中，我们知道：

弥留之际，成吉思汗向其子窝阔台、托雷等下达了最后一项秘密命令：秘不发丧，待夏主前来归降之时，即展开屠城，务要将党项人全部送下地狱！

遵照大汗遗愿，蒙古军队对投降的西夏君臣进行报复性的杀戮。曾屹立于大西北近 200 年的西夏国都中兴府（今宁夏银川）在草原铁蹄下，瞬间沦为人间炼狱。

伴随着西夏文明的消亡，它的建立者——党项人，也化成了历史的一部分，难寻踪迹。

1

成吉思汗对西夏党项人的"恨"，是有原因的。早在灭夏的二十年前，梁子就结下了。

那时，成吉思汗正与自己的盟友兼敌手、克烈部首领王罕展开最后的决战。凭借超群的指挥能力，成吉思汗将王罕所部彻底击败。王罕本人被杀，其子桑昆却趁着混战之际，率残部遁入西夏，取道前往西辽，意图东山再起。

听闻西夏公然庇护自己的仇人，成吉思汗怒不可遏。他一边派人致书西夏，一边组织部队准备发起新一轮的战争。

西夏国扼守河西走廊，在宋、金两国间长袖善舞多年，其立国能力不容小觑。或许是察觉到周边地区的异常动向，夏桓宗李纯祐急命边境进入"一级战备状态"。

由于西夏一度实行"附金和宋"政策，国境久无战事，突如其来的变故，令夏军有些措手不及。鉴于在军事上的劣势，夏桓宗决定转攻为守，命人沿贺兰山一带修建城防工事，在蒙古大部队到来时可以延缓其进攻态势。

可蒙古军队根本没有进攻西夏预设的防线。

在成吉思汗的命令下，蒙古军队攻破了西夏的吉里寨，并掠夺瓜、沙二州。夏军惨败的结果，直接导致了国内贵族上层出现分裂动荡。

在盟友兼婶娘罗太后的支持下，夏仁宗的侄子李安全以夏桓宗抵抗蒙古不力、不能保家卫国为由，动议全体大臣将其废黜，自立称帝，史称夏襄宗。

尽管还不清楚太后为何废亲子而立侄子，但夏襄宗的登基，却加快恶化了蒙、夏双方的紧张局势。

借口替西夏拨乱反正，成吉思汗于夏襄宗即位次年（1207），再度兴兵犯境。上一回蒙军在瓜、沙一带取得大胜，这让成吉思汗有些轻敌。他将此次的进攻目标定在了西夏北方重镇斡罗孩城（今内蒙古狼山隘口），那里是金、夏交界处，地势险要。成吉思汗选择从此处入手，也是为了试探两国的底线。

为了震慑西夏，成吉思汗专门放话称："据城死守者，蒙古铁骑破城后必杀之！"

得知必死的下场后，西夏军民反而变得非常齐心。一座小小的斡罗孩城，愣是挡住了蒙古大军前后长达四十余天的猛烈进攻。看着城下遍布的蒙军尸首，成吉思汗异常愤怒，下达了屠城命令。然而，因战线拉得过长，屠城除了消耗剩余战力外，并没能为蒙军的继续进攻带来多大助益。

面对西夏右厢诸路兵马的围攻，成吉思汗只能无功北返。

2

李安全夺位，同样不得"宗主国"金朝的欢迎。作为当时北方最强的政权，金朝长期拥有对西夏国王的绝对任命权。

李安全夺位后，金国高层正经历一场重大的人事变动。

1208 年冬，金章宗完颜璟病死。因其膝下诸子皆夭折，皇位落到了叔父完颜永济的头上。相较于西夏李安全的狠辣，时人对完颜永济的评价是：软弱无能，昏聩无知。据说，成吉思汗得知金国新主是这种角色时，直接撂下一句话："我谓中原皇帝是天上人做，此等庸懦亦为之耶？"

听闻成吉思汗趁虚突入西夏，完颜永济一个劲儿直夸蒙古大军打得好。他认为，成吉思汗打西夏，正好可以替他教训一下犯上作乱的李安全。另外，两军开战，对于作壁上观的金人而言，只有"渔翁之利"，绝无坏处。

完颜永济的短视，令成吉思汗及其部下有了喘息之机。稍加休整后，1209年，成吉思汗再率六万大军，兵分两路，突入西夏。

历经屠杀后，斡罗孩城早已失去了城防功能。蒙古铁骑至此如入无人之境，一路乘胜进兵至克夷门（今贺兰山三关口）一带，借势进逼西夏国都中兴府。

情势危急，夏襄宗李安全专门调来了西夏"战神"嵬名令公，着其坐镇前线指挥战斗。

嵬名令公乃沙场宿将，一眼便看出克夷门"两山对峙，中通一径"的地理位置，实乃天险。他向全军将士下达了死守城中的命令，凭借纵横交错的城防工事，多次击退蒙古大军的进攻。

然而，嵬名令公善谋之余，却气量狭小。他一边担忧蒙军的进攻态势，一边却质疑自己龟缩城中、避而不战的军事选择。最终，在成吉思汗小股骑兵的侵袭下，嵬名令公中计，与西夏仅剩的精锐部队一起，被敌军收入囊中。

直到此刻，夏襄宗仍然没慌。西夏国都中兴府"北控河朔，南引庆凉"，扼西陲要害，再加上夏军的冷兵器一向以技术精湛闻名，这让他有底气认为，只会在草原上横冲直撞的蒙古大军，就是一群"野人"，根本不配与文明的西夏决一死战。

此时，成吉思汗却命令士兵放下手中兵器，化身民工，带着锄头将黄河上游沿线堤坝整体筑高。

当时正值雨季，黄河暴涨。河床人为抬高，使中兴府成了一个天然"大瓮"。倾泻而下的河水，直接将中兴府军民淹了个人仰马翻。夏襄宗只能向成吉思汗纳女乞降，宣布"脱金附蒙"。

夏襄宗没想到，就是这样一个"缓兵之策"，却将西夏送进了一条死胡同。

3

夏襄宗不得人心的举动，再度导致西夏上层发生分裂。1211 年，齐王李遵顼发动政变，推翻夏襄宗，自立为帝，史称夏神宗。

夏神宗是历史上唯一一位"状元皇帝"，史载其"少力学，长博通群书，工隶篆"。可作为史上学历最高的皇帝，夏神宗的治国却尽显无能。

他认为，金人背信弃义，不愿救西夏于危难，是为无耻。而蒙军势头正盛，想要统一北方，还得打下已然称霸百年的大金国。至于西夏，当年曾于金朝崛起时，联金伐宋，如今，联蒙伐金，崛起大势再现，正是吾辈复兴西夏的绝佳机会。

可夏神宗忘了，成吉思汗西征是为了统一整片大陆。西夏扼守河西走廊，无论如何都是蒙军远征的必经之路。当下，西夏已遭蒙军进击，民生凋敝，岂有再给你奋起的机会？因此，躲在蒙军身后不时骚扰金国的党项人，始终占不到便宜。

而联蒙抗金的另一项恶果，是打破了金、夏稳定互市的局面，将西夏经济彻底搞垮。史料记载，从金太宗时代起，西夏便向金称臣，每年多批次向金国进贡物品。作为回应，金国通常会在西夏进贡结束后，赏赐给对方大量金银财物。互访期间，金、夏两国还会通过会同馆贸易、榷场贸易等形式，开放互市，增进两国经济交流。

受女真族群崛起的影响，到了 12 世纪上半叶，西夏已无法在北方寻求更多的生产资源和生存空间，故而，金、夏之间的边境榷场贸易，基本可视作西夏经济发展的重要支柱。

眼见成吉思汗"亡西夏之心不死"，金、夏边境贸易又遭受重创，西夏太子、群臣皆提出反对，要求夏神宗恢复自仁宗以来的联金政策。

但夏神宗不敢得罪成吉思汗。他拒绝了所有人的请求，并将太子李德任废囚灵州（今宁夏灵武），以示惩罚。

　　经过数年的征战，至 1223 年，蒙军已基本完成了对金朝河北、山东等地的占领工作。而西夏在与金的死磕中，均陷入了"精锐皆尽，两国俱蔽"的状态。显然，联蒙抗金实现不了夏神宗兴夏的梦想。因此，当蒙古再度要求西夏配合蒙军进攻金国西线的军事重镇凤翔府时，夏神宗竟作死地要求夏军撤兵，将蒙军拖入必输之局。

　　西夏人的撤退，彻底惹怒了蒙古汉子。还没等成吉思汗下令，攻金的总指挥木华黎便将大军全部调集西夏，发起了第五次征夏战役。

　　短短数年间，西夏连遭战难，已到了灭国的边缘。夏神宗一看苗头不对，赶紧宣布退位让贤。

4

　　换了皇帝，并不好使。尽管新君夏献宗李德旺极力与女真人修好，但饱受战火摧残的大金国同样态势疲软。

　　有鉴于此，夏献宗即位第二年，便趁成吉思汗西征之际，"阴结漠北"，打算组建抗蒙联盟。西夏背地里的小动作，成吉思汗洞察得一清二楚，遂又发兵劫掠了西夏。党项人好不容易积攒的数十万头马、驼、牛、羊，又尽数送给了敌人。

　　面对蒙古人多番攻击，夏献宗变得六神无主。

　　1226 年，成吉思汗决定亲率大军第六次伐夏。这次他的战略目的很明确，就是要掐灭西夏国最后的希望。蒙古大军游骑四出，一路上攻下了黑水城、盐川州、甘州、肃州等地。直到西夏国的"龙兴之地"灵州，蒙古铁骑才遭遇到像样的抵抗。西夏前太子李德任亲率仅剩的十万精锐与蒙军展开殊死搏斗。

　　史载，此战西夏军队无一降者。城破之际，除灵州军民殉国之外，另有数万蒙古精锐也做了陪葬。大量人员死亡，致使当地暴发了十分严重的瘟疫，蒙军病死者甚众。

　　然而，此次受挫在决心灭夏的成吉思汗面前，根本不算什么。夺下灵州后，他又马不停蹄挥军包围了中兴府。

在蒙军兵围中兴府之时，夏神宗、夏献宗相继病死。西夏群龙无首，大臣们只能推夏神宗的孙子李睍登基，是为夏末帝。

但就是仅剩中兴府一城，夏末帝也没想过要投降。他亲自登上城楼，与当地军民一起，展开顽强抵抗，打退了蒙古大军接二连三的进攻。直到 1227 年夏季，中兴府仅剩的西夏部队，愣是扛住了蒙军长达半年的疯狂进攻。

可惜，人算不如天算。就在中兴府保卫战进入白热化阶段，河西地区却突逢大地震，西夏"宫室多坏，王城夜哭"。地震时，双方还处于激烈交战中。因地震而死的遇难者遗体，根本得不到妥善处理。中兴府内，也暴发了严重的瘟疫，军民二度死伤人数甚众。夏末帝只好遣人告知成吉思汗，自己愿开门投降。他提出请求，希望宽限一个月"以备贡物，迁民户，而后亲自来朝谒"。

夏末帝的诚意有多大，成吉思汗不清楚，但上天给他的时间不多了。临终前，他密令族灭西夏人。

5

最终，屠尽党项人的弯刀，并没有如成吉思汗之愿斩下。

就在成吉思汗的葬礼办完后不久，一名蒙古军官自告奋勇，声称自己可以进入中兴府，劝亡国遗民们投降。此人是察罕那颜，原为西夏皇族的疏宗子弟，父亲曲也怯律曾在夏襄宗乞降蒙古时，担任过官方正使。因两国战事频发，年幼的察罕成了蒙军扫荡西夏的俘虏。

据说，察罕放牧技术一流。在之后的一次放羊途中，为行猎的成吉思汗所遇。为了吸引对方的注意，察罕并没有立即跪下磕头，而是先将帽子摘下，挂于旗杆之上，再俯首示礼。成吉思汗因此认为这小伙子智勇双全，有礼识节，遂将之收至自己麾下，由孛儿帖可敦抚养。

尽管察罕很早便加入蒙古军中，但他始终没有忘记自己是一个党项人。

早在蒙军兵临甘州城时，他便曾主持过劝降工作。据史料记载，当时的甘州守将为察罕的父亲曲也怯律，通过秘密书信往来，两人达成了开城迎接蒙军的初步协定。孰料，此事不久后被甘州副将阿卓得知，其率部下 36 将杀死曲也怯律及其家人，致使甘州城局势急转直下。阿卓与蒙军有不共戴天之仇，故号召甘州人士全力抵抗成吉思汗，终致甘州陷入被屠城的境地。

甘州城破时，察罕并没有趁机"报仇"。直到最后一刻，他仍在苦苦哀求成吉思汗大发慈悲，宽宥甘州百姓。最终，看在他的面子上，甘州城内有 36 名党项人免遭杀戮。

而当下，察罕依旧努力拯救党项人。除西夏皇族后裔以及少部分顽抗分子外，蒙军留下了大部分党项人的性命。

即便蒙古军执行了族灭西夏皇族的命令，但在双方多次的遭遇战中，西夏皇族仍有漏网之鱼。其中最著名的，当数李恒——西夏废太子李德任的孙子。

据说，当年灵州城破时，李德任及其子李惟忠被蒙军俘虏。眼见父亲李德任不屈而被杀害，年仅 7 岁的李惟忠亦求速死。蒙古人对这个小孩的胆识十分钦佩，便将其献给了成吉思汗的弟弟、宗王合撒儿。和察罕一样，李惟忠也成了"仇人"的养子。后来，李惟忠及其子李恒，一直未敢对新主有二心。在忽必烈建立元帝国后，这对著名的党项父子，又成了蒙军征伐南宋的猛将。

至元十五年（1278），李恒升任蒙古汉军都元帅，全权统筹伐宋事宜。一年后，崖山海战打响，李恒与张弘范会师，大破宋军，陆秀夫携小皇帝沉海而死，宋朝灭亡。

6

虽然因灭夏之战，蒙古人与党项人结下了世仇，但到了元代，随着战事的消减，帝国急需一批合格的行政人才。

这时，兼具游牧与农耕之风的党项人，立即成了元朝皇帝们最得力的助手。

在他们的建议下，元朝疆域内的子民被分成三六九等，细化管理。而作为这项制度的设计者，党项人将自己定义为"色目人"，位列帝国二等，充分保障了自己在新帝国治下的优先权。

由于宋朝重文抑武导致亡国，蒙古人统一中原，打心眼里瞧不上只懂习文写字的读书人。直到元朝初期，民间还有"丐之上者，今之儒也"的说法。可党项人明白，中原地区此前的经济繁盛，全赖"儒以纲常治天下"。于是，党项贵族高智耀向当时的蒙古统治者窝阔台提出："请用儒士，蠲免其徭役。"但是，蒙古人对儒士的误会非常深，他的建议未被采纳。到了元世祖时代，高智耀再三请求，才获得忽必烈的准许。

对于这位党项老贵族，忽必烈十分敬重，见面尊称"高秀才"，并规定惟有得高智耀认可的中原儒生，才符合免除徭役的资格。

要知道，高智耀的爷爷高良惠是西夏末代丞相。亡国前，高良惠曾"内镇百官，外励将士"，守卫西夏直至生命最后一刻。忽必烈与高智耀"握手言和"，似乎也能看出党项人与蒙古人已渐渐放下过去的恩怨，走到了一起。

不过，亡国后的西夏遗民，并非全都投降了蒙古人。

故国不堪回首，这群无家可归的遗民只能北上。西夏常年对金称臣，这群党项遗民便循着先祖的路，归顺了女真人。他们被金朝统治者安置到河南，由专人负责管理，拨给田地耕种。只是，仅过了几年时间，随着蒙元灭金，这些来到中原地区的党项人，也变成了元朝的子民。在与汉人相互聚居中，他们渐渐被同化，失去了被称为党项人抑或是唐兀人的特权。

兴许是料到了会被同化的一天，有部分史料记载，在西夏亡国前后，曾有一支游牧部队到达今天的四川甘孜藏族自治州一带定居，并自立了一个小政权，对抗元朝，首领自称"西吴甲尔布"。

"甲尔布"是藏语中"王"的意思，而吴与夏，在古汉语中发音相近。因此，民族史学家邓少琴先生认为，西吴甲尔布实际上就是西夏王，而他所带到甘孜州生活的这群人，正是亡国后的党项遗民。

7

高智耀提出的尊儒，日后证明是十分必要的。

忽必烈驾崩后，强盛的元朝迅速衰落。偌大的帝国，民乱四起，内耗严重。

至正十二年（1352），红巾军起义，天下震动。朝廷任命余阙代理淮西宣慰副使，分兵镇守安庆。值得一提的是，余阙不仅是党项族后裔，更是元朝少有的科举名人。

在高智耀的影响下，元仁宗、元顺帝时代曾短暂恢复过科举取士。而余阙，正是元顺帝时期的科举榜眼。

作为一名党项人，余阙不同于其他西夏贵族。其家族世居西凉，先祖是当地党项豪族的首领。西夏灭亡后，他的祖父随军编入唐兀色目人，随李恒等西夏皇族南下伐宋，因功迁居庐州（今安徽合肥）为官，故余阙从小便自称淮南人士。

许是受过江淮一带的文风熏陶，余阙治军的风格也与蒙古勇士大不相同。他一到任，便令手下开仓放粮，安抚百姓。

当时，围攻安庆的红巾军将领，正是日后与朱元璋大战鄱阳湖的陈友谅。

面对如此强悍的对手，余阙亲冒箭矢，突入敌阵，连斩义军十三员大将，迫使陈友谅鸣金收兵。由此，元军坚守安庆孤城长达六年。双方曾爆发过大大小小数百场战斗，余阙未尝一败。

但元朝气数已尽，余阙等人在安庆的坚守越发艰难。最终，在小孤山失守后，至正十八年（1358），安庆为陈友谅大军攻破。城陷之时，余阙率部死战，身中数箭。眼见大势已去，他抢先一步拔剑自刎，以身殉国。其妻蒋氏、妾耶律氏、女安安，闻余阙死，皆投井自尽。作为他的对手，陈友谅也大受感动，派兵觅得其尸，风光大葬。

余阙的阵亡，并非党项人扬名立万的终结。在元末顺帝时代，党项贵族福寿、高纳麟（高智耀孙）、卜颜帖木儿等人也在历史上留下浓墨重彩的一笔。但随着时间推移，党项后人的传统也在不知不觉中，被多元的华夏文明所同化。

尽管党项人作为族群已经不复存在，但无论是李自成自称党项人，还是清末逐渐热起来的西夏学，似乎都在昭示：党项羌，从未消失！

参考文献

一、基本史料

[汉] 司马迁:《史记》，北京：中华书局，2006 年版。

[汉] 班固:《汉书》，北京：中华书局，2007 年版。

[晋] 陈寿:《三国志》，北京：中华书局，2006 年版。

[东汉] 荀悦、[东晋] 袁宏:《两汉纪》，北京：中华书局，2017 年版。

[南朝宋] 范晔:《后汉书》，北京：中华书局，2007 年版。

[唐] 房玄龄:《晋书》，北京：中华书局，1996 年版。

[北齐] 魏收:《魏书》，北京：中华书局，1974 年版。

[南朝梁] 萧子显:《南齐书》，北京：中华书局，1972 年版。

[隋] 姚思廉:《梁书》，北京：中华书局，2000 年版。

[唐] 令狐德棻:《周书》，北京：中华书局，1971 年版。

[唐] 李延寿:《北史》，北京：中华书局，1974 年版。

[唐] 李延寿:《南史》，北京：中华书局，1975 年版。

[唐] 魏徵:《隋书》，北京：中华书局，1997 年版。

[后晋] 刘昫:《旧唐书》，北京：中华书局，1975 年版。

[宋] 欧阳修等:《新唐书》，北京：中华书局，1975 年版。

[宋] 薛居正:《旧五代史》，北京：中华书局，1976 年版。

[宋] 欧阳修等:《新五代史》，北京：中华书局，1974 年版。

[宋] 司马光:《资治通鉴》,北京:中华书局,2009 年版。

[宋] 李焘:《续资治通鉴长编》,北京:中华书局,2016 年版。

[元] 脱脱等:《宋史》,北京:中华书局,1985 年版。

[元] 脱脱等:《辽史》,北京:中华书局,1974 年版。

[元] 脱脱:《金史》,北京:中华书局,1975 年版。

[明] 陈邦瞻:《宋史纪事本末》,北京:中华书局,2015 年版。

[明] 宋濂:《元史》,北京:中华书局,1976 年版。

[明] 胡广:《明太祖实录》,台北:"中央研究院" 历史语言研究所,1962 年版。

[明] 毛纪等:《明孝宗实录》,台北:"中央研究院" 历史语言研究所,1962 年版。

[清] 张廷玉:《明史》,北京:中华书局,1974 年版。

[清] 谷应泰:《明史纪事本末》,北京:中华书局,1977 年版。

[南朝宋] 刘义庆:《世说新语笺疏》,余嘉锡笺疏,北京:中华书局,2011 年版。

[唐] 玄奘、辩机:《大唐西域记》,北京:中华书局,2000 年版。

[唐] 道宣:《续高僧传》,北京:中华书局,2014 年版。

[唐] 李贺:《李长吉歌诗编年笺注》,北京:中华书局,2012 年版。

[唐] 张彦远:《法书要录》,上海:上海古籍出版社,2013 年版。

[宋] 桑世昌、俞松:《兰亭考·兰亭续考》,杭州:浙江人民美术出版社,2013 年版。

[宋] 范仲淹:《范仲淹全集》,李勇先等点校,北京:中华书局,2020 年版。

[宋] 司马光:《涑水记闻》,北京:中华书局,1989 年版。

[宋] 李昉:《太平广记》,北京:中华书局,2013 年版。

[宋] 苏轼:《苏轼文集》,孔凡礼校注,北京:中华书局,2004 年版。

[宋] 沈括:《梦溪笔谈》,上海:上海书店出版社,2003 年版。

[宋] 李心传:《建炎以来朝野杂记》,北京:中华书局,2000 年版。

［宋］叶绍翁：《四朝闻见录》，北京：中华书局，2011 年版。

［宋］张端义：《贵耳集》，郑州：中州古籍出版社，2005 年版。

［宋］朱熹：《朱子全书》，上海：上海古籍出版社，2002 年版。

［宋］洪迈：《夷坚志》，北京：中华书局，2006 年版。

［宋］周密：《齐东野语》，北京：中华书局，1983 年版。

［明］王守仁：《王阳明全集》，上海：上海古籍出版社，1992 年版。

［明］施耐庵：《水浒传》，北京：人民文学出版社，2010 年版。

［明］程任卿：《丝绢全书》，北京：北京图书馆出版社，1999 年版。

［明］瞿九思：《万历武功录》，上海：上海古籍出版社，2002 年版。

［明］谢陛：《万历歙志》，合肥：黄山书社，2014 年版。

［明］沈德符：《万历野获编》，北京：中华书局，1989 年版。

［明］刘若愚：《酌中志》，北京：北京出版社，2018 年版。

［明］朱祖文：《丙寅北行日谱》，济南：齐鲁出版社，1996 年版。

［清］黄宗羲：《宋元学案》，北京：中华书局，1986 年版。

［清］谈迁：《国榷》，北京：中华书局，1958 年版。

［清］计六奇：《明季北略》，北京：中华书局，1984 年版。

［清］吴伟业：《绥寇纪略》，上海：上海古籍出版社，1992 年版。

［清］彭孙贻：《流寇志》，杭州：浙江人民出版社，1983 年版。

［清］查继佐：《罪惟录》，北京：北京图书馆出版社，2006 年版。

［清］蘅塘退士：《唐诗三百首》，北京：中华书局，1998 年版。

［清］沈德潜：《唐诗别裁集》，上海：上海古籍出版社，2013 年版。

赵尔巽等：《清史稿》，北京：中华书局，1998 年版。

徐珂：《清稗类钞》，北京：中华书局，2010 年版。

唐圭璋：《全宋词》，上海：上海古籍出版社，2008 年版。

陈重业：《〈折狱龟鉴补〉译注》，北京：北京大学出版社，2006 年版。

吴晗：《朝鲜李朝实录中的中国史料》，北京：中华书局，1980 年版。

何竹淇编：《两宋农民战争史料汇编》，北京：中华书局，1976 年版。

福建省地方志编纂委员会:《福建省志》,北京:社会科学文献出版社,2012年版。

陕西省考古研究所、始皇陵秦俑坑考古发掘队:《秦始皇陵兵马俑坑一号坑发掘报告:1974—1984》,北京:文物出版社,1988年版。

秦始皇兵马俑博物馆、陕西省考古研究所:《秦始皇陵铜车马发掘报告》,北京:文物出版社,1998年版。

秦始皇兵马俑博物馆:《秦始皇陵兵马俑二号坑发掘报告》,北京:科学出版社,2009年版。

二、著作

钱穆:《国史大纲》,北京:商务印书馆,2013年版。

吕思勉:《两晋南北朝史》,上海:上海古籍出版社,2005年版。

陈寅恪:《唐代政治史述论稿》,上海:上海古籍出版社,1997年版。

陈寅恪:《金明馆丛稿初编》,北京:生活·读书·新知三联书店,2001年版。

毛汉光:《中国中古社会史论》,上海:上海书店出版社,2002年版。

田余庆:《东晋门阀政治》,北京:北京大学出版社,2005年版。

梁庚尧:《宋代科举社会》,上海:东方出版中心,2017年版。

李桂芝:《辽金简史》,福州:福建人民出版社,1996年版。

骆玉明:《简明中国文学史》,上海:复旦大学出版社,2004年版。

侯家驹:《中国经济史》,北京:新星出版社,2008年版。

齐涛:《中国古代经济史》,济南:山东大学出版社,1999年版。

韩茂莉:《中国历史地理十五讲》,北京:北京大学出版社,2015年版。

邹逸麟:《中国历史地理概述》,上海:上海教育出版社,2007年版。

林幹:《东胡史》,呼和浩特:内蒙古人民出版社,2007年版。

林幹:《匈奴通史》,北京:人民出版社,1986年版。

陈序经:《匈奴帝国七百年》,天津:天津人民出版社,2020年版。

王学理:《轻车锐骑带甲兵:秦始皇陵兵马俑发现与研究》,天津:百花文艺出版社，2002 年版。

段清波：《秦陵：尘封的帝国》，北京：中国民主法制出版社，2018 年版。

杜文玉：《唐代宫廷史》，天津：百花文艺出版社，2010 年版。

傅新毅：《玄奘评传》，南京：南京大学出版社，2006 年版。

吴晗：《朱元璋传》，北京：人民出版社，2008 年版。

黄仁宇：《十六世纪明代中国之财政与税收》，北京：生活·读书·新知三联书店，2001 年版。

李禹阶、秦学颀：《外戚与皇权》，重庆：西南师范大学出版社，1993 年版。

杜士铎等：《北魏史》，太原：山西高校联合出版社，1992 年版。

白翠琴：《魏晋南北朝民族史》，成都：四川民族出版社，1996 年版。

田余庆：《拓跋史探》，北京：生活·读书·新知三联书店，2003 年版。

王钟翰：《中国民族史》，武汉：武汉大学出版社，2012 年版。

张帆：《中国古代简史》，北京：北京大学出版社，2001 年版。

顾诚：《南明史》，北京：中国青年出版社，1997 年版。

王钟翰：《清史列传》，北京：中华书局，1987 年版。

樊树志：《晚明史：1573—1644 年》，上海：复旦大学出版社，2003 年版。

王汎森：《权力的毛细管作用》，北京：北京大学出版社，2015 年版。

荣新江：《中古中国与粟特文明》，北京：生活·读书·新知三联书店，2014 年版。

毕波：《中古中国的粟特胡人》，北京：中国人民大学出版社，2011 年版。

杨志玖：《马可波罗在中国》，天津：南开大学出版社，1999 年版。

马晓林：《马可·波罗与元代中国：文本与礼俗》，上海：中西书局，2018 年版。

余大钧：《一代天骄成吉思汗：传记与研究》，呼和浩特：内蒙古人民出版社，2002 年版。

姚大力：《"天马"南牧：元朝的社会与文化》，广州：广东人民出版社，2021 年版。

朱瑞熙、张邦炜：《辽宋西夏金社会生活史》，北京：中国社会科学出版社，

1998 年版。

王扬：《宋代女性法律地位研究》，北京：法律出版社，2015 年版。

王梓：《王府》，北京：北京出版社，2005 年版。

刘家驹：《清史拼图》，济南：山东画报出版社，2006 年版。

刘小萌：《清代旗人社会（修订版）》，北京：中国社会科学出版社，2016 年版。

朱天曙：《中国书法史》，北京：中华书局，2020 年版。

翁常锋：《推背图研究》，台北：花木兰文化出版社，2013 年版。

李善邦：《中国地震》，北京：地震出版社，1981 年版。

王立兴：《中国天文学史文集》，北京：科学出版社，1986 年版。

耿庆国、李少一等：《王恭厂大爆炸——明末京师奇灾研究》，北京：地震出版社，1990 年版。

胡中生：《明清徽州人口与社会研究》，合肥：安徽大学出版社，2016 年版。

滕绍箴：《三藩史略》，北京：中国社会科学出版社，2008 年版。

滕绍箴、李治亭：《陈圆圆后传》，长沙：岳麓书社，2012 年版。

刘凤云：《清代三藩研究》，北京：中国人民大学出版社，1994 年版。

唐文基主编：《福建古代经济史》，福州：福建教育出版社，1995 年版。

厦门大学历史研究所等：《福建经济发展简史》，厦门：厦门大学出版社，1989 年版。

林国平、邱季端主编：《福建移民史》，北京：方志出版社，2005 年版。

朱天顺主编：《妈祖研究论文集》，厦门：鹭江出版社，1989 年版。

鲍国之：《妈祖文化与天津》，天津：天津古籍出版社，2014 年版。

李景屏：《清史专家解密乾隆与和珅》，北京：中国城市出版社，2008 年版。

冯佐哲：《和珅其人》，北京：中国社会科学出版社，2008 年版。

钟侃：《西夏简史》，银川：宁夏人民出版社，1979 年版。

崔岷：《洗冤与治吏：嘉庆皇帝和山东京控》，北京：中央民族大学出版社，2012 年版。

郑小悠：《清代的案与刑》，太原：山西人民出版社，2019 年版。

邓少琴：《西康木雅乡吴王甲尔布考》，南京：南京中国学典馆，1945 年版。

[美] 麦高文：《中亚古国史》，北京：中华书局，2004 年版。

[美] 杰克·威泽弗德：《成吉思汗与今日世界之形成》，重庆：重庆出版社，2009 年版。

[美] 史景迁：《大汗之国：西方眼中的中国》，桂林：广西师范大学出版社，2013 年版。

[美] 孔飞力：《叫魂：1768 年中国妖术大恐慌》，上海：上海三联书店，1999 年版。

[美] 韩书瑞、罗友枝：《十八世纪中国社会》，南京：江苏人民出版社，2018 年版。

[美] 魏斐德：《洪业：清朝开国史》，北京：新星出版社，2013 年版。

[英] 乔治·桑塞姆：《日本史》，北京：北京大学出版社，2021 年版。

[英] 弗朗西丝·伍德：《马可·波罗到过中国吗？》，北京：新华出版社，1997 年版。

[英] 爱德华·吉本：《罗马帝国衰亡史》，北京：商务印书馆，1997 年版。

[法] 勒内·格鲁塞：《成吉思汗传》，长春：吉林出版集团，2012 年版。

[法] 沙海昂：《马可波罗行纪》，北京：商务印书馆，2012 年版。

[法] 魏义天：《粟特商人史》，桂林：广西师范大学出版社，2012 年版。

[朝] 郑麟趾：《高丽史》，重庆：西南师范大学出版社，2014 年版。

三、论文

王子今：《论秦始皇陵"水银为海"》，《北京师范大学学报（社会科学版）》2021 年第 5 期。

唐任伍：《西汉巨量黄金的来源及消失的原因、时间、地点考》，《中国经济史研究》2019 年第 4 期。

王凯旋：《东汉黄金问题考论》，《辽宁大学学报》1998 年第 2 期。

杜劲松：《关于西汉多黄金原因的研究》，《中国史研究》2003 年第 4 期。

张捷夫：《汉代厚葬之风及其危害》，《中国历史博物馆馆刊》1995 年第 2 期。

姚从吾：《欧洲学者对于匈奴的研究》，《国学季刊（第 2 卷第 3 号）》1930 年。

齐思和：《匈奴西迁及其在欧洲的活动》，《历史研究》1977 年第 3 期。

刘衍钢：《古典学视野中的"匈"与"匈奴"》，《古代文明》2010 年第 1 期。

贾衣肯：《匈奴西迁问题研究综述》，《中国史研究动态》2006 年第 9、10 期。

吴兴勇：《论匈奴人西迁的自然地理原因》，《史学月刊》1991 年第 3 期。

王欣：《吐火罗在河西一带的活动》，《兰州大学学报（社会科学版）》1998 年第 1 期。

李海叶：《拓跋鲜卑与慕容氏的关系及北魏初年的政治变乱》，《内蒙古师范大学学报（哲学社会科学版）》2008 年第 5 期。

罗新：《王化与山险——中古早期南方诸蛮历史命运之概观》，《历史研究》2009 年第 2 期。

丁邦友：《从冼夫人的时局观看其汉化特征》，《广州大学学报（社会科学版）》2006 年第 6 期。

王义康：《后唐、后晋、后汉王朝的昭武九姓胡》，《西北民族研究》1997 年第 2 期。

程越：《入华粟特人在唐代的商业与政治活动》，《西北民族研究》1994 年第 1 期。

钟焓：《安禄山等杂胡的内亚文化背景——兼论粟特人的"内亚化"问题》，《中国史研究》2005 年第 1 期。

祁小春：《实物文献中所见的〈兰亭序〉》，《中国书法》2012 年第 1 期。

李德辉：《〈唐诗三百首〉为什么未选李贺诗》，《古典文学知识》2010 年第 3 期。

王水照：《永远的〈唐诗三百首〉》，《中国韵文学刊》2005 年第 1 期。

张荫麟：《宋初四川王小波李顺之乱》，《清华学报》1937 年第 2 期。

陈守忠：《试论北宋初年四川地区的士兵暴动和农民起义》，《西北师大学报（社会科学版）》1978 年第 3 期。

竺培升、吴建华:《探讨两宋始终未形成全国规模农民起义的主要原因》,《湖北师范学院学报(哲学与社会科学版)》1991年第4期。

贾文龙、郑迎光:《宋代地方治理中"短安长治"模式的生成》,《中原文化研究》2018年第1期。

张雷:《北宋名臣庞籍军事思想初探》,《贵州文史丛刊》2019年第2期。

朱倩倩:《宋真宗晚年权力交接问题探析》,《宋史研究论丛》2019年第1期。

乔惠全:《世变与卫道——宋代"造妖书妖言"罪的演变与士大夫的司法应对》,《原道》2015年第1期。

方燕:《宋真宗时期的神异流言——以天书事件和帽妖流言为中心考察》,《四川师范大学学报(社会科学版)》2017年第6期。

吴宝琪:《宋代的离婚与妇女再嫁》,《史学集刊》1990年第1期。

任立轻、范喜茹:《宋代河内向氏家族姻婚对象考论》,《西华大学学报(哲学与社会科学版)》2005年第4期。

程郁:《何谓"靖康耻"——"靖康之难"性暴力对宋代社会性别观的影响》,《史林》2020年第1期。

力高才:《李师师事迹考辨》,《大同高等专科学校学报》1999年第4期。

张邦炜:《宋代对宗室的防范》,《北京师范学院学报》1988年第1期。

汪圣铎:《宋朝宗室制度考略》,《文史(第33辑)》1990年。

张明华:《南宋初假冒皇亲案发覆》,《浙江学刊》2012年第6期。

李范文:《西夏遗民调查记》,《宁夏社会科学》1981年第1期。

汤开建:《元代西夏人物表》,《甘肃民族研究》1986年第1期。

史金波、吴峰云:《元代党项人余氏及其后裔》,《宁夏大学学报》1985年第2期。

李培业:《西夏皇族后裔考》,《西北大学学报(哲学社会科学版)》1995年第3期。

张星烺:《中国史书上之马哥孛罗》,《地学杂志》1922年第1—4期。

樊保良:《为成吉思汗之死问题说几句话》,《敦煌学辑刊》2007年第3期。

温海清：《成吉思汗灭金"遗言"问题及相关史事新论——文献、文本与历史》，《史林》2021年第3期。

高小岩等：《忽必烈博弈北条时宗——战略管理学与文化人类学的复合视角》，《社科纵横》2021年第1期。

梁琼之：《平清盛与宋日贸易》，《乐山师范学院学报》2012年第8期。

王晓欣：《元代新附军述略》，《南开学报（哲学社会科学版）》1992年第1期。

陈文博：《论镰仓时代禅宗与武士阶层的关系》，《暨南学报（哲学社会科学版）》2014年第8期。

方安发：《宋代中日贸易发展的原因和贸易的特点》，《南昌大学学报（人文社会科学版）》1980年第4期。

陈梧桐：《论朱元璋的治国思想》，《社会科学辑刊》1985年第1期。

陈梧桐：《明初空印案发生年代考》，《历史研究》1982年第3期。

展龙、李争杰：《天人互动——明代天文星变与政治变动》，《古代文明》2021年第3期。

李洵：《少年朱厚照的宫中生活》，《紫禁城》2009年第3期。

李绍强：《明孝宗的个性与弘治朝政策》，《齐鲁学刊》1993年第6期。

程德：《关于成化年间"妖书妖言"案的一则史料》，《明史研究论丛》1985年第1期。

何龄修：《太子慈烺和北南两太子案》，《中国史研究》2008年第1期。

刘中平：《"南渡三案"述论》，《明史研究》2012年。

李义琼：《晚明徽州府丝绢事件的财政史解读》，《中国经济史研究》2014年第2期。

杜勇涛：《徽郡的困境：1577年徽州府人丁丝绢案中所见的地方性与国家》，《安徽大学学报（哲学社会科学版）》2020年第1期。

景弋石：《陈圆圆与岑巩马家寨》，《贵州文史天地》1997年第4期。

陈生玺：《陈圆圆事迹考——与姚雪垠先生商榷》，《南开史学》1981年第

2 期。

黄透松、晏晓明:《陈圆圆墓考》,《贵州文史丛刊》1983 年第 2 期。

刘重日:《四十年来历史疑案追踪——谈谈李自成"归宿"问题》,《求是学刊》1998 年第 6 期。

赵国华、张德信:《李自成之死考辨》,《明史研究》1999 年。

陈生玺:《明清之际的历史选择》,《文史哲》2006 年第 3 期。

蔡名哲:《传国玉玺与清朝正统论的几个问题》,《清史研究》2020 年第 3 期。

萧高洪:《传国玺与君权神授的观念》,《江西社会科学》1989 年第 2 期。

吴焕良:《嘉庆朝山东泰安徐文诰宅劫案档案》,《历史档案》2017 年第 2 期。

李新达:《查继佐及其〈罪惟录〉》,《杭州师院学报（社会科学版）》1984 年第 1 期。

韩逢华:《查继佐与明史案》,《苏州教育学院学报》2007 年第 1 期。

陈玉兰:《从〈后甲集〉看查继佐国变后的心灵轨迹》,《浙江社会科学》2014 年第 10 期。

钱茂伟:《庄廷鑨修史考论》,《宁波大学学报（人文科学版）》1998 年第 3 期。

陈兼、刘昶:《叫魂案和乾隆的"合法性焦虑"》,《读书》2013 年第 4 期。

史志强:《冤案何以产生：清代的司法档案与审转制度》,《清史研究》2021 年第 1 期。

李扬颖:《论清代养廉银制度的嬗变》,《佳木斯大学社会科学学报》2007 年第 5 期。

张国骥:《论清嘉庆道光时期的制度性腐败》,《湖南师范大学社会科学学报》2009 年第 3 期。

习骅:《反腐是你死我活的较量——清代淮安奇案及其启示》,《廉政瞭望》2016 年第 24 期。

王开玺:《从李毓昌案看嘉庆朝的吏治》,《历史档案》2004 年第 2 期。

王鸿莉:《旗人劝旗人:〈京华日报〉的旗人言论》,《满学论丛（第二辑）》

2011 年。

　　李俊领:《抗战时期的〈推背图〉预言与民众心态困境》,《福建论坛（人文社会科学版）》2021 年第 8 期。

　　经盛鸿、经姗姗:《侵华日军在南京推行和扶植殖民文化的种种手法》,《日本侵华史研究》2015 年第 2 期。

　　[日] 夫马进:《试论明末徽州府的丝绢分担纷争》,《中国史研究》2000 年第2 期。

　　柳雨春:《宋代妓女若干问题研究——立足于身体史的考察》,武汉大学博士学位论文,2011 年。

　　杨康:《〈推背图〉考论》,山西师范大学硕士学位论文,2016 年。

　　付红娟:《宋代女性婚姻权利研究》,甘肃政法大学硕士学位论文,2021 年。

　　孙朋朋:《宋代谣谚与政治研究》,河南大学硕士学位论文,2017 年。

　　谭晓静:《明代的"妖书""妖言"研究》,江西师范大学硕士学位论文,2008 年。

　　刘雪萍:《从明末邸钞看明末党争》,湖南师范大学硕士学位论文,2014 年。

　　王慧:《论清代司法官吏司法责任制度》,山东大学硕士学位论文,2007 年。